북한 경제와 토지제도

북한 경제와 토지제도

초판 1쇄 발행   2015년 9월 25일
초판 2쇄 발행   2018년 4월 30일

지은이 ㅣ 공민달
펴낸이 ㅣ 윤관백
펴낸곳 ㅣ 도서출판 **선인**

등록 ㅣ 제5-77호(1998.11.4)
주소 ㅣ 서울시 마포구 마포동 324-1 곳마루 B/D 1층
전화 ㅣ 02)718-6252 / 6257   팩스 ㅣ 02)718-6253
E-mail ㅣ sunin72@chol.com
Homepage ㅣ www.suninbook.com

정가 35,000원
ISBN 978-89-5933-924-2 93300

북한 경제와 토지제도

공민달

 도서출판 선인

책머리에

토지제도가 국가를 운영하는 모든 제도의 근간이 됨은 주지하는 바와 같으며, 크게 토지와 그 정착물을 포함하는 개념인 부동산의 소유 및 이용관계와 국토 이용 및 관리관계로 구분할 수 있다. 전통적으로 토지 소유권 귀속에 관한 제도는 소유자와 비소유자 간의 관계를 계급화할 수도 있기 때문에 논란의 대상이 되어 왔고, 오늘날에는 소유권 행사의 제한 등과 관련하여 계속적인 관심의 대상이 되고 있다. 한편으로는, 사회가 다양해지고 경제주체들의 이해관계가 복잡해지면서 토지소유권 행사에 대한 물리적 규제의 필요성이 대두되고, 이에 따라 국토 전반에 걸친 행정계획 수립의 토대 위에서 국토를 이용하고 관리하는 제도들도 꾸준히 형성, 발전되고 있다.

필자는 북한학 박사과정을 거치면서 토지소유권의 국·공유화와 더딘 경제 성장으로 다양한 토지제도 구축의 필요성이 낮아 보이는 북한에서는 토지제도를 어떻게 운영하고 있는지에 대하여 궁금증이 생겼다. 또한, 탈북자들의 증언이나 언론 보도를 통해 전해지고 있는 북한에서의 부동산시장 형성은 북한 당국의 통제력 작동 여부에 대한 의문을 가지게 하였다. 이 책은 이러한 궁금증과 의문으로부터 출발하여 1945년, 해방 이후부터 현재까지의 북한 토지제도 변천과 그 실제 상황을 연구한 결과물로서, 박순성 교수님께서 지도해 주신 필자의 학위논문 「북한의 부동산제도에 관한 연구」를 수정, 보완한 것이다. 연구과정에서 2000년대 이후 토지제도와 관련한, 즉 부동산 이용관계와 국토 정책에 관한 법제화와 빈번한 개정을 보면서 새삼 놀라지 않을 수가 없었다. 남한의 법제와 유사한 내용을 지닌 다수의 토지 관련 법규가 형성되고 있는 것이었다. 조선로농당의 지도나 내각의 결정·지시 등에 의한 행정이 이제는 법제화(실효성 여부는 별론으로 하더라도)하여 국가 체제를 정비하고 있는 것을 확인할 수 있었다.

더 나아가 2000년대 이후 제도적으로, 실제적으로도 분명한 변화를 보이고 있는 북한 토지제도에 대한 변화의 전망과 개혁 방안을 제시해 보았다. 이 책이 통일 한국을 상정하지는 않지만 이러한 개혁 방안은 통일을 전제로 한 제도 구축에도 참고 자료가 될 수 있을 것이다. 광복 70주년을 맞이한 올해, 통일에 대한 구호나 행사는 참으로 많다. 그러나 진정한 통일 준비는 남한의 각 분야에서 경험하였던(폐지되었거나 수정을 거듭하였던) 제도에 대한 깊이 있는 성찰로부터 시작하여야 한다고 본다. 이러한 점에서 이 책에서는 남한의 토지제도에 관한 변천과정과 내용을 살펴보았는데, 이 또한 참으로 유익한 일이었다. 그리고 중국은 사회주의 경제체제를 개혁한 국가로서 북한의 현재를 이해하고 미래를 전망하는 데 있어 유용한 비교 사례가 된다. 중국어에 대한 필자의 능력 부족으로 충분한 연구가 되지 못한 아쉬움이 있지만, 1940년대 후반부터의 중국 토지제도 변천과정을 정리하여 북한의 그것과 비교해 보았다.

이 책의 출간은 필자의 지도교수이신 박순성 교수님의 지도가 있어서 가능하였다. Janos Kornai의 『*The Socialist System: The Political Economy of Communism*』교재를 이용한 교수님의 수업을 통하여 대강 인식하고 있었던 사회주의 체제와 그 변화에 대하여 이해할 수 있었다. 북한의 원전인 『경제연구』, 『광명백과사전』 등을 이용하여 생동감 있는 학습을 이끌어 주셨다. 또한, 이 책의 전체적인 목차와 주요 내용을 재설정하여 주셨고, 남한의 토지제도에 대한 고찰을 제안하여 주셨다. 이 책의 절반 이상은 교수님의 노고로 나타난 결과물이다. 무엇보다 학업과정, 논문 심사과정, 이 책의 출간과정에서 포기하지 말 것과 용기를 가지라는 격려의 말씀은 평생토록 잊지 못할 조언이었다. 이 글을 통하여 진심으로 감사의 말씀을 올린다.

그리고 필자가 이러한 공부를 할 수 있도록 1990년대 초부터 길을 열어 주셨던 고 임호정 원장님, 윤창구 교수님, 박사학위 과정에서 유익한 강의로 많은 깨우침을 주신 동국대 교수님들, 같이 동행한 원우들에게도 감사의 말씀을 드린다. 부족한 내용이지만 기꺼이 출판을 맡아 주신 선인출판사 윤관백 사장님, 직원 여러분에게도 감사드린다. 끝으로 이 책의 출간과 필자의 여러 활동을 묵묵히 지켜봐 준 아내와 두 아들에게 미안함과 고마움을 전한다.

2015년 8월
공민달

목 차

부록 325

<표 목차>

〈그림 목차〉

[용어 해설]

이 책에 나와 있는 북한 용어에 대한 설명은 다음과 같다.[1]

북한 용어	남한의 의미	설명
공민(公民)	국민 또는 주민	「국적법」상의 개념으로서 북한의 국적을 가지고 「헌법」에 규정된 권리와 의무를 지니는 사람. 인민은 정치적인 개념으로서 국적과 관계없이 사용되는 것과 구별된다.
건설명시 (建設明示)	설계 조정	설계에 나타난 건설물의 자리를 제대로 잡아 주는 일
건설물	건축물/ 공작물	사람의 건설 노동으로 만들어진 창조물. 북한은 건물과 구조물로 분류한다.
건설주	건축주	건축물의 건축 등에 관한 공사를 발주하거나 현장 관리인을 두어 스스로 그 공사를 하는 자
경리(經理)	경영	경제적으로 경영하고 관리하는 것. 농촌경리, 사회주의경리 등으로 사용된다.
기업소	기업	생산, 교통, 운수, 유통 등의 경제 분야에서 독립적으로 경영 활동을 진행하는 사업체
다락논	다랑논	산골짜기의 비탈진 곳에 층층으로 되어 있는, 좁고 긴 논(계단논, 다랭이논)
뙈기밭	뙈기밭	정형화되어 있는 밭이 아니라, 비탈진 곳이나 임야지대에 조성한, 소규모의 밭
밑면적	바닥면적	건물의 밑면, 즉 밑바닥의 수평 투영 면적
부림소	소	짐을 운반하거나 밭을 갈기 위하여 기르는 소
부업밭	밭	본업이 아닌 부업으로 경작하는 밭
부침땅	농경지	농작물을 재배하는 토지
사방공사 (砂防工事)	사방공사	산림토지에서 흙모래가 흘러내리는 것을 막기 위한 공사로서, 나무나 풀을 심고, 계단이나 옹벽 같은 것을 만드는 것
살림집	주택	가정을 단위로 사람들이 살림을 하는 집
상업봉사부문	근린생활시설	주민들의 생활편의를 위한 건물
소겨리반	-	농촌에서 소를 같이 쓰면서 농사일을 서로 도와주기 위해 모인 공동 노동형태

[1] 이 설명은 조선말사전(평양: 과학백과사전출판사, 2010)과 북한의 연구 논문, 법규정 등을 참고하여 정리하였다.

소반(小班)	임야지대 구분	산림경영에 편리하도록 그 현재 상태가 같은 부분으로 세분한 구역
수채시설	처마 빗물받이	지붕면의 물을 한데 모아서 땅으로 흘러내리게 하는 배수 구조
시공주 기관	공사시공자	건설공사를 하는 자
시루식 관수체계	땅속 소금기 빼기 체계	땅 속에 묻은 시루식 관으로 토양의 소금기를 뽑아내어 버리는 체계
시초가치	신축 비용	건물을 신축하는 데 소요된 비용
야계공사 (野溪工事)	계곡정비공사	제멋대로 흐르는 산 개울을 정리하는 것으로서 산 개울 바닥이나 기슭을 보호하고 쌓인 흙을 파내며 산 개울 물줄기를 바로 잡아주는 것
알곡	알곡	벼, 조, 콩, 밀, 수수, 보리, 강냉이 등 낱알로 된 곡식
우수망	우수관	도시의 지하 구조물에서 빗물을 비롯하여 지상에 고인 물을 빼기 위하여 설치한 관
전재민	전재민	전쟁으로 재난을 입은 사람
총면적	연면적 합계	건축물이 2동 이상 있는 경우 각 동의 연면적 합계
원림(園林)	도시 공원	자연환경을 아름답고 문화적으로 조성한 녹화지역. 수림(樹林)이 나무숲을 말하는 것과 구별된다.
정보(町步)	정보	토지의 면적을 나타내는 단위. 3,000평을 말하며, 약 9,917.4㎡이다.
정성(定性)	정성	물질의 성분이나 성질을 밝히어 정하는 것
짐함	켄테이너박스	함으로 된 수송 용기
창성이깔나무	잎갈나무	소나무나 전나무처럼 침엽수이지만 낙엽이 지는 낙엽송
층막	바닥구조체	층과 층 사이에 콘크리트를 부어서 만든 슬래브
포전(圃田)	전답	알곡이나 그 밖의 작물을 재배하는 논밭
포전도로	농로	농가와 경지 사이 또는 경지 사이를 연결하는 길
포전물길	농수로	전답에 직접 물을 대는 물길
터밭	텃밭	집터에 딸리거나 가까이 있는 밭
하부구조	공동구	전기·가스·수도 공급설비 등을 공동 수용하기 위하여 지하에 설치하는 시설물과 도로(지상 상부구조의 상대 개념)
호소(湖沼)	소호	호수와 늪

1부

북한 경제와 토지제도

1장

북한의 경제체제와 토지의 소유 및 이용

1절_ 북한의 경제체제 형성과 토지제도

현대 북한[1] 체제는 일본의 식민지지배에서 해방되었으나, 동서 양진영의 대립으로 인하여 분단된 한반도에서 사회주의적 근대 국민국가를 한 지역에서나마 우선 건설하고 이를 기초로 한반도 전체를 사회주의 체제로 만들려는 국가건설전략에 기원을 두고 있다. 김일성은 1945년 12월 북한의 사회주의 국가건설전략을 "북조선을 통일된 민주주의적 독립국가 건설을 위한 강력한 민주기지로 전변시키는" 정치노선으로 제시하였다.[2] '통일된 민주주의적 독립국가'의 구체적 성격은 1946년 「20개조 정강」에 의해 사회주의적 근대국민국가로 규정된다. 「20개조 정강」에서는 일제 식민지배의 완

---

1) 이 책에서는 '대한민국'을 '한국' 또는 '남한', '남'으로, '조선민주주의인민공화국'을 '북한' 또는 '북'으로, '중화인민공화국'을 '중국' 또는 '중'으로 그 상황에 따라서 약칭하였다.
2) 김일성, "북조선공산당 각급 당단체들의 사업에 대하여, 북조선공산당 중앙조직위원회 제3차 확대집행위원회에서 한 보고 1945년 12월 17일." 『김일성저작집』 1권(평양: 조선로동당출판사, 1979), p.487.

전 청산, 민주적 기본권리의 보장, 복리 향상을 위한 산업화, 사유권 보장,
운수기관 등 주요 시설의 국유화, 소작제 철폐와 토지의 무상 분배, 생필품
가격 안정, 8시간 노동제 및 최저임금제, 사회보험·무료치료·의무교육 실
시를 민주주의적 정부가 실현해야 할 기본 요구로 제시하였다.³⁾ 이러한 「20
개조 정강」의 내용에 따르면, 김일성이 구상하는 '민주주의적 정부'는 기본
적으로 사회주의 국가를 형성하는 임무를 띠고 있으며, 아울러 통일전선
형성을 위해 민주적 기본요구를 동시에 만족시켜야 했다.⁴⁾

　실질적으로 북조선임시인민위원회(1946년 2월~1947년 1월)는 토지개혁,
농업현물세제도 및 중요 산업의 국유화를 핵심으로 하는 '민주개혁'을 실시
하고, 북조선인민위원회(1947년 2월~1948년 8월)는 1947년 2월 「1947년도
인민경제계획안」을 제시한다. 그러나, 이 시기 북한 경제체제는 전반적으
로 사회주의 경제노선을 지향했음에도, 사회주의적 소유관계와 경제계획이
완전히 실현되는 단계에는 이르지 않았다.⁵⁾ 1948년 9월 「조선민주주의인민
공화국」이 공식적으로 수립된 후, 「조선민주주의인민공화국헌법」은 사회
주의로 이행하기 위한 조치(중요 생산수단의 국유화, 대외무역의 국가관리)
를 재확인하는 한편, 국가가 인민경제계획을 작성·추진할 것을 분명히 하
였다. 또한 1949년 1월에 작성된 「인민경제 2개년 계획」에서 북한은 계획의
기본 목표를 '공업·농업 분야의 기술 향상을 통한 자립적 민족경제의 토대
구축'으로 설정하고, 각 분야별로 고르게 성장의 목표를 설정하였다.⁶⁾

　사회주의적 근대 국가건설이라는 전략하에 점차 사회주의 요소(국가소

3) "20개조 정강, 방송연설 1946년 3월 23일."『김일성저작집』2권(평양: 조선로동당
　　출판사, 1979), pp.125~127.
4) 북한의 경제체제 형성에 관한 내용은 박순성,『북한경제와 한반도 통일』(서울: 풀
　　빛, 2003)을 참고하여 정리하였다.
5) 서남원,『북한의 경제정책과 생산관리: 독재경제의 이론과 실제』(서울: 고려대학
　　교 아세아문제연구소, 1966), 제3장.
6) 위의 책, pp.70~77.

유, 계획경제)와 당에 의한 지배질서를 강화해 가던 북한은 1950년 6월 한
국전쟁을 계기로 모든 영역을 전시체제로 전환하였다. 한국전쟁은 북한 지
도부가 북한의 사회경제체제 전체를 중앙집중적 국가관리 체제로 전환하
는 주요한 계기가 된다. 북한은 공업 분야에서 노동의 이동을 완전 통제하
고, 농업 분야에서 노력동원과 공동작업대를 활용하기 시작하였다. 또한 전
쟁기간 동안 사영상공업이 몰락하고, 지주·부농·사영상공업자는 남한으
로 이주하였다. 한국전쟁은 북한 경제 내부에서 사회주의 체제의 형성에
장애가 되는 요소를 제거하는 계기로 작용한 것이다.

전후 북한 지도부는 경제복구를 위한 기본 방향으로 농업의 협동화와 사
영상공업의 사회주의화를 채택하였다. 1953년부터 본격적으로 추진되기 시
작한 농업의 협동화와 사영상공업의 사회주의화는 1950년대 후반에 달성되
었다. 이 시기 북한 지도부 내에서는 경제의 사회주의화와 중공업 중심의
경제발전을 둘러싸고 치열한 논쟁이 벌어졌으며, 이는 권력투쟁으로까지
발전하였다. 논쟁은 1956년 말 김일성이 주장하는 중공업우선성장노선의
승리로 끝나면서, 이후 북한 경제정책의 기본방향은 완전히 중공업 중심의
공업화 전략으로 귀착되었다.

이후 1970년대 초 김일성은 대외무역에 대한 필요성을 강조한다.[7] 그러
나 북한 지도부의 정책변화와 그에 따른 새로운 정책의 시행은 국제경제질
서의 동요로 인하여 성과를 거두지 못하고, 북한 경제를 다시 폐쇄적인 자
립경제로 돌아가게 한다. 북한은 1980년대 중반 다시 개방정책을 추진[8]하
지만, 그 역시 성공하지 못한다. 이후 북한은 사회주의권의 붕괴에 대응하

---

7) "우리는 앞으로 얼마동안 자본주의 시장에 널리 진출하여 우리에게 필요한 물건
   들을 많이 사와야 하겠습니다. … 경공업을 꾸리는데 필요한 설비들도 자본주의
   나라들에서 사와야 합니다."[김일성, "조선로동당 중앙위원회 제5기 제5차 전원회
   의에서 한 결론, 1972년 10월 23~26일."『김일성저작집』27권(평양: 조선로동당출
   판사, 1979), p.487].
8) 「합영법」제정을 통한 해외 자본의 유치가 대표적인 예이다.

여 우리식 사회주의를 추진하면서 일종의 농성경제체제에 들어가게 된다. 이 시기는 북한 경제의 모순이 개방과 체제 고수라는 두 정책노선 사이에서 일어나는 경제정책의 동요와 함께 점차 표면으로 드러나기 시작하던 시기이다.

1991년 12월에는 나진-선봉 지역을 자유경제무역지대로 설정하고, 지역개방정책을 펼친다. 이러한 시도에도 불구하고, 핵문제로 야기된 한반도 내 긴장 고조, 김일성의 사망, 1995년 이후 잇따른 자연재해는 북한의 경제를 위기 국면으로 몰아갔다. 경제위기를 극복하고자 하는 시도는 2002년 '7·1 경제관리 개선조치'로 나타난다. 북한 지도부가 밝힌 경제관리 개선조치의 기본 목표는 '사회주의 원칙을 고수하면서 가장 큰 실리'를 얻는 것이다.

앞에서 북한의 사회주의 경제체제 형성과정을 중심으로 이후 경제정책의 변화에 대하여 간략하게 살펴보았다. 이러한 북한 경제체제 형성과정에 있어 토지제도는 그 기초가 되며, 경제체제의 변화와 토지제도의 변화는 불가분의 관계에 있다. 그리고 토지는 주요 생산수단의 하나이자, 그 자체가 자연으로서 만물의 근원이 된다. 따라서 토지제도는 개별 토지와 정착물을 포함하는 개념인 부동산에 관한 제도와 일정한 국가의 영역을 의미하는 국토의 이용과 관리에 관한 제도로 구분할 수 있다. 국가를 운영하는 많은 제도 중에서 토지제도와 관련한 경제 활동 영역은 매우 방대하므로 경제체제의 변화는 필연적으로 공식적이거나 비공식적인 부동산활동이나 국토 정책에 영향을 미칠 수밖에 없다. 이러한 점에 착안하여 이 책에서는 북한 경제를 구성하는 많은 부문들 중에서 부동산 및 국토와 관련된 분야를 다음의 순서에 따라 다루어 보고자 한다.

첫째, 1990년대 이후 북한의 경제 분야 중 급격한 변화가 나타나고 있는 부동산 소유 및 이용과 관련한 법·제도를 역사적으로 살펴볼 것이다(2부). 둘째, 사회주의적 사회경제원리에 따라 형성되었다고 판단되는 북한의 국토 이용 및 개발과 관련한 법·제도를 역사적으로 살펴볼 것이다(3부). 셋째, 남한과 중국의 토지제도 전개과정을 분석한 후 양국의 제도가 북한에 주는 시사점을 살펴볼 것이다. 그리고 북한의 부동산 및 국토이용 · 관리제도의 개혁방안을 제시해 보려고 한다(4부).

2절_ 부동산의 의미와 법제화

일반적으로 부동산이란 동산과 함께 권리의 객체인 물건을 지칭하는 개념이다. 다른 한편으로는, 부동산에서 큰 비중을 차지하는 토지가 국토의 구성 요소가 되므로 국토 관리의 측면에서 이 용어를 사용하는 경우가 있다. 그렇다면, 북한에서도 부동산이라는 용어를 정책적으로, 일상적으로 사용하고 있는가? 북한은 사회주의 경제체제를 채택하여 왔으며 이 경제체제의 주요한 특징의 하나인 '생산수단의 국유화'로 권리의 객체로서의 부동산이라는 개념은 큰 의미를 지니지 못하였다.

다만, 부동산이라는 용어를 전혀 사용하지 않은 것은 아니었는데, 김일성은 1964년 2월 10일 「내무성 및 도시경영군협의회에서 한 연설」에서 "우리나라의 형편에서는 자연부원뿐 아니라 도시와 농촌의 건물과 공공시설물을 비롯한 국가의 모든 부동산을 통일적으로 장악하고 관리하는 것이 절실히 필요합니다"9)라고 언급하였다. 이 연설에서는 이외에도 다수의 부동산에 관한 언급이 있는데, 부동산의 종류를 "토지, 산림, 지하자원, 강하천, 도로, 항만, 주택, 공공건물, 공장건물, 공원, 유원지"10) 등으로 구분하였다. 즉, 북한에서 부동산이라는 용어는 국토 관리의 대상으로서만 사용되었던 것이다.

---

9) 김일성, "국토관리사업을 강화할데 대하여", 『김일성저작집』 18권(평양: 조선로동당출판사, 1982), p.169.
10) 위의 책, p.175.

다시 말하면, 부동산이란 용어는 1990년대까지 일상이나 법령에서 사용하고 있지 않았는데, 그것은 굳이 사용할 필요가 없었기 때문이다. 즉, 부동산이란 동산에 대비되는 개념으로서 둘은 모두 재산권의 객체가 되는 물건이므로 그 구분을 할 실익은 보통 권리변동에 관한 공시방법에서 찾는다. 동산은 점유로서 공시하지만, 부동산은 점유를 계속할 수 없기 때문에 법적 보장을 받는 공시방법의 장치가 필요하게 되는데, 그것이 사유재산권을 인정하고 있는 체제에서의 '등기제도'이다.

그러나 북한은 1946년 3월에 전격적으로 단행한 토지개혁을 통하여 인민들이 토지를 분배받아 소유하고 있었으나, 그 처분이 불가능했고, 이후에는 토지의 국유와 협동단체 소유만을 인정하고 있어 토지에 관한 권리변동이 발생할 여지가 없어 별도로 공시방법을 강구해야 할 필요가 없었던 것이다. 그러나 1984년 「합영법」[11] 제정 이후 외국인의 토지사용이 허용되면서 권리의 대상으로서 토지를 비롯한 부동산을 별도로 관리할 필요성을 인식하게 된다.

이러한 흐름에 따라 부동산이란 용어가 최초로 법 규정화된 것은 1990년 「민법」 제정에서였는데, '부동산거래계약'이라는 조문의 제목 아래 "부동산 거래를 내용으로 하는 계약은 서면으로 맺고 공증을 받아야 효력을 가진다"(제정 당시 제141조, 1999년 개정으로 현재 제94조)라는 내용이다. 이후 「대외민사관계법」을 1995년 제정하면서 "부동산상속에 대하여서는 상속재산이 있는 나라의 법을, 동산상속에 대하여서는 상속시키는 자의 본국법을 적용한다"(제45조 전단), "유언과 유언취소의 방식은 조선민주주의인민공화국 법, 유언행위가 있은 나라의 법, 유언자가 거주하고 있는 나라의 법, 부동산이 있는 나라의 법에 따라 갖춘 경우에도 효력을 가진다"(제46조 후단)

---

11) 이 책에서 인용하고 있는 북한 법은 법제처에서 구축·운영하고 있는 『통일법제 데이터서비스』(www.unilaw.go.kr)와 장명봉이 편집한 『2013 최신 북한법령집』(북한법연구회, 2013)에 의거하고 있다.

라는 규정에서 부동산이란 용어를 사용하였다. 또한, 1996년 제정된 「사회
주의재산관리법」에서도 "사회주의 재산은 경우에 따라 부동산, 동산 같은
것으로 나눌 수 있다"(제15조)라고 규정하여 1990년 이후 입법 과정에서 부
동산이란 용어가 지속적으로 사용되어 왔다.

그리고 2004년에 「개성공업지구법」[12]의 하위 시행규정인 「개성공업지구
부동산규정」을 제정하였고, 「금광산관광지구법」[13]의 하위 시행규정인 「금
강산관광지구 부동산규정」을 제정하면서 법 시행규정의 제목에 최초로 부
동산이라는 용어를 사용하였으며,[14] 2009년에는 드디어 법의 명칭에 부동
산을 사용하는데 그것이 바로 「부동산관리법」이다. 이러한 입법 과정을 보
면, 북한에서 부동산이라는 용어는 국토관리의 대상으로서 인식되어 오던
것을 넘어 제 경제주체의 경제활동 대상으로 그 활용범위를 확대하여 온
것을 알 수 있다. 특히, 「부동산관리법」은 북한 부동산의 이용과 관리에 관
한 기본법으로 이해되며, 이 법의 제정과 시행으로 이제 북한에서 부동산
은 일상화된 용어가 되었다고 볼 수 있다.

이 책에서 주제로 삼고 있는 부동산이란 말 그대로 움직일 수 없는 재산
을 말한다. 남한 「민법」에 의하면 "물건이라 함은 유체물 및 전기 기타 관
리할 수 있는 자연력"(제98조)을 말하며, 그리고 물건은 부동산과 동산으로
구분되는데, "토지 및 그 정착물은 부동산"(제99조 제1항)이고 "부동산 이외
의 물건은 동산"(제99조 제2항)이라고 규정하고 있다. 북한은 법 규정에서
부동산을 정의하고 있지는 않으나, 「부동산관리법」에서 "부동산은 토지와

12) 2002년 11월 20일에 제정되었다.
13) 2002년 11월 13일에 제정되었다.
14) 「개성공업지구 부동산규정」은 "개성공업지구에서 부동산의 취득과 거래질서를
   엄격히 세워 기업 및 개인의 경제활동과 생활조건을 원만하게 보장하는 데 이바지
   할" 목적으로 2004년 7월 29일 제정되었으며, 「금강산관광지구 부동산규정」은
   "금강산관광지구에서 부동산의 취득과 거래질서를 엄격히 세워 기업 및 개인의
   경제활동과 생활조건을 원만히 보장하는데 이바지 할" 목적으로 2004년 9월 21일
   에 제정되었다.

건물, 시설물, 자원 같은 것으로 나눈다"(제2조 전단)라고 규정하여 부동산을 구분하고 있다.

법 규정 외에서는 다수의 정의가 제시되는데, 북한의『민사법사전』은 "부동산은 토지나 집과 같이 움직여 옮길 수 없는 재산, 동산에 대치되는 개념이다"[15]라고 정의하고 있으며,『경제연구』[16]에서도 중복되는 정의가 있는데, 그 대표적인 것이 "부동산이라고 할 때 그것은 토지와 그에 고착되어 있는 재산을 의미한다. 부동산에서 기본으로 되는 것은 어디까지나 토지이다. 토지는 다른 일반 물건들처럼 사람들의 노동력이나 자본을 투하하여 만들어 낸 것은 아니지만 인간의 지배를 받는 한에서는 소유권의 대상으로 된다"[17]라는 설명이다. 이러한 내용으로 볼 때 남북한 간에 부동산의 정의에 관하여 큰 차이는 없으며 그중 토지를 가장 중시하고 있는 것을 알 수 있으나, 토지 외의 정착물(남한) 또는 고착물(북한)의 종류에 있어서는 약간의 차이가 있을 수도 있다.

그것은 북한의「부동산관리법」에서 "건물, 시설물에는 산업 및 공공건물, 시설물, 살림집 같은 것이, 자원에는 지하자원,[18] 산림자원[19] 같은 것이 속한다"(제2조 후단)라고 규정하고 있는 것인데, 북한에서 건물, 시설물 외에

---

15) 사회과학원 법학연구소,『민사법사전』(평양: 사회안전출판사, 1997), p.297.

16) 북한의 과학백과출판사(평양)에서 매년 분기별로 발간하는 경제 관련 연구집이다.

17) 장광호, "부동산의 본질과 그 특성",『경제연구』(2008년 제2호), p.45.

18) 남한의「민법」에 의하면, 토지의 소유권은 정당한 이익이 있는 범위 내에서 그 지면의 상하에 미치므로(제212조), 가령 암석이나 토사와 같은 토지의 구성부분에도 미치며, 지하수의 일종인 온천수도 토지의 구성부분이다. 다만, 지하에 매장되어 있는 미채굴의 광물은 광업권 또는 조광권의 객체이므로(「광업법」제2조, 제4조), 이에는 토지소유권이 미치지 않는다[지원림,『민법강의』(서울: 홍문사, 2009), p.157].

19) 남한의 경우, 임야에 생육하고 있는 수목은 토지의 구성부분으로 취급되지만,「입목에 관한 법률」에 의하면, 토지에 부착된 수목의 집단으로서 그 소유자가 소유권보존의 등기를 받은 것을 "입목"이라고 하는데, 이 경우의 입목은 독립된 부동산으로 보며, 입목의 소유자는 토지와 분리하여 입목을 양도하거나 저당권의 목적으로 할 수 있다.

자원이 토지와는 독립된 부동산으로 취급되는 것이라고 볼 것인지에 대한 논의가 있을 수 있다. 지하자원이 토지와 독립된 부동산으로 취급되는 것인지에 대하여, 토지이용권을 별도의 권리로 부여하더라도 토지이용권이 미치는 범위에 지하자원을 포함시킬 수는 없을 것이다. 그 가치로 볼 때에도, 지하자원으로서 토지에 고착된 상태에서는 토지와는 별도의 부동산으로 취급하는 것으로 해석하는 것이 타당하다.[20] 이러한 개념을 가진 주요 부동산으로는 토지와 건물이 있다. 남한의 경우에는 건물 종류를 28종으로 대분류하고 있지만, 북한은 아직 건물 종류가 다양하지 않으므로 이 책에서 연구의 대상은 토지와 주택으로 한정하였다.

한편, 북한은 1990년대 초부터 국민경제의 제도적 기초가 되는 법률과 제도 분야에서 새로운 변화를 보여주고 있으며, 2000년대 들어서는 괄목할 만한 제도 도입을 시도하고 있다. 이러한 변화는 북한 법 규정의 제정과 개정을 통해, 그리고 북한의 각종 문헌을 통해 확인된다. 경제와 관련한 북한의 법률과 제도에서 나타나는 변화는 북한의 경제체제 자체가 변화하고 있음을 의미한다.

경제 활동의 주요한 물적 기반이 되는 부동산 분야에서도 제도 변화와 법률 제·개정이 이루어지고 있으며, 또 이러한 변화와 관련한 연구들이 북한 문헌을 통해 발표되고 있다. 북한에서는 토지소유권의 국·공유화로 인해 부동산을 대상으로 하는 경제 활동이 상대적으로 활성화되어 있지 않을 것으로 추측된다. 무엇보다도 1946년 토지개혁 당시 토지소유권을 부여하면서 동시에 처분권은 부정하였다. 그런데 최근 북한에서 부동산과 관련한 법·제도가 지속적으로 새로운 형태로 변화되고 구축되고 있는 현상은 부동산을 둘러싼 경제 활동이 변화하고 있거나 또는 경제 활동에 필요한 부

---

20) 「토지임대법」에서도 토지임차자는 토지이용권을 가지지만, "임대한 토지에 있는 천연자원과 매장물은 토지이용권의 대상에 속하지 않는다"(제3조)라고 규정하고 있다.

동산 이용과 관련하여 제도적 변화가 일어나고 있음을 추측하게 하는 증거이다.

북한은 2009년 주택의 건설과 이용 질서를 확립하기 위해 「살림집법」(2009년 1월)을, 부동산의 이용 질서를 확립하기 위해 「부동산관리법」(2009년 11월)을 제정하였다. 또한 이처럼 새로이 제정된 법률에서 공식적으로 인정되지 않는 부동산시장의 형성이나 부동산과 관련한 다양한 경제 활동에 대한 정보도 탈북자들의 증언이나 언론 보도를 통해 전해지고 있다. 이러한 정보는 자연스럽게 '부동산 소유와 이용에 대한 법적 권리 보장과 처분을 허용하지 않고 있는 북한에서 정부 당국이 부동산과 관련한 비공식적인 경제 활동을 제대로 통제하지 못하고 있는 이유는 무엇인가'라는 의문을 제기하도록 만든다.[21]

3절_ 국토이용 · 관리의 정책과 법제화

국토는 특정 국가의 영토로서, 그 국가의 주권이 미치는 공간적 범위를 말한다. 국토는 국가 외부로부터 보호하여야 하는 지역적 범위인 동시에 자연부원으로서 국민의 경제활동에 필요한 생산 공간, 생활공간으로서의 의미를 지닌다. 따라서 경제체제의 형식에 관계없이 모든 국가에서는 국토 이용과 관리에 관하여 각종 정책과 제도를 운영하고 있다.

북한은 1948년, 「조선민주주의인민공화국헌법」에서 "국내의 일체의 경제적 자원과 자원이 될 수 있는 것을 인민의 리익에 합리적으로 리용하기 위하여 국가는 유일한 인민경제계획을 작성하며"(제10조)라고 규정하여 국토 이용에 대한 국가 주도의 계획 수립을 선행할 것을 천명하였다. 또한, "토

---

21) 주택에 한하여 소유를 인정하는 경우가 있으며, 외국인투자자에게는 예외적으로 부동산에 대한 권리 보장과 처분을 인정하기도 한다. 2부 참조.

지·부원·산림 및 하해의 리용에 관한 기본원칙의 수립"을 내각의 임무(제
55조)로 규정하여 국가 수립 초기부터 국가중앙집행기관인 내각이 국토이
용에 관한 정책방향을 정할 것을 예정하였다.

그러나 이러한 선언적 규정은 이 시기에는 법·제도로 구체화되지 않았
고, 필요에 따라 임시적인 행정조치에 따라 농지보호를 중심으로 한 국토
관리가 강조되었다. 다만, 김일성은 1964년 2월 10일, 「내무성 및 도시경영
군협의회에서 한 연설」 "국토관리사업을 강화할데 대하여"22)에서 국토와
자원에 대한 관리사업에 대한 중요성을 설명하고 그에 따른 정책을 집행하
고 있음을 시사하였다. 우선, 국토와 부동산의 종류에 따라 내무성·도시경
영성·문화성 등으로 나누어져 있던 관리기능을 내무성으로 통합하여 유일
적인 관리체계를 세우려고 하였다. 그리고 내무성이 국토의 개발과 관리에
관한 장기적 전망계획인 국토건설총계획을 수립하면 상세한 국토건설계획
은 국가건설위원회 설계총국에서 작성하도록 하였다. 국토건설총계획을 작
성하는 데 지켜야 할 원칙으로는 농경지 침범 금지, 소도시 지향, 지대별
기후풍토를 고려한 계획수립 등을 제시하였다. 또한 내무성은 국토와 자원,
건물과 시설물의 실태를 정확하게 조사하고 이를 기초로 등록대장을 만들
어서 국가 소유 부동산뿐만 아니라 개인 소유의 살림집들도 모두 국가에서
관리하도록 하였다.

그리고 1972년, 「조선민주주의인민공화국사회주의헌법」에서는 "국가는
도시와 농촌의 차이, 로동계급과 농민의 계급적 차이를 없애기 위하여 군
의 역할을 높이며, 농촌에 대한 지도와 방조를 강화한다"(제26조 전단)라고
규정하였다. 즉, 법조문에 최초로 국토이용에 관한 정책 방침을 천명한 것
이다. 도시와 농촌의 균형 발전에 대한 원칙은 이후에도 지속적으로 강조
되고 있으며 이를 실현하기 위한 수단으로서 군(郡)의 역할을 높이도록 하

22) 『김일성저작집』 18권, pp.168~184.

는 것 또한 현재에도 주장하고 있는 부분이다. 그러나 대도시 형성을 지양하고 소도시 중심의 국토개발에 관한 정책 방향이 개발도상국으로서의 지위를 갖는 북한에서 실제로 유지되었는지 의문이 있다.

북한에서 국토이용과 관리에 관한 정책 방침이 개별법에 법·제도화된 것은 1977년, 「토지법」을 제정하면서부터이다. 동법에서는 국토이용계획 수립에 대한 「헌법」상의 선언을 "국토건설총계획"(제3장)으로 구체화하였다. 그리고 "토지보호"(제4장), "토지건설"(제5장), "토지관리"(제6장)에 관한 많은 내용을 입법화하여 국토이용과 관리에 관한 정책 방침을 체계화하였다. 그리고 1992년 「도시경영법」과 1993년 「건설법」을 제정하여 도시와 마을의 관리, 건설물의 건설 절차 등에 관한 구체적인 내용을 입법하였다. 나아가, 2002년 「국토계획법」과 2003년 「도시계획법」의 제정을 통하여 엄격한 사전 계획에 따라 국토와 도시의 이용과 관리를 하도록 하고 있다.

남북한은 향후 남북관계가 발전하게 된다면 정치·경제·군사·사회·문화 모든 분야에서 서로 영향을 주고받을 수밖에 없다. 특히 남북관계 발전이 남북한 경제의 통합으로, 나아가 남북한 통일로 이어진다면, 북한의 각종 법·제도에 대한 정확한 이해는 남한 정부의 대북정책이나 남북관계 발전 전략에 반드시 필요하다. 이러한 법·제도 중에서도 부동산의 소유와 이용, 그리고 국토 이용과 관리 등과 관련한 내용은 현재 북한의 경제를 이해하는 데에서뿐만 아니라 향후 남북관계 발전을 추진해 나가는 데에서도 매우 중요하다. 국가를 운영하는 많은 제도들 중에서 토지제도와 관련한 경제 활동 영역이 매우 방대하다는 점을 생각한다면, 이는 너무나 당연하다고 하겠다.

2장

사회주의 경제체제와 토지의 소유 및 이용

1절_ 부동산 소유

1. 고전적 사회주의 체제와 소유

코르나이(Janos Kornai)에 따르면, 재산 개념의 가장 중요한 구성요소는 배타성(exclusivity)이다. 이는 소유자의 동의 없이는 비(非)소유자가 특정한 재산을 이용할 수 없다는 것이다. 더 나아가 소유자가 이러한 주장을 할 수 있도록 하기 위해서는 이를 뒷받침하는 사회적 기제가 존재하여야 한다. 따라서 재산은 사람과 사물의 관계이지만, 다른 한편으로는 사람과 사람 간의 사회적 관계를 의미하게 된다.[23] 재산 중에서, 특히 사회·경제 부문에서 지대한 영향을 미칠 수 있는 생산수단, 그중에서도 토지에 대한 소유권 귀속에 대한 제도는 소유자와 비소유자 간 관계를 계급화시킬 수도 있다. 이 때문에 토지소유권은 역사적으로 논란의 대상이 되어 왔고, 오늘날에도 계속적인 관심의 대상이 되고 있다. 그것은 특정한 국가의 토지 소유권

---

23) Janos Kornai, *The Socialist System: The Political Economy of Communism*(Princeton: Princeton University Press, 1992), pp.62~63.

을 '사유로 할 것인가, 공유로 할 것인가'라는 큰 구분으로 논의되어 왔다.

토지를 비롯한 생산수단의 공유화는 일찍이 모어(T. More), 마르크스(K. Marx), 엥겔스(F. Engels) 등에 의해 주장되었다. 모어는 16세기 초 영국 사회의 모순은 사유재산 제도의 오용에 따른 교회의 횡포와 그 영향으로 가난한 사람들을 희생하게 함으로써 발생한다고 주장했다. 그 결과로 이들 간 갈등, 모순, 범죄 등이 발생하였다. 따라서 사유재산 제도를 철폐하여야 물질적인 것과 정신적인 것을 공유하는 이상 도시인 아모로툼(Amourotum)의 유토피아(Utopia)를 건설할 수 있다고 믿었다.[24] 또한, 마르크스는 당시 영국 도시에서 자행되고 있는 자본가들의 횡포를 제거하자면 근본적으로 해결되어야 할 전제가 있는데, 그것은 도시와 농촌의 이원적 구조 해소와 노동자 계급의 혁명이라고 하였다. 이를 위해서는 구체적으로 모든 생산수단을 국유화시켜야 한다고 주장했다.[25] 즉, 생산수단을 소유한 자본가로부터의 횡포를 제거하기 위해서뿐만 아니라 도시와 농촌의 균형 발전을 위해서도 모든 생산수단은 국유화하여야 한다는 것이다.

그리고 엥겔스는 1847년 『공산주의 원리』에서 국유토지 위에 대규모 건물을 건축하여 공민공사(公民公社)의 공공주택으로 하는 주택 공유 구상을 제기하였다. 그로부터 20년 후 엥겔스는 다시 "현대적 혁명계급과 무산계급을 육성하려면, 우선 노동자를 속박해 온 토지로부터 연결된 탯줄을 절단하여야 한다. 그것에는 직물기와 그들 자신의 소유 주택까지도 포함된다. 노동자들이 전 주택과 공장, 그리고 노동공구의 집체소유자가 된다"라고 주장하였다.[26] 즉, 토지뿐만 아니라 주택도 공유제로 하여야 노동자가 자본

---

24) 토마스 모어 지음, 박병진 옮김, 『유토피아』(서울: 육문사, 2011), pp.86~88.

25) K. Marx, *Capital* (Moscow: Progress Publishers, 1976), pp.601~608 참고. 이는 김원, 『사회주의 도시계획』(서울: 보성각, 1998), p.24에서 재인용함.

26) 馬洪波, "住房利益分配的 矛盾與協調"(中國人民大學 博士學位 論文, 1997) 참고. 이는 박인성, 『중국의 국토개발정책에 관한 연구』(안양: 국토연구원, 1998), p.165에서 재인용함.

가들의 속박에서 벗어날 수 있다는 것이다.

주요 생산수단인 토지와 주택에 대한 이러한 사상을 제도화한 경제제체가 바로 사회주의 경제체제이다. 스탈린이 소련과학원 경제연구소에 지시하여 편찬된『정치경제학교과서』에 의하면, "국가소유제와 국가기관에 의하여 조직·실시되는 계획경제가 사회주의의 가장 기본적인 경제 특징 중 하나이고, 그중 국가소유제는 전체 사회주의 제도의 기초"라고 한다.[27] 즉, 코르나이가 지적한 대로 재산은 사람들 간의 사회적 관계를 의미한다. 그런데 생산수단의 사적 소유를 인정할 경우 생산수단을 소유하지 못한 사람들은 임금 노동자로 전락하여 착취 대상이 되므로 생산수단의 국가소유제를 통하여 착취를 소멸할 수 있다는 것이다. 또한, 계획경제를 통한 자원 배분을 가능하게 하기 위해서는 생산수단의 국가소유가 반드시 필요하다는 것이다.

한편, 코르나이는 재산의 구성요소들을 여러 가지 기준에 따라 분류하고 있다. 그중 소유자의 적법 행위에 따른 분류는 소유권이 어떤 내용의 구성요소를 가지는지를 기준으로 설명한 것이다. 이 기준에 따르면, 소유권은 순소득에 대한 권리, 양도 혹은 이전의 권리, 통제권으로 분류한다. 이러한 권리 내용을 코르나이가 분석한 국유재산과 협동조합재산에 적용하여 그 재산의 성격을 파악해 보면 다음과 같다.[28]

순소득에 대한 권리는 소유자가 재산에 의하여 창출된 소득에서 재산의 이용과 연관된 모든 비용을 공제한 것을 의미하는 소득 잔여분에 대하여 처분권을 가진다는 것이다. 양도 혹은 이전 권리는 소유자가 대가를 받고 매매하거나 임대할 수 있고, 증여나 상속할 수 있는 권리를 말한다. 통제권은 재산 활용에 대한 권리로서 재산 관리, 의사결정, 감독 등에 대한 것을 의미한다. 이를 부동산이라는 재산에 적용해 보면, 순소득에 대한 권리는

---

27) 박인성 · 조성찬,『중국의 토지개혁 경험』(서울: 한울, 2011), p.92.
28) Janos Kornai, *The Socialist System: The Political Economy of Communism*, pp.64~83.

농지에서 재배한 농작물로부터 발생하는 순수익 또는 부동산 임대를 통한 임대 수익에 대한 수익권을 뜻한다. 양도 혹은 이전의 권리는 부동산의 매매나 교환 등 처분권을 지칭한다. 마지막으로 통제권은 실제 부동산을 점유해서 사용할 수 있는 사용권에 해당한다.[29]

코르나이가 고전적 사회주의 체제에서 이 권리들의 행사에 관하여 설명한 내용을 국가가 소유한 부동산에 적용해 보면 다음과 같다. 고전적 사회주의 체제에서 국유 부동산으로 발생하는 순소득은 국가의 중앙예산으로 흘러들어 가며, 순소득은 관료기구에 의해 자의적으로 설정된다. 이 순소득 규모를 결정하는 요인이 될 모든 경제 변수는 '국고'라는 비인격적 제도 이면에 있는 관료기구가 설정한다. 그리고 국유 부동산은 구매와 판매 대상이 아니다. 국유 부동산들은 임대되지도, 양도되지도, 상속되지도 않는다. 고전적 사회주의 체제에서 처분권이라는 재산권은 누구도 행사할 수 없으며, 심지어 명목적 소유자인 '국가'조차도 안 된다. 통제권이라는 재산권도 관료기구에 의해서 행사된다. 다만, 그 권리는 관료조직의 개별 기구와 그러한 기구 내부의 개인들이 가진 상대적 영향력에 따라 불균등하게 배분된다.

결국 고전적 사회주의의 관료기구는 일련의 특수한 재산권, 즉 몇 가지 소유권과 모든 통세권을 행사하기 위해 위계적 책임 분할을 이용하는 집중화되고 획일적인 사회적 구조물인 것이다. 즉, 부동산에 대한 양도 혹은 이전 권리는 누구도 행사할 수 없지만, 순소득에 대한 권리와 통제권은 관료기구가 행사한다. 그러나 국유 부동산을 통하여 누구도 이윤을 챙길 수 없으며 아무도 손실에 대해 자신의 주머니를 열어 지불할 필요가 없다. 그렇기 때문에 이러한 의미에서 국유 부동산은 모두에게 속하기도 하고 어느

---

29) 한국 「민법」 제211조는 "소유자는 법률의 범위 내에서 그 소유물을 사용, 수익, 처분할 권리가 있다"라고 규정하고 있는데, 이를 코르나이가 설명하는 소유권의 내용과 비교해 본 것이다. 즉, 순소득에 대한 권리는 수익권, 양도 혹은 이전의 권리는 처분권, 통제권은 사용권에 해당한다고 할 수 있다.

누구에게도 속하지 않는다.

고전적 사회주의 체제에서 두 번째 기본적인 재산 형태는 협동조합이다. 대규모 집단화 과정은 이 체제가 종국적으로 안정화된 거의 대부분의 사회주의 국가에서 발생했다. 협동조합 지도부는 조합원들에 의해 오로지 명목상으로만 선출되었다. 그러나 실제로 그들은 관료기구에서 임명된 자들이며 지위상으로 당이나 대중조직의 선출된 간부나 국가 혹은 지역 입법부의 선출된 구성원들과 하등 다를 바가 없다. 협동조합 지도부는 협동조합 소득을 어떻게 사용할 것인지 독립적으로 결정할 수 없다. 소득 사용은 일반적 규제와 상부로부터의 특별하고 특수한 개입에 의해 제약된다. 따라서 소유권의 내용이 되는 순소득에 대한 권리가 존재하지 않는다. 또한 지도부는 생산수단을 양도할 수 없다. 그런 점에서 소유권의 내용 중 양도 혹은 이전의 권리도 존재하지 않는다. 그리고 지도부는 생산수단을 어떻게 사용할 것인지 결정할 자유가 없다. 그리하여 소유권의 내용 중 통제권도 역시 부족하다.

따라서, 그 권리의 내용으로 볼 때, 협동적 재산은 기묘한 협동적 성격이 부여된 관료적 국가 재산의 일종이다. 실제로 협동적 재산은 '국유화된' 협동조합으로서 작동하며, 그 재산은 준국가재산으로 간주될 수 있다. 협동적 재산을 국유화로 하지 않은 것은 궁극적인 의도와 당시의 사회적 현실과의 타협으로 이루어진 산물이다. 가장된 양보를 통하여 저항을 현저하게 감소시키며 농민 대중으로 하여금 스스로 경작할 기회의 손실을 다소간 쉽게 수용하도록 만들었던 것이다. 타협이 되는 정도는 협동적 재산이 국가 재산보다 낮은 형태의 사회적 소유라는 반복되는 공식 선언에 의해 확증된다. 모든 생산은 '전 인민'에 의한 소유라는 구조에 포함시켜야만 한다. 결국, 고전적 체제에서는 국가소유 재산과 협동적 재산 형태 간에 실질적이고 명확한 구별이 거의 존재하지 않는다.

2. 고전 체제 변화와 사적 부문의 발전

고전적 체제는 대부분 국가에서 1980년대와 1990년대에 걸쳐 분열하거나 종말을 고하게 된다. 이렇게 사회주의 국가가 고전적 체제에서 이탈하여 다른 방향으로 나아가는 변화의 원인은 코르나이 분석[30]에 따르면, 누적된 긴장과 모순 때문이며 네 가지 주요한 요인이 있다. 그것은 ① 경제적 곤란의 누적, ② 대중의 불만, ③ 권력을 가진 사람들의 자신감 또는 신념의 상실, ④ 외부 사례에 의한 영향이다. 변화 중에서도 가장 깊고 근본적 변화는 정치 구조이며, 그 다음은 재산관계, 그리고 조정기구이다. 이러한 항목에 대한 변화 정도에 따라 코르나이는 개혁, 혁명 등의 용어를 사용하고 있다.

즉, 어떤 변화가 앞의 3가지 중 최소한 하나를 영구히 변경하지만 그 체제를 사회주의 체제의 범주로부터 완전히 벗어나게 하지 않을 때, 이를 개혁이라고 명명한다. 이 경우 가장 급진적인 변화가 정치 구조에서 일어난다면, 다시 말해 공산당의 권력 독점이 무너지면, 이는 더 이상 개혁이 아니라 혁명이다. 즉, 개혁은 본질적이고 깊으며 근본적인 변화를 망라하지만, 심도에서나 급진성에서나 사회주의 체제를 기본적으로 구분해 주는 특징인 공산당의 유일 권력을 포기하는 정도로까지 나아가지는 않는다.[31]

사적 부문은 재산, 그중 토지를 비롯한 부동산의 영역에서도 나타난다. 코르나이는 사적 부문의 등장과 발전이 개혁과정 동안 경제영역에서 일어나는 가장 중요한 경향이라고 한다. 이는 재산관계(국가소유와 준 국가소유의 지배적 지위)에 영향을 미치기 때문에 심층적 변화를 가져 오며, 또한 이 변화는 급진적 방식으로 일어난다. 이하에서는 부동산 영역에도 적용시

---

30) Janos Kornai, *The Socialist System: The Political Economy of Communism*, pp.383~388 참고.

31) 이러한 점에서 중국은 혁명이 아니라 개혁을 한 국가로 보아야 하며, 북한의 현재와 미래를 분석하고 전망하는 데 유용한 비교 대상이 된다.

켜 볼 수 있는 사적 부문 발전의 요인, 사례, 사적 부문에 대한 관료의 태도, 탈사회주의하에서의 사적 부문 등에 대하여 코르나이가 분석하고 있는 내용32)을 중심으로 살펴본다.

고전적 체제하에서 국가 부문이나 협동조합 부문들이 위로부터 구축되었던 방식과는 달리, 사적 부문은 행정부에 의해 '인위적으로' 만들어지지 않는다. 개혁 중인 국가들을 일괄해 본다면, 수천만의 사람들이 자발적으로 사적 부문을 선택하는데, 그 유인은 물질적 요인, 고소득에 대한 희망이다. 그리고 사적 부문에 참가하게 되는 또 다른 강력한 유인은 자율적이고 싶은 바람이다. 아주 작은 가족작업장 소유자나 소농지 소유자는 남의 제재를 받지 않고 마음대로 할 수 있다는 것에 큰 만족을 느낀다. 즉, 고소득에 대한 물질적 요인, 자율성에 대한 정신적 요인이 결합하여 사적 부문이 부흥하며 발전하는 것이다.

부동산과 관련된 사적 부문 발전 사례의 가장 대표적인 것이 소규모 가족 영농이다. 이 부분에 대한 가장 극적인 변화는 중국에서 일어났다. 개혁 조치로 인민공사 체제는 없어졌으며, 농업생산은 소규모 가족농에게 넘어 갔다. 처음에 가족은 토지 경작과 관련해서 '책임을 지고 있었고' 자기 경작권만 받았을 뿐이었다. 시간이 지나면서 경작권은 점차 장기화되었고, 경작권 자체가 상속되거나 일부 지역에서는 심지어 판매될 수 있었다. 토지는 사실상 소규모 가족경영의 사유재산이 되었고, 동시에 가축, 농기구·장비, 건물 등도 이러한 소유형태의 대상이 되었다. 또 다른 사례는 국유재산의 임대를 통한 개혁의 결과에서 발견할 수 있다. 국가는 소유권 내용 중 양도 또는 이전의 권리는 여전히 소유하지만, 순소득에 대한 권리와 통제권의 경우 지대를 받고 임대계약 기간 사적 개인이나 집단에게 사용을 허가한다. 고전적 체제에서 관료기구가 여전히 세 권리를 모두 가지고 있던 경우

---

32) Janos Kornai, *The Socialist System: The Political Economy of Communism*, pp.433~460 참고.

와 비교되는 것이다.

사적 소유를 비난하고 공적 소유의 정당성을 강조하는 것은 고전적 체제의 공식 이데올로기에서 주요한 요소이다. 공산주의자들은 사적 소유에 대해 반감 또는 명백한 적개심을 가지고 있다. 따라서 개혁의 공식 이데올로기는 사유재산에 대한 전통적 반대와 낭시에 직질혰던 개혁적 당 노선[33] 사이에서 실용적인 타협 지점을 발견해 내려는 시도[34]를 한다. 소농민이나 소상인은 더 큰 자산과 더 높은 소득에 대한 분노, 선망, 질투로 사적 부문에 대한 의심, 반감, 혐오의 감정도 가진다. 즉, 개혁 사회주의는 사유재산, 사적 경제활동, 재산으로부터 받는 수입 등의 문제에 대해 일관성 있는 사고체계를 내 놓을 수 없다. 개혁 사회주의는 한편으로는 사회주의적이고 반(反)자본주의적이며 사적 소유에 반대하는 전통과 다른 한편으로는 개혁과정의 실용주의적 요구들 사이에 존재하는 모순들로 가득 차 있다. 결국에는 뿌리 깊은 사고방식과 행동양식의 반응 때문에 전통적 사고가 지배하게 된다.

개혁 사회주의에서 나타나는 사적 소유와 시장기구 사이에는 밀접한 친화력이 있다. 그러나 이 시장은 여전히 어디에서나 사회 전체를 지배하는 관료적 조정[35] 메커니즘의 영향하에 놓여 있다. 관료는 개혁 국면에서 사적 부문에 대해 모호한 태도를 보인다. 사적 부문과 관료가 만나는 지점의 예를 보면, 고전체제에는 이미 허가 없이 공급되는 '암거래·불법' 경제 활동이 존재했다. 개혁은 두 종류의 변화를 가져 온다. 첫 번째는 어떤 활동을 위한 시장이 완전히 변하게 되는데, '암거래·불법' 시장이 '투명한·합

---

33) 사유재산에 대한 부분적 허용과 사유재산의 장려를 말한다.
34) 소규모 상품 생산은 사회주의 체제와 양립할 수 있다고 간주되고, 또한 이러한 생산은 근면한 노동자, 농민, 평범한 도시민들 등과 관련된다고 강조하는 것이다.
35) 둘 이상의 사람 혹은 조직 간에 어떤 관계가 존재할 경우 그들의 활동은 언제나 어떠한 형태의 조정을 필요로 하는데, 이러한 역할을 하는 주요한 조정 기제로는 관료적 조정, 시장 조정, 자치적 조정, 윤리적 조정, 가족 조정 등이 있다.

법' 시장으로 바뀌었다.

두 번째 가능한 변화는 특정 사적 활동이 여전히 금지 대상이지만 더 이상 실제로는 금지되지 않는 것이다. 관료는 일이 어떻게 되어 가는지 알고 있으면서도 모르는 척한다. 이 경우 시장의 성격은 '암거래 · 불법'에서 '(합법 · 불법 사이의) 모호한 중간'으로 변했다. 이 경제 활동은 일반 대중에 대한 공급과 그러한 활동을 하는 사람들의 소득을 크게 향상시키는 데 기여했다. 그러나 그러한 소득은 매우 불안정하며 언제 법의 엄격한 집행이 떨어질지 아무도 알지 못한다. 관료 통제를 최대한 잘 피하는 것은 사적 부문의 과제로서 이는 관료의 자비에 크게 달려 있다. 개혁 사회주의 체제는 사적 부문을 필요로 하고, 사적 부문은 자신들에 대해 적대적이더라도 관료의 권력을 인정해야 한다. 결국 쉽지 않은 공존, 상호 불신과 갈등으로 가득 찬 공존이 나타난다.

앞에서 살펴 본 사적 부문의 부활은 개혁 과정 동안에 사회주의 체제에서 일어나는 가장 중요한 변화들에 속한다. 하지만 공산당이 분할되지 않은 권력을 보유하고 있을 동안에는 사적 부문이 경제에서 지배적인 부문이 되는 것은 불가능하다. 탈사회주의하에서는 여러 다른 형태의 사적 부문이 빠른 속도로 확장된다. 이러한 관점에서 개혁 사회주의의 유산은 긍정적 측면도 동시에 가지고 있다. 사회주의라는 구조 안에서 공식적인 사적 부문과 비공식적인 사적 부문이 모두 발전하려고 이런저런 노력을 더 많이 기울이면 기울일수록, 사적 부문의 확장은 체제 변화 이후에 더 빨리 일어날 것이기 때문이다. 이러한 점에서 혁명이 일어나기 전에 개혁이 있었던 나라들은 고전적 사회주의에서 탈사회주의 이행으로 바로 나아간 나라들보다 더 나은 조건에서 출발한다. 사적 부문의 창조는 국가 명령이 아니라 사적 부문에 참가하는 사람들의 자유 의지에 의해서만 이루어질 수 있다. 정부 당국이 빠른 성장을 촉진하기 위해 할 수 있는 모든 것을 한다고 해도, 사적 부문의 발전은 하루아침에 일어날 수 없다. 사적 부문이 경제에서 지배적 영역이 되기 위해서는 많은 햇수가 필요한 것이다.

2절_ 국토 이용과 관리

사회주의와 자본주의의 체제를 불문하고 한 국가의 국토개발과 보전은 일정한 계획하에 이루어지고 있다는 점에서 큰 차이가 없다. 종래에는 주로 도시 형성에 관한 부문에 관심을 가졌기 때문에 도시계획이라는 명칭으로 계획이 수립되어 왔다. 이후, 국토의 균형적 발전과 도시 형성에 대비되는 보전의 기능도 중요시됨에 따라 국토계획이라는 명칭으로 범위를 확대하여 왔음 또한 양 체제 사이에 큰 차이가 없다. 다만, 사회주의 체제에서는 부동산, 그중에서도 중요한 생산수단인 토지 소유권을 국·공유화하고 있고, 사적 자본의 형성을 금지하고 있기 때문에 이러한 점으로부터 파생되는 특징으로 인하여 자본주의 체제의 국토계획과 다른 점이 있다. 한편으로는 사회주의 체제의 저개발 국가에서도 경제 발전을 위한 규모의 경제, 집적의 경제를 추구하여 특정한 도시를 중심으로 국토 발전이 실행되는, 개발도상국 형태의 국토개발이 이루어지고 있다.

1. 전통적인 사회주의 계획이론

전통적인 사회주의 도시계획 이념은 마르크스, 엥겔스 그리고 레닌(V. Lenin)에서 찾는다. 마르크스와 엥겔스의 1848년 공산당선언(The Communist Manifesto of 1848)은 '진보된 국가'가 추구해야 할 10가지 강령을 제시하고 있다. 그중 도시계획과 관련된 부분은 다음과 같다. ① 토지소유의 몰수와 지대의 국가경비로의 전용, ⑥ 운송수단의 국가 수중으로의 집중, ⑦ 국영 공장과 생산도구들의 증가, 공동 계획에 의거한 토지 개간 및 개량, ⑨ 농경과 공업경영의 결합, 도시와 농촌 간 차이의 점차적 근절을 위한 노력 등이다.36) 즉, 도시계획이나 지역계획에 있어 집단주의를 강조한 것으로서 뒤의 세 가지를 실천하기 위한 기초적 조건으로서 토지의 사적 소유 폐지를 주장하고 있다. 운송수단 국유화는 도로계획과 관련이 있으며, 공장 국유화는 농업과 공업을 결합하기 위한 조건이다. 그리고 도·농 균형발전은 지역계획의 기준이 된다.

또한, 마르크스는 도시재개발도 자본가의 자본증식을 위한 메커니즘으로 전락하고 노동자의 이익은 전혀 개선되지 않고 있다고 비판했다. 즉, 재개발은 슬럼주택을 허물고 새로운 은행과 창고를 건설하고, 자동차 이용자를 위해 도로를 확장함으로써 그곳에 거주하는 도시서민들을 더 과밀화된 곳으로 쫓아내는 일이라는 것이다. 재개발로 인해 변두리로 쫓겨난 노동자들은 경제적 부담을 지게 됐을 뿐 아니라 직장마저 멀리 떨어져 통근하는 데 고통을 겪는다고 했다.37)

마르크스는 또한 대도시와 도·농 분리를 비판했다. 그는 대도시를 본질적으로 자본가들이 자본투자를 통해 임금 노동자를 착취하여 잉여가치를 창출하는 곳이라고 보았다. 대도시 성장이 노동자들의 노동권익 신장과 열악한 주거환경 개선에는 전혀 도움이 못되고 오히려 자본가들의 재투자만을 제공할 뿐이라는 것이다. 그래서 마르크스는 공업도시나, 상업도시에서 자본이 빠른 속도로 축적될수록 노동자 착취는 늘고, 주거환경은 더 악화된다고 단정했다. 따라서 도·농 균형발전을 이룩하자면 공업의 입지와 소유를 자본가 임의대로 하지 못하게 하고 국가계획에 의해 거시적으로 배치

---

36) 마르크스와 엥겔스는 사회주의의 구체적인 모습에 대해서는 거의 언급을 하지 못하였으며, 사회주의 도시계획에 대해서도 언급한 적은 없다. 다만, 공산당선언에 제시된 도시계획과 관련된 부분이 4가지 있는 것이다(김홍순, "사회주의 도시는 어떻게 만들어졌는가?", 『국토계획』 제42권 6호(2007), pp.27~28).
37) K. Marx, *Capital*, pp.601~618 참고. 이는 김원, 『사회주의 도시계획』, pp.24~25에서 재인용함.

함으로써 작게는 도 · 농 균형개발과 크게는 전국의 균형발전을 기할 수 있다고 보았다.[38]

환경 문제와 관련하여 마르크스와 엥겔스는 자본주의적 생산 방식과 생산 관계, 자본주의적 경제 원칙에 따른 경제적 결정들이 환경 위기의 주범이라고 생각하였다. 이들은 자본수의석 생산 행위가 근시안적 이윤만 추구할 뿐 다음 세대의 생활을 고려하지 않는다고 하였다. 또 자본주의 사회에서 자본이 인간의 노동을 착취한 것처럼 자연도 착취한다고 생각하였다. 인간의 노동력과 함께 생산 과정에 투입되는 에너지와 원료 등 자연자원은 끊임없이 상실되어가며 그 과정에서 오염이 발생되었다고 보았다.[39] 이에 대하여 마르크스와 마르크스주의자들은 환경파괴의 해결이 자본주의적 생산 관계의 철폐를 통하여 이루어질 수 있다고 하였다.[40] 즉, 인간 사회의 모순을 제거하여야 인간이 자연을 이용하더라도 인간과 자연의 상호 관계가 이루어져서 환경 문제가 해결될 수 있다는 것이다.

마르크스의 도시비판은 엥겔스에 와서 구체적인 전략으로 나타난다. 엥겔스의 이상세계는 도 · 농 통합으로 이어진다. 그는 도 · 농 구분이 폐지되고 양 공간이 종속관계가 아니라 동일관계로 유지되어야 한다고 본다. 그러한 사회의 실현은 종국적으로 생산수단을 자본가가 독점하는 것이 아니라 국가나 사회가 공유해야 한다고 했다.[41] 즉, 토지를 비롯한 생산수단의 국 · 공유화 논리는 도 · 농, 국토의 균형 있는 발전을 위해서라도 필요하다는 것이다.

엥겔스의 도시인식은 노동자 및 주택문제가 산업혁명에 의한 기계문명

---

38) 위의 책, pp.23~25.
39) 정종환, "마르크스의 자연관에 대한 연구", 『열린정신 인문학연구』(2002), p.1.
40) 박준건, "생태문제에 관한 마르크스주의의 독해와 그 한계", 『인문논총』 제42집 (1993), p.181.
41) Frederick Engels, *The Condition of Working-Class in England*(Moscow: Progress Publishers, 1975) 참고. 이는 김원, 『사회주의 도시계획』, p.26에서 재인용함.

에 기인한다는 데서 출발한다. 방직기계(1764년)를 발명하고부터 자본가들은 많은 이윤을 얻어내기 위해 노동자를 혹사했다. 그러면서도 그들은 주택환경, 권익보호, 위생, 보건문제 등에 냉혹했다. 또한, 도시계획은 주민들의 복지증진과 병행하지 못한 채 노동자들에게 열악한 주거환경 조건을 강요했고, 주거 밀도도 열악했다. 엥겔스는 이 같은 도시주택 상태가 개선되지 못한 채 방치되는 것은 자본가들의 이기주의 때문이며 그것이 영국의 도시를 폐허로 만들었다고 비판했다. 자본가의 이기주의는 도시를 단순히 투기성 개발의 대상으로만 생각했고 잉여가치를 창출하는 공간으로 이해했기 때문이라는 것이다. 엥겔스는 여기에 강한 불만을 지녔고, 그의 불만은 생산수단인 자본을 국유화시켜 이기주의를 철폐하고 공장과 주택을 통합한 계획이념을 제시하였다.[42]

마르크스와 엥겔스가 사회주의 도시계획에 영향을 미친 이론가라면 레닌은 구체적으로 집행한 도시계획가 혹은 사회주의 국가개발의 집행자이다. 마르크스가 개탄한 직장·주택 간 먼 통근거리, 대도시인 런던의 비위생적인 도시문제 등의 모순을 해결하려는 노력이 그 후 레닌에 의해 구체화되었다. 레닌이 주장하거나 실천한 것은 크게 ① 주택의 국가몰수, ② 은

---

42) 위의 책, pp.27~28 재인용; 김원 교수는 마르크스와 엥겔스의 도시관은 도시가 자본주의 논리를 반영할 뿐 아니라 도시화가 오히려 사회주의로 이행하는 데 필요한 전제 조건이자 발전 방향이라고 보는 것으로 분석하였다. 그는 이를 마르크스, 엥겔스가 대도시에 대한 양면성을 노출시킨 이론의 한계라고 지적하면서 그들의 논리는 모순이라고 한다. 즉, 당시의 불결한 주택, 질병, 열악한 노동 조건 등으로 대변되는 대도시는 모순투성이로 자본주의 생산양식의 철폐로 없어져야 마땅하다고 보면서 또 그것을 사회주의 혁명의 수단으로 인정한다고 하는 점을 지적한 것이대위의 책, p. 32]. 이에 대해 황경수 교수는 사회주의 계획이 이념상 계속적으로 대도시를 추구하지 않는 것으로 볼 때 이들의 대도시 비판론은 그런대로 일관성 있는 논리로 여긴다고 한다[황경수, "북한 사회주의국가 국토개발의 논리와 해석", 『동아시아연구논총』 제8권(1997), p.317]. 마르크스, 엥겔스가 대도시의 적극적인 형성을 통하여 사회주의 혁명을 하자는 것이 아니라 대도시를 방지하여야 하지만, 이미 형성되어 있다면 이를 사회주의 혁명의 기회로 활용할 수 있다는 것이므로 필자는 논리적 모순은 아니라고 본다.

행·화폐·공장·소비자시설의 국유화, ③ 토지 사회화에 관한 기본법 제정 등으로 나눌 수 있다. 이로써 레닌은 마르크스, 엥겔스가 주장했던 자본주의의 모순을 없애기 위해 토지, 주택, 공업, 금융, 노동 등을 국유화함으로써 생산수단의 개인소유를 철폐시켰다. 그래서 노동자들에게 지상 천국의 이상적 도시를 실현시킨다고 믿게 만들었다.[43] 즉, 마르크스·엥겔스·레닌이 주장하거나 실천한 도시계획은 토지사유화 폐지를 기초로 대도시비판(도시재개발 비판을 포함), 도·농 및 지역 균형발전, 주택공유화 등을 들수 있다.

2. 사회주의 개발도상국과 국토개발

포브스(Forbes)와 트리프트(Thrift)는 사회주의 개발도상국들이 자본주의 개발도상국과는 다른, 어떤 공통적 측면이 있다고 본다. 예를 들어 자본주의 개발도상국들이 빠른 도시화와 종주도시[44]화를 겪는 데 반해, 사회주의 개발도상국들은 상대적으로 느린 도시 성장과 낮은 수준의 종주도시화를 보여준다고 한다. 그들은 역성극화 현상(Polarization Reversal)[45]을 사회주의 개발도상국이 가지고 있는 공통적인 현상이라고 본다. 이러한 현상은 상대

---

43) V. Lenin, *Collected Works, 42* (Moscow: Progress Publishers, 1975) 참고. 이는 김원, 『사회주의 도시계획』, pp.25~34에서 재인용함.
44) 특정 지역에 인구가 집중하는 인구내파(人口內破) 현상으로 나타나게 되는 하나의 중심적인 거대도시를 말한다. 즉, 종주도시란 한 나라에 하나의 초대형 도시가 있는 경우의 도시를 말하는데, 호슬리치(Bert F. Hoselitz)는 종주도시의 특성으로 투자의 독점·인력의 흡수·문화의 지배·타도시의 발전 저해·생산율에 비해 높은 소비율 등을 지적하면서 어느 나라나 발전 초기에는 이런 모든 기능이 종주도시에 집중된다고 한다[이종수, 『행정학 사전』(서울: 대영문화사, 2009), p.442].
45) 대도시 분산에 관한 현상으로서 반도시화 현상은 수도권 밖의 지역과 농촌지역의 성장을 의미하는 반면에, 이 현상은 종주도시 혹은 중심지역에서 다른 시와 지역으로 인구 및 경제활동이 분산되는 것을 뜻한다[Harry W. Richardson 지음, 최정복 역, "개발도상국가에 있어서의 대도시 분산 전략"(수도권 개발의 현황과 전망 세미나, 1979), p.93].

적으로 오랜 시간 사회주의를 경험하고 있는 국가들에서 전형적으로 나타난다고 한다.[46] 즉, 저개발 사회주의 국가의 도시성장도 자본주의의 그것과 다를 바 없지만, 전통적인 사회주의 도시계획 이론에 따라 대도시 성장을 억제하기 위한 조치 즉, 역성극화 현상이 나타난다는 것이다. 이 현상이 해체되면, 개발도상국으로서 실리를 추구하는 국토개발을 하고 있다고 볼 수 있는 것이다.

이 현상은 1977년 해리 리처드슨(Harry W. Richardson)이 종주도시로만 집중되던 국가경제가 분산하기 시작하는 전환점을 표현하기 위해 'Polarization Reversal'이라는 용어로 사용하였다.[47] 이 현상은 중심지역으로만 향하던 자원이동이나 인구유입 효과가 기술보급 확대에 따라 중요성이 덜해질 때 나타난다. 그리고 저개발지역에서 생산된 보충 물품에 대한 수요가 증가할 때, 또는 지방 시장의 팽창, 지역 간 교통향상, 낮은 임금의 노동력 공급 가능 등으로 지방에 분공장(分工場) 설립이 가능하게 될 때에도 나타난다.[48] 즉, 이 현상은 종주도시의 경제적 분산을 의미한다. 결국, 다른 도시가 성장할 때 이 현상이 포착되므로 다른 도시의 인구 증가로도 설명할 수 있다.

이 현상이 사회주의 개발도상국에서 왜 일어났는가에 대한 포브스와 트리프트의 주장은 크게 두 가지 관점으로 해석된다. 하나는 사회주의 이데올로기 영향이고, 다른 하나는 의도되지 않은 국가의 본질적 관심 요소들 때문에 그렇게 되었다는 것이다. 이데올로기적 측면에서 보면, 사회주의 개발도상국에서 대도시는 소비도시로 간주된다. 생산도시를 형성하기 위해

---

46) 조진철, "사회주의 개발도상국으로서의 북한의 도시계획", 『통일과 국토』(2001, 여름호), pp.5~6.

47) 이 용어를 극화반전현상엄기문, "개발도상국의 도시정책과 정부의 능력", 『중대 논문집(사회과학편)』(1984), p.202]으로 해석하기도 하는데, 이 책에서는 주로 조진철 교수의 논문을 인용하고 있으므로 그가 번역한 '역성극화 현상'으로 칭하기로 한다.

48) Harry W. Richardson 지음, 최정복 역, "개발도상국가에 있어서의 대도시 분산 전략", p.94.

강제적인 국가 권력으로 대도시 규모를 억제하고 도시경제의 자급자족성을 증진하며, 새로운 중소도시를 탄생시켜 인구를 분산 통제한다는 것이다. 극단적인 예로 캄보디아의 경우 프놈펜의 250만 인구는 역성극화 현상을 위해 도시에서 축출됐고 5만의 인구만 거주하게 되었다. 이 현상은 중국의 예에서도 발견할 수 있는데, 문화혁명 당시 젊은 사람들의 농촌이동 현상[49]이 대표적인 경우이다.[50]

이데올로기적 요소가 아닌 비이데올로기적 요소들로 역성극화 현상이 유발되었다는 논리는 사회주의 개발도상국이 역성극화 현상을 적극적으로 추구하지 않았다고 가정하는 것이다. 경제적 과정에 의해 역성극화 현상이 발생하였다는 관점에 따르면, 공업발전은 사회주의 개발도상국에 있어 주요한 경제발전 전략인데 역성극화 현상은 의도적인 산업화 과정보다는 오히려 비생산적 활동에 투자하지 않으려는 비용 효율 극대화의 산물이라는 것이다. 즉, 사회주의 개발도상국에서 도시들은 도로, 가옥, 상하수도, 전기 시설물 등과 같이 투자 자본이 많이 들어가는 것들에 있어 최소 비용원칙을 실행한다. 이를 위해 도시 성장 억제, 지방 중소도시 창출을 포함하는 역성극화 현상은 최소 자본에 의한 최대효율을 가능하게 하는 요소로 자리매김한다.[51] 즉, 사회간접자본이 확충되면 도시 성장에 긍정적 영향을 미치나, 반대의 경우는 도시에서의 경제활동이 불편하여 도시로 인구 유인을 할 수 없게 된다. 따라서 투자 자본이 많이 들어가는 사회간접자본에 대한

---

49) 이를 상산하향(上山下鄕)이라고 하는데, 도시지역의 청년학생들을 생활조건이 열악한 산간벽지나 농촌으로 보내서 직접 노동에 참여하게 하는 정책을 말한다. 이 정책은 1949년 건국 이후 도시지역 경제가 침체될 때 과잉 인력을 해소하는 방안으로 시작되었으나, 문화대혁명 시기에 이르러서는 홍위병 활동에 가담한 청년들을 재교육하기 위한 목적으로 대대적으로 확대 시행되었다(원톄쥔(溫鐵軍) 지음, 김진공 옮김, 『백년의 급진』(서울: 돌베개, 2013), p.51]. 따라서 이 경우는 원인 면에서는 대도시 분산정책과 직접적인 관련성이 희박하다고 할 수 있으나, 결과적으로는 역성극화 현상이 나타났다고 볼 수 있다.
50) 조진철, "사회주의 개발도상국으로서의 북한의 도시계획", p.6.
51) 위의 논문, p.6.

저투자는 결과적으로 역성극화 현상을 초래한 하나의 원인이 되었다고 보
는 것이다.

2부

북한의 부동산제도

1장

부동산 소유와 이용에 관한 법체계

북한은 각종 제도에 관한 법률적 근거를 두고 있고, 최고의 법률은 「헌법」이며, 사회주의 경제체제를 수용하여 그 특성상 부동산제도의 핵심은 소유관계에 관한 것이었다. 1948년 제정된 「헌법」에서는 국가 및 협동단체뿐만 아니라 개인도 토지를 소유할 수 있고, 상속권도 보장되는 것으로 하였다(제5조, 제6조, 제8조). 이후 1972년에는 「사회주의헌법」을 제정하였다. 이는 이전 「헌법」과 달리 생산수단에 대한 소유권을 국가 및 협동단체에만 부여함으로써, 개인은 토지소유권을 가질 수 없도록 하였다(제18조). 그리고 협동농장의 생산시설과 농촌문화주택을 국가부담으로 건설하도록 하였다(제26조). 이후 「헌법」개정에서도 부동산 소유에 관한 1972년 「헌법」내용은 큰 변화 없이 그대로 유지되고 있다.

「헌법」 하위 법규로는 토지정책에 관한 기본법이라고 할 수 있는 「토지법」이 1963년 12월에 처음으로 제정되었다. 북한 문헌1)에 따르면, 이 법률은 "토지와 자원을 보호관리하고 이용하는데서 나서는 원칙적 문제들을 집대성한" 것이며, 이로써 "모든 기관, 기업소, 단체, 공민은 한 치의 땅도 허

---

1) 『법학연구론문집』 11권(평양: 사회과학출판사, 2010), p.30.

실하지 않고, 있는 토지를 보다 효과적으로 관리할 수 있는 법적 담보를 가지게 되었다"라고 언급하고 있다. 다만, 동 법률의 구체적인 내용은 알려지지 않았으며, 1977년 4월에「토지법」이 다시 제정되었다.[2] 이 법은 "온 사회를 주체사상화하기 위한 역사적 사업을 실현하려면 그에 맞게 국토의 면모를 개변하여야 하며 그것을 법적으로 담보할 국가의 법과 규정들이 제정"[3]되어야 한다는 배경에서 입법되었다고 한다. 내용은 토지소유권, 국토건설총계획, 토지보호, 토지건설, 토지관리 등을 집대성한, 그야말로 국가 토지정책에 관한 가장 기본적인 법률이다. 특히, 동법은 북한 토지는 국가 및 협동단체 소유로서, "누구도 팔고 사거나 개인의 것으로 할 수 없다"(제9조)고 규정하여 개인의 사적 소유와 유통을 금지하고 있다.

한편, 1990년 9월에 제정된「민법」은 소유권제도에 관한 별도의 편을 두어 부동산을 비롯한 모든 재산을 국가소유권, 사회협동단체[4]소유권, 개인소유권으로 구분하고, 개인은 토지소유권을 가질 수 없도록 하였다. 주택의 경우에는 국가가 건축하여 소유권은 국가가 갖되, 개인에게 이용권을 부여하고 이를 법적으로 보호하였다(제50조). 또 개인소유권 대상에 주택을 포함시켜(제59조) 국가에서 배정받은 주택이 아닌 종래로부터 개인이 소유하고 있던 주택은 소유권을 보장하고 있다. 2009년 12월에는「부동산관리법」제정으로 부동산 이용에 관한 규정이 입법되었는데, 이 법은 내국인의 부동산 이용에 관한 사항을 정하고 있다. 같은 시기인 2009년「살림집법」이 제정되어 주택 건설과 이용에 관한 구체적인 절차가 입법되었다.

외국인에 대해서는 1984년 9월「합영법」제정 이후 외국인의 투자환경을 조성하기 위해 토지이용권이 부여되기 시작했다. 1993년 10월에는「토지임대법」을 제정하여 외국투자가와 외국투자기업에 필요한 토지 임대차에 대

---

2) 종전의 법률을 개정한 것이 아니라 새롭게 제정한 것으로 발표되고 있다.
3)『법학연구론문집』11권, p.30.
4) 1990년 제정 당시에는 '협동단체'라고 하였으나, 1999년 개정으로 명칭이 변경되었다.

한 이용질서를 규정하고 있다. 그리고 1991년 나선경제무역지대 창설부터
시작해 본격적인 경제특구 정책이 도입되어 부동산 사용과 관련된 권리관
계는 종전보다 더욱 다양하게 되어 갔다. 1993년 「자유경제무역지대법」을
비롯한 경제특구 관련법이 제정되어 경제특구에서는 「토지임대법」 외에
특례 규정에 의해 외국인의 토지이용 관계를 규율하고 있다. 이러한 내용
의 법체계를 정리하면, 다음과 같다.

[표 2-1] 부동산 소유와 이용에 관한 현행 법체계

구 분	법률 명칭	주요 내용
정책방향	헌법	·토지 소유에 관한 권리자 범위 ·주택의 국가 부담 건설
부동산소유와 이용 (개별 부동산)	토지법	·토지 소유에 관한 권리자 범위
	민법	·토지 소유에 관한 권리자 범위 ·주택의 개인 소유권 인정과 상속 보장 ·국가건설주택에 대한 개인의 이용권 부여
	부동산관리법	·내국인의 허가에 의한 국유 부동산 이용 ·부동산의 유상 사용 ·부동산의 등록
	살림집법	·주택의 건설 ·주택의 배정과 이용
	토지임대법	·외국인의 토지임대 방법 ·토지이용권의 양도와 저당 ·토지임대료와 토지사용료 ·토지이용권의 반환
	경제특구법	·각 경제특구에서 국유 부동산 이용의 특례

※ 북한의 부동산 소유와 이용에 관련된 법률 중 주요 내용만 위의 내용을 참고하여
표 형식으로 정리하였다.

[표 2-1]에 정리된 바와 같이 현행 법체계가 정립되기까지, 특히 1977년
「토지법」 제정 이전의 토지 이용에 관한 정책은 법·제도화된 원칙보다는
필요할 때마다 결정되는 개별 행정조치에 의해 시행되었다. 이 내용과 관
련된, 해방 이후 시기부터 2014년 현재까지의 각종 법규와 행정조치의 주요

내용은 다음과 같다.

[표 2-2] 부동산 소유와 이용에 관한 각종 법규 및 행정조치

시기 구분	주요 내용	법규 및 행정조치
토지개혁 시기	토지개혁의 내용, 절차	·북조선토지개혁에 대한 법령(1946) ·도시개혁·실시에 대한 림시조치법(1946) ·토지개혁법령에 대한 세칙(1946) ·토지소유권증명서교부에 관한 세칙(1946)
한국전쟁 시기	전시 식량수요 를 충족하기 위 한 휴경지 등의 경작 방안 제시	·경작자가 없는 토지조치에 관하여(1950) ·경작자가 없는 토지를 공동경작할데에 관하여(1951)5) ·부업경리농장경영에 관하여(1951), 국가협동 및 기타 기 업소, 기관, 단체들의 부업경리발전과 그 생산물 처리에 관하여(1952)
농업집단화 시기	전후 경제 복구 와 농업협동화를 위한 조치	·농경지의 복구와 보호대책 실시에 관하여(1953) ·토지행정사업을 강화할데 대하여(1954) ·토지관리규정시행세칙(1955)6) ·포전정리사업을 광범히 실시할데 대하여(1956)
사회주의 확립기	토지의 소유와 이용 제도 확립	·토지법(1963), 토지법(1977) ·헌법(1972) ·민법(1990)
개방시도기	외국인에게 토 지이용권 부여와 특례	·합영법(1984), 합작법(1992), 토지임대법(1993) ·자유경제무역지대법(1993), 라선경제무역지대법(1993), 신의주특별행정구기본법(2002), 금강산관광지구법(2002), 개성공업지구법(2002) ·조중라선경제무역지대와 황금평경제지대 공동개발총계 획요강(2011), 경제개발구법(2013)
내부정립기	다양한 부동산 활동 대두	·살림집법(2009) ·부동산관리법(2009)

※『법학연구론문집』 11권과 세계법률정보 등의 자료를 참고하여 정리하였다.

5) 한국전쟁으로 인하여 청장년의 전쟁 참여와 거주지 이전으로 노는 땅이 많이 생
　겨나서 경작을 희망하는 자에게 임시경작권을 부여하였다[『법학연구론문집』 11
　권, p.19].
6) 이 규정에서는 "토지를 농경지, 대지, 잡종지, 특수용지로 분류하였다. 농경지에
　는 분여경지, 개간지, 경작지, 자작지가 속하며, 대지로서는 국유대지, 분여대지,
　사유대지가 속하며, 잡종지로서는 로초전, 간석지, 소택하천부지가 속하며, 특수
　용지로는 군사용지, 관상용지, 철도, 도로 및 부두용지, 염전용지가 속한다"라고
　규정하고 있어 이 시기까지 사유 대지가 인정되었음을 알 수 있다[위의 책, p.24].

2장

토지와 주택의 소유와 이용에 관한 제도의 변천

1절_ 토지 소유

사회주의 경제체제를 표방하는 북한은 주요 생산수단인 토지에 대하여 이용 측면보다는 소유문제에 더 큰 의미를 부여하였다. 「토지법」에서도 규정하고 있듯이 토지는 "혁명의 고귀한 전취물"이며 "인민들의 혁명정신이 깃들어 있는" 대상이므로 자산이 아니라 자원으로서, 체제 성립과 유지의 기본이 된다고 강조하였다. 이러한 토지의 소유에 관한 시기별 제도는 다음과 같다.

1. 해방 후 토지개혁에 의한 토지소유권 부여

1945년 해방 직후 북한의 상황은 일제하로부터 이어져 온, 반봉건적 모순관계가 그대로 온존된 상태로 있었다. 북한의 총 농가 가운데 4%밖에 안 되는 지주가 총 경지면적의 58.2%를 점유하고 있었다. 이에 비해 농가 호수의 56.7%에 달하는 빈농들은 겨우 총 경지면적의 5.4%를 차지하고 있었다. 이

러한 조건에서 북한 지도부는 토지개혁을 하지 않고서는 농민들을 지주의
착취와 예속에서 해방할 수 없으며, 농업생산력을 발전시킬 수 없다고 판
단하였다.[7]

이에 따라 북조선임시인민위원회는 1946년 3월 5일 「북조선토지개혁에
대한 법령」을 공포하였다. 이 법령에서 몰수하여 무상으로 농민에게 분배
하는 토지의 범위를 정하였는데, 이는 두 분류로 나눌 수 있다. 첫째는 일
제와 관련된 토지로서, "① 일본국가, 일본인 및 일본인단체 소유지 ② 조선
민족의 반역자, 조선인민의 리익에 손해를 주며 일본제국주의의 통치기관
에 적극 협력한 자의 소유지와 일제의 압박 밑에서 조선이 해방될 때 자기
지방에서 도주한 자들의 소유지"(제2조)이다. 둘째는 지주 소유지와 관련된
토지이다. "① 한 농호에서 5정보 이상 가지고 있는 조선인 지주의 소유지
② 자기가 경작하지 않고 모두 소작 주는 소유자의 토지 ③ 면적에 관계없
이 계속적으로 소작 주는 모든 토지 ④ 5정보 이상을 소유하고 있는 성당,
승원 기타 종교단체의 소유지"(제3조)가 그것이다.

이 경우 지주 성격에 대한 규명이 필요하였는데, 청산지주를 판단하는
데 중요한 기준은 토지를 소유하면서 자기 노력으로 경작하였는지, 소작을
주었는지였다. 즉, 5정보 이상의 땅을 가지고 있다 하더라도 일부 땅은 자
기가 부치고 일부 땅을 소작 주던 사람들의 토지에 대하여서는 소작 준 땅
만 몰수하도록 하였다. 5정보 이상의 땅을 전부 자기 노력으로 부치는 사람
의 땅에 대하여서는 몰수하지 않는 원칙을 세우도록 하였다.[8] 이러한 기준
은 과대 면적의 보유를 규제하고자 하는 것이 아니라 경자유전의 원칙을
강조하여 토지개혁의 정당성을 확보하는 근거가 되었다. 이에 따라 토지개
혁 후에도 부농이 일부 존재하게 되었다.

몰수된 토지의 분배는 단순 계산방식으로 농가당 일정면적으로 배분한

---

7) 림기범, 『우리 식 농촌문제해결의 빛나는 경험』(평양: 농업출판사, 1992), pp.4~5.
8) 손전후, 『토지개혁경험』(평양: 사회과학출판사, 1983), p.46.

것이 아니라 일정한 기준을 가지고 있었는데, 분여토지점수제와 분여토지의 공평성 보장이 그것이다. 분여토지점수제는 농가별 가족 수와 가족의 경작능력[9])에 기초하여 각 농가당 점수를 매기고 그 점수에 따라 토지가 분배되게 하는 것을 말한다. 즉, 총 분배 토지면적을 토지점수로 나누어 농가별로 토지분배를 실시하는 방법이다. 분여토지의 공평성 보장이란 토지의 비옥도를 고려하여 분배하는 방식이다. 토지는 위치, 지세, 수리 등 경작여건에 따라 비옥도가 다르다. 그렇기 때문에 토지별로 등급을 정하고 등급에 따른 증감계수를 부여하여 단순한 분배면적에서 증감계수를 고려한 환산면적으로 토지를 분배한 것이다.[10] 노동력과 토지의 객관적 상황을 고려한 이러한 분배기준은 토지분배의 균등성과 공평성을 꾀하려는 시도로 받아들여져 북한의 토지개혁이 신속하게 이루어지는 하나의 요인이 되었다.

토지개혁 결과, 농촌계층[11]) 구성 비율이 변화하게 되었고, 이는 북한의 공식 연구[12])를 통해 확인할 수 있다. 부농은 호수의 2~3%(종전에는 약 5%), 경지면적의 3.2%, 농업생산액의 5.5%를 점하였다.[13] 빈농은 25% 내외, 나머

---

9) 남녀노소에 따라 토지점수를 차등하게 매기는 것을 말한다.

10) 손전후,『우리나라 토지개혁사』(평양: 사회과학출판사, 1983), pp.178~196.

11) 빈농은 "풍, 흉 여부를 불구하고 식량이 부족한 농호"를, 중농은 "풍년에는 자기 식량이 되고 흉년에는 부족한 농호"를 말한다. 부농은 "풍흉 여하를 물논하고 자기 식량이 남아서 팔 수도 있고 빗노이(빚놀이-인용자)도 할 수 있는 농호"를, 고농은 "토지개혁으로 토지분여를 받고 생활상의 형편으로 인하여 독립 생계를 못하고 다른 농호에 기탁하여 농사를 하는 농호"를 지칭한다[「농민성분 분석 조사의 관한 건」, 1947년 4월 12일 기안(강원도 인제군 당부,『농민부지령서철』) 참고. 이는 김성보,『남북한 경제구조의 기원과 전개』(서울: 역사비평사, 1998), p.182에서 재인용함].

12) 김승준,『우리 나라에서의 농촌 문제 해결을 위한 력사적 경험』(평양: 조선로동당출판사, 1965), p. 102, p. 118; 김한주,『우리 나라에서의 맑스-레닌주의 농업 강령의 승리적 실현』(평양: 조선로동당출판사, 1960), p.40.

13) 1949년 부농 경리가 차지하는 파종면적의 비중은 1946년과 동일한 3.2%였으며, 농업총생산액에 있어서는 5.5%로부터 5.4%로 감소하였다. 특히, 전쟁 기간에 부농경리의 비중은 전쟁 피해와 기타 원인으로 인하여 심히 저하되어 전쟁 직후에는 총 농가 호수의 0.6%에 불과하였다[김승준, 위의 책, p.118].

지 62~63% 정도가 중농이었다. 그것은 일제하에 80%에 달하던 빈농이 대폭
축소되고 전반적으로 중농화가 이루어졌지만, 여전히 빈농 문제가 남아있
음을 보여준다. 또 농업정책이 중농을 중심으로 이뤄지면서 빈농의 처지를
향상시키고 부농화를 가급적 제한하는 방향에서 추진될 필요가 있었음을
의미한다. 이는 궁극적으로 북한의 농업징책이 농업협동화를 통해 농가 간
토지소유 규모의 불균등성까지를 해소하여 가는 과정으로 나아가게 되는
내적 배경이 된다.14)

토지개혁을 토대로 1948년 제정된 북한 「헌법」은 "생산수단은 국가, 협동
단체 또는 개인자연인이나 개인법인의 소유다"(제5조)라고 규정하여 생산
수단에 대한 사소유권15)을 입법화하였다. 그리고 "토지소유의 최대한도는
5정보 또는 20정보로 하되, 지역 및 조건에 따라 법령으로 규정"(제6조)하도
록 하였다. 또한 "토지의 개인 소유를 법적으로 보호하고, 그 상속권도 법
적으로 보호"(제8조)하도록 하였다. 이 경우 토지 종류를 농경지로 한정하
지 않았으므로 북한 「헌법」에서 성문화한 토지에 대한 사적 소유권은 대지
에 대해서도 인정되었다고 볼 수 있다.16)

한편, 분배된 토지는 도 인민위원회가 토지소유권에 관한 증명서를 교부

---

14) 김성보, 『남북한 경제구조의 기원과 전개』, p.184.
15) 토지에 대한 사적 소유권을 부여한 것은 마르크스주의에도 부합하는 것으로 인
    식하였다[김승준, 『우리나라에서의 농촌 문제 해결을 위한 력사적 경험』, p.97].
    즉, 마르크스는 "생산수단에 대한 노동자의 사적 소유는 소경영의 토대이며, 소
    경영은 사회적 생산의 발전과 노동자 자신의 자유로운 개성의 발전에 필요한 조
    건이다. 이 생산방식이 노예제, 농노제 및 기타의 예속관계 아래에서도 존재하는
    것은 사실이다. 그러나 그것이 번영하며 자기의 모든 정력을 발휘하고 자기의 적
    절한 전형적 형태를 취하는 것은, 오직 노동자가 자기 자신이 사용하는 노동조건
    의 자유로운 사적 소유인 경우(즉, 농민이라면 자기가 경작하는 토지를, 수공
    예인이라면 자기가 능숙하게 다루는 도구를 소유하는 경우)뿐이다[K. Marx 저, 김
    수행 역, 『자본론-정치경제학 비판-Ⅰ(하)』(서울: 비봉출판사, 2002), pp.1047~1048]
    라고 설명하였다.
16) 북한은 1948년 3월 12일 "대지 및 공지 이관에 관하여"를 공포하여 개인 소유를
    제외한 나머지 대지와 공지를 모두 '북조선인민위원회'로 이관하였다.

하고 그것을 토지대장에 등록함으로써 완결되도록 하였으며(제7조),[17] 매매와 저당을 하는 것은 금지되었다(제10조). 즉, 토지소유자에게 토지의 사용권능과 사용을 통하여 획득한 농작물에 대한 처분권은 주었으나, 토지소유권 자체의 처분권은 제한되었던 것이다. 소유권행사 제한에 대한 북한측 설명[18]을 보면 먼저, 사적 소유에는 본질적으로 구별되는 두 가지 형태가 있다고 전제한다. 하나는 다른 사람의 노동을 착취하는 데 기초하고 있는 것이며, 다른 하나는 생산자 자신의 노동에 기초하는 것이다. 토지개혁 후 근로 농민적 토지 소유는 후자에 해당한다. 이것은 농민의 토지 소유를 부정하는 것이 아니라 그것을 철저히 옹호 보장하는 규정이지만, 그와 동시에 토지가 다시금 착취 수단으로 전환되는 것을 방지하는 대책이라는 것이다. 따라서 토지개혁에 의하여 부여된 사적 소유권은 농지 경작권과 농작물 처분권을 가지는 데 그치며 토지를 이용해 자본적 이득을 취하는 행위는 처음부터 금지되어 있었다.

이러한 조치는 "경작권지의 확대와 더불어 토지 사유에 대한 농민들의 의존심을 뿌리 채 흔들어 놓는데 크게 기여"[19]하여 후의 농업협동화 과정(처분권이 없는 상태에서의 개인경작이 집단 경작으로 전환되는)이 비교적 순탄하게 진행되는 하나의 요인이 되었다고 평가된다. 북한의 연구[20]에 따르면, 초기 협동농장의 3가지 형태 중 집단성이 가장 강한 제3형태가 1954년 기준으로 78.5%로 나타난다. 이는 농지개혁 당시 처분권이 없는 소유권에 대한 강한 인식이 크게 작용한 것으로 판단된다. 즉, 1946년 당시에 북한은 아직 사회주의 체제를 갖추지 못했지만, 무상으로 분배한 토지의 처분

17) 농민들에게 토지소유권 증명서가 수여됨으로써 일제강점자들이 만들어 놓았던 일체의 토지문건이 완전히 무효로 되고 청산되었다고 한다[손전후,『토지개혁 경험』, p.242].
18) 김승준,『우리나라에서의 농촌 문제 해결을 위한 력사적 경험』, pp.98~99.
19) 위의 책, p.127.
20) 림기범,『우리 식 농촌문제해결의 빛나는 경험』, p.24.

을 금지함으로써 사회주의 체제 성립의 물적 기초를 이 시기에 이미 형성
시켰다고 본다.

토지소유권 행사 제한 규정의 도입과 더불어 북한의 설명[21]에 의하면,
농업협동화는 이미 계획되어 있었다고 한다. 사회주의적 농업협동화를 하
려면 거기에 필요한 물질적 전제와 함께 농민들이 자신의 경험에 따라 스
스로 그 길을 택할 수 있으리만큼 선진적 사상으로 준비되어야 하는데, 당
시의 농촌 실정은 그렇지 못했다는 것이다. 일제의 가혹한 식민지 통치와
악선전으로 농민들이 협동경리와 사회주의에 대한 정확한 인식을 가질 수
없었던 시기에 농업협동 경리를 조직하고 사회주의 구호를 들었다면 농민
들이 따라올 수 없었을 것이고, 접근하지도 않았을 것이라는 것이다. 즉, 당
시 상황에서는 농민들을 사회주의의 길로 이끌어 가기 위한 역사적 준비
기간이 필요하였다는 것이다.

한편, 현재 남한에서는 당시 북한 토지개혁 조치의 합법성에 대한 논의
가 있다. 이는 주로 남북한 통일을 전제로 한 토지재산 처리와 관련된 것이
다. 즉, 1946년 북한의 토지개혁을 위헌적인 불법행위로 평가하는 견해[22]에
따르면, 1946년 당시에는 북한에서 헌법이 마련되어 있지 아니하고 남한에
서도 헌법에 제정되어 있지 않은 상태였다. 그렇기 때문에 위헌성 판단의
근거가 될 수 있는 헌법적 근거를 어디에서 찾을 것인가 하는 법적 문제가
발생한다고 한다. 이것은 인류보편의 가치[23]를 내용으로 하는 법의 일반원
칙에서 구해야 한다고 주장한다. 당시에 북한지역 토지는 사소유권 대상이
었으며, 소유자들 인격의 자유전개를 가능하게 한 재산적 기초였다고 본다.
이를 무상으로 몰수하였기 때문에 인간 인격의 자유전개 기초였던 재산권

---

21) 김승준, 『우리나라에서의 농촌 문제 해결을 위한 력사적 경험』, p.128.
22) 김상용, "북한의 토지법제와 통일 후의 정책적 과제", p.13.
23) 이 견해에서는 인류보편의 가치는 인간을 인격적 존재로 인정하고 '인격의 자유
전개를 보장'하는 것인데, 생산수단에 대한 사소유권을 부인하는 사회주의 이론
은 인간은 인격적인 존재라는 인간의 본성에 반하는 이론으로 본다.

이 박탈되어 북한의 토지개혁 조치는 법의 일반원칙에 반하는 위법행위였으며, 위헌적 행위라고 평가한다.

생산수단의 사소유권을 부정하는 일은 인간 본성에 반한다고 하나, 인격의 자유전개가 반드시 사소유권 인정이 아니라 소유권 제한, 사용권 부여 등 다양한 방법에 의해서도 실현될 수 있는 것이다. 무상몰수 과정도 법 규정을 통한 일정한 기준을 가지고 있었으며, 이를 국유화한 것이 아니라 무상분배의 과정을 거쳐 후에 제정된 「헌법」에서 이를 추인하였기 때문에 불법으로 볼 것은 아니라고 본다. 무엇보다도, 북한에는 토지 소유권을 증명할 수 있는 등기부가 존재하지 않는다. 또 실제 이용 현황도 1946년과는 비교할 수 없는 상황이므로 현실적으로도 토지개혁의 불법성과 그에 따른 원상회복이나 보상문제를 합리적으로 다룰 수 있는 환경이 되지 못한다.

2. 농업협동화에 따른 토지공유제 시행

1950년 6월부터 1953년 7월까지 지속된 한국전쟁은 수많은 농민들을 타지방에 이주하게 하거나 행방불명되게 하였다. 또 농업노동력 부족으로 많은 농경지가 경작자가 없는 상태로 방치되는가 하면, 폐경·휴경되는 결과를 초래하였다. 이에 따라 전시식량수요를 보장할 수 없게 되자 북한은 일련의 법적 조치를 강구하였다. 1950년 12월, 《경작자가 없는 토지조치에 관하여》라는 지시를 통하여 경작자가 없는 토지를 토지가 적은 농민 또는 농사 지을 것을 희망하는 전재민들에게 나누어주면서 그들에게 임시경작권을 주었다. 1951년 1월, 《조국해방전쟁시기에 있어서 인민생활안정을 위한 제 대책에 관한 결정서》를 통하여 경작자가 없는 토지를 국가기관, 국영기업소, 기타 기관, 기업소들의 부업경리용으로 이용하도록 하였다. 또한, 1951년 5월에는 《경작자가 없는 토지를 공동경작할데 관하여》를 발표하고 공동경작의 방법을 도입하였다. 공동경작을 하는 경우 거기서 나오는 수확물은 공동경작에 참가한 농민들이 수득한 노력점수제에 따라 분배되었다.[24] 즉, 한국전쟁 당시에도 이미 협동농장이 운영될 수 있다는 점을 알리는 조치가 있었던 것이다.

한국전쟁 이후 북한 정부는 1953년 8월 전원회의[25] 방침에 따라 자작 소농층이 장기적으로 존속하는 것을 전제로 하는 가운데 점차 농업협동조합제도를 확대하는 방향에서 농업정책을 추진하였다. 이는 한국전쟁 이후 전쟁으로 촉발된 이념적 경직화와 농업생산기반 붕괴, 농촌계층 분화, 농·공간 불균형 문제 등으로 정부로서는 이러한 정책을 추진하지 않을 수가 없었던 것이다. 그리고 한국전쟁 이후 농민 계층 중 빈농 및 중농 하층의 구성 비율이 전체의 90% 정도까지 된 상황에서 이들은 정부가 농업협동화를 추진하지 않아도 스스로 영농을 협동화해갈 수밖에 없는 처지였다.[26]

북한이 농업협동화를 실시해야 했던 이유는 앞에 언급한 경제적 측면도 있었지만, 정치적 이유도 있었다. 그것은 첫째, 김일성 담화문[27]에도 드러나듯이 북한에서 소련의 쿨락(kulak)에 해당하는 '부농'이 성장하여 북한 정권과 대립되는 징후가 보이기 시작하였기 때문이다. 이에 따라 농업협동화를 통하여 사회주의 국가와 이해관계를 달리하는 세력을 분쇄하고자 하였다. 둘째, 또 다른 계기는 북한 농민들이 양곡수매사업을 거부한 사건이다. 당시 북한은 국가에서 양곡수매를 하였는데, 양곡이 부의 원천이었기 때문에 양곡의 장악은 곧 권력 장악과 마찬가지였다.[28] 그러나, 김일성의 언급

24) 『법학연구론문집』 11권, pp.19~21.
25) 이 회의에서 "중공업을 우선적으로 발전시키면서 경공업과 농업을 동시에 발전시킬데 대한 우리 당의 기본경제건설로선과 농촌에서 농업협동화를 실현할 것"을 천명하였다고 한다『법학연구론문집』 11권, p.22].
26) 김성보, 『남북한 경제구조의 기원과 전개』, pp.265~304.
27) 김일성, "농촌경리의 금후 발전을 위한 우리 당의 정책에 관하여, 조선로동당 중앙위원회 전원회의에서 한 결론, 1954년 11월 3일", 『김일성저작집』 9권(평양: 조선로동당출판사, 1980), p.127.
28) 서재진, "북한의 토지개혁과 농업협동화 이후 농민들의 의식 변화", 『현대북한연구』 제5권 1호(2002), p.175.

을 보면 양곡수매사업은 의도한 대로 진행되지 못했고 농민들의 저항이 있었던 것으로 보인다. 김일성은 높은 가격으로 쌀을 팔려고 하는 농민들의 이기심[29], 당 및 정권기관 간부들의 업무상 오류[30], 농촌에 숨어 있는 계급적 원수[31]들로 인하여 양곡수매사업이 원활하게 진행되지 못하였다고 지적했다.

이러한 상황에서 전개된 농업협동화 과정에 대한 북한의 설명[32]에 따르면, 협동경리 형태를 1, 2, 3형태로 규정하고 농민들이 자기 의사에 따라 임의로 선택하도록 하였다. 제1형태는 노력협조반이다. 노력협조반은 전통적으로 내려오던 소겨리반이나 품앗이반과 달리 연간을 두고 고정적으로 조직된 노력협조 형태였다. 노력협조반에서는 토지를 비롯한 부림소와 농기구 등 생산수단을 통합하지 않고 윤번식으로 돌아가면서 반원들의 농사를 공동적으로 짓도록 하여 자기 땅에서 생산된 농산물은 다 자기가 가지게 하였다. 이 형태는 종래의 품앗이반에서 조금 더 발전된 형태로서, 고정적인 호조(互助)의 수가 확대된 것에 불과하다. 개인 소농경리를 기본으로 한 공동 노동의 협조조직이라고 할 수 있다.

제2형태는 토지를 통합하고 공동경리를 운영하면서 분배는 토지와 노동에 의해서 실시하는 반(半)사회주의적 형태이다. 통합하는 토지는 면적과 비옥도에 따라 점수를 정하여 이 점수가 토지에 의한 분배 기준으로 되었다. 부림소 및 농기구는 공동소유로 하는 것을 원칙으로 하되, 희망에 따라 조합원 개인소유로 남겨두고 공동으로 이용하였다. 조합원들 개인소유의 생산수단을 이용한 경우 그 대가를 연말에 현물 또는 돈으로 물어주었다.

29) 김일성, "조선민주주의인민공화국 내각 제30차 전원회의에서 한 결론, 1954년 8월 23일", 『김일성저작집』 9권, p.84.
30) 김일성, "농촌사업을 강화하기 위한 몇가지 대책에 대하여, 조선로동당중앙위원회 상무위원회에서 한 결론, 1955년 2월 2일", 『김일성저작집』 9권, pp.216~217.
31) 위의 책, pp.216~217.
32) 림기범, 『우리 식 농촌문제해결의 빛나는 경험』, pp.22~24.

분배는 공동 작업에 참가한 노동의 양과 질에 따르는 것이 80% 이상 되게
하고, 토지에 의한 분배는 20%를 넘지 않도록 하였다.

제3형태는 토지와 기타 기본 생산수단을 통합하고, 노동에 의해서만 분
배를 하는 완전한 사회주의적 형태이다. 이 형태에서는 토지는 물론 부림
소, 농기구도 통합하여 공동소유로 하고, 부업까지 포함한 모든 생산을 공
동으로 진행하였다. 개인소유로는 세대당 약간의 텃밭과 집터 안에 있는
과일나무 그리고 공동경리에 지장을 주지 않는 범위에서 돼지, 닭 등 집짐
승들을 부업용으로 기를 수 있게 하였다. 그리고 부림소와 농기구 같은 생
산수단을 통합할 때는 반드시 해당한 값을 물어주도록 하였다. 각 형태별
농업협동화 과정상의 비율은 다음과 같다.

[표 2-3] 농업협동조합의 형태별 구성(단위: %)

형태	1954	1955	1956	1957	1958
2형태	21.5	7.8	2.5	1.2	-
3형태	78.5	92.2	97.5	98.8	100.0

출처: 림기범,『우리 식 농촌문제해결의 빛나는 경험』(평양: 농업출판사, 1992), p.24.

[표 2-3]을 보면, 토지의 사적 소유를 인정하고 있던 1954년부터 제3형태
의 비율이 월등하게 높았음을 알 수 있다. 이에 대한 북한의 설명[33])에 따르
면, 토지개혁을 할 때부터 장차 농업협동화를 예견하여 농민들에게 토지를
균등하게 배분해 주었기 때문에 그들의 생활수준은 큰 차이가 없었다고 한
다. 더욱이 전쟁 피해로 농민들의 경제적 처지가 빈약한 반면, 계급적 각성
은 매우 높았으므로 처음부터 제3형태의 협동조합 비율이 높았다는 것이
다. 즉, 토지개혁을 단행하여 농민들의 평균 경작면적은 늘어났으나, 농가
의 노동력과 토지비옥도 등을 고려해 토지를 배분하였기 때문에 농가 수입

33) 위의 책, p.24.

의 상대적 형평이 유지되고 있었다. 무엇보다도 처분권이 없는 토지의 사적 소유를 고수하여야 할 절대적인 이유는 없었던 것으로 판단된다. 결국, 1958년 11월 「농업협동조합기준규약(잠정)」에 "조합은 조합원들의 모든 토지와 영년생 작물을 통합하여 공동소유로 한다"(제5조)라고 규정하여 토지 소유권 문제에서 토지의 사적 소유 원칙이 폐기되고, 협동조합 소유로 획일화된다.

[표 2-4] 농업 협동화 수준(단위: %)

구 분	1954	1955	1956	1957	1958
농가호수에 대한 비율	31.8	49.0	80.0	95.6	100.0
경지면적에 대한 비율	30.9	48.6	77.9	93.7	100.0

출처: 림기범, 『우리 식 농촌문제해결의 빛나는 경험』, p.22.

1958년 10월에는 농업협동 경리들의 비교적 작은 규모와 생산력 발전의 요구 간 모순을 해결하고 경리규모를 확장해야 할 필요성이 제기되었다. 그래서 리 행정구역을 단위로 리 내에 있는 농업협동경리들을 한 개의 농장으로 통합하였다. 그 결과, 1957년에 1만 6,032개이던 조합 수는 1958년 3,843개로 통합되었다. 이 통합은 리 인민위원장이 농장관리위원장을 겸임하는 원칙에서 진행됨으로써 행정사업과 경제사업이 유기적으로 결합되게 되었다. 지방 정권 기관은 생산에 더욱 근접하게 되었으며, 농촌에서 경제, 문화 건설에 대한 기능과 역할을 더욱 강화할 수 있게 되었다.[34] 즉, 농업협동화로 토지는 공유화(共有化)된 것으로 볼 수 있지만, 협동농장 구성원들이 자발적으로 운영하는 것이 아니라 인민위원회의 통제하에 운영되어 재산권의 실제적 성격은 공유화(公有化)된 것이다. 이로써 1946년 토지개혁으로 분배받았던 개인의 토지소유권은 폐지되었고, 국가 및 협동단체 소유

---

34) 김승준, 『우리 나라에서의 농촌 문제 해결을 위한 력사적 경험』, pp.182~183.

의 토지소유만 허용되어 1950년대 말 북한은 사회주의 경제체제 형성을 위한 물적 토대를 완성하였다.

3. 토지의 사회주의 소유제도 정립

북한은 1963년 12월 17일에 「토지법」을 채택하였다. 이 법은 토지관리규정 등 토지개혁관리법령 이후에 제정된, 토지관계를 규제하는 법규들을 체계화한 법률로, 전문이 공표되지 않아 구체적 내용을 알 수는 없다. 다만, 북한의 『법학사전』에 소개된 내용을 통하여 개략적으로 알 수 있을 뿐이다.[35] 『법학사전』은 「토지법」의 제정 목적을 "우리나라에 확립된 사회주의적 공유를 공고 발전시키며, 토지를 온갖 피해로부터 보호하며, 농경지를 부단히 확장하면서 토지이용율을 최대한 높이는 것을 기본 과업으로 삼고 있다"라고 하였다. 다시 말하면, 1963년 「토지법」은 토지의 '사회주의적 공유'를 법적으로 확인·고착시킨 내용이었다.[36]

이 같은 토지의 '개인소유 금지' 내지 '사회주의적 소유'는 1972년 사회주의 「헌법」에서 추인되었다.[37] 즉, 제18조는 "생산수단은 국가 및 협동단체의 소유"라고 규정하여 개인 소유권을 명백히 부정하였다. 제21조는 "협동단체에 들어 있는 전체 성원들의 자원적 의사에 따라 협동단체 소유를 점차 전인민적 소유로 전환시킨다"라고 규정하여 토지의 전면적 국유화를 위한 정책방향을 입법적으로 천명하였다. 이후, 북한은 1977년 4월에 「토지법」을 제정하였다. 이 법은 토지소유권에 관한 장(제2장)을 별도로 두고 "토지는 국가 및 협동단체의 소유이며 나라의 모든 토지는 인민의 공동소유로서 그것을 팔고사거나 개인의 것으로 만들 수 없다"(제9조)라고 규정하여 「헌

---

35) 『북한의 부동산제도』(법원행정처, 1997), p.57.
36) 『북한법제개요』(법제처, 1991), p.433.
37) 『북한법제개요』, p.433.

법」상의 정책방향을 구체적으로 적시하였다.

1990년 9월에 제정된 「민법」은 "생산수단에 대한 사회주의적 소유는 조선민주주의인민공화국의 경제적 기초"(제3조)라고 규정하여 생산수단에 대한 사회주의적 소유의 대원칙을 천명하였다. 또한, 소유권제도에 관한 별도의 편(제2편)을 두어 국가, 사회협동단체, 개인별 소유권의 대상을 구체적으로 정하고 있다. 즉, "국가소유권의 대상에는 제한이 없다"(제44조), "사회협동단체는 토지와 부림짐승, 농기구, 고기배, 건물 등과 중소공장, 기업소와 문화보건시설, 그 밖에 경영활동에 필요한 대상들을 소유할 수 있다"(제54조)라고 규정하여 토지에 대한 국유 외의 소유권도 인정하고 있다. 그러나 개인에 대해서는 "'공민은 살림집과 가정생활에 필요한 여러 가지 가정용품, 문화용품, 그 밖의 생활용품과 승용차 같은 기재를 소유할 수 있다"(제59조)라고 하여 토지 소유권의 대상이 될 수 없음을 명백하게 규정하였다. 이로써, 실제로는 1958년에 완성된 농업협동화로 토지[38]에 대한 개인 소유권이 폐지되었지만, 법적으로는 1972년 「헌법」, 1977년 「토지법」, 1990년 「민법」 규정을 통하여 체계화되어 현재에 이르고 있다.

2절_ 토지 이용

1. 내국인[39]의 토지 이용

국유토지 이용에서는 내국인과 외국인의 이용 절차, 내용 등에 차이가 있다. 내국인의 국유토지 이용은 「토지법」과 「부동산관리법」에 근거를 두고 있으며, 협동농장 소유토지의 공동경작과 그 외 농지의 사적 이용, 국유

---

38) 농지 외의 토지에 대한 사적 소유권 폐지 시기는 분명하지 않다.
39) 북한의 기관, 기업소, 단체, 공민을 말한다.

토지의 허가절차에 의한 유상 이용의 경우로 구분할 수 있다.

(1) 협동농장의 운영

북한의 협동농장이 포함되는 사회협동단체의 소유권 대상에는 토지와 농기계[40], 배, 중소공장, 기업소, 그 밖에 경영활동에 필요한 대상들이 포함된다(「민법」제54조). 그리고 사회협동단체 소유권의 담당자는 개별적인 사회협동단체이며, 사회협동단체는 자기 소유의 재산을 그 성원들의 의사에 따라 민주주의 원칙에서 점유하거나 이용, 처분할 수 있으나, 토지에 대한 처분은 법이 정한데 따르도록 규정하고 있다(「민법」제55조). 이 규정을 통하여 협동농장의 재산권 행사의 내용, 운영주체와 운영방법을 파악해 볼 수 있다.

먼저, 협동농장의 재산권 행사에 있어 재산을 직접 사용 · 수익, 처분할 수 있는 것이 원칙이나, 토지 소유권에는 「토지법」제9조, 「부동산관리법」제28조에 의하면 처분권이 없다. 그리고 협동단체 재산에 대한 구성원들의 권리와 관련한 북한의 설명[41]은 이 재산에 대한 소유권자는 협동단체이지, 그 협동단체를 구성하고 있는 개개의 구성원들은 소유권자가 아니라는 것이다. 협동농장 경리에 속한 개별 근로자들은 협동단체 재산에 몫을 가지지 않으며, 다만 집단적 소유권자로 될 뿐이라고 한다. 따라서 구성원이 협동농장을 떠나게 된다 하더라도 소유지분의 권리를 주장할 수 없는 것으로 이해된다.

---

40) 이 규정은 1999년 3월에 개정된 내용으로서, 종전에는 '농기구'로 표현하였고, 『민사법사전』(평양: 사회안전부출판사, 1997, pp.691~692)에서는 "국가에서 협동농장에 배속시킨 뜨락또르, 모내는 기계, 수확기를 비롯한 현대적 농기계들은 협동단체 소유가 아니며, 그에 대한 소유권은 여전히 국가가 가지고 리용권만이 협동농장에 주어져 있다"라고 설명하고 있다. 이를 두고 남한의 연구들에서는 협동농장의 실질적인 운영자는 국가라는 근거로 보기도 하였다.
41) 위의 책, p.691.

한편, 협동농장의 운영주체와 관련하여서는 협동단체가 국가와는 독립된 법인격을 가지느냐의 문제와 연결하여 검토해 볼 수 있다. 북한의 설명[42]에 따르면, 협동단체는 자기의 설립을 해당 국가기관에 등록한 때로부터 민사 법률관계의 당사자자격, 법인자격을 가진다. 다만, 협동단체법인의 권리능력은 국가의 결정으로 채택된 기준 규약과 그것을 구체화하여 해당 협동단체의 총회에서 채택한 규약의 범위로 제한되며, 협동단체법인은 민사 법률행위를 자기의 대표자나 그가 위임한 대리인을 통하여 수행한다. 즉, 개인 구성원의 입장에서 볼 때 협동농장 재산에 대한 어떤 권리가 있는 것이 아니라, 협동농장 구성원으로 존재하는 동안 농지 경작에 참여할 수 있는 권리를 갖고 생산물을 배분받는 것에 불과하다. 다만, 협동농장 소유 재산에 대한 권리는 국가가 아닌 별도의 형식적인 법인격을 가지고 있는 협동단체에게 있으나, 협동농장의 권리 실현은 국가적 지도하에서 자기의 대표자나 대리인을 통해 행해지는 것이다. 따라서 협동농장 토지 이용에서는 국가적 지도관리 체계와 협동농장 대표자가 누구인지가 중요하다. 그것은 이를 통하여 협동농장에 대한 국가적 통제의 정도와 국가와는 별개의 법인격을 가진 경제주체로서 자율성과 독립성이 어느 정도 인정되는지 판정할 수 있기 때문이다.

1958년 협동농장은 리 단위 통합과 동시에 리 인민위원장이 농장관리위원장을 겸임하는 원칙에서 진행되었다. 이로써 협동농장은 처음부터 국가적 지도에 의하여 운영되었다. 그리고 협동농장에 대한 국가적 지도를 담당하던 군 인민위원회 업무수행의 한계가 노출되었다. 이를 극복하고자 1962년 초 군 인민위원회와 도 인민위원회로부터 농업지도기능을 분리하여 전문적인 농업지도기관인 군 협동농장경영위원회와 도 농촌경리위원회를 창설하고 중앙기관인 농업성을 농업위원회로 개편하였다. 이로써 사회주의

42) 위의 책, pp.690~691.

농촌 경리에 대한 지도와 관리문제를 근본적으로 해결하고자 하였다.[43] 결국 협동단체인 협동농장에 대한 국가적 지도는 농업위원회-도 농촌경리위원회-군 협동농장경영위원회로 이어지게 되었다. 그러나 이들 기관의 성격은 "협동농장들을 관리 운영하는 한 개의 기업 관리기관이지 농촌 주권기관이 아니며, 하나의 관리국, 부서와 같고, 인민위원회로부터 통제를 받아야 하므로"[44] 협동농장 운영에서 협동농장 구성원의 자율성은 보장되지 않고, 국가 통제하에 묶여 있다고 볼 수 있다. 이러한 운영방법은 현재까지 이어져 오고 있다.

협동농장이 협동단체 소유임에도 협동단체 구성원의 자율적 경영권보다 국가적 지도에 의한 경영이 이루어지는 이유는 재산의 성격에서 찾을 수 있다. 즉, "협동단체 소유는 협동경리에 들어있는 근로자들의 집단적소유로서 개별적 협동단체의 범위에서 사회화된 국가소유보다 낮은 형태의 사회주적소유"[45]이다. 이는 앞으로 전 인민적 소유로 발전할 전망을 가진 소유를 의미하므로 두 소유 간에는 유기적인 결합이 필요한데, 그 방법이 군 협동농장경영위원회에 의한 조직적 지도라는 것이다.

북한의 협동농장 운영은 실질적으로 국가에 의하는 것은 앞에서 살펴 본바와 같다. 그럼에도 소유를 전 인민적 소유로 전환하지 않는 이유에 대한 북한의 설명[46]은 다음과 같다. 농촌의 물질 기술적 토대가 공업에 비해 약하고, 공업노동과 농업 노동 간 차이가 남아 있으며, 농민들의 문화 및 사상의식 수준이 노동계급에 비해 뒤떨어져 있다고 전제한다. 이러한 조건 속에서 협동적 소유를 전 인민적 소유로 개편한다면 사회주의 농촌경리 발전과 사회주의 건설 전반을 지연시키는 결과를 초래하게 된다는 것이다.

---

43) 김승준, 『우리나라에서의 농촌 문제 해결을 위한 력사적 경험』, p.304.
44) 위의 책, pp.304~305.
45) 『민법』 1권(평양: 김일성종합대학출판사, 1973), p.153.
46) 김승준, 『우리나라에서의 농촌 문제 해결을 위한 력사적 경험』, pp.324~325.

그러므로 사회주의하에서 소유문제는 협동적 소유를 점차적으로 전 인민
적 소유 수준으로 끌어올림으로서만 해결된다고 한다. 이러한 명분으로 협
동적 소유를 법·제도적으로 인정하고 있으나, 실질은 협동농장을 국유화
로 운영하는 것보다 일정한 단위별로 운영하게 하여 독립채산을 실시하는
등의 방법으로 농업생산성을 제고하려는 의도로 보인다.

한편, 김일성은 1962년 11월 평안남도 내 당 및 농촌경리 일군 협의회에
서 "조건이 성숙되는 대로 군 단위 독립채산제를 실시하여 지도 일군들이
생산성과에 대한 책임을 지고 물질적 자극을 받게 하는 대로 나갈 방향과
구체적 실현 방도를 제시"[47]하였다고 한다. 즉, 협동농장 운영 성과의 채산
을 군 단위로 하였다는 것이다. 그리고 협동농장은 고정 작업반, 분조의 조
직 구성으로 운영되었다. 조합은 생산부문의 구성과 조합원들의 기술·기
능 정도, 거주조건 등을 고려하여 적당한 인원으로 작업반을 조직하고 모
든 작업에서 책임제를 실시하였다. 작업반에는 규모와 작업 범위, 포전 및
거주조건에 따라 적당한 성원들로 조직된 몇 개의 분조를 둘 수 있도록 하
였다.[48] 협동농장은 농업의 집단화를 의미하므로 "집단과 개인의 이익을
합리적으로 결합하여 농촌에서 일한 것만큼, 번 것만큼 분배하는 사회주의
분배원칙을 관철하기 위하여 작업반 우대제, 분조관리제 등을 시행"[49]하는
등 협동농장 도입 이래 농업생산량을 늘리기 위한 조치는 계속되어 왔다.

특히, 2002년에는 이른바 '7·1 경제관리 개선 조치'를 시행한 뒤, 포전담
당제를 시범적으로 시행한 것으로 알려지고 있다. 2004년 12월『조선신보』
에는 무역성 김용술 부상과의 인터뷰 내용을 실고 있는데, 그는 "분조는 더
작은 단위로 할 수 있는 권한도 주어졌다. 그런 속에서 더 적은 인원으로

---

47) 위의 책, p.312.
48) 「농업협동조합 기준규약(잠정)」제31조(1958년 11월 24일).
49) 림기범, 『우리 식 농촌문제해결의 빛나는 경험』, p.108, 113; 조선신보의 보도
    (2013년 6월 7일)에 따르면, 분조관리제는 1965년 5월 김일성의 강원도 현지지도
    과정에서 시발하였다고 한다.

포전을 담당하는 포전담당제가 나온 것"[50]이라고 밝혔다. 그러나 그 이후에는 포전담당제에 대한 언급이 없었다. 이것은 포전담당제가 실리주의 원칙에서 농업생산성을 제고하기 위한 조치였는데, 큰 성과를 거두지 못했다는 것을 보여준다.

그런데 2013년 4월 18일 『로동신문』은 "분조관리제를 강화하기 위한 사업에 모든 힘을 총집중하여야 하며 그 방법 중 하나로, 포전담당제를 분조의 구체적 실정에 맞게 실시하고 매일 로력일 평가 사업을 정확히 진행하며 농업근로자들에게 일한 것만큼, 번 것만큼 분배 몫이 정확히 차례지도록 하여야 한다"[51]라고 보도하였다. 분조관리제를 강화하기 위한 방법으로써 포전담당제 실시를 언급한 것이다. 4월 19일 『조선신보』도 삼지강협동농장의 사례를 소개하면서 "농장은 분조관리제와 포전담당제에 기초하여 농장원이 일한 몫과 생산실적에 따라 현물로 분배를 하게 되었다"[52]라고 보도하고 있다.

4개월 뒤 조선노동당 이론지 『근로자』(제8호)도 '분조관리제'를 설명하며 포전담당제를 거론했다. 시범적으로 도입했던 포전담당책임제를 전역의 협동농장에 확대 실시하기로 결정했다는 사실을 북한 당국이 공식 확인한 셈이다. 북한은 포전담당책임제를 실시하면서 10~25명으로 구성된 분조를 다시 3~5명 단위로 나눠 일정한 규모의 포전을 맡아 농사를 짓게 한 것으로 전해진다. 이에 따라 3~5명으로 구성된 농장원들이 포전마다 씨뿌리기부터 수확에 이르는 모든 농사과정을 책임지고 진행하게 됐고, 연말에 이뤄지는 '결산분배'도 이 단위의 성과에 따라 차등적으로 이뤄지게 되었다.[53]

분조 내의 3~5명 단위인 포전담당제에 대한 북한 당국의 공식적 입장은

50) 『조선신보』, 2004년 12월 13일.
51) 『로동신문』, 2013년 4월 18일.
52) 『조선신보』, 2013년 4월 19일.
53) "첫 '농업 분조장 대회' 개최", 『민족21』, p.126.

책임 영농의 강조이다. 북한의 논문에서도 "농업부문에서의 포전담당제와 도시경영부문에서 구역담당제는 작업분담, 경상관리분담일 뿐 리용권한을 분담해준다는것이 아니다"[54]라고 하여 이러한 입장을 재확인하고 있다. 그러나 축소된 영농조직의 규모로 성과를 측정하면, 그만큼 영농의 자율성이 더 높아지고 가족영농도 가능할 수 있으므로 종전에 비해 사적 영역의 범위가 더 확대될 것으로 전망할 수 있다.

(2) 토지의 사적(私的) 이용

북한에서는 국가와 협동농장 외에 토지의 사적 소유가 허용되지 않으므로 일정한 절차를 거치지 아니하고 토지를 사적으로 이용하는 것도 불법이다. 그러나 농업생산이 저조하여 식량난을 거치면서 경작을 목적으로 한 토지의 사적 이용이 증가했다. 그중 일부는 합법화되고 또 일부는 관료의 묵인하에 이용되고 있는데 텃밭, 부업밭, 뙈기밭 등이 그것이다.

텃밭(garden plot) 이용에 대하여 1958년 11월 24일에 공포된 「농업협동조합기준규약(잠정)」 제6조는 "조합은 조합원용 채소전을 공동으로 경작하는 것을 원칙으로 하되, 경우에 따라 공동소유 토지 중에서 매 농호당 30~50평의 텃밭을 줄 수 있다"고 규정하여 텃밭에 대한 농호의 권리를 인정하고 있다. 동 규정이 인정하는 텃밭의 규모는 소련의 경우와 비교하면 엄청나게 작다. 또 이러한 작은 규모도 실제에 있어서는 반드시 하한선이 지켜진 것이 아닌 듯하다. 북한이 모범농업협동조합으로 정하여 운영한 「조중친선농업협동조합」을 보면, 매 농호에 주는 텃밭은 1959년에는 10~15평을 한도로 하였고, 1960년부터 20~40평으로 확장하였다.[55] 「토지법」 제13조 후단에 "협동농장원들의 텃밭이용은 협동농장규약에 의하여 20~30평"으로 제한하

---

54) 정성철, "국토관리사업에서 ㎡당 관리제", 『사회과학원학보』(2014년 제3호), p.31.
55) 최달곤, "북한에 있어서의 사유 재산", 『북한법률행정논총』 제2집(고려대학교 법률행정연구소, 1973), p.279.

고 있는 것을 보면, 실제 운영에서는 이 규모가 절대적 기준은 아니었던 것 같다.

1972년에 제정된 「헌법」에서 개인소유에는 "협동농장원들의 텃밭경리를 비롯한 주민의 개인 부업경리에서 나오는 생산물"(제22조)을 포함하여 텃밭을 통해 경작된 경작물에 대한 개인소유를 인정하였으므로 텃밭 이용도 합법적으로 허용되었던 것이다. 이는 농가 마당이나 농가와 농가 사이 공터에 조성되는 것으로 통상 가구당 30~50평 정도가 할당되지만, '집이 드문드문' 있어 빈 터가 넓은 경우에는 그보다 큰 규모의 텃밭도 허용되었다고 한다.[56] 텃밭도 일정한 공간을 대상으로 하는 것이므로 이를 이용하는 자의 사적 영역으로 이해할 수 있다. 그러나 그것은 그 공간에 대한 소유권이 아니라 경작권과 경작물의 권리를 인정하는 것이다. 이는 권리의 배타성은 약하지만 집단주의를 추구하는 사회에서 개인의 사적 영역을 인정하고 있는 자체만으로도 의미가 있다.

부업밭(side-job plot)은 1980년대 초반부터 나타났다. 당시는 개간되지 않은 척박한 땅을 협동농장의 작업반 단위(약 140명가량)로 개간하여 경작하던 것이다. 규모는 대체로 1,000~2,000평이며, 텃밭과 마찬가지로 여기서 경작한 생산물은 생산단위가 임의로 처분할 수 있었다.[57] 1987년부터는 협동농장 구성원만이 아니라 기관·기업소의 노동자에게도 부업밭 경작이 허용되었다. 규모는 1인당 50평 정도이며, 여기서 나온 생산물은 전량 개인이 처분할 수 있었다.[58]

나아가 김정일은 1995년부터 군대의 부업밭 경작도 허용하는 지시를 내렸다고 한다. 군인가족은 가구당 100평, 인민군은 1인당 40평의 부업지가 허용되었고, 실제로는 더 많은 면적을 경작하고 있다고 한다.[59] 이러한 부

---

56) 고영환, 『평양25시』(서울: 고려원, 1992), p.58.
57) 임수호, 『계획과 시장의 공존』(서울: 삼성경제연구소, 2008), p.106.
58) 윤여운, 『키워드로 읽는 북한경제』(서울: 비봉, 2003), p.180.

업밭은 2002년 「토지사용료 납부규정」에서 토지사용료 적용대상으로 "기관, 기업소의 부업지", "개인이 부치는 터밭과 부대기밭"으로 규정되어 합법화 된 부분임을 알 수 있다. 「토지법」도 "기관, 기업소, 단체가 논밭을 부업지로 리용하려고 할 경우에는 내각의 승인을 받아야 하며"(제67조)라고 규정하고 있으므로 부업밭은 합법적인 사적 경작 영역이다.

한편, 텃밭, 부업밭과 달리 뙈기밭(tiny patch of land)은 불법적 사적 경작이다. 원래 북한에서 뙈기밭은 불법성 여부와 관련된 것이 아니라 매우 작은 규모의 것은 모두 뙈기밭으로 볼 수 있다. 이 중 개인에게 공식적으로 허용된 텃밭이나 부업밭 이외에 화전 등을 일궈 불법적으로 경작하는 것이 뙈기밭이다. 이러한 현상은 1980년대 초반부터 발생되어 식량난을 거치면서 점차 보편화되었다. 그러다가 식량난으로 당국의 통제가 느슨해지면서 암묵적인 묵인하에 규모가 점점 커져왔다. 현재는 규모와 관련 없이 불법적 사적 경작 일반을 지칭하는 개념으로 변화된 것으로 보인다.[60]

토지의 사적 이용으로서 텃밭, 부업밭, 뙈기밭이 중요한 의미는 바로 여기에서 생산하는 농작물이 개인 소유로 인정되기 때문이다. 따라서 협동농장 구성원들을 비롯한 기업소, 군부대에 근무하는 군인까지 자신이 소속된 공적인 영역에서 떠나 이들 사적 영역에서 활동하는 시간이 많을 것이라는 추정이 가능하다. 또한, 공적 영역에서의 자재 유출 등도 이루어질 수 있다. 이들 사적 이용 토지 부문은 사고파는 거래까지 형성되고 있는 것으로 알려지고 있다. 북한 당국은 주민들에게 식량배급을 할 수 없는 상황에서 이러한 무질서를 묵인할 수밖에 없었던 것 같다. 한편으로는 협동농장 작업반 분조를 구성하는 인원을 계속 축소하여 공적인 영역에서의 책임영농도 동시에 독려하고 있다.

---

59) 임수호, 『계획과 시장의 공존』, p.107.
60) 위의 책, p.107.

(3) 국유토지의 허가절차에 의한 유상(有償) 이용

2009년 제정된 「부동산관리법」은 "기관, 기업소, 단체와 공민은 부동산을 리용하려 할 경우 대상에 따라 해당 부동산리용허가기관의 허가"(제23조)를 받도록 하여 허가제에 의한 국유토지 이용의 원칙을 천명하고 있다. 따라서 「부동산관리법」의 내용이 적용된 시점 이후에 제도적으로는 토지 이용목적에 관계없이 국유토지의 이용은 허가제로 운영되고 있다. 이는 종전에 국유토지 이용에 대한 관리가 제대로 이루어지지 않은 데 대한 개선책이다. 그리고 동법은 "부동산은 해당 기관의 승인없이 다른 기관, 기업소, 단체와 공민에게 넘겨주거나 빌려줄수 없다"(제30조)라고 규정하고 있다. 이 것은 부동산 거래를 통한 수익발생을 방지하고자 하는 것이며, 사회주의 체제가 훼손되는 일을 방지하려는 것이다. 이 경우 해당 기관의 승인이 있으면 전대가 가능하다. 그러나 이 규정의 취지는 해당 기관이 주도적으로 관리하겠다는 것이지 전대를 예외적으로 허용하겠다는 취지는 아닌 것으로 본다.

한편, 「부동산관리법」에 의한 허가제에 따른 토지 이용과 더불어 부동산 사용료가 도입되었다. 부동산을 이용하는 기관, 기업소, 단체와 공민은 부동산사용료를 의무적으로 납부하여야 한다(제34조). 부동산의 종류에 관계없이 허가 사용과 사용료를 납부하도록 한 것이다. 종전에는 토지사용료가 「토지사용료 납부규정」(2002년 7월 제정)에 의하여 농지에 대하여서만 부과되어 왔으나, 이제는 모든 국유 부동산에 부과하게 되었다.[61] 즉, "개인소유로 되여있는 주택과 개인들이 리용하는 창고, 차고, 짐함이 차지하는 땅에 대하여 부동산사용료를 납부하는것은 공민의 응당한 의무이다"[62]라는

---

61) 「토지사용료 납부규정」에 의하면, "토지사용료는 토지를 리용하여 생산한 농업생산물의 일부를 돈으로 국가에 납부하는 몫"(제2조)이며, "이 규정은 토지를 리용하여 농업생산물을 생산하는 모든 기관, 기업소, 단체, 군부대와 개인에게 적용"(제3조)하는 것으로 되어 있어 농지에 대해서만 이 규정이 적용되었던 것을 이해할 수 있다.

설명에서도 알 수 있듯이 농지 이외의 주택 부지에 대해서도 사용료를 부과하고 있다.

이러한 변화는 2006년의 북한 자료에서 이미 나타나기 시작하였다. 북한의 연구 논문에서는 부동산사용료 부과의 필요성에 대해 다음과 같이 설명하였다. "필요 이상의 부지를 점유하여 토지 사용이 낭비되는 것을 방지하여 토지를 효과적으로 이용 관리하기 위해서, 도로나 강하천의 보수와 관련된 막대한 자금을 충당하기 위하여, 개인 소유 주택과 개인들이 이용하는 창고, 차고, 짐함이 차지하는 땅에 대한 공민의 의무이기 때문"[63]이라는 것이다. 즉, 부동산가격이 필요한 전제 조건이 되는 부동산사용료는 효과적인 토지 이용, 개발 정책에 따른 재정 확보, 공민에 대한 의무 부과(세금의 성격)가 도입 배경이다. 이에 따라 부동산사용료 부과 제도가 2009년 이 법의 제정 이후가 아니라, 2006년 말 즈음부터 시행된 것이 아닌가 하는 추정이 가능하다. 북한은 실제로 '부동산사용료 수입'이라는 재정 항목을 2007년에 발표한 바 있다. 즉, 부동산제도가 변화하는 과정은 먼저 정책이 실행되고 나서 추후에 법·제도적으로 추인하는 방식으로 이루어지고 있는 것이다.

종합하면, 부동산사용에 대한 허가제도 도입은 개별 경제주체들의 각종 부동산활동에 대해 국가통제력을 강화하기 위한 조치라고 이해할 수 있다. 그러나 종전의 국유토지이용 개념과 다른 것은 당사자의 허가신청이 있고, 토지이용에 대한 허가증이 발급된다는 점, 그리고 일정한 토지사용의 범위가 정해지고 그에 따른 사용료를 부담한다는 점이다. 이에 따라 이 사용관계는 단순한 점유 이용관계가 아니라 특별한 권리로서 사적 영역을 간접적으로 인정하는 단초가 될 수 있을 것으로 본다. 더 나아가 매매나 임대에 관한 처분성이 없는 사적 영역이지만, 이를 행사하다 보면 가장 효율성 있

게 사용할 수 있는 경제주체에게 처분의 필요성이 증대될 수 있고 결국에
는 그 처분성을 공식적으로 인정할 수도 있을 것이다.

2. 외국인의 토지 이용

외국인의 토지 이용에 관해서는 우선 1984년 9월에 제정된 「합영법」과
1992년 10월에 제정된 「합작법」에서 법적 근거를 찾을 수 있다. 두 법은 모
두 북한의 지역에 관계없이 북한과 외국 나라 또는 법인, 개인 간 성립하는
공동 기업에 관한 법이다. 합영기업 또는 합작기업[64]은 모두 경영을 위해
토지를 이용할 수밖에 없다. 두 법은 구체적 절차나 조건 등을 규정하지 않
은 채, 합영기업에 대한 우대(제7조), 합작기업에 대한 우대(제5조)라는 규
정에서 "유리한 토지리용조건과 같은 우대를 한다"라고만 하고 있다.

1992년 10월에는 「외국인투자법」[65]이 제정되었다. 이 법에서는 토지이용
에 관한 구체적 절차 등에 관한 규정은 두지 않고, "국가는 외국투자가와
외국인투자기업, 외국투자은행을 창설하는데 필요한 토지를 최고 50년까지
임대하여 주고, 임대기관의 승인 밑에 양도하거나 저당잡힐수 있다"(제15조)
라고 하여 그 유통을 인정하였다.[66] 이후 1993년 10월에는 「토지임대법」[67]
이 제정되는데, 이 법은 국유토지 임대차에 관한 일반법으로서 외국인에게

---

64) 「외국인투자법」 제2조는 합작기업은 "우리 측 투자가와 외국 측 투자가가 공동으
　　로 투자하고 우리 측이 운영하며, 계약에 따라 상대 측의 출자 몫을 상환하거나
　　리윤을 분배하는 기업"을, 합영기업이란 "우리 측 투자가와 외국 측 투자가가 공
　　동으로 투자하고, 공동으로 운영하며, 투자 몫에 따라 리윤을 분배하는 기업"이
　　라고 정의하고 있다. 즉, 두 기업은 북한과 외국투자가가 공동으로 투자하는 것
　　은 같으나, 운영방법과 이윤분배방법에 차이가 있다.
65) 1992년 10월 5일에 제정되어 2011년 11월 29일까지 여섯 차례 개정이 있었다.
66) 제정 당시에는 임대기간에 대한 규정만 두었으나, 2011년 11월 개정에서 유통에
　　대해서 규정하였다.
67) 하위 입법으로 「토지임대법 시행규정」(1994), 「임대토지 부착물의 이전보상 규정」
　　(1996) 등이 있다.

적용된다는 점에서 내국인에게 적용되는 「부동산관리법」과 차이가 있다. 예외적으로 합영기업이나 합작기업에 토지를 출자하려는 북한의 기관, 기업소, 단체도 기업 소재지의 도(직할시) 인민위원회의 승인을 받아 「토지임대법」에 의하여 해당 토지이용권을 가질 수 있는데,[68] 이 법의 주요 내용은 다음과 같다.

[표 2-5] 「토지임대법」의 주요 내용

주요 항목	내용
시행 시기	1993.10.27. 제정, 2011.11.29. 3차 개정
법의 목적	외국 투자가와 외국 투자기업에 토지 임대, 이용 질서 규제
토지임대 절차	·중앙국토환경보호기관의 승인 ·임대차계약은 도(직할시)인민위원회 국토환경보호부서가 체결
토지임대 기간	·토지임차자: 다른 나라의 법인과 개인 ·50년 안에서 계약당사자들의 합의에 의하여 정함
토지임대 방법	·협상의 방법 ·특수경제지대에서는 입찰과 경매의 방법도 가능
토지 이용권의 양도와 저당	·토지를 임대한 기관의 승인을 받아 토지이용권을 제3자에게 양도(판매, 재임대, 증여, 상속)하거나 저당 가능 ·판매의 경우, 토지임대기관에게 우선 매수권 부여 ·토지이용권을 저당한 자가 채무불이행 등을 하는 경우, 저당 받은 자는 토지에 있는 건축물과 부착물의 처분 가능 ·토지이용권을 저당한 자는 저당계약 기간 안에 저당받은 자의 승인 없이 재저당, 양도 제한

68) 최근 북한의 연구 논문[김상학, "부동산임대에 대한 리해에서 제기되는 몇 가지 문제", 『사회과학원보』(2013년 제3호), p.44]에 따르면, "부동산임대는 국가나 협동단체가 할 수 있고, 그 상대방은 우리나라의 법인, 다른 나라의 법인과 개인, 나라 밖에 거주하는 해외 동포들에게 실시한다"고 설명하고 있으므로 북한의 법인이 독자적으로 임차인이 될 수 있다는 해석이 가능하다. 이는 사적 영역의 확장이라는 면에서 획기적인 조치이다. 북한의 경우 정책을 먼저 시행한 후에 입법화하는 경향이 있으므로 현재 이 부분은 실제로 시행되고 있는 것으로 보인다. 한편, 「외국인투자법」 제14조는 "외국인투자기업과 합영은행, 외국인은행은 우리나라의 법인으로 된다"라는 규정을 두고 있으나, 토지임차인의 범위에 외국투자기업을 별도로 정하고 있음을 볼 때, 앞의 논문에서 말하는 북한의 법인은 이 법상의 법인 개념과는 다른 것으로 이해된다.

토지 임대료와 토지 사용료	·토지임대료: 토지이용권 이전 대가, 임차자가 임대기관에 납부 ·토지사용료: 토지이용 대가, 외국투자기업과 외국투자은행이 재정기관에 해마다 납부 ·개발한 토지를 임대하는 경우 임차자로부터 토지개발비를 토지임대료에 포함하여 징수
토지이용권 반환	·임대기간이 끝나면 토지임대 기관에 자동적으로 반환되며, 건축물과 부착물도 무상 반환 ·토지를 40년 이상 임차한 경우 임대기간이 끝나기 10년 안에 준공한 건축물에 대해서는 잔존가치 보상 가능
토지이용권 취소	·임차한 토지이용권은 임차기간 안에 취소 제한 원칙 ·부득이한 사정으로 취소하는 경우 6개월 전에 토지임차자와 합의하며 같은 조건의 토지로 교환하거나 보상

이 법의 내용에서 가장 큰 특징은 임차인의 토지이용권은 재산권으로 보호되며, 토지를 임대한 기관의 승인을 받아 토지 전부 또는 일부에 해당한 토지이용권을 제3자에게 양도(판매, 재임대, 증여, 상속)하거나 저당할 수 있는 토지이용권의 유통을 인정한 것이다. 「부동산관리법」에서 내국인은 부동산에 대하여 "해당 기관의 승인 없이"는 유통될 수 없다고 하는 반면, 이 법에서 외국인에 대해서는 "해당 기관의 승인을 받아" 유통할 수 있다고 규정하고 있다. 이는 외국 자본 유치를 위해 외국인에 대하여 더 적극적으로 유통을 보장하려는 취지인 것으로 해석된다.

북한의 연구 논문[69]에 따르면 소유권은 점유권, 이용권, 처분권[70]으로 이루어진다. 부동산 임대의 본질적 특징은 소유권 전체가 아니라 이용권만을 빌려준다는 데 있다. 부동산을 임대받은 자는 임대자에게 부동산을 이용하는 대가로 부동산임대료를 지불해야 한다. 이때 임대료의 구성 내용은

---

69) 위의 논문, p.38.
70) 점유권은 해당 부동산을 실지로 차지할 수 있는 권리, 이용권은 부동산의 유용한 성질을 사회적 생산이나 개인의 수요를 충족시키기 위하여 쓸 수 있는 권리, 처분권은 부동산의 법률적 지위를 변경시킬 수 있는 권리로 파악한다. 이는 남한의 「민법」이 점유권과 소유권을 구별하고, 소유권의 내용을 사용, 수익, 처분할 권리로 파악하는 것과 차이가 있다.

부동산 형태에 따라 일정한 차이를 가진다. 부동산이 건물인 경우에는 건물을 이용하는 값이, 토지인 경우에는 토지이용권을 넘겨주는 값(설정료)과 토지를 이용하는 값(사용료)이 포함된다.

　이러한 내용을 입법한 「토지임대법」은 토지이용에 대한 대가로서 토지임대료와 토지사용료를 구분하였다. 토지임차자는 "토지를 임대한 기관에 토지임대료를 물어야"(제28조)하며, 외국투자기업과 외국투자은행은 "해당 재정기관에 토지사용료를 해마다 물어야"(제33조 전단) 한다. 다시 말하면, 모든 임차인은 토지이용에 대한 권리 설정의 대가로 임대기관에 토지임대료를 납부해야 한다. 그중 외국투자기업과 외국투자은행은 해마다 토지사용의 대가로 국가에 토지사용료를 납부하도록 하였다. 즉, 국유토지 이용에 대한 순수한 대가는 토지임대료이며, 이를 임대기관이 받아 그 지역 재정에 충당하도록 하고 있다. 별도로 납부 받는 토지사용료는 일종의 세금(재산세의 성격)[71]으로서 국가에 납부하게 하는 것이다.

　「토지임대법」은 토지임대의 방법으로 "협상의 방법"만 규정(제9조)하고 있는데, 다른 경제특구에서 적용하는 입찰이나 경매에 대해서는 규정하지 않고 있다. 일반적으로 입찰이나 경매는 수인의 토지사용 희망자가 경쟁하는 방식이므로 북한 당국의 입장에서는 토지임대료를 더 높게 수취할 수 있다. 그럼에도 협상방식만 규정한 점은 북한 당국이 협상의 주도권을 가지려고 하는 것으로 이해할 수 있다. 토지를 임대하는 기관과 임차희망자는 "토지의 면적, 용도, 임대목적과 기간, 총투자액과 건설기간, 임대료와 그 밖의 필요한 사항을 내용으로 하는 토지임대차계약"(제11조 제3호)을 맺는다. 당사자 간 합의, 즉 계약에 의하여 토지임대조건을 정하게 된다. 그

---

71) 외국인이 소유한 건물에 대해서는 재산세(등록가액의 1%)를 부과하는데, 이 건물에는 외국인이 직접 건설하였거나 구입한 주택, 별장, 부속건물 등이 해당된다. 토지이용권도 하나의 재산이나, 소유권이 아니기 때문에 재산세라고 명칭하지 못하고 사용료 명목으로 징수하는 것이라고 이해된다.

러나 이 법은 북한의 전 국토에 적용될 수 있으므로 북한 당국이 임차희망
자 선정뿐만 아니라 여러 가지 임대조건에 있어서 일방적인 조건을 제시하
고 이에 부합하는 임차희망자와 계약을 체결하여 토지임대에 관한 관리를
철저히 하겠다는 것이다.

한편, 경제특구에 적용되는 각 지대 경제특구법의 '토지 임대에 관한 사
항'은 「토지임대법」의 특별 규정이다. 특별한 규정으로는 앞에서 언급한 임
대방법으로서 입찰과 경매 방법이 진행된다는 것이다. 즉, 임대단계에서부
터 시장을 인정하는 것이다. 토지이용권 양도에 있어 경제특구법(예: 「라선
경제무역지대법」 제19조)은 「토지임대법」상의 "임대기관의 승인"이라는 절
차를 규정하고 있지는 않다. 따라서 경제특구에서는 규제되지 않는 시장이
형성된다고도 해석할 수도 있다. 그러나 기본적으로 「토지임대법」이 경제
특구에도 적용되는 법이라는 점, 경제특구법에서 이 예외에 대한 적극적인
규정을 하고 있지 않은 점, 양도에 따른 변경등록 절차 등으로 볼 때, 자유
로운 양도에 관한 특별 규정으로 이해되지는 않는다.

또한 경제특구에서는 토지이용과 관련한 특혜를 규정하고 있다. 즉, "기
업용 토지는 실지수요에 따라 먼저 제공되며 토지의 사용분야와 용도에 따
라 임대기간, 임대료, 납부방법에서 서로 다른 특혜를 준다. 하부구조시설
과 공공시설, 특별장려부문에 투자하는 기업에 대하여서는 토지위치의 선
택에서 우선권을 주며 정해진 기간에 토지사용료를 면제하여 줄 수 있다"
(예: 「라선경제무역지대법」 제69조)라는 것이다. 북한 경제특구는 체제개혁
의 실험지역이 아니라 외자유치를 위한 특혜지역으로서 토지이용과 관련
해서도 이러한 특혜를 경제특구에 도입하고 있는 것이다.

3절_ 주택 소유와 이용

1. 주택 종류와 소유

북한에서 주택은 주로 살림집[72])으로 부른다. 살림집이란 『조선말사전』[73])
에 따르면, 가정을 단위로 하여 사람들이 살림을 하는 집이며, 여기서 살림
은 한 집안을 이루어 생활하는 일이라고 한다. 그리고 살림집은 사람들이
쓰고 살기 위하여 만든 건설물이며 생활의 기본거처이다. 또한 먹고 입는
것과 함께 사람들의 생존과 활동에 가장 중요한 문제 중 하나로 파악하며,
북한의 살림집에 비교되는 자본주의 사회에서의 주택상품화를 비판하고
있다.[74]) 살림집은 크게 건설지역 특성에 따라 도시형 살림집과 농촌형 살
림집으로 나눈다. 도시형 살림집은 단층, 소층(2~3층), 다층(4~5층), 고층(6
층 이상), 초고층(약 18층 이상) 살림집으로 건설된다. 살림방과 부엌, 위생
실이 위주로 되면서 전실, 창고, 베란다와 같은 보조공간이 있다. 농촌형 살
림집은 농촌지역에 마을별, 부락별, 개별적으로 건설되며, 대부분 단층건물
이다.[75])

북한 「헌법」(제26조)과 「민법」(제50조)에서는 국가 부담에 의한 주택건
설과 이용에 대한 원칙을 천명하고 있다. 그리고 1990년에 「민법」이 제정되
면서 "공민은 살림집을 소유할 수 있다"(제59조)라는 입법을 통하여 법·제
도적으로 주택의 사소유권이 보장되고 있었다. 또한 2002년 제정된 「상속

---

72) 살림집은 국가주택리용권(『민사법사전』, p.71), 농촌문화주택(「헌법」) 등과 같이
    '주택'이라고 부르기도 하나, 대체로 '살림집'으로 통일되고 있는 것 같다. 이 책에
    서는 그 상황에 따라 '주택' 또는 '살림집'으로 표기하였다.
73) 『조선말사전』(평양: 과학백과사전출판사, 2010), p.757, 758.
74) 『광명백과사전』17권(화학공업, 경공업, 건설, 운수, 체신)(평양: 백과사전출판사,
    2011), p.496, 596.
75) 위의 책, pp.494~497.

법」에는 상속할 수 있는 재산으로 "살림집"을 규정하고 있다(제13조). 2009년 제정된 「살림집법」에서도 "개인소유살림집"(제1조)을 보호하고 있다. 따라서 북한에서 주택은 개인 소유도 허용되며, 상속의 대상이 된다.

그러나 「건설법」에 따르면, 건설 주체는 여러 조항에서 일관되게 "건설주기관, 기업소, 단체"로만 규정하고 있어 일반 공민이 주택을 신축하여 합법적으로 소유할 수는 없다. 따라서 북한에서 합법적으로 소유권을 인정받을 수 있는 주택은 "개인 집은 1958년 사회주의 제도 수립 이전, 국가에 몰수되지 않고 개인에게 소유권이 부여되어 내려 온, 혹은 그것이 개인 재산으로 개축된 주택을 말한다"[76]라는 연구 자료가 있으며, 여러 법 규정을 살펴볼 때 타당한 분석이라고 본다.

한편, 『로동신문』 등의 매체를 보면, 북한은 주택의 국가 공급을 실현하기 위하여 주택건설에 박차를 가하고 있다고 알려진다. 특히 2009년 초, 김정일은 2012년을 강성대국 원년으로 제정하고, 강성대국에 들어서는 첫 시작은 평양 시민들의 주택문제 해결임을 강조하며 평양주택 10만 호 건설사업을 지시하였다고 한다. 10만 호 살림집 건설사업은 강성대국 진입을 대내외에 과시하고 주택의 국가소유 복원을 통해 국가의 통제 강화를 목적으로 진행되었던 것이다. 그러나 1990년대 주택난이 자금 및 자재 부족에서 비롯된 것임을 감안할 때, 여전히 경제난에 처한 북한의 상황으로 인해 평양 살림집 건설사업 역시 당초 계획대로 진행되지 못한 것으로 판단된다.[77]

다른 언론 보도에 따르면, "2011년 12월 김정일이 사망하면서 10만 호라는 숫자는 사라졌지만 공사는 계속됐다. 최우선 추진 대상이던 중구역 만수대지구(창전거리)의 경우 고층 아파트 2,700채를 착공 1년 1개월 만인 2012년 6월에 완공했다. 당시 45층 높이의 아파트 1곳을 방문한 김정은 노동당 제1비서는 창전거리에 들어선 유치원을 한 달 만에 다시 찾을 정도로

---

76) 류경원, "주택 암매매의 주요 문제점들", 『림진강』제3호(2008), p. 6.
77) 권기철, "북한의 주택공급 실태와 지원방안", 『통일과 법률』(2014. 봄호), pp.123~124.

만족감을 표시했다"78)고 한다. 즉, 북한은 주택건설에서도 속도전처럼 짧은 기간 내에 건축하도록 독려하고 있다. 그러나 이는 오히려 부실공사로 이어져 주택의 내구연한에 문제가 발생하고 있는 것으로 알려진다. 자재난으로 여전히 국가에 의한 주택 공급은 충분하지 못하여 합법적이지는 않으나 개인에 의한 주택건설도 시행되고 있다고 한다. 다만, 개인은 건축주가 될 수 없어 형식적으로는 기관, 기업소 명의로 건축하는 방식으로 아파트를 중심으로 주택 건축이 이루어지고 있다.

2. 「살림집법」에 의한 주택 건설과 이용

북한은 2009년 「살림집법」을 제정,79) 공포하였다. 이 법은 1990년대 중반 이후 국가에 의한 주택 공급이 중단되면서 개인 소유 주택이나 국유 주택 이용권이 불법·음성적인 거래가 만연하여 이를 통제하기 위하여 제정된 것으로 판단된다. 동법에 규정된 주택의 건설과 이용 전반에 걸친 절차는 다음과 같다.

[표 2-6] 주택의 건설 및 이용 절차

건설(건설허가, 설계, 시공, 준공검사) → 이관, 인수 및 등록(등록대장) → 배정 신청 및 배정 → 이용신청 및 이용허가 → 입사(이용80))

(1) 주택 건설

동법(제9조 내지 제20조)에 따르면, 살림집건설은 도시 및 마을건설총계획에 따라 계획적으로 하여야 하며, 살림집을 건설하려는 기관, 기업소, 단

78) 『동아일보』, 2014년 5월 19일.
79) 2009년 1월 21일에 제정, 2011년 10월 25일까지 두 차례 개정되었다.
80) 종전에는 「도시경영법」에 "주택의 이용허가"(제11조)에 관한 제도가 있었는데, 「살림집법」의 제정으로 「도시경영법」 관련 조문은 사문화되었다.

체[81]는 건설명시서의 발급, 건설설계 및 계획의 승인, 토지이용허가, 건설 허가 같은 승인절차를 엄격히 지켜야 한다(건설허가단계). 건설설계는 도 시건설전문설계기관, 기업소가 작성하는데, 작성한 살림집 건설설계는 건 설주기관, 기업소, 단체와 합의한 다음 국가건설감독기관의 승인을 받는다 (설계단계). 살림집건설의 시공은 전문건설기관, 기업소가 하며 건설감녹기 관과 건설주, 시공주기관, 기업소, 단체는 살림집건설과정에 공정검사, 중 간검사, 종합검사를 통한 시공의 질 검사를 엄격히 하여야 한다(시공단계). 국가건설감독기관은 살림집이 완공되면 건설주와 시공주기관, 기업소, 단 체, 해당전문 부문의 일군들로 준공검사위원회를 조직하고 준공검사를 하 여야 한다. 준공검사에서 합격된 살림집에 대하여는 합격통지서를 발급한 다(준공단계).

다시 말하면, 주택의 건축은 '건설허가→설계→시공→준공'의 절차[82]를 거치게 된다. 건설 주체에 일반 공민은 규정되어 있지 않으므로 개인이 당 사자 비용으로 직접 주택을 건축하는 일은 법적으로는 보호되지 않는다. 건축 규모 등은 일정한 지역별로 공통된 기준이 먼저 정해지는 것이 아니 라 개별 건설마다 승인절차를 통해 결정된다. 이는 건물 규모의 일관성 결 여로 난개발 문제와 미관상 장애 둥이 발생할 수 있다. 또 담당 관료의 부 정한 결정 등 문제가 발생할 소지가 있다. 그리고 건축의 매 단계마다 엄격 한 통제를 받도록 하고 있는데, 건설계획 자체에 대한 승인, 건설설계에 대 한 감독기관의 승인, 시공과정상의 공정검사 · 중간검사 · 종합검사, 완공 후 의 준공검사 등이 그것이다. 도시의 하부구조시설이 부족하고, 자재 공급 등이 충분하지 못한 상황에서 이러한 건축과정상 엄격한 통제는 필요하다. 그러나 통제기관의 지나친 감독과 감시로 이런 과정이 관료들의 부패와 연 결될 가능성도 존재한다.

---

81) 남한에 있어서 건축주 개념이다.
82) 전체적인 절차는 남한의 「건축법」상 건축절차와 크게 다르지 않다.

(2) 주택 등록

준공된 살림집은 '이관, 인수 및 등록'(제21조 내지 제27조) 절차를 거치게 된다. 살림집관리기관은 준공검사에 참가하여 해당살림집이 설계의 요구에 맞게 건설되었는가를 확인한 다음 살림집을 넘겨받아야 한다. 시공주기관, 기업소, 단체는 살림집관리기관에 살림집을 넘겨주는 경우 건설명시서, 토지이용허가증, 건설허가증, 지질측량조사서, 설계도면, 시공경력서, 예산서, 준공검사합격통지서 같은 문건을 함께 넘겨주어야 한다(이관, 인수단계). 그리고 살림집관리기관은 살림집을 빠짐없이 등록하여야 하는데, 살림집등록대장을 갖추고 살림집 등록번호와 준공년도, 형식, 구조, 건평, 능력, 시초가치, 기술상태, 보수정형, 살림집에 설치된 시설과 운영상태 같은 것을 정확히 등록하여야 한다(등록단계).

즉, 준공된 살림집은 별도 관리기관에서 등록대장을 갖추어 관리하도록 하고 있는데, 등록내용을 보면 소유자에 관한 사항이 없다.[83] 개인소유 살림집도 인정되지만, 처분이 불가능하므로 소유자를 별도로 등록할 필요가 없는 것이다. 또한, 등록내용에는 건평뿐만 아니라 주택의 시초가격도 등록하도록 하고 있다. 이는 「부동산관리법」상의 현물적 등록과 화폐적 등록을 하도록 하는 것으로 시초가격은 주택을 신축하는 데 소요된 비용을 말한다. 이 시초가격은 살림집 이용자에게 부과할 사용료 산출에 필요한 기초가격으로 활용하고자 하는 것이다.

(3) 주택 이용

등록된 살림집을 이용하고자 하는 경우, 배정과 이용허가의 이중 절차(제28조 내지 제36조)를 거쳐야 한다. 즉, 살림집을 보장받으려는 공민은 인민위원회 또는 해당기관, 기업소, 단체에 살림집배정신청을 하여야 하며,

---

83) 살림집이용허가증에 이용자는 기재된다.

이들 기관은 혁명투사, 혁명열사가족, 애국열사가족 등의 대상에게 우선적
으로 배정하는 등 일정한 배정원칙에 따라 배정하여야 한다(배정단계). 살
림집을 배정받은 공민은 인민위원회 또는 해당기관에 살림집 이용신청을
하여야 하며, 살림집이용신청을 받은 기관은 신청이유와 거주조건 등을 정
확히 검토확인하고 살림집을 배정받은 공민에게 살림집이용허가증을 발급
해주어야 한다(이용허가 단계). 살림집이용허가증[84]에는 이용자의 이름,
직장직위, 가족 수, 살림방 수, 살림집의 주소, 번호 같은 것을 밝혀야 한다.
살림집 이용허가를 받은 공민은 해당한 수속을 하고 제때에 살림집에 들어
야 한다(입사 단계).

　공민이 필요에 따라 살림집을 교환하려 할 경우 인민위원회 또는 해당기
관에 신청할 수 있다. 살림집 교환신청을 받은 인민위원회와 해당기관은
살림집교환조건을 정확히 검토하고 승인하여야 한다. 이 경우 살림집이용
허가증서를 다시 발급하여야 한다(제35조). 그리고 공민은 살림집을 이용하
다가 이사하는 경우 살림집이용허가증을 반환하여야 한다. 이미 이용하던
살림집의 이용허가증을 반환하지 않고는 다른 살림집의 이용허가증을 발
급받을 수 없다(제37조). 살림집을 이용하는 공민은 정해진 사용료를 제때
에 물어야 하는데, 살림집사용료를 정하는 사업은 국가가격제정기관이 한
다(제42조). 즉 살림집을 배정받아 이용하는 공민은 일정한 사용료를 납부
하고 이용할 수 있을 뿐이다. 다른 공민과 동거하거나 다른 살림집과 교환
하는 등 본래 이용 외의 행위를 하고자 할 경우에는 관리기관의 엄격한 통
제하에 해야 한다는 것을 알 수 있다. 또한, 이사할 때는 살림집과 부대시
설을 모두 반환하도록 하여 살림집을 통한 부동산거래를 할 수 없도록 법·
제도적으로는 엄격하게 통제하고 있다.

---

84) 이 법 시행 이전에는 '입사증'이라고 불렀다.

3장

국정 부동산가격과 부동산사용료

1절_ 국정 부동산가격의 필요성

북한에서는 토지 매매가 금지되고, 건물도 경제특구에서 외국인이 거래하는 경우를 제외하고는 원칙적으로 매매가 금지된다. 따라서 토지나 건물의 정상적인 매매가격이 성립될 가능성이 없었으며, 매매가격을 활용할 분야도 거의 없었다. 즉, 북한의 연구 논문[85])에 의하면, 토지는 국가와 사회협동단체소유로서 매매대상이 되지 않으므로 토지를 팔고 사는 데 이용되는 가격은 필요 없었다. 그런데 기관, 기업소들이 국가소유 토지를 이용하면서 그것을 아끼고 보호하며 유용하게 쓰도록 하는 문제가 중요하게 제기되었다. 이로써 경제적 공간을 이용하여 대책을 세우는 일이 필요하였고, 이것이 토지이용과 관련한 사용료이다. 즉, 토지를 비롯한 부동산가격이 그것을 팔고사기 위한 가격이 아니라 사용료를 제정하기 위한 기초로 이용되는 것이다. 이러한 부동산가격 평가의 움직임은 2004년, 『내각 상무조의 가

---

85) 리동구, "부동산가격과 사용료를 바로 제정적용하는것은 부동산의 효과적리용을 보장하기 위한 중요요구", p.31.

격관리체계 개혁안』제3호에 "주택, 려관 등 부동산가격을 현실적으로 재평
가한다"[86]라는 내용에서도 확인할 수 있다.

부동산의 국정가격에 대하여 최초로 법 규정으로 입법된 것은 2009년 「부
동산관리법」이 제정되면서부터이다. 이 법에서 "부동산가격은 부동산가치
의 화폐적 표현"(동법 제32조)이라고 성격을 규명하고, "부동산가격은 국가
가격제정기관이 정한다"(동법 제33조)라고 규정하였다. 그리고 동법 시행에
서 가장 중요한 항목인 부동산사용료는 "부동산가격에 따라 정해지는 것"
(동법 제32조)으로서 "부동산가격의 일정한 비율로 제정"[87]되는 것이다. 이
러한 내용으로도 부동산의 국정가격은 부동산사용료를 책정하기 위하여
필요한 수단으로 필요하게 되었다는 것을 재확인할 수 있다.

한편, 외국인에게 적용되는 「토지임대법」은 "다른 나라의 법인과 개인은
토지를 임대받아 리용할 수 있고"(제2조), "토지임차자는 토지리용권을 가
지며"(제3조), "임대한 토지의 리용권은 임차자의 재산권으로 된다"(제7조)
라고 규정하였다. 토지임대의 방식으로는 협상(제11조), 입찰(제12조), 경매
(제13조)가 있다. 협상은 임차를 희망하는 특정 당사자와 행하는 것이다.
입찰은 복수의 임차 희망자가 입찰에 필요한 서류를 보낸 입찰서를 입찰심
사위원회에서 심사, 평가하여 낙찰자를 정하는 방식이다. 경매는 사전에 공
시된 자료에 따라 불특정 상대방을 상대로 경매를 붙여서 토지의 기준 값
을 기점으로 제일 높은 값을 제시한 임차희망자를 낙찰자로 정하는 방식이

---

86) "경제관리방식개혁 연구자료", 『2004.6 내각 상무조 개혁안 자료집』(2005) 참고.
    이는 한기범, "북한 정책결정과정의 조직행태와 관료정치"(경남대학교 대학원,
    박사학위 논문, 2009), p.184 재인용함.
87) 리동구, "부동산가격과 사용료를 바로 제정적용하는것은 부동산의 효과적리용을
    보장하기 위한 중요요구", p.32; 부동산사용료는 '부동산가격 × 일정한 비율'의 방
    식으로 정해지는데, 이 방식은 어느 사회 체제나 적용하는 방식으로서 그 비율은
    드러난 바 없으나, 행정조치로 정하고 있을 것으로 보인다. 남한의 경우는 국유
    재산 사용자의 이용목적에 따라 [재산가액 × 일정요율]로 사용료가 정해지는데,
    그 일정한 요율은 연간 1~5%로 되어 있다.

다. 여기에서 토지이용권의 1차 시장이 형성되는데 이 시장에서 임차인을 결정하기 위해서는 기초적으로 국정 토지가격이 필요하다.

「도시경영법」 제56조는 "국가, 단체소유의 건물과 시설물을 리용하는 기관, 기업소, 단체와 공민은 정해진 사용료를 물어야 한다"라고 규정하여 국유토지사용료와는 별도로 건물을 이용하는 경우에도 사용료를 납부하여야 한다. 그리고 건물의 분류와 관련해서는 동법 제10조에서 "국가소유의 건물은 살림집과 공공건물, 생산건물로 나누어 관리한다"라고 규정하였다. 따라서 주택도 주택사용료를 납부하여야 한다. 이 경우 토지와 마찬가지로 건물가격에 일정비율을 곱하여 사용료를 산출하는 것이므로, 주택을 포함한 건물의 국정가격이 활용된다. 동법 제17조는 "도시경영기관과 재정은행기관은 개인살림집을 소유자가 국가소유로 전환시켜줄 것을 요구할 경우에는 그것을 넘겨받고 보상"하여 주도록 규정하고 있다. 개인소유 주택을 국가소유로 이전하는 경우 보상금 책정이 필요하므로 이 경우에도 주택가격에 대한 국정가격이 필요하다.

또한, 기업소 경영자금의 가치적 순환은 가치적으로 전화되면서 재생산과정을 순차적으로 통과하는 경영자금의 운동이다. 그것은 생산물실현단계에서 경영자금을 반영하는 판매수입금으로 나타난다. 이는 사회순소득, 생활비(인건비), 고정재산 감가상각금, 자재구입자금의 구성요소를 가진다. 즉, 생산물 가격은 사회순소득과 생산물의 원가로 이루어지는 것이다.[88] 이 경우 감가상각금 계산은 다음과 같이 기본적으로 비률법[89]에 의해 진행한다.

88) 『광명백과사전』 5권(경제)(평양: 백과사전출판사, 2010), p.280.
89) 남한의 표현대로 하면 매년 일정액씩 상각되는 정액법을 채택하고 있는 것이다.

[표 2-7] 감가상각금의 계산방식

구분	내용
연 감가상각률	〈년감가상각금/고정재산시초가격〉 × 100
연 감가상각금	고정재산시초가격 × 연 감가상각률

출처: 『광명백과사전』 5권(경제)(평양: 백과사전출판사, 2010), p.286.

따라서 건물 등의 연 감가상각금을 산출하기 위해서도 상각대상이 되는 고정재산의 가격이 필요한 것이다.

2절_ 국정 부동산가격 평가방법

일반적으로 부동산가격 평가방법으로는 비교방식, 원가방식, 수익방식이 있다. 비교방식은 시장성에 기초한 것으로서, 거래사례가 있는 경우에 거래사례 부동산과 평가 대상 부동산을 비교하여 우열을 판단한 후 거래가격에 우열을 반영한 일정한 비율을 곱하여 가격을 평가하는 방법이다. 원가방식은 비용성에 기초한 것으로, 생산할 수 있는 부동산에 대하여 적용하며 가격을 구하고자 하는 시점에서 부동신 신축비용에서 일정한 기산의 성과와 다른 사유로 인한 감가액을 공제하는 방법을 말한다. 수익방식은 대상 부동산이 장래 산출할 것으로 기대되는 순수익을 일정한 할인율로 자본 환원하여 평가하는 방법으로서, 임대시장이 형성되고 임대료 등을 파악할 수 있는 경우에 적용된다. 그러나 북한에서 토지는 국·공유이고 건물도 주택의 일부를 제외하고는 대부분 국유이며, 개인 간 부동산 임대도 허용되지 않으므로 합법적인 부동산시장이 형성될 수 없다. 따라서 부동산가격의 일반적인 평가방식인 비교방식과 수익방식의 적용은 할 수 없으나, 생산할 수 있는 건물은 비용성에 기초하여 원가방식으로 평가할 수 있다.

「부동산관리법」에는 "부동산가격은 국가가격제정기관이 정한다. 국가가격제정기관은 부동산을 책임적으로 관리하고 효과적으로 리용할 수 있게 부동산의 가격을 과학적으로 제정"(제33조)하도록 규정되어 있다. 그러나 부동산가격 평가방법에 대해서는 구체적으로 규정하지 않았고, 국가가격제 정기관이 그 역할을 책임적으로 할 것을 강조하였다. 이에 따라 북한의 많은 연구 논문들은 부동산가격 산출방법을 설명하고 있으며, 그 주요 내용들은 다음과 같다.

1. 부동산의 현물 규모 측정 단위

부동산가격을 산출하기 위해서는 부동산 규모를 측정하여야 하는 바, 부동산의 분류별 현물표시 측정단위는 다음과 같다.[90]

- 토지규모: 농업용 토지-정보[91]/ 그 밖의 토지-정보, m^2, km^2
- 산림규모: 산림토지면적-정보, m^2, km^2/ 나무 축적 량-m^3
- 지하자원 규모: 고체유용광물 대부분과 원유-t, bbl/ 건설용 재료- m^2, 금속과 휘유금속-kg, 카라트
- 강하천: 길이-km, 리/ 물량-m^3
- 저수지나 호수: 능력-m^3/ 둘레나 면적-km, km^2
- 도로: 길이-km, 리
- 항만: 면적-km^2, 능력-배가 정방할 수 있는 능력, 화물상하선능력, 화물보관능력
- 건물: 면적-밑면적, 연면적, 총면적(모두 m^2로 측정)/ 능력-주택은 세대 수, 학교는 교실 수

---

90) 이 항에서 인용한 내용은 모두 김광일, "부동산에 대한 통계적 연구에서 제기되는 몇 가지 방법론적 문제", 『경제연구』(2007년 3호)를 참고하였다. 이 자료에 따르면, 면적 측정 단위로 평(坪)을 사용하지 않는다. 그러나 『로동신문』에 "토지정리사업으로 1,000평의 규격 포전" 등으로 언급하는 것을 보면, 일상에서는 사용되고 있는 것을 알 수 있다.
91) 1정보는 3,000평이며, 3,000평은 약 9,917.4m^2이다.

북한에서 부동산 현물 규모의 기본적인 측정 단위는 제곱미터(㎡)이며, 평(坪)을 사용하지 않는 특징이 있다. 다만, 농업용 토지의 면적 측정 단위가 정보로 되어 있는데, 이는 농지 1필지 면적이 상당한 정도의 넓은 면적이라는 것을 의미한다. 그렇지 않으면 농업생산의 집단화로 농지의 필지 구분 필요성이 없어 일정한 지역을 대상으로 면적 측정을 할 가능성도 있다. 그리고 밑면적은 건축물의 바닥면적, 연면적은 1동의 각층 바닥면적의 합계, 총면적은 2동 이상의 건물이 있는 경우 각 동당 연면적의 합계 면적으로 이해된다.

2. 토지가격 평가방법

(1) 토지등급의 평가

북한에서 토지는 2000년대 초 이전까지는 농지와 같은 개념으로 취급되어 왔다. 토지에 대한 평가도 토지관리를 잘하여 농업생산을 늘리기 위한 일환으로서 행해졌다. 그것은 "토지의 좋고 나쁨에 대한 단순한 가치평가로부터 그의 생산능력을 종합적으로 평가하고 대책안을 처방하는 특성진단으로 발전하였으며, 토지평가의 결과 토지를 상, 중, 하 또는 1등, 2등, 3등으로 급분류하거나 지력이 매우 낮다, 낮다, 보통 높다, 매우 높다 등"[92]으로 구분하는 설명에서 보듯이 토지 자체의 농업 생산능력을 기준으로 토지평가를 하여 등급을 책정했던 것을 알 수 있다.

2002년에는 '토지사용료' 제도가 도입되어 토지등급별로 토지사용료를 차등 부과하도록 규정하였다. 이로써 토지등급의 활용도가 단순히 토지관리를 위한 수단만이 아니라 더 다양해진 것이다. 토지등급에 대한 연구는 더욱 심층적으로 나타났으며, 주요 내용을 살펴보면 다음과 같다.

---

92) 리용구·김시천, "토지평가에 대하여", 『지리과학』(1997년 제3호), p.37.

[표 2-8] **토지등급과 규정방법**

구 분	내 용
토지 등급 등의 의미	·토지의 생산성에 작용하는 요인: 자원적인 요인과 경제적인 요인 ·자원적인 요인93): 기후, 토양, 수문, 지형조건과 같은, 토지의 내 적 속성을 반영하는 구성요인으로서 토지의 잠재적인 생산능력을 규정하는데, 이를 평가하고 분류(순위로 분류)한 것이 토지등급 ·경제적 요인: 씨뿌림 시기와 모내는 시기, 비료주는 양과 시기, 노 력 수준, 기계화 수준과 같은, 토지의 잠재적인 생산능력을 지지하 거나 제한하는 방법으로 생산성에 영향을 주는데, 경제적 요인이 생산성에 미치는 영향도 함께 고려, 등급을 규정한 것이 포전등급
토지 등급 등의 이용	·토지등급: 국가적인 알곡생산계획을 세우거나 최량적인 비료분배 안을 세우는 데 이용 ·포전등급: 농장들에서 합리적인 품종배치와 모내기 날짜, 비료 주 는 양과 시기 등 재배기술적 대책들을 세우고 노력과 기계수단의 이용방도를 선택하는 데 이용
토지 등급 규정 방법	·정성적인 방법: 전문가의 경험이나 지식에 따라 토지등급을 규정 ·통계적인 방법: 토지등급규정을 회귀분석, 주성분분석, 인자분석, 무리분석, 상관분석 등을 써서 진행하는 보다 정량적인 방법 ·포전시험에 의한 방법: 농작물의 무비료 소출량에 의한 등급 규정 ·생육모의에 의한 방법: 작물의 생육과정을 모형화한 데 기초하여 컴퓨터모의방법으로 얻은 무비료소출량에 의하여 진행

출처: 리용구·류철성, "토지등급규정방법에 대하여", 『지질 및 지리과학』(2002년
제4호), pp.37~38.

2000년대 초 이후에는 토지에 대한 다양한 활동이 나타나 이제 더 이상
'토지=농지'라는 개념은 성립하지 못하게 되었다. 농지 외의 다른 토지, 즉
주민지구토지, 공장·기업소 부지에 대해서도 토지등급을 책정하였다. 이
것은 2006년경부터 실제로 시행된 '부동산사용료제도'와도 밀접한 관련이
있다.

93) 종전에는 토지를 토양과 같은 개념으로 인정하였다. 때문에 토지의 등급을 규정
함에 있어서도 토심, 알갱이 조성, 부식, 산도와 같은 순수 토양학적인 지표들만
을 고려하여 등급을 규정하기 위한 방법론을 연구하였다. 최근에 와서는 토지를
토양과 함께 기후, 수문, 지형조건을 비롯한 토지의 생산성에 영향을 주는 자원
적 요인들의 결합체로 이해하고 있다[리용구·류철성, "토지등급규정방법에 대하
여", 「지질 및 지리과학」(2002년 제4호), p.37].

2000년 이후 북한의 연구[94])에서는 주민지 토지[95])의 토지등급화를 ① 주민지 기능수준의 공간적 차이가 명백하도록 등급화 ② 토지를 주민지 기능수행의 공간적 분포법칙에 맞게 등급화 ③ 주민지 토지의 특성이 종합적으로 반영되도록 등급화하는 원칙을 제시하고 있다. 이 연구에서는 등급분류를 1급, 2급, 3급, 4급, 5급으로 순위를 부여하였다. 등급조건은 토지위치조건, 하부구조시설조건, 공공시설조건, 생태환경조건, 자연조건 등으로 구분하였다. 더 세부적인 등급지표를 토지위치, 교통조건, 급수조건, 상업봉사, 문화조건, 통근조건, 거주환경, 휴식조건 등으로 하여 토지단위별로 등급결과를 도출하고 있다. 그 결과 1~3급에 속하는 토지단위는 특정 도시의 중심구역에 속하며, 4, 5급에 속하는 토지단위는 도시의 교외에 속하는 부분인 것으로 연구결과를 제시하였다.

이러한 내용을 보면 토지등급화를 통한 토지가치판단의 연구가 발전적으로 이루어지고 있음을 이해할 수 있다. 다만, 등급지표로 제시되고 있는 항목에서 알 수 있듯이 주민지구의 토지등급은 개별 필지의 특성을 반영하는 것이 아니라 일정한 지역의 수준을 나타낸다고 할 수 있다. 그것은 북한의 주민지구에서의 토지이용상황이 다양하거나 복잡하지 않다는 것을 의미한다. 또한, 일정한 지역 내에 있는 토지들의 등급은 동일하게 책정하는 것으로 이해된다. 토지등급을 개별 토지가 아니라 토지단위별로 하고 있음도 이를 방증하는 것이다.

그리고 공장, 기업소 부지의 토지등급 결정에 관한 연구[96])에 의하면, 일반적으로 토지등급을 결정하자면 지표들에 관하여 등급별 기준자료가 있어야 한다. 그런데 공업부문은 지역별로 공업배치특성과 배치상태가 서로

---

94) 박경일 · 김영민 · 박순봉, "자기조직신경망에 의한 주민지부동산토지의 등급분류 방법", 『김일성종합대학학보(자연과학)』(2009년 제7호), p.168.

95) 「토지법」상의 토지용도구분 중 '주민지구 토지'를 의미한다.

96) 김영도, "공장, 기업소부지의 토지등급을 결정하기 위한 한가지 방법", 『지질 및 지리과학』(2010년 제2호), pp.19~20.

다르며 1개 공업대상에서도 다양한 조건과 상태에 따르는 자료가 분석되어
야 하기 때문에 그러한 자료를 확정하기는 쉽지 않다고 전제한다. 연구에
서는 등급별 기준자료가 주어지지 않은 조건에서 공장, 기업소부지의 토지
이용등급을 결정하는 방법을 고찰하고 있다. 이 연구 사례에서 적용한 지
표들의 인자에는 지형 경사도, 지반지 내력, 지하수 높이, 도로 노선수, 도
로 폭, 철도역까지의 거리, 주요 항·부두까지의 거리, 급도로(고속도로)까
지의 거리, 급수지까지의 거리, 발전소까지의 거리, 바람방향상에서 대상의
위치, 유역에서 대상의 위치, 기능구역상에서 위치, 공업의 집적도, 연관기
업소들과의 연계, 중심구역까지의 거리 등이 있다. 즉 공장, 기업소 부지의
등급 책정을 위한 다양한 가격형성요인을 설명하고 있는데, 부지 자체의
조건도 중요하지만, 공장·기업소의 운영과 연관되는 각종 시설과의 접근
성을 강조하고 있다.

　산림토지도 등급화하고 있는데, 이에 관한 연구[97]를 보면, 산림토지를
등급화하는 것은 토지가격평가의 전제를 마련하여 사용료와 같은 경제적
공간으로 산림의 채벌과 토지이용을 합리적으로 조절하며 낭비를 없애고
이용률을 높이기 위해서이다. 산림토지등급화는 ① 산림토지등급평가의 영
역단위를 소반으로 하고, ② 산림토지 단위 등급들 사이의 지역적 차이가
명백하게 나타나야 하며, ③ 한 등급 내에서 임소반들 사이의 특성이 심하
게 차이나지 말아야 하고, ④ 등급결과가 해당 산림지역의 분포법칙성을
충분히 반영하여야 한다고 설명한다. 이 논문의 실제 평가사례에서 나타난
1등급에 속하는 소반들의 지표의 경우 해발고는 800m 이상, 비옥도는 7% 이
상, 습도는 적습이다. 2등급에 속하는 소반들의 지표는 해발고는 100~800m,
비옥도는 2~7%, 습도는 건습이다. 또 3등급에 속하는 소반들의 지표는 해
발고는 100m 이하, 비옥도는 2.5% 이하, 습도는 건조이다. 즉, 산림토지도

---

97) 박경일·김경준, "부동산관리를 위한 산림토지등급화의 한 가지 방법",『김일성종
　　합대학학보(자연과학)』(2011년 제2호), p.151.

일정한 산림구역별로 등급을 책정한다. 지대가 높을수록 높은 등급이 책정되었는데, 이는 산림을 다른 용도로도 이용할 수 있다는 잠재력으로 토지를 평가하는 것이 아니라 산림 그 자체로 볼 때의 가치를 판단하기 때문인 것으로 이해할 수 있다.

강하천수역토지도 등급화[98]를 하고 있는데, 이 또한 강하천수역 토지가격을 평가하는 데 활용된다. 이 등급화를 통하여 ① 강하천수역토지의 자연적 및 사회경제적 특성의 공간적 차이가 명백히 구분되고, ② 강하천수역토지의 자연적, 사회경제적 특성이 종합적으로 반영되도록 할 것을 강조하고 있다. 등급 조건층, 즉 가격형성 요인에는 물자원 및 수력자원조건(수력자원량, 개발된 수력자원량), 관개 및 도시급수조건(관개용수량, 도시급수량), 하천정리 및 큰물피해방지조건(제방길이, 보호 주택 수, 보호농경지면적), 수역토지이용조건(농경지면적, 자원채취면적) 등이 포함된다.

종합하면, 북한에서 토지등급은 농지의 "잠재적인 생산능력을 평가하고 순위로 분류한 것"으로부터 출발하여 이제는 다양한 토지 용도에 따라 "토지와 자연, 사회경제적 특성의 류사성과 차이성에 따라 몇 개의 등급으로 나누는 것"[99]이라고 변화된 설명을 하고 있다. 즉, 토지용도의 다양성과 가치를 결성하는 요인으로 자연적 조건과 사회경제적 조건도 함께 고려한다는 인식의 변화를 볼 수 있다. 이러한 과정을 거쳐 도출된 토지등급은 토지가격 결정자료로 활용된다. 그 토지가격은 '토지가격×요율'이라는 산식을 통해 부동산사용료 산출을 위한 기준가격으로 활용된다.

(2) 토지가격 평가의 일반적인 기준

토지 가격 산출에 관한 북한의 기본적이고 일반적인 시각[100]을 보면, "가

98) 박경일·김철우, "강하천수역토지등급평가에서 신경망모형의 응용"『김일성종합대학학보(자연과학)』(2011년 제7호), p.142.
99) 박경일·김경준, "등급기준에 기초한 부동산토지평가방법"『김일성종합대학학보(자연과학)』(2013년 제5호), p.133.

격의 객관적 기초는 사회적 필요로동 지출인데 토지는 인간 로동의 산물이 아니기 때문에" 가격을 정할 기준이 없다고 한다. 그러나 토지가 경제발전에 유용하게 이용되므로 "그 리용의 효과성에 기초하여 가격을 정할수 있으며, 토지리용의 효과성은 그 리용목적과 위치 등에 따라 서로 다르다"라고 하여 일정한 토지 평가 기준을 제시하고 있다. 다시 말하면, 토지이용의 효과성에 따라 토지 가격을 정할 수 있고, 토지이용의 효과성은 토지의 지리적 위치도 물론 중요하지만, 토지이용 목적에 따라 가격 평가 기준을 다르게 적용할 수 있다는 것이다. 이 논문에서 제시하고 있는 토지의 이용목적별 가격 평가 기준은 다음과 같다.

[표 2-9] **토지가격 평가기준**

구분 (이용 목적)	가격 평가 기준
경영용 토지 (농경지, 산림조성용)	·토지의 생산성을 기본으로 하면서 지역적 위치에 따르는 생태환경과 유익성을 고려 〈토지의 생산성〉 - 농경지는 생산되는 농산물량을 기준 - 산림조성용은 경제적으로 유익한 나무를 심어 얻어지는 생산물 생산량에 기초
건설부지 (주민지구와 산업토지)	·건설대상의 생산능력과 부지면적당 수익성, 지역적 위치의 유용성과 수요를 기본 ·산업, 주택, 공공시설건설 등 부지이용 형태에 따라 차이
지하자원	·지질탐사에 기초하여 확보된 매장량 가운데서 채취 가능한 량에 따라 얻어지는 순소득에 기초

출처: 리동구, "부동산가격과 사용료를 바로 제정적용하는것은 부동산의 효과적리용을 보장하기 위한 중요요구"『경제연구』(2006년 제4호), p.31.

일반적으로 설명되는 부동산가격을 산출하기 위한 세 가지 방식은 비교방식, 원가방식, 수익방식이다. 북한의 토지가격은 토지소유권의 특수성으

---

100) 리동구, "부동산가격과 사용료를 바로 제정 적용하는것은 부동산의 효과적리용을 보장하기 위한 중요요구", p.31.

로 시장가격이 성립할 수 없고, 토지 고유의 특성으로 원가가 성립되지 않으므로 비교방식과 원가방식은 적용할 수 없기 때문에 수익성을 고려할 수밖에 없다. 그러나 여기에서 말하는 수익성은 부동산가격을 산출하는 일반적인 방식으로서의 수익방식(그 부동산으로부터 얻을 수 있는 수익 즉, 임대수입을 기초로 한다)과는 의미가 다르다. 그러므로 앞에 나타난 평가기준은 어떤 구체적인 평가방법을 설명한 것이 아니라 토지의 이용목적에 따라 토지가격형성요인으로서 중요한 항목을 제시하고 있는 것이다.

이 논문에서 설명한 토지, 특히 경영용 토지가격 평가기준으로서 토지의 생산성은 농경지의 경우 농산물량으로 판단한다고 한다. 이는 특정 농지에서 실제 수확하는 농산물량이 아니라 생산 가능한 물량으로 이해하여야 한다. 경작자의 노력, 기술력 등의 주관적 요인이 반영되어 산출되는 실제 생산물량으로 토지가격을 평가하는 것은 올바른 접근이 아니기 때문이다. 최근에 발표된 북한의 연구 논문에서도 "만일 자연의 산물인 토지와 자원에 대한 가격을 옳게 제정하지 않고 거기서 생산된 생산물의 판매수입에 따라 사용료를 제정하면 부동산사용료 공간설정의 경제적 의의가 없어지게 된다"[101]라고 하여 동일한 취지의 설명을 하고 있다.

그리고 앞에서 언급한 토지가격에 관한 일반적인 접근방식 외에 이 논문에서는 추가적인 기준으로 "농경지를 건설부지로 리용하는 경우에는 농산물생산용 토지가격을 고려하여 일반부지 건설가격보다 상당한 정도로 높이 정하여야 한다"라고 설명하고 있다. 이것은 농경지가 많지 못한 국토의 특성을 고려하여 농경지의 용도변경을 제한하고자 하는 것이다. 또한, 건설부지는 "특히 큰 도시와 그 중심구역의 건설부지가격은 기관, 기업소의 인구의 집중을 제한하는 원칙에서 높이 정하여야 한다"라고 한다. 이것은 중소도시 발전을 도모하고 대도시 형성을 제한하고자 하는 국토계획과의 일

---

101) 허철환, "부동산사용료계산의 과학성보장에서 나서는 중요한 문제", 『김일성종합대학학보(철학, 경제학)』(2014년 제1호), p.96.

관성을 유지하는 기준으로 이해할 수 있다. 그리고 지하자원의 경우 추가
적 기준으로 "탐사비를 보상하는 원칙에서 광종별로 정한다"라고 설명한 것
은 지하자원 탐사에 투입된 원가를 보전하고자 하는 조치로 해석된다. 다
시 말하면, 토지가격에 관한 이론적 접근방식 외에 다양한 정책적인 사항
도 고려하고 있는 것이다.

(3) 토지등급의 책정을 통한 토지가격 평가

북한에서 토지가격 평가방법에 대한 연구는 2000년대 들어 지속적으로
이루어지고 있는 것을 볼 수 있다. 『지질 및 지리과학』[102]에 소개된 내용을
보면, 토지가격을 옳게 평가하는 것은 토지이용에서 낭비현상을 없애고 이
용률을 높여 국토관리를 더 잘하기 위한 중요한 문제라고 한다. 그러면서
토지가격 평가방법을 고찰하기 위하여 토지가격평가 모형 작성과 계산 및
결과분석을 제시하고 있다. 이 연구에서는 토지등급별 소득을 기초로 하여
토지가격을 평가한다. 토지등급별 소득을 평가하는 방법은 일정한 지역을
대상으로 하여 행하며 다음의 기준에 의한다. "① 토지종류별 등급 구분,
② 토지등급별 소득을 화폐형태로 표현, ③ 토지등급별 소득은 기업소, 부
문, 단위의 리윤을 기초로 하여 평가, ④ 토지의 위치에 가장 민감하게 반
응하여 토지사용 효과가 매우 높은 기업소, 부문, 단위를 평가대상으로 선
택"으로 하는 것이다.

이 연구에서는 상업봉사부문(근린생활시설)을 평가대상으로 선정하여
사례를 보여주고 있다. 상업봉사부문 기업소 이윤에 영향을 주는 요인으로
서 현재 해당 부문이 사용하고 있는 토지의 등급, 부지면적, 부문의 자금
규모, 노력규모를 선정하여 특정지역의 등급별 소득 평가 상대 값과 가격
평가 상대값을 도출하고 있다.

---

102) 박경일 · 김영민, "부동산토지가격평가의 한가지 방법에 대한 연구", 『지질 및 지
리과학』(2009년 제4호), p.42.

[표 2-10] 지역의 상업토지등급별 소득평가상대값과 가격평가상대값

토지등급	1	2	3	4	5
등급별 소득(%)	44.3	27.2	16.7	7.3	4.5
토지 가격	1.0	0.62	0.38	0.165	0.102

출처: 박경일·김영민, "부동산토지가격평가의 한 가지 방법에 대한 연구",『지질 및 지리과학』(2009년 제4호), p.42.

앞에서 살펴 본 연구를 종합해 보면, 일반적인 토지가격 평가방법에 관한 북한의 연구에 나타난 기본적인 인식은 남한의 그것과 큰 차이가 없다. 다만, 비교 거래사례가 없으니 비교방식을 활용할 수 없고, 토지 임대차를 통한 수익사례가 없으니 수익방식을 적용할 수 없다. 토지는 건물과 달리 인간 노동의 산물이 아니므로 일반적으로 원가방식을 적용할 수 없다. 이러한 제약하에서 북한의 토지평가방법은 각종 토지가격 형성요인을 고려한 '등급제'(일정한 지대를 구획하여 등급을 나누고 등급별로 가격을 적용하는 방식)를 채택하고 있다. 2002년에 제정된 「토지사용료 납부규정」[103]에 의하면, 토지사용료를 부과하기 위하여 토지를 1, 2, 3부류로 나누었다. 또, 토지등급을 지목에 따라 논은 9개 등급, 밭은 8개 등급으로 나누어서 적용하도록 하고 토지 부류별, 지목별, 등급별로 정해진 토지사용료를 납부하도록 하였다.[104] 최근에 발표된 연구 논문[105]에서도 이러한 점이 나타나는데, 다음의 농업토지사용료의 산출공식을 보면 토지가격을 등급화하고 있음을 알 수 있다. 다만, 종전에는 토지의 등급별로 토지사용료를 다르게 책정하였으나, 현재에는 토지의 등급별로 토지가격을 다르게 책정한다는 차이점이 있다.

103) 2009년 「부동산관리법」의 제정으로 지금은 사문화(死文化)되었다.
104) 이에 대하여 남한의 한 연구['북한경제, 어디까지 왔나?'(통일교육원, 2005), p.193]에 따르면, 토지 비옥도에 따라 경작지를 1등급에서 3등급까지 구분하여 1평당 1등급은 40원, 2등급은 32원, 3등급은 24원을 부과하였다고 한다.
105) 허철환, "부동산사용료계산의 과학성보장에서 나서는 중요한 문제", p.97.

농업토지사용료=Σ(지목별, 등급별 면적×정보당 지목별, 등급별 토지가
격×부류별, 지목별, 곡종별, 등급별농업토지사용료율)/100

3. 건물가격 평가방법

북한의 연구에서는 "부동산가격의 제정에 있어서는 인간로동이 지출되
어 이루어진 부동산은 지출비용이 계산되기 때문에 부동산가격 제정에 있
어서 그렇게 복잡한 문제가 제기된다고 볼 수 없다"[106]고 본다. 그리고 "로
동 생산물인 부동산은 그것이 도입된 다음 오랜 기간에 걸쳐 기능하게 되
는 것만큼 물리적 및 도덕적마멸이 있게 된다"[107]라고 설명했다. 그러면서
건물 가격 종류[108]와 평가방법을 다음과 같이 설명하고 있다.

[표 2-11] 건물가격의 종류와 평가방법

가격의 종류	평가 방법
완전가격	·부동산이 조업개시한 시점에서 규정된 가격 ·보통 설계예산서에 밝혀짐
물리적 마멸을 공제한 가격	·조업개시한 다음 일정한 시간이 지난 시점에서 부동산의 가치를 표현한 가격 ·완전가격에서 해당 시기까지 마멸된 가치를 던 가격
도덕적 마멸을 고려한 복구가격	·부동산에 평가인하가 있었을 때 그에 맞는 가격

출처: 김광일, "부동산에 대한 통계연구에서 제기되는 몇 가지 방법론적 문제", 『경제
연구』(2007년 제3호), p.29.

---

106) 리동구, "부동산가격과 사용료를 바로 제정 적용하는것은 부동산의 효과적리용
을 보장하기 위한 중요요구", p.30.
107) 김광일, "부동산에 대한 통계연구에서 제기되는 몇가지 방법론적 문제", p.29.
108) 또 다른 자료에 따르면, 고정재산의 평가는 완전시초가격, 완전복구가격, 잔여
시초가격 또는 잔여복구가격으로 평가된다고 설명하고 있다[『광명백과사전』 5
권, p.285]. 즉, 완전시초가격은 물리적 마멸을 고려하지 않은 최초의 건설 또는
구입가격, 완전복구가격은 물리적 마멸을 고려하지 않은 일정한 기간 이후의
각 조건(노동지출 등)을 반영한 가격, 잔여시초가격 또는 잔여복구가격은 완전
시초가격 또는 완전복구가격에서 물리적 마멸을 고려한 가격을 말한다.

건물가격의 접근방식은 비용성에 기초한 원가방식이다. 완전가격은 신축비용을 고려한 가격, 물리적 마멸을 공제한 가격은 신축가격에서 기간의 경과에 따른 감가액을 공제한 가격을 말한다. 감가방법은 매년 일정액씩 감가하는 정액법을 채택하고 있다. 도덕적 마멸을 고려한 복구가격은 물리적 마멸 외에 형식의 구식화 등으로 인한 기능적 감가액을 공제한 가격을 의미하는 것으로 해석된다. 건물가격 평가방법에 관한 북한의 연구는 남한의 그것과 큰 차이가 없다. 다만, 토지와 마찬가지로 비교 거래사례가 없으니 비교방식을 활용할 수 없고, 임대차를 통한 수익사례가 없으니 수익방식을 적용할 수 없는 것이다. 다만, 건물은 인간 노동의 산물이므로 그 건물을 건축하는 데 소요된 비용을 기준으로 접근하는 원가방식을 적용할 수 있으며, 북한의 논문에 나타난 위의 평가방법도 모두 원가방식에 해당한다.

3절_ 부동산사용료

1. 부동산사용료 산출방법

「부동산관리법」은 부동산사용료를 "부동산가격에 따라 정해지는 것"(동법 제32조)이라고 규정하고 있을 뿐, 부동산가격을 기준으로 부동산사용료를 산출하는 방식에 대해서는 구체적으로 언급하지 않고 있다. 다만, 여러 개의 연구 논문에서 부동산사용료는 '부동산가격의 일정한 비율로 제정'[109] 되는 것으로서 일관되게 설명하고 있다. 이러한 방식은 '부동산사용료=부동산가격×요율(%)'로서 부동산 임대사례나 수익자료가 형성되지 않은 상황에서 적용할 수밖에 없는 당연한 방식이며, 부동산평가의 3방식 중 '원가방

---

109) 리동구, "부동산가격과 사용료를 바로 제정적용하는것은 부동산의 효과적리용을 보장하기 위한 중요요구", p.32.

식'에 기초한 개념110)이다.

최근의 연구 논문에서는 부동산사용료와 사용료율에 대한 구체적인 설명이 있는데, 그 내용은 다음과 같다. 먼저, 부동산사용료는 부동산가격에 기초하여야 한다는 점을 "농업토지와 관련된 부동산사용료의 제정을 땅값에 의해 계산하는 것이 아니라 농업생산물판매수입의 일정 비률에 따라 제정하게 되면 마치도 농업현물세를 받아들이는 것과 같은 편향을 발로시킬 수 있다"111)라는 설명으로 다시 강조하고 있다. 즉, 농업토지의 비옥도와 지리적 위치에 따른 가격차이가 부동산사용료에 반영되어야 한다는 것이다. 그런데 농업생산물을 기초로 하면 농업생산에 열성을 다한 대중들의 노력이 반영되지 않아 부동산관리와 이용에 대한 재정적 통제를 약화시켜 대중들의 자각적이며 창조적 열성에 지장을 줄 수 있다고 하였다. 굳이 재정적 통제의 의미를 강조하지 않더라도 농업생산물 수입이 아니라 농업토지가격을 기준으로 사용료를 산출한다는 것은 이론적으로도 합리적인 방식이다.

그리고 이 논문에서는 독립채산제 기업소에서 사용하는 부동산을 예로 들면서 부동산 종류에 따라 토지사용료, 부지112)사용료, 건물사용료, 어장사용료, 수산자원증식사용료, 자동차도로사용료, 자원사용료(자원비), 기타 부동산사용료로 구분하여 사용료율을 정할 것을 설명하고 있다. 주요 내용은 다음과 같다.113)

---

110) 남한의 일부 연구 논문에 의하면, "북한의 토지사용료는 우리나라의 비교방식에 의한 비준임료나 원가방식에 의한 적산임료보다는 수익방식에 의한 수익임료에 근접된 사용료라고 볼 수 있다"라고 설명하고 있는데, 이는 정확하지 않은 것이다.

111) 허철환, "부동산사용료계산의 과학성보장에서 나서는 중요한 문제", p.97.

112) 이 경우 '토지'는 건축물이 존재하지 않는 농업 또는 산림토지를, '부지'는 건축물이 존재하는 토지(이른바 '건부지')를 말한다.

113) 허철환, "부동산사용료계산의 과학성보장에서 나서는 중요한 문제", pp. 97~99.

[표 2-12] 부동산사용료 및 요율 제정기준

구 분	사용료 및 요율 제정기준
농업토지	·부류별, 지목별114), 등급별 정보당 토지가격에 요율을 적용 ·요율도 부류별, 지목별, 등급별로 따로 정함 ·전문농업부문 기업소와 일반 독립채산제기업소들이 이용하는 경우를 구분하여 요율을 정하되, 일반기업소의 토지이용 통제를 위하여 상대적으로 더 높게 책정 ·자체개간사료전과 비경지에 농작물을 심은 경우에는 해당 지목의 제일 낮은 등급의 사용료율을 적용
산림토지	·임농 2중 경작을 하는 경우 나무보호를 위한 재정통제가 필요함 ·나무사름률을 80% 이상 보장 못한 경우, 나무사름 정도를 80~60%, 60~30%, 30% 이하로 구분하여 요율을 정함
부지	·기업소가 관리 이용하는 부지면적에 대하여 적용 ·건축밀도를 적용한 기준부지는 기준요율을 적용 ·기준초과부지는 기준부지보다 더 높은 요율을 적용
건물	·예산납부형태로서 국가재정기관에 내는 건물사용료와 건물관리기관의 경영비보상을 위해 건물관리기관에 내는 건물사용료로 구분
어장	·독립채산제 기업소들의 배를 대상으로 하여 적용 ·독립채산제 기업소의 배마력별 척수에 요율을 적용 ·수산사업소 또는 수산협동조합에 등록되어 있는 배는 적용하지 않으나 수출할 때에는 적용
수산자원증식장	·바닷가나 강하천 수역에서 수산자원을 증식하는 경우에 적용 ·증식장의 부류를 정하고, 부류별 면적에 정해진 가격과 요율을 곱하는 방식으로 계산
도로	·기업소에 등록된 차종별 대수에 해당한 사용료 기준에 따라 계산
자원	·자원을 채취하여 다른 나라에 수출하는 기업소를 대상으로 적용 ·자원비를 적용

출처: 허철환, "부동산사용료계산의 과학성보장에서 나서는 중요한 문제", 『김일성종합대학학보(철학, 경제학)』(2014년 제1호), pp.97~99.

[표 2-12]의 내용을 보면, 일관된 사용료율에 대한 설명은 없으며, 각종 정책적 고려에 따라 사용료율을 달리 적용함을 알 수 있다. 이는 남한에서도

---

114) 법정 지목은 아니나, 위의 논문에 나타난 바에 따르면, 농업토지는 논, 밭, 과수밭, 뽕밭, 나무모밭, 호두밭, 참대밭, 갈밭, 밤나무밭, 풀밭, 농업부문 자체개간사료전으로 분류된다.

적용하는 기준[115]으로서 국가가 행정목적을 달성하기 위하여 채택할 수 있
는 조치이다. 다만, 농업토지의 경우 사용료 산출의 기초가 되는 토지가격
에 부류별, 지목별, 등급별로 차이가 반영되는데, 사용료율 책정에서도 농
업토지의 사용주체에 따른 복지정책 적용의 차이가 아니라 부류별, 지목별,
등급별로 따로 정하는 것은 이중의 고려로 보인다. 도로사용료의 경우 실
제 도로의 주행거리에 따라 부과하는 것이 아니라 자동차 자체를 보유하는
것만으로도 부과대상이 되고 있다. 이는 기업소들에서 운송수단을 소유하
고 있는 것에 대한 통제에 중점을 두고 있는 것으로 이해된다.

앞에서도 살펴보았듯이 부동산사용료의 도입 목적은 기본적으로 재정적
목적, 즉 예산 확충에 있다. 그것은 건물사용료가 예산 귀속분과 관리비 명
목으로 구분 징수된다는 기준에서도 확인할 수 있다. 그리고 건축을 하는
경우, 건축물의 규모(건폐율이나 용적률)가 정해지는 것을 알 수 있는데, 기
준을 초과하는 부지에 대해서는 부지사용료가 가중 적용된다. 부동산사용
료라는 경제적 수단을 통하여 부동산이용에 대한 통제, 즉 재정적 통제를
하고 있는 것이다. 이렇게 부동산에 대한 통제 또는 관리가 강조되고 수단
도 다양해지고 있는 것은 부동산을 이용한 각종 경제활동이 활발하고 복잡
해지고 있음을 방증한다.

2. 부동산사용료의 현황과 의미

부동산사용료는 2006년경부터 북한경제에서 중요한 부분을 차지하고 있
다. "2006년 4월 11일 북한 최고인민회의 제11기 4차 회의에서 국가 예산수
입 중에 그 전에는 없었던 부동산사용료 수입항목을 전년 대비 12% 증액
편성"[116]해 놓고 있었던 것에서도 이를 확인할 수 있었다. 최근에도 부동산

---

115) 「국유재산법령」에 의하면, 국유재산의 사용 목적에 따라, 특히 복지제도와 관련
하여서도 사용료율의 비율이 다르게 규정되어 있다.

사용료는 북한의 예산수입에서 지속적인 증가 추세를 보이는데, 그 내용은
다음과 같다.

[표 2-13] 2009~2014년 북한의 주요 부문별 예산 수입계획 증가율

(단위: %)

연도	국가기업 이득금	협동단체 이득금	고정재산감가 상각금	부동산 사용료	사회 보험료	거래 수입금
2009	5.8	3.1	6.1	3.6	1.6	-
2010	7.7	4.2	2.5	2.0	1.9	-
2011	-	3.8	1.4	0.7	0.4	-
2012	10.7	5.3	2.3	1.9	1.7	7.5
2013	6.0	5.3	2.8	3.4	-	3.5
2014	7.9	4.8	-	9.5	5.1	4.5

* 출처: "북한의 각 연도 예·결산 관련 발표 내용", 「최고인민회의 제13기 제1차 회의결과
분석과 전망」(통일연구원, 2014).

[표 2-13]의 예산수입 항목117) 중 국가기업이득금, 협동단체이득금, 거래
수입금은 기업소의 생산활동과 관련된 항목이다. 고정재산 감가상각금은
고정재산 금액에서 산출하는 것이고, 사회보험료는 근로자의 임금에서 수
취하는 것이다. 따라서 고정재산 감가상각금과 사회보험료는 기업소의 생
산활동과 직접적인 관계가 없는 항목이다. 부동산사용료 또한 기업소의 제
품 생산 증대와 직접적인 관련이 없는 항목이다. 그러나 2013년 대비 2014
년 증가비율을 9.5%나 책정하여 예산수입 항목 중 가장 높은 증가 비율을
보이고 있다.

이렇게 부동산사용료 수입의 높은 증가를 예상하고 있는 것은 첫째로 종

---

116) 서재진·김영윤, "북한 최고인민회의 제11기 제4차 회의의 내용과 의미", 『KINU
현안분석』 co06-04(2006).
117) 국기기업이득금은 국영기업소·기관에서, 협동단체이득금은 협동단체기관·기
업소에서 조성된 사회순소득을 재분배하여 국가예산에 납부하는 예산수입형태
를 말한다[『광명백과사전』 5권, p.261].

전에 유휴지였던 국유토지에 새로운 기업소가 들어서거나 아파트와 같은
대규모 주택건설이 이루어져서 새로운 수입원이 발생하였다고 볼 수 있다.
둘째, 개인이나 기업소가 종전에도 계속 국유 부동산을 이용하고 있었으나,
국가의 부동산 실태조사가 미진하여 부동산사용료를 부과하지 못하다가
부과대상이 증가하였을 수도 있다. 셋째는 국유 부동산 점유 및 사용현황
에는 큰 변화가 없는데, 부동산사용료 자체가 높게 책정되었을 수도 있다.
부동산사용료 자체가 종전보다 높게 책정되려면, '부동산사용료=부동산가
격×요율'이라는 산식에서 요율을 높이면 가능하다. 그러나 이 요율은 급격
하게 변화시킬 수 있는 요인이 아니어서, 국정 부동산가격을 전년보다 높
게 책정하였을 가능성이 크다.

부동산사용료 예산 수입 증가율이 다른 항목보다 더 높게 책정된 요인은
위 세 가지 상황이 모두 고려된 결과라고 보인다. 다만, 개인이나 기업소가
적법한 절차를 거치지 않고 국유 부동산을 무단으로 사용하다가 국유 부동
산 이용에 대한 실태조사에서 파악되어 부동산사용료를 부과하는 상황이
많이 발생하였다면, 이는 곧 국유 부동산의 이용에 관한 사적 영역이 늘어
나고 다양해졌음을 의미한다고 할 수 있다.

4장

부동산시장 형성과 시장가격

일반적으로, 시장화는 '사실상의 시장화'와 '법률상의 시장화'로 구분할 수 있다.[118] 전자는 실제 이루어지고 있는 시장에서 거래하고 있는 정도를 말하고, 후자는 국가가 실제 시장에서 거래되는 상황을 인정해 주는 것을 말한다. 전자에 의한 거래가 모두 불법적으로 국가 당국에 의해 처벌되는 것은 아니다. 아직 법률상 시장화가 적극적으로 이루어지지 않았지만 국가에서 묵인하는 경우도 있는 것이다.

1980년대 이후 북한에서 발생한 식량과 생필품의 절대적 부족은 주민들이 이차경제[119]를 통해 자신들의 생존을 최소한의 수준에서나마 유지하도록 만들었다. 당-국가는 통제를 통해 이를 억제해 왔으나, 주민들의 생존을 보장하지 못했다. 이에 따라 주민들의 자구노력을 묵인할 수밖에 없게 되

---

118) 시장화에 관한 자세한 내용은 스티븐 헤가드, "북한 시장화 측정: 평가 및 전망", 『수은북한경제』(2011년 여름호), p.33 참고.
119) 이차경제의 정의에 대해서는 다양한 견해가 존재하는데, 크게는 "북한의 법체계상 불법인 경제행위"(오승렬), "계획경제 메커니즘이 적용되지 않는 유사경제"(전홍택)로 구분할 수 있다. 후자에 의하면, 비록 합법적인 행위라 하더라도 사적 이익 추구와 직접 관련된 생산 및 교환활동은 2차경제로 분류되는 것이다.

자, 이차경제는 급속하게 확산되었으며 경제활동의 전 영역에 걸쳐 나타나고 있다.[120] 이차경제 확대는 부동산 이용과 관련된 경제 분야에서도 변화를 가져왔으며, 이를 사실상의 시장화라고 부를 수 있다. 부동산 거래의 사실상의 시장화와 외국인과 북한의 법인에 적용되는 법률상의 시장화에 대하여 국유토지 이용권, 주택 소유권과 이용권 유통을 중심으로 살펴보기로 한다.

1절_ 토지이용권 시장과 시장가격

1. 시장형성의 가능성

북한의 토지는 모두 국유 또는 협동단체 소유이고 사소유권을 인정하지 않고 있다. 그렇기 때문에 소유권 처분에 관한 매매시장이 형성되는 것은 불가능하다. 그러나 토지사용은 일정한 법적 절차에 따라 내국인도, 외국인도 할 수 있다. 그래서 토지이용에 관한 권리 그 자체가 하나의 재산권이 될 수 있는데, 이 재산권을 사용, 수익, 처분할 수 있는지가 문제 된다. 이 중 '사용'은 이용권의 본질적인 내용이므로 당연한 권능이다. '수익'은 다른 경제 주체에게 전대(轉貸)하여 대가를 얻는 행위이고, '처분'은 권리 자체를 이전하는 행위로서 다음에서는 이것이 북한의 현행법 속에서 허용되는 행위인지 검토해 본다.

「부동산관리법」은 내국인이 국유 부동산을 입찰이나 경매방식이 아닌 '허가'라는 절차를 거쳐서 이용할 수 있도록 규정하고 있다. 그러나 이러한 토지사용에 대한 권능은 동법 제30조 규정에 의하여 이전 또는 전대가 불

---

120) 박순성, "북한의 경제이론과 경제체제 변화", 『통일문제연구』 제31호(99년 상반기호), p.190.

가능하므로 주민들의 토지사용에 대한 권능이 합법적으로 유통될 수는 없다. 즉, 임대를 통한 수익 창출과 처분 권능이 부정되는 것이다. 그러나 합법적 절차에 의한 것은 아니지만 일부 매체121)에 따르면 실제로는 "한 주민이 30평 되는 자기 텃밭에서 농사를 하며 돈을 벌다가 땅이 더 필요하여 옆집의 텃밭 15평 정도를 20만원에 매수하였다"라는 보도가 있다. 또 "군부대내, 개인 뙈기밭 100평을 일군 제대 예정 군관이 100만원을 받고 그 땅을 팔고 떠났다"라는 사례를 제시하며 "조선에서 땅은 국가소유이지만 리용권은 개인에게 있다는 관행 혹은 반관행에 따라 각이한 방법의 매매가 이루어진다"라고 설명하고 있다. 이러한 토지사용에 대한 권능의 임대나 매매는 불법임에는 틀림없으나 그 자체가 행하여지고 있다는 사실은 여러 언론매체에서 확인된다.

한편, 외국인에게 적용되는 「토지임대법」을 보면, "다른 나라의 법인과 개인은 토지를 임대받아 리용"(제2조)할 수 있으므로 국정 토지가격을 기초로 협상, 입찰, 경매 등 제 방식의 적용과정에서 1차적인 토지이용권 시장이 형성될 수 있다. 또한, "토지임차자는 토지를 임대한 기관의 승인을 받아 임차한 토지의 전부 또는 일부에 해당한 리용권을 제3자에게 양도(판매, 재임대, 증여, 상속)하거나 저당"(제15조)할 수 있다. 따라서 토지에 대한 외국인의 이용권은 제도적으로 유통이 허용되고 있고, 시장도 형성될 수 있으며 토지이용권의 2차 시장이 된다.

토지이용권의 유통은 단순히 법적 규정으로만 존재하는 것이 아니다. 최근의 북한 연구 논문에서는 구체적인 거래 형태를 설명하고 있다.122) 동 연구 논문에서는 기본적인 거래 형태는 토지이용권 양도계약(2차 시장)에서

---

121) 손혜민, "부동산 시장의 단맛", 『임진강』 제16호(2012), pp.72~73.
122) 리현철, "토지리용권의 양도 및 저당에 대한 법적요구", 『사회과학원학보』(2011년 제3호), pp.57~58. 이 논문에서는 양도, 즉 판매·재임대·증여·상속의 구체적인 절차와 저당과 저당물의 처분에 관한 절차에 대하여 상세하게 언급하고 있다.

밝히지 않았다 하더라도 1차 시장에서 맺어진 토지임대차계약은 여전히 효
력을 가지며, 토지이용권을 토지에 있는 건축물이나 기타 부착물의 이용권
또는 소유권과 분리시켜 양도하여서는 안 된다고 설명하고 있다.[123] 이 내
용을 유통되고 있는 주택 거래에 적용시켜 본다면, 주택 거래대금은 '토지
이용권 + 주택소유권 또는 주택이용권'의 대가라고 할 수 있다. 즉, 이러한
가격구조를 가지고 북한에서 부동산시장은 합법적으로 또는 불법적으로
형성되고 있는 것이다.

2. 토지임대료와 토지사용료 적용 사례

외국인의 토지이용과 관련하여 토지임대료와 토지사용료를 적용한 사례
는 나선지대에서 찾아볼 수 있다. 1990년대 초중반, 토지임차인에게 적용했
던 내용을 살펴보면 다음과 같다.[124] 토지임대료는 협상의 경우, 기준임대
료에 기초하여 임대인과 임차인 사이에 합의하여 정한다. 입찰과 경매의
경우에는 기준금액에 준하여 임차인이 제시한다. 토지임대료는 토지 입지
조건과 용도에 따라 다르게 설정하는데, 우선 입지조건에 따라 토지를 크
게 3개 부류로 정했다. Ⅰ부류 토지는 상수, 하수 및 오수, 전기, 통신, 난방,
도로를 비롯한 하부구조가 기본적으로 갖추어진 구역의 토지로 주로 도시
중심구역과 항 주변구역이 속한다. 이 밖에 광천, 약수, 특산품 재배지, 관
광지 등의 지역은 비록 하부구조가 정비되어 있지 않아도 Ⅰ부류 토지에
속한다. Ⅱ부류 토지는 Ⅰ부류보다는 조건이 불리하지만 Ⅲ부류보다는 유리
한 지역의 토지로 주로 도시 주변과 Ⅰ, Ⅲ부류에 속하지 않는 토지가 속한
다. Ⅲ부류 토지는 하부구조가 정비되지 않고 개발조건이 불리한 지역의

---

123) 이것은 남한에서 구분소유건물과 대지사용권이 일체로 거래되고 있는 제도와
   유사한 것이다.
124) 『라진-선봉 자유경제무역지대 투자환경』(평양: 김일성종합대학출판사, 1995),
   pp.145~148.

토지로, 주로 도시에서 멀리 떨어진 농촌지역, 미개발 상태의 산야, 습지 등이 해당된다.

토지는 용도에 따라 금융·상업·호텔·오락용 토지, 주택 및 공공건물 용지, 공업 및 창고용지로 구분한다. 이러한 용도와 앞의 토지의 입지조건에 따라 정한 토지임대료 금액은 다음과 같다. 공업용지 임대료가 상대적으로 낮은 것은 이 부문에 대한 투자를 장려하기 위한 조치라고 설명된다. 토지사용료는 매년 ㎡당 1원으로 계산하여 받는데 4년 동안 변동되지 않는다. 변동시키는 경우에도 폭은 20%를 넘지 않도록 한다. 임차한 기본 면적 외에 임시창고와 같은 보조시설에 대한 사용료는 1,000㎡까지는 적용하지 않으며, 그를 넘을 때에는 정해진 사용료를 받는다. 토지사용료의 금액, 변동 폭에 대한 제한, 특혜조치 등의 내용으로 볼 때, 이는 순수한 토지사용에 대한 대가가 아니라 국가에서 부과하는 추가적 조치, 즉 세금의 성격을 가진다고 볼 수 있다.

[표 2-14] 토지임대료

부류	용도 구분	단위	요금
Ⅰ부류	금융, 상업, 호텔, 오락용 토지	원/㎡	64.50
	주택 및 공공건물용 토지		53.75
	공업 및 창고용 토지		43.00
Ⅱ부류	금융, 상업, 호텔, 오락용 토지	원/㎡	53.75
	주택 및 공공건물용 토지		43.00
	공업 및 창고용 토지		21.50
Ⅲ부류	금융, 상업, 호텔, 오락용 토지	원/㎡	43.00
	주택 및 공공건물용 토지		21.50
	공업 및 창고용 토지		10.70

앞의 기준에 의하면, 나선지대의 토지이용권 설정에 따른 토지임대료를 정하기 위하여 지대를 인프라 구비조건과 도시 중심으로부터의 접근성에 따라 일정한 지역으로 구분하고 있다. 그 지역 내에서는 개별토지의 특성

을 단순화하여 용도만을 기준으로 토지임대료를 차등화하고 있는 것을 알수 있다. 토지는 지역적 특성이 중요하므로 입지조건에 따라 지역을 구분하는 것은 당연하다. 하지만 당시 나선지대의 개발이 본격화되지 않은 상황이었기 때문에 개별 토지의 많은 특성까지 반영하지 못한 것으로 이해된다. 2000년대 후반기 북한에서는 토지가격과 토지사용료에 대한 많은 연구가 발표되고 있다. 따라서 앞의 기준보다 더 세분화되고, 근거를 갖춘 결과가 제시되고 있을 것이다.

나선지대에서는 건물도 임대받을 수 있으며 위탁건설도 할 수 있다. 임차한 토지 내에서 건물을 임대받는 경우에는 토지임대료와 함께 건물임대료도 동시에 납부하여야 하는데 그 기준금액은 다음과 같다.

[표 2-15] **건물임대료 및 위탁건설비**

구분	지표	단위	요금
건물임대료	공장건물 임대료	원/㎡, 월	2.00
	주택 임대료		2.30
	사무실, 청사 임대료		3.00
	창고 임대료		1.70
위탁건설비	공장건물 위탁건설비	원/㎡	450~500
	주택건물 위탁건설비		650~700

출처: 『라진-선봉 자유경제무역지대 투자환경』, p.147.

한편, 토지임대와 관련된 비용으로는 토지임대료와 토지사용료 외에 토지개발비가 있다. 토지개발비는 토지정리(건물부지, 구내 도로, 녹지, 울타리), 도로건설, 상수, 하수 및 오수시설 등 인프라 건설에 지출된 비용으로 인프라시설이 구비되지 않은 토지에 적용되는 것이다. 토지개발비는 부류와 용도에 관계없이 1㎡당 53.80원을 적용한다. 도로, 상수, 하수 및 오수, 전기, 통신, 난방과 같은 하부시설을 완전히 갖추었을 때는 제정된 요금 전액을 적용한다. 이 중 어느 한 가지만 갖추었을 때는 제정요금의 20%, 2가지, 3가지, 4가지를 갖추었을 때에는 각각 40%, 60%, 80%를 납부하여야 한다. 토지임차인은 개발된 토지를 임차하는 경우에 토지개발비를 포함시켜 납부해야 한다.

즉, 인프라시설과 관련해서는 그 시설로 혜택을 보는 토지이용자가 부담하는 수익자부담원칙을 적용하고 있는 것이다. 그러나 인프라시설은 해당 지역에만 기능하는 것이 아니고 일정한 지방, 더 나아가 국토 전체의 경제성장에도 기여하므로 비용을 모두 수익자에게 부담하는 것은 타당하지 못하다.[125] 외국 투자자에게 토지이용권의 대가인 토지임대료, 세금적 성격을 지니는 토지사용료 외에 토지개발비(해당 토지의 조성비와 해당 지역의 인프라시설 비용을 모두 포함)를 100%까지 부담하게 하는 것은 외국인 투자유치를 활성화하려는 정책 목적에도 부합하지 않는다.

2절_ 주택시장과 시장가격

북한에서 '살림집의 장만경로'(북한이탈주민 설문조사)에 대한 한 연구자료에 따르면, 2011년과 2012년 조사 내용은 다음과 같다.

[표 2-16] 북한의 주택 장만 경로(인원 수/비율, %)

구분	국가배정	유상구입	직접 건축	상속받음	증여받음	합계
2011년	36(28.6)	58(46.0)	13(10.3)	17(13.5)	2(1.6)	126(100.0)
2012년	19(14.3)	89(66.9)	9(6.8)	13(9.8)	3(2.3)	133(100.0)

출처: "김정은 1년, 북한주민의 의식과 사회변동: 2013 북한이탈주민의식 및 사회변동조사"(서울대학교 통일평화연구원, 2013), p.24.

---

125) 1㎡당 53.80원이라는 비용이 전체 개발비용인지 그중 일정액인지 알 수는 없으나, 그중 일정액이라면 국가에서 몇 %를 부담한다는 것을 보여주는 것이 투자유치를 위한 신뢰도를 제고하는 데 도움이 될 것으로 본다.

[표 2-16]에 나타난 바와 같이 북한에서는 주택을 국가배정뿐 아니라 유상 구입 등 여러 경로를 통해 장만하는 것을 알 수 있다. 국가배정 비율은 오히려 최근에 감소하고 있다. 그렇다면, 국가배정 외에 어떤 다른 방법에 의한 주택 장만이 북한의 법 제도에 적합한 것인지와 실제 주택거래 형태와 주택가격형성요인에 대하여 살펴본다.

1. 주택의 유통

앞에서 분석한 바와 같이 주택은 합법적 소유의 대상이 되는 경우가 있다. 그리고 북한 「민법」 제59조에서 "공민은 자기의 소유재산을 사회주의적 생활규범과 소비적 목적에 맞게 자유로이 차지하거나 리용, 처분할 수 있다"라고 규정하고 있으므로 시장에서 유통될 수도 있고, 이에 따라 시장가격도 형성될 수 있다고 볼 여지가 있다. 그러나 「부동산관리법」126)은 "부동산을 팔고 사는 행위"를 금지하고, "해당 기관의 승인 없이 넘겨주거나 빌려주는 행위"도 못하도록 하고 있다(동법 제28조, 30조). 이 규정은 「민법」 제59조에 대한 특별 규정이라고 봐야 하므로 개인이 합법적으로 소유할 수 있다 하더라도 이러한 주택의 유통(매매, 증여, 임대차 등)은 "해당 기관의 승인이 없으면" 법·제도적으로는 불법이다. 다만, 이 경우에도 토지이용권 이전과 마찬가지로 해당 기관의 승인이 있으면 주택 소유권의 이전은 가능하다는 문리적 해석은 가능하다. 그러나 이 조항은 거래를 소극적으로 인정하려는 취지보다는 국유 부동산의 관리를 철저히 하겠다는 의도로 해석된다. 따라서 주민이 합법적으로 소유한 개인 주택이라 하더라도 유통은 법적으로 인정되지 않는다.

---

126) 동법 제8조는 "이 법은 부동산을 관리하고 리용하는 기관, 기업소, 단체, 공민에게 적용한다"라고 규정하고 있으므로 국유 부동산뿐만 아니라 북한의 모든 부동산에 대하여 적용된다고 해석함이 타당할 것이다.

한편, 북한의 「살림집법」에 의하면, 공민은 필요에 따라 살림집을 교환하려 할 경우 인민위원회 또는 해당기관에 신청하여 승인을 얻어야 한다(동법 제35조). 이 경우에는 국가소유에 대한 이용자의 변경이 되므로 교환차액이 발생할 여지는 없다. 그리고 공민은 이사하는 경우에 살림집 이용허가증과 이용하던 살림집, 설치된 시설, 비품을 살림집관리기관에 반환하여야 한다(동법 제37, 39조). 즉, 국가소유 주택을 이용하는 주민은 기관의 허가를 받아 주택 이용권만 가지는 것이지 다른 지역으로 소재지를 이전하더라도 주택 이용권을 처분할 수 없으며 반환의무를 진다. 따라서 북한의 법·제도로 볼 때에는 국가소유 주택에 대한 거래시장이 성립될 여지가 없다.

그러나 국가소유 주택을 이용하던 주민이 다른 건물이나 지역으로 이전하더라도 주택을 반환하지 않고 다른 주민에게 불법적으로 처분할 가능성이 있다. 이에 대한 통제가 되지 않는다면, 국가소유 주택에 대한 거래시장이 형성될 수 있다. 북한에서 주택의 불법 거래에 대한 자료는 한국은행에서 북한의 경제 상황을 조사하기 위해 행한 북한이탈주민 84명을 대상으로 한 설문조사에서도 확인되고 있다. "북한에서는 국가에서 주민들에게 주택을 무상으로 공급해 주기 때문에 공식적으로 주택을 매매할 수 없지만, '주택 교환'의 형식을 빌어 웃돈을 주는 방식으로 사실상의 주택매매가 이루어지고 있다"[127]라는 조사 내용이 그것이다. 최근 여러 방송이나 언론매체에서도 이러한 사실이 보도된 바 있다.

또 다른 매체[128]에 따르면, 주택 등 부동산의 불법적 유통은 그것의 이용을 통한 경제활동을 넘어 투자 대상으로까지 되는 등 인식의 대변화가 있다고 한다. 그 주요 내용은 다음과 같다.

---

127) 박석삼, "북한의 사경제부문 연구-사경제 규모, 유통현금 및 민간보유 외화 규모 추정-", 『한은조사연구 2002-3』(2002.4) p.15.
128) 손혜민, "부동산시장의 단맛", 『임진강』, pp.65~76.

1980년대부터 시, 군 인민위원회 도시경영과 간부들에게 뇌물을 바치고 주택을 배정받거나 교환하는 식으로 시작된 주택매매가 1990년대에는 주민들끼리 누구나 매매할 수 있는 시장 현상이 되었다. 더욱이 1990년대의 주택매매는 '고난의 행군'과 장마당 형성이 낳기 시작한 빈부격차를 상징하는 첫 상품이라는 점에서 주목할 가치가 크다. 이것은 결국 1980년대부터 압박되었던 주택난의 환경, 갑자기 끊어진 배급, 살길을 찾는 사회흐름이 한 고리가 되어 자연적인 시장 형태로 자리 잡기 시작한 것이다. 점차 자구(自救)경제가 자리를 잡기 시작한 1998년도에 들어서면서 집값은 조금씩 오르기 시작하였다. 이윤을 챙기기 위한 시장경쟁이 주택매매 시장을 지대 값, 임대 값, 건물 값으로 자리 매김하고 부동산가치를 올리기 시작하였던 것이다. 공급보다 수요가 능가하는 사회변화가 생기기 시작하였다.

그 변화의 원인은 안 주는 배급 없이도 살아갈 수 있게 해준 장마당의 힘이었다. 이 힘이 배급경제로서 가난이 무엇인지도 몰랐던 사람들을 자구경제 생활에 끌어들여 눈을 뜨게 만들기 시작하였다. 1990년대에 시작된 단순하게 사고파는 용도였던 주택 등 부동산이 2000년 이후부터는 투자, 저축이라는 다양한 시장성을 나타냄으로써 현실경제의 주요 역할을 하고 있다. 의식주에 필요한 필수품이 장마당에서 사람들의 생산과 유통을 통하여 이루어지는 것과 같이 부동산도 시장의 효용성 가치에 이용되고 있는 것이다.

동 매체에 나타난 부동산의 불법적 이용 또는 거래 사례를 정리하면 다음과 같다.

[표 2-17] 부동산 이용 또는 거래 내용

지역/용도	이용 또는 거래 내용
평남 평성	·1990년대 중순 주택매매의 조건은 주택면적과 수돗물 ·1990년대 말에는 지대(철도역, 장마당 접근성)에 따른 가격 차이 발생
순천시 남흥기계화 사업소 지배인	·본인 거주 아파트+100만 원과 도로변 단독주택의 교환 ·교환 후 단독주택 신축과 주차장, 연유창고 설치 ·오가는 차량을 상대로 시장거래(주차, 연유 보급)
고기국밥집	·장마당 부근의 집에 부속된 창고 임대 ·주택 주인과 식당 영업주의 협동장사, 이윤은 균등 배분
순천시 백화점	·신의주에서 밀가루 유통업을 영위하던 주민이 공실인 백화점 1층 임차 ·공공건물이지만 백화점 지배인과 월 30만 원의 임대료 조건으로 계약
건물 증축	·2005년 기준 150만 원에 주택구입 후 150만 원 투자하여 주택 증축한 후 500만 원에 판매 ·구입자는 주택을 국수/제분칸으로 용도변경하여 영업
도시경영 사업소 지도원	·1990년대에 2만 원에 주택 2채 구입 ·2000년대에 600만 원(당시 기준 2,000달러)으로 가격 상승
협동농장의 관리위원장	·인근 건설기업소 지배인과 공동으로 주택신축을 제안 ·건설자재와 노력은 건설지배인이, 토지는 관리위원장이 제공하여 1동 2세대 신축, 두 권력자의 노후 안식처로 사용
순천시 40대 남성	·고철장사로 부자가 되어 역 앞의 단층 집 구매 후 2층 식당 신축 ·상업관리소 협동편의에 소속시켜 놓고 전문경영인 운영 ·장사 실패 후 기업운영 자금 마련을 위해 식당 판매
주민	·30평 되는 텃밭에서 농사를 하여 수익 ·옆집 방매 소식에 터밭만 구매를 희망하여 15평 정도를 20만원에 구매
순천시 북창리 비행장의 군관	·제대를 앞둔 군관이 살던 주택은 부대에 이관하였으나, 개인 돼지밭 100평을 관리, 10년 후 100만 원에 매매 후 떠남
부동산시장의 거간꾼	·검찰소, 보안서, 도시경영사업소, 인민위원회 등 모든 권력과 연결 ·매매가격의 10%를 수수료로 취득 ·거래당사자는 입사증 문제 해결을 위한 비용으로 감수
평성시 부동산업자	·국토관리국에서 토지허용을 받은 부동산업자는 주택구매자들에게 투자 요구(주택신축 비용이 기존주택 구입비용보다 낮음) ·2006년, 5,000달러 선불하면 골조만 되어 있는 아파트 구입 ·주택건설 부지가 확정되면 투자는 50% 정도 달성 ·국토관리국은 부족한 예산 충당을 위하여 묵인

역전 부근	·2008년 김정일의 신변문제로 역전 부근 주택의 강제 철거 ·부동산시장에 대한 제도적 보호가 없으므로 보상이 없음 ·2004년 룡천폭발 사고는 철도연선 주택 강제철거의 원인
40대 여성	·고아 10명을 키우며 당의 배려를 받아 작은 건물에서 국수 칸 운영, 30명을 추가로 데려와서 당위원회에 토지임대를 요구하여 허락받음 ·어느 돈주와 합의하여 2층 음식점 신축 후 대형화물차를 고객으로 식당 및 주차장, 자동차 쥬브땜, 세차 영업으로 이윤 추구

출처: 손혜민, "부동산시장의 단맛", 『임진강』 제16호(2012), pp.68~77.

    한편, 최근 남한의 한 매체[129])에 따르면, 평양에 국가가 운영하는 주택거래소가 외부에 알려지지 않은 채 개설되었다고 한다. 북한에서 공식 발표한 것은 아니지만, 경제특구에서 외국 투자자에게 건물소유권을 인정하고 있고, 무엇보다도 만연되어 있는 주택거래의 추세로 볼 때, 충분히 가능한 시도라고 본다. 앞의 표에서도 언급되었듯이 부동산시장의 거간꾼은 거래 가격의 10% 정도를 수수료 명목으로 수취한다. 이것을 국가의 수입으로 하고자 하는 목적도 있겠지만, 주택거래 당사자 간에 무질서하게 형성되는 부동산시장에 대한 국가의 개입도 필요하였을 것이다. 현행법으로 주택거래는 할 수 없지만, 국가에서 거래수수료까지 받고 거래를 성사시킨다면, 주택거래를 공식적으로 인정하는 결과가 된다. 이 경우 토지와 건물이 일체가 되어 거래될 수밖에 없는 구조이므로 토지 이용에 대한 권능도 사적 거래의 대상으로 인정되는 결과가 된다. 따라서 평양에서 시범적으로 운영되는 것으로 알려진 주택거래소는 그 발전 방향에 따라 북한 체제 개혁에 큰 영향을 미칠 것이다.

---

129) 『동아일보』, 2014년 12월 16일.

2. 주택가격 형성요인

2007년 3월, 일본의 한 기자(이시마루 지로)가 북한 주민(리준)과 인터뷰한 내용[130]을 보면, 국가주택 사용권을 주인(판매자)이 타인(구매자)에게 팔려는 그 시각부터 국가주택은 암시장의 법칙에 의해 적정가격이 매겨진다. 우선 교통 편리정도, 장마당과의 거리나 장사 관련 편의, 수도 및 전력 공급조건 등이 가격에 영향을 미친다. 다음으로 건물의 질, 내부구조, 텃밭의 크기, 인민반 주민구성 등도 평가 기준에 든다. 이때 가격은 국가가 아니라 시장법칙에 의해 정해진다. 바로 그 시장가격을 기준으로 주택 판매자와 사용권을 사려는 구매자 간에 2차 합의를 한다. 시장에서와 똑같이 가격흥정도 된다.

즉, 주택가격 형성요인으로서 북한의 경우는 단순히 주택이라는 건물만 거래하는 것이 아니다. 토지 이용 권능과 건물인 주택의 이용권이 포함된 개념이므로 입지조건, 기반시설 조성 정도 등과 같은 건물 외적 요인과 건물의 개별적 조건이 함께 고려된다. 이것은 북한만의 특성이 아니라 어느 사회에서나 고려되는 일반적인 것이라고 할 수 있다. 텃밭의 크기가 중요한 요인인 것은 주택의 여유로운 활용을 위한 공지확보에 목적이 있는 것이 아니라 식량 확보를 위한 노력이 전 방위적으로 행하여지고 있기 때문이다.

또 다른 연구[131]에 따르면, 북한 당국은 인민반을 감시기구로 이용한다. 인민반장은 해당 동에 거주하는 전체 주민들의 감시자 역할을 하며, 언제든지 담당 가구에 들어갈 수 있는 권한이 있다. 따라서 인민반 제도는 말단 감시체계이지만 상당한 힘을 가지고 있다. 아무리 충성심이 인정되고 재능

130) 류경원, "주택 암매매의 주요 문제점들", 『림진강』, p.39.
131) 정은이, "북한의 주택시장에 관한 연구: 함경북도 무산지역의 사례를 중심으로", p.100.

이 뛰어나도 동 인민반장과 사이가 좋지 않으면 동 인민생활을 근거로 내세워 출세할 수 없게 한다. 따라서 집을 선택하는 데 있어 인민반장과 해당 관할 구역 보위부 보안원의 성향이 중요하다. 즉, 일반적으로 어떤 지역에 거주하는 주민들의 소득수준도 주택가격 형성요인으로 취급되지만, 북한의 경우에는 인민반 주민구성에서 더 나아가 인민반을 관리하는 인민반장 등의 성향도 고려 대상의 된다는 것이 특이한 점이다.

5장

부동산 등록

　부동산의 등록 대상에는 권리관계와 표시관계가 있다. 이 두 내용을 하나의 공적장부에 등록하는 국가도 있고, 두 개의 공적장부에 나누어 등록하는 제도를 둔 국가도 있다. 남한의 경우 등기부와 대장(토지·임야대장, 건축물관리대장)을 두어 권리관계와 표시관계를 별개의 장부에 공시하고 있는데 일반적으로 권리관계는 등기부를, 표시관계는 대장을 우선하여 적용한다.

　북한도 해방 당시에는 부동산등기제도가 시행되어 토지등기부와 건물등기부가 존재하였다. 토지개혁이 이루어진 이후에도 일정기간 토지에 대한 사적 소유가 인정되었으므로 여전히 부동산등기제도가 존재하였다. 이는 1947년 2월 27일 제정된 「등록세법」(인민위원회 법령 제4호) 제3조에서 등록세의 과세종목과 세율의 구분기준으로서 각종 부동산등기를 명시한 부분에서도 알 수 있다.[132] 또한, 1946년 토지개혁 결과 토지소유권증명서를 교부하게 되는데, 이 문서에는 "공민 000에게 토지를 영원한 소유로 무상분

---

132) 법원행정처, 『북한의 토지소유 및 토지등록제도』(법원행정처, 1994), p.9.

배함"이라는 형식으로 소유자를 등록하였다. 그리고 토지개혁법령에 의하여 분여 받은 토지와 토지개혁 이전의 소유지로서 당시 소유한 토지에 대한 소재지와 지번, 지목, 지적(면적을 뜻한다) 등도 동시에 등록하여 소유권자와 토지의 표시에 관한 장부를 두고 있었다.[133]

그러나 오늘날 북한에는 토지와 건물에 관계없이 부동산등기제도가 존재하지 않는다. 토지소유권을 규정한 「헌법」, 「민법」, 「토지법」 어디에도 등기에 관한 규정이 없으며, 북한의 연구 논문에서도 언급되지 않는다. 그것은 농업협동화가 종료된 1958년에 토지에 대한 사회주의적 소유관계가 확립되어 모든 부동산에 대한 사적 소유와 매매가 금지되었고, 이에 따라 부동산물권변동을 공시할 필요성이 없어졌기 때문이다. 경제특구를 중심으로 외국인에게 토지이용권이 부여되고 그 유통과 부동산의 저당이 가능하므로 거래의 안전을 위하여 이를 공시할 필요가 있을 수 있다. 그러나 이 경우에도 모든 행위는 임대기관의 승인을 얻어야 하고, 변경사항은 임대기관에 변경 등록하도록 하고 있으므로 이러한 사항에 대한 내부 문건으로만 존재한다고 할 수 있다.

부동산에 대한 권리관계와는 달리 이용실태 파악은 국토관리에 있어서 기본적 사항이므로 1960년대부터 강조되어 왔다. 즉, 김일성은 '내무성 및 도시경영성일군협의회에서 한 연설'에서 "국토와 자원, 도시와 농촌의 건물과 시설물을 잘 관리하려면 그에 대한 등록대장을 만들어 놓고"[134]라고 언급하고 있는데, 등기부와는 달리 부동산표시를 나타내는 대장은 관리해 왔음을 알 수 있다. 이후에도 국토관리사업의 중요성은 여러 연구 논문에서 언급되고 있으므로 국토관리의 일환으로 부동산 조사와 등록이 수시로 실시되어 오고 있다고 보아야 한다.

그것은 「부동산관리법」에서 법적 사항으로 규정하고 있는 것에서 확인

133) 손전후, 『토지개혁경험』, pp.236~243.
134) 김일성, "국토관리사업을 강화할데 대하여" 『김일성저작집』 18권, p.175.

할 수 있다. 동법 제14조는 "부동산의 등록은 부동산을 빠짐없이 장악하기 위한 중요한 사업이다. 기관, 기업소, 단체는 모든 부동산을 정확히 등록하여야 한다"라고 규정하여 부동산등록을 의무화하고 있다. 또한 최근의 연구 논문135)에서는 정확한 부동산관리를 위한 방안들이 설명되고 있다. 즉, "부동산자료들은 시간에 따라 변동되기 때문에 부동산관리에서는 여러 가지 시간자료, 력사자료에 대한 처리"가 중요하다. 따라서 "부동산업무를 위해서는 공간대상의 기하학적, 위상학적 변화 값과 대상의 속성변화를 반영할 수 있는 시공간자료기지를 구축해야 한다"라는 언급이 대표적 연구이다. 여기서도 알 수 있듯이 부동산관리의 과학화를 위한 다양한 시도가 이루어지고 있다.

「부동산관리법」은 등록을 현물적으로만 하는 것이 아니라 화폐적으로도 하도록 한다(제16조). 이는 사용료 부과를 하기 위한 것이다. 현물적 등록은 등록대장에 하게 되는데, 토지 등록은 토지등록대장과 지적도에 한다. 지적도에는 지목, 지번, 면적 등을 등록한다(제17조). 건물, 시설물은 건물등록대장과 시설물등록대장에 등록한다. 등록대장에는 건물, 시설물의 이용자명, 이용면적, 건물의 수명, 보수주기 등을 등록한다(제18조). 즉, 등기제도는 두고 있지 않지만, 국토관리사업과 개별 부동산의 이용질서 확립과 관리를 위하여 대장과 도면을 두고 있는 것이다.

등록 내용 중 건물은 이용자 명칭이 등록되도록 규정하고 있으나, 토지의 경우에는 이용자 명칭이 등록되지 않는다. 이것은 토지의 경우, '허가'에 의한 국유토지 이용이 정책적으로는 장기간이 아니고, 일시적인 이용이라는 점을 설명하고 있는 것으로 해석된다. 다만, 허가증이 발급되므로 내부문건 형식으로서 토지 이용자가 등록될 것이다. 그리고 등록 대상이 되는 부동산은 그 소유형태에 구분이 없다. 북한은 "개인소유의 부동산에는 주

---

135) 윤순철 · 한남철, "부동산등록을 위한 자료기지설계와 그 응용", 『김일성종합대학학보(자연과학)』(2010년 제2호), p.162.

택이 들어가는데 국가가 다 장악하고 관리하고 있다"[136]라고 설명하고 있
으므로 국·공유 부동산뿐만 아니라 개인 소유 주택도 건물등록대장에 등
록됨을 알 수 있다.

136) 김광일, "부동산에 대한 통계연구에서 제기되는 몇가지 방법론적 문제", p.28.

6장

부동산 제도에 대한 평가

북한에서 토지의 개인 소유권을 인정하지 않는 정책에는 변함이 없다. 협동단체 소유 토지에 대한 기존 정책에도 변함이 없다. 즉, 협동농장에서 경작하는 토지의 소유권은 형식적으로는 협동단체 구성원들의 공동소유이나, 실질은 조직체로서의 협동단체가 소유권자이지 그 협동단체를 구성하고 있는 개별 구성원은 소유권자가 아니다. 문제는 협동단체인 협동농장의 법적 성격이다. 협동농장도 하나의 소유권의 주체라면 민사법상 독립적인 법인격이 인정되어야 하나, 그 권리능력이 국가에서 정한 기준 규약에 의해 엄격하게 제한되므로 실질적 의미의 법인성은 보장받지 못하는 것으로 이해된다. 그리고 1958년 농업협동화가 완료된 후 줄곧 협동농장 자체를 운영하는 지도부는 개별 구성원들이 선출한 대표가 아닌 군 경영위원회의 직접적인 통제를 받는 관리위원회로서, 협동농장은 관료기구의 직접적인 통제에 종속되어 있다.

결국, 북한에서 협동농장은 관리도 관료기구에서 하고 소유권 이전도 불가능(설사 소유권 이전이 가능하다 하더라도 구성원들이 지분을 가지는 것이 아니므로 구성원들에게는 의미가 없는 부분이다)한 점으로 볼 때, 협동농장 구성원들에게는 코르나이가 말하는 소유권의 내용 중 이전권과 통제권이 없다. 다만, 협동농장 수입의 배분에서 귀속되는 몫의 처분이 자유로운 점으로 볼 때, 잔여소득에 대한 처분권은 개인에게 일정 부분 인정되고 있다. 따라서 협동단체의 재산 형태는 코르나이가 고전적 사회주의 경제체제의 특징으로 설명하는 바대로, 형식적으로는 협동단체 소유지만, 실질은 아직도 관료적 국가 재산의 일종으로서 준국가재산인 것으로 평가할 수 있다.

이러한 점은 향후 토지 이용권 부여 등의 권리관계 변동 양태에 따라 협동농장 소유 농지의 소유권 귀속에 대한 논란의 원인이 될 수 있다. 즉, 처분권능은 인정하지 않지만 형식적으로라도 협동농장의 소유권을 인정하는 상황에서 택지 조성, 산업단지 조성 등 국토개발에 필요한 농지를 농지 외의 용도로 전용하고자 할 때 손실보상의 문제가 뒤따를 수 있으며 그 손실보상액을 어떻게 정하느냐의 문제이다. 앞에서 살펴본 바와 같이 협동농장은 법적으로 보장된 별도의 법인격을 가지고 있지 못하다. 그러므로 실질적으로는 협동농장 구성원들에 대한 손실보상이 이루어져야 한다. 이 경우 토지에 대한 사용권의 가격이 아니라 중국의 경우처럼 연간 농작물 수입액을 기준으로 한 보상액이 산정될 가능성이 높다. 이는 협동농장 구성원들은 관료적 통제 아래, 농지 경작권만 가지고 있다고 보아야 하기 때문이다. 그러나 이러한 상황 전개는 도시민에게 도시 토지 이용권을 부여할 경우 농업에 종사하는 주민들의 삶의 질이 상대적으로 저하되어 도시와 농촌 간에 심각한 갈등이 초래되는 원인이 될 수도 있다.

한편으로는, 협동농장 운영에 있어 사적 부문 발전의 모습도 있다. 일한 것만큼 분배받는 원칙을 실행하기 위하여 도입한 분조관리제의 규모는 점차 축소되어 왔다. 2002년 이후에는 토지사용료와 비료, 디젤유, 농약, 종자 등 농업 경영에 들었던 비용을 내놓고 나머지는 분조 단위에서 자율적으로 사용할 수 있었다.[137] 2004년에 시범적으로 도입한 포전담당제가 2013년부터(3~5명 정도의 작업 단위) 크게 부각되고 있는 상황은 협동농장 운영의 자율성이 더 확대될 것임을 기대할 수 있게 한다. 포전담당제가 농장원들의 생산성 제고에 대한 책임의식을 강조한 것이지만, 가족 규모의 영농이 가능하므로 이는 코르나이가 말하는 가족의 경제적 역할이 증대되어 사적 부문의 발전을 가져 오는 단서가 될 수 있는 것이다.

외국인[138]에게 적용되는 「토지임대법」과 「경제특구법」의 경우, 외국인에게 장기간(50년 이내) 토지이용의 권리가 인정되는 점과 유통이 허용되는 점도 국유토지이용에 대한 사적 부문의 발전이라고 평가할 수 있다. 최근의 연구 논문[139]에서는 "부동산 임대는 부동산의 소유자인 국가나 협동단체가 할 수 있다"라고 하여 임대할 수 있는 토지의 범위를 국가소유에서 협동단체 소유로까지 확장하고 있다. 또한 임차인은 "우리나라의 법인, 다른 나라의 법인과 개인, 북한 영역 밖에 거주하는 해외 동포들에게 실시하며, 재임대도 가능하다"라고 설명하는 등 임차인이 될 수 있는 범위도 큰 변화를 보이고 있다. 즉, 종전에는 외국인에게만 허용하던 토지이용권의 부여를 이제는 해외 동포뿐만 아니라 북한 법인에도 한다는 것은 주목할 만한 경제체제 개혁의 시도라고 평가된다.

이 경우에는 합법적인 토지이용권의 유통이 인정되는데, 북한 당국으로부터 토지이용권을 이전받는 경우에 형성되는 1차 시장에서는 매년 지급하는 토지사용료 외에 설정 대가로 토지임대료를 지급하여야 한다. 즉, '토지이용권'이라는 것이 하나의 재산으로 취급되어 화폐액으로 표시되는 것이다. 임차인과 제3자 간 형성되는 2차 시장에서는 이 금액이 기준이 되어 유통될 수도 있고, 토지이용권이 있는 상태에서 건축물을 건축하여 건축물에 대한 권리(소유권이나 임차권)까지 합하여 일괄로 유통될 수도 있다. 경제

---

137) 『조선신보』, 2013년 12월 13일.
138) 외국 투자가와 외국 투자기업을 말한다.
139) 김상학, "부동산임대에 대한 리해에서 제기되는 몇가지 문제", p.38, 44.

특구의 비활성화로 아직까지는 토지이용권 유통시장이 활발하게 작동하지 않는 것으로 보인다. 비록 적용 대상이 외국인과 북한 법인, 해외 동포이기는 하나 이러한 합법적인 시장의 형성이 가능하다는 점에서는 장래 내부 개혁의 단초가 될 수 있다.

개인·공민은 북한의 법인과 같이 토지이용권이라는 구체적인 권리는 가질 수 없지만 '허가'라는 절차를 거쳐 유상으로 국유토지를 이용할 수 있다. 이 또한 종전보다 발전된 형태의 사적 부문이라고 할 수 있다. 그것은 부동산사용료라는 비용을 지불하고, 일정한 행정 절차를 거쳐 특정한 부동산에 대한 사용 권한을 확보한다는 점에서 개인의 (소유권이 아니지만) 재산으로 인식될 수 있다는 것이다. 이러한 인식의 확대는 부동산 소유에 대한 욕구로 이어질 가능성이 높다. 개인의 국유토지 사용에 대한 권한의 처분은 「부동산관리법」에 의하여 금지되어 있다. 그러나 앞에서 살펴본 바와 같이 실제로는 국유토지를 점유하여 수익을 창출하고 또 그것을 유통시켜 자본이득을 구하는 불법적인 거래가 성행하고 있는 것으로 알려지고 있다.

2006년부터 국가 예산항목에 부동산사용료가 나타나는데, 2013년 대비 2014년 증가비율은 예산수입 항목 중 가장 높다. 이는 ① 합법적인 국유토지 사용의 증가, ② 불법점유 단속의 증가, ③ 부동산가격 상승 또는 사용료율의 상향 조정 등이 원인이 되었을 것으로 추정해 볼 수 있다. 실제로는 이러한 세 가지 상황이 모두 고려된 결과라고 보인다. 다만, 국유 부동산 이용에 대한 실태조사에서 파악되어 부동산사용료를 부과 받게 된 상황이 많이 발생하였다면, 이는 곧 국유 부동산의 이용에 관한 사적 영역이 늘어나고 다양해졌음을 의미한다. 그리고 '부동산사용료제정기준'에 나타난 다양한 상황에 따른 기준은 부동산을 이용한 경제활동이 활발하고, 복잡해지고 있음을 방증한다.

북한에서는 주택의 유통도 「부동산관리법」에 의하여 금지되어 있다. 그렇지만 '암거래·불법' 거래가 만연된 것으로 알려지고 있다. 이러한 현상도 사적 부문에 발생하는 중대한 변화의 한 모습인 것이다. 즉, 주택거래는 법적으로는 금지대상이지만 실제로는 금지되지 않는 것이다. 이 경우 시장의 성격은 아주 완전히 변한 것이 아니다. '암거래·불법'에서 '합법·불법 사이의 모호한 중간'으로 변했다. 그런데 최근 남한의 한 매체에 따르면, 평양에 당국에서 운영하는 주택거래소가 설치되었다고 한다. 아직은 시범단계이지만, 주택거래를 공식적으로 인정해 주게 되는 결과가 되는 것이다. 따라서 주택거래소는 그 발전 방향에 따라 북한 체제 개혁에 큰 영향을 미칠 것이다.

이러한 점으로 볼 때, 북한에서 토지 및 주택의 거래와 관련된 부동산활동 분야에 있어서는 (일부의 경우에는 합법적이고, 일부의 경우에는 비공식적이지만) 고전적 체제에서 벗어나 개혁사회주의 체제로 넘어가는 과정에 있다고 평가할 수 있다. 다만, 공식 이데올로기는 코르나이의 지적처럼 한편으로는 사회주의적이고 반자본주의적이다. 즉, 사적 소유에 반대하는 전통과 다른 한편으로는 개혁 과정의 실용주의적 요구들 사이에 존재하는 모순으로 가득 차 있다. 결국에는 뿌리 깊은 사고방식과 행동양식의 반응 때문에 사적 소유를 반대하는 전통적 사고가 지배하고 있다고 볼 수 있다. 따라서 전면적인 사유화 정책이 단기간 내에 도입되기는 힘들지만, 점진적으로는 개혁의 방향으로 진행될 것이다.

3부

북한의 국토이용 · 관리제도

1장

국토 이용과 관리에 관한 법체계

북한에서는 국토 이용과 관리에 대한 정책도 각종 행정조치나 당의 지도에 의하여 집행되어 왔다. 1972년 「사회주의헌법」에서는 "국가는 도시와 농촌의 차이, 노동계급과 농민의 계급적 차이를 없애기 위하여 군(郡)의 역할을 높이도록"(제26조) 규정하였다. 이는 기존의 토지 소유관계에 중점을 두었던 인식을 넘어 국토 이용과 관리에 관한 전반적인 방향성을 제시한 것이다. 이후 「헌법」개정에서도 1972년 「헌법」상의 내용은 큰 변화 없이 그대로 유지되고 있다.

「헌법」의 하위 법규로 토지정책에 관한 기본법이라고 할 수 있는 「토지법」이 1977년 4월 다시 제정되었다. 북한은 1970년대에 들어 주체사상을 내세우며 온 사회를 주체사상화하기 위한 여러 정책들을 시행하는데, 그중 하나가 「토지법」 제정이라고 한다. 이 법률의 제정으로 토지소유권을 위주로 규제하였던 종전의 「토지법」과 달리 토지소유권, 국토건설총계획, 토지보호, 토지건설, 토지관리 등에 관한 내용을 집대성한 체계를 구성하게 되었다.

한편, 국토 이용과 관리에서 가장 기본적인 것은 먼저 계획을 수립하고 이를 시행하는 것이다. 북한은 1977년 「토지법」 제정과 동시에 '국토건설총

계획'을 법적으로 도입하였다. 동법에서는 이 계획의 성격, 작성 원칙, 국토
발전의 전망기간, 작성 내용, 승인 등에 관한 사항을 정하여 국토건설에 관
한 중요한 지침으로 활용하였다. 이후, 이 내용을 더 상세히 정하여 2002년
에 「국토계획법」을, 2003년에는 도시와 마을에 적용되는 「도시계획법」을
제정하였다. 그 외에도 1992년에는 도시와 농촌의 건물과 시설물을 보호하
는 「도시경영법」이, 1993년에는 건설총계획의 작성과 실현, 건설설계와 시
공, 건설물의 준공검사에 관한 내용을 담은 「건설법」이 제정되었다. 이러한
내용의 법체계를 정리하면 다음과 같다.

[표 3-1] 국토 이용과 관리에 관한 현행 법체계

구 분	법률 명칭	주요 내용
정책방향	헌법	·도시와 농촌의 균형 발전 도모
국토 이용과 관리	토지법	·국토건설총계획 ·토지보호, 건설, 관리
	국토계획법	·국토계획의 작성, 비준, 실행 ·국토건설총계획[전국, 도(직할시), 시(구역), 군)]
	도시계획법	·도시계획의 작성, 비준, 실행 ·도시·마을총계획, 세부계획, 구획계획
	건설법	·건설총계획 ·건설설계와 시공, 준공검사
	도시경영법	·도시와 농촌의 건물과 시설물의 보호 관리 ·도시정리, 도시미화 ·원림조성, 하천정리

※ 북한의 국토 이용과 관리에 관련된 법률 중 주요 내용만 위의 내용을 참고하여
정리하였다.

 해방 이후부터 현재(2014년)까지 북한에서 국토 이용과 관리에 관하여
발표한 각종 법규 및 행정조치는 다음과 같다. 이 내용에서도 국가 수립 초
기에는 당의 지도나 내각 결정 등에 따라 각종 제도가 운영되다가 1990년
대 들어 법·제도화되고 있는 것을 확인할 수 있다.

[표 3-2] 국토 이용과 관리에 관한 각종 법규 및 행정조치

시기 구분	주요 내용	법규 및 행정조치
국가수립 시기	토지보호, 건설,1) 관리사업을 위한 조치	·토지행정에 관하여(1950)2) ·림야관리령(1946), 산림에 관한 결정서(1947), 북조선 지하자원, 산림지역 및 수역의 국유화에 관한 결정서 (1947), 북조선토지개간법령(1946) ·관개시설관리령(1946), 하천관리에 관한 규정(1949) ·북조선경지실태조사에 관한 지시(1947)
사회주의 체제확립 시기	토지와 자원 관리를 잘하 기 위한 제 도 마련	·농경지를 농업생산 이외의 용도로 사용하는것을 엄격 히 제한할데 관하여(1956) ·산림경영에 관한 규정(1960) ·토지법(1963), 국토관리법(1965) ·연안, 령해보호관리규정(1965), 도로관리규정(1967)
세부제도 도입기	온 사회의 주 체사상화와 토지의 보호 관리	·토지법(1977) ·농업토지보호관리 규정(1977) ·강하천관리규정(1979), 연안,령해보호관리규정(1979) ·고속도로관리규정(1979) ·국토건설총계획 작성과 건설물의 위치지정 및 건설 허가에 관한 규정(1979) ·산림법(1992), 산림법시행세칙(1993) ·도로관리규정(1994), 도로관리규정시행세칙(1995), ·환경보호법시행규정(1995), 국토환경보호 단속법(1998)
개방 시도기	외국자본 유 치에 의한 경 제특구 개발	·자유경제무역지대법(1993), 라선경제무역지대법(1993), 신의주특별행정구기본법(2002), 금강산관광지구법(2002), 개성공업지구법(2002) ·조중라선경제무역지대와 황금평경제지대 공동개발 총 계획요강(2011) ·경제개발구법(2013)
계획개념 도입기	국토이용계획 과 관리	·국토계획법(2002), 도시계획법(2003) ·건설법(1993), 도시경영법(1993)

※『법학연구론문집』11권과 세계법률정보 등의 자료를 참고하여 정리하였다.

---

1) 개발사업을 말하는 것이 아니라 식량생산을 늘이기 위한 사업, 즉 토지 개간을
말한다.
2) 이 규정에 의하여 모든 토지가 용도별로 분류되었으며, 소유권담당자(관리기관)
가 정해졌다. 즉 토지는 농업용, 도시용, 군사용, 광산 및 공장용, 운수용, 염전용
토지 등으로 분류되었으며, 각각 농업성, 도시경영성, 민족보위성, 산림성, 교통
성, 상업성이 관리하도록 하였다(『법학연구론문집』11권, p.17).

2장

국토 이용과 관리에 관한 정책 방침

앞의 [표 3-2] 국토 이용과 관리에 관한 각종 법규 및 행정조치의 내용을 종합해 보면, 1950년대 한국전쟁과 전후 경제재건 시기에는 토지는 곧 농업용 토지를 의미하는 것으로 하여 농업생산성 제고를 목표로 하는 정책을 펼쳤다. 이후 1960년대 이른바 사회주의 제도 수립시기 이후에는 농업용 토지를 비롯한 모든 토지의 보호, 이용, 관리를 포함하는 종합적인 국토 관리의 필요성이 강조되었다. 그리고 1972년 「사회주의헌법」과 1977년 「토지법」의 제정으로 도시와 농촌의 균형 발전을 천명하여 보호와 관리를 넘어 국토건설에 대한 통제도 중요하게 대두되었다. 1990년대 이후에는 경제특구의 개발을 중심으로 지역 개발 사업이 시행됨에 따라 보다 세부적인 계획 개념을 도입한 국토개발을 도모하고 있다.

1절_ 사회주의 강국 건설과 국토관리

북한에서는 국토관리를 "국가의 전반적 영토와 자원, 모든 구축물과 시설물들을 통일적으로 장악하고 보호 관리하며 감독 통제하는 사업"3)으로 정의한다. 다른 연구 논문4)에서는 사회주의사회에서 국토관리사업의 중요한 내용들은 모두 나라의 경제건설, 민족경제의 발전과 관련되어 있다고 전제한다. 그 내용에는 토지자원, 산림자원의 관리와 이용뿐만 아니라 공업과 도시건설, 농촌건설이 포함되고, 국토자원의 적극적인 개발과 합리적인 이용을 동반한다고 설명하였다. 따라서 북한에서 국토관리란 국토의 개발, 이용, 보호를 모두 포함하는 개념으로서, 경제발전에 수반되는 국가의 사업이라고 할 수 있다.

북한의 조선노동당에서 출간한 『우리 당의 선군시대 경제사상 해설』5)에 따르면, 국토관리사업을 개선 강화하는 것을 사회주의 경제 강국 건설에서 중요한 문제의 하나로 파악하고 있다. 국토관리사업은 토지관리, 산림관리, 강하천관리, 도로관리, 환경보호사업으로 나누어 진행한다. 북한의 당-국가 체제 성격상 당의 이러한 설명은 곧 국가의 정책 방향이 되는 것이므로 그 내용을 당에서 출간한 해설서 내용을 중심으로 살펴보고자 한다.

1. 토지관리

먼저, 국토관리 대상으로서 토지는 목적과 용도에 따라 농업토지, 주민지구토지, 산림토지, 산업토지, 수역토지, 특수토지로 구분하는데, 토지관리에서 가장 중요한 것은 농업토지 관리를 잘하는 것이라고 한다. 농업은 모든 국가에서 생존의 원천이 되는 산업이다. 특히 북한은 산이 국토면적의 80% 이상을 차지하는 지형적 조건에 따라 가용 토지면적이 협소하여 더욱 강조

---

3) 『경제사전』 1권(평양: 사회과학출판사, 1985), p.238.
4) 최운숙, "국토관리는 자립적민족경제의 튼튼한 토대축성의 중요한 담보", 『경제연구』(1992년 제1호), p.40.
5) 『우리 당의 선군시대 경제사상 해설』(평양: 조선로동당출판사, 2005), pp.211~245.

되고 있는 것이다. 농업토지 관리사업에는 토지정리사업과 토지보호 및 개량사업, 간석지 개간과 새 땅 찾기 운동 등이 제시되고 있다. 토지정리사업은 농지 면적을 늘리고, 현대적 농기계들의 작업 범위와 종류를 늘려 농업 생산성을 제고하여 농민들을 힘든 노동으로부터 해방시키는 데 의의를 둔다. 토지 생산성을 제고하기 위한 토지개량사업은 토지 지력을 높이는 사업으로 1990년대에는 이와 관련된 많은 연구6)가 있었다.

산림토지 관리는 산림토지를 적극 보호하며 효과적으로 이용하는 사업을 기본내용으로 하는데, 산림토지 보호로는 사방야계공사가 설명되고 있다. 이 공사로 산에 울창한 수림을 조성하여 산사태가 일어나 산림토지가 파괴되거나 그 아래에 있는 강바닥이 높아져서 홍수해를 당하는 일을 방지하고자 한다. 또 골과 산 개울 정리를 통하여 산 개울에서 흐르는 물의 흐름 속도를 낮추고 단위시간 안에 흐르는 물량을 줄여서 산에서 흙, 모래, 자갈이 씻겨 내려서 산림토지가 떨어져 나가는 현상을 방지하고자 한다. 산림 이용에 대해서는 산림설계에 따라 제지림, 기름나무림, 섬유원료림, 산과실림, 땔나무림 등을 조성하며 빨리 자라고 쓸모 있는 수종을 배치하도록 한다. 국토관리기관 외에 기관, 기업소에서도 자체적으로 나무를 심고 관리하여 자체 원료생산기지를 구축하도록 하고 있다.

토지관리는 주로 농업토지와 산림토지를 중심으로 강조되어 왔으나, 최근에는 주민지구토지와 산업토지의 중요성이 언급되고 있다. 주민지구토지 관리에서 중요한 것은 위치이다. 농촌의 살림집들이 농지로 이용할 수 있는 곳에 자리 잡고 있는 것은 낡은 사회의 유물이며, 그 위치는 산기슭으로

---

6) 리용구, "지력평가에서 다변량해석방법의 적용에 관한 연구", 『지리과학』(1992년 제4호); 오종만·박현수, "최근 토양분류의 세계적 추세", 『지리과학』(1995년 제1호); 리용구·김시천, "토지평가에 대하여", 『지리과학』(1997년 제3호); 승태남, "수리통계방법에 의한 농업토지자원분류를 위한 지표선정에 대하여", 『지리과학』(1997년 제4호); 리용구, 김광연, "논밭토양의 영양원소공급능력과 그의 진단", 『지질 및 지리과학』(2000년 제1호).

하는 것을 원칙으로 한다. 이것은 농업토지 중심의 정책방침을 천명하는 것으로 농지를 늘리고, 농촌마을의 문화와 위생을 보장하기 위해서 필요하다는 것이다. 주민지구토지에는 사회주의적 생활문화의 요구에 맞게 살림집과 문화후생시설, 도로 등을 합리적으로 배치하도록 하여 전통적인 사회주의 도시계획 도입의 필요성도 설명하고 있다. 이를 통하여 나라의 모든 지역을 균형 있게 발전시키는 방향에서 도시와 마을을 건설하도록 한다.

한편, 『우리 당의 선군시대 경제사상 해설』에서는 산업토지 관리에 대하여 자세하게 언급하고 있지 않다. 그러나 산업토지 관리는 국토개발에서 제일 중요하며 실제로도 많이 실행되는 부분으로, 다른 연구 논문[7])에서도 강조하고 있다. 이 논문에 따르면, 흔히 생산수단으로서의 토지자원은 농업용 토지로서 일정한 생산물 생산의 원천, 수단으로 되는 국토의 부분이다. 그러나 국토의 생산적 기능은 일정한 생산물을 내는 토지에만 국한되지 않으며, 생산적 용도에 맞게 이용되는 국토부분도 생산적 수단이 된다. 즉, 산업토지에서는 직접 생산물을 낼 수 없으나, 각종 기계설비들의 기능과 사람들의 생산 및 노동활동이 결합하여 생산적 수단으로 된다는 것이다. 나라의 경제규모가 커지고 기술수준이 높아질수록 생산적 시설 건설을 위한 토지이용의 요구는 더 높아진다. 이를 위해서 공장부지 면적, 생산면적을 집약적으로 이용하여야 한다. 이것은 국토의 생산적 이용을 확정하고 그의 유용, 낭비를 막는 국토관리사업이 민족경제의 튼튼한 토대 축성에서 필수적이라는 것이다. 다시 말하면, 경제규모가 커지고 기술수준이 높아질수록 생산적 시설 건설을 위한 토지이용의 수요가 늘어나는 것은 당연하고 그렇게 이용하여야 하나, 국토의 유용, 낭비를 막기 위해서는 일정한 계획 개념과 관리가 필요하다는 것이다.

---

7) 최운숙, "국토관리는 자립적민족경제의 튼튼한 토대축성의 중요한 담보", p.41.

2. 산림·강하천·도로 관리

국토관리사업 부문으로서 산림관리는 전국을 수림화, 원림화[8]하는 것이다. 이는 선군시대에 맞게 국토를 적극 보호하고 아름답게 꾸리며 공업과 건설, 농업에 필요한 원료와 자재를 보장하기 위하여 중요하다고 한다. 수림화는 숲을 조성하는 것이고, 원림화는 공원, 유원지 등을 조성하는 것인데, 원림화도 수림화하는 방향에서 하도록 한다. 즉, 산림이 자연환경의 보호라는 측면보다는 경제건설의 원자재를 제공하는 원천으로서의 기능을 중시하고 있다. 전국을 수림화, 원림화하기 위해서는 먼저 이용가치가 높고 빨리 자라는 수종의 나무들을 많이 심어야 한다. 또 이것은 산림보호사업에서 완성되는 것이므로 남벌, 산불, 해충 등으로 산림에 피해가 발생하지 않도록 산림감독원들의 책임성과 역할을 높여야 하고, 산림의 조성과 보호는 과학기술에 의거해야 큰 성과를 거둘 수 있다고 강조한다. 그리고 도시와 그 주변, 자연풍치가 좋은 곳에 공원과 유원지를 비롯한 근로자들의 문화휴식터를 많이 만드는 일도 중요하다. 즉, 도시와 마을에 수립되는 도시계획에 있어서 수림화, 원림화의 정책방향이 반영되도록 하고 있다.

북한의 다른 연구[9]에 의하면, 강하천은 농업생산을 위한 관개용수를 확보하기 위한 중요한 수단이 된다. 관개용수를 동력에 의존할 수 없는 상황에서 자연적으로 흐르는 물길을 잘 이용하면 강하천이 농업생산성 제고에 큰 역할을 할 수 있다. 또 강하천의 수로를 활용하여 물흐름을 변동시키고 유도하여 풍부한 물량과 높은 낙차를 이용하는 발전시설을 통해 동력문제

---

8) 전국을 수림화한다는 것은 산과 들, 사람들이 사는 모든 곳에 쓸모 있고, 보기 좋은 나무를 많이 심어 온 나라를 푸른 숲으로 뒤덮이게 한다는 것이다. 전국을 원림화한다는 것은 자연환경을 아름답고 문화위생적으로 꾸려 놓은 공원, 유원지, 길, 정원처럼 만들어 인민들의 훌륭한 문화휴식처로, 교육교양장소로 되게 한다는 것을 의미한다.

9) 최운숙, "국토관리는 자립적민족경제의 튼튼한 토대축성의 중요한 담보", p.42.

를 해결할 수 있다. 이러한 기능을 하는 강하천 관리와 관련해서는 강하천 정리사업, 강하천시설물 보호유지사업, 물자원의 확보 사업을 잘하여야 한다고 한다.

모든 지역을 연결하는 조밀한 도로망의 형성과 관리는 경제 발전을 추동하는 중요한 생산적 시설의 구축과 이용이다. 생산의 전문화와 협동화가 발전하여 부문들 사이, 생산단위들 사이의 경제적 연계가 복잡하고 다양하게 이루어지는 오늘에 와서 생산과 수송은 분리될 수 없이 연관되어 있다. 생산이자 수송이고, 수송이자 생산이다. 때문에 민족경제의 원활한 발전을 위해서는 수송능력과 수송수단의 상태는 중요한 물질기술적 조건이 된다.[10] 북한은 철도를 중심으로 운송 수단을 확보하고 있었으나, 도로는 기동성과 편리성 면에서 철도보다 우월한 점이 많다. 따라서 도로관리와 개설에 관한 정책방향은 철도에 우선하여 강조되고 있다. 그리고 도로망은 나라의 경제력과 국방력을 강화하는 방향에서 국토건설총계획에 의거하여 건설하도록 하고 있다. 즉, 도로가 경제발전을 위한 토대가 되면서 전쟁 등의 유사시에도 잘 활용될 수 있도록 하여야 한다는 것이다. 이는 북한이 국토이용에 관한 계획과 국토개발에서 국방상 요구를 강조하고 있는 한 부분이다.

3. 환경보호사업

환경보호사업은 사람들의 생존과 활동에 유리한 자연환경을 유지하고 보존하며 불리한 자연환경을 유리한 자연환경으로 개조하는 사업이다. 다른 국토관리사업, 즉 토지관리를 잘하고, 전국을 수림화 · 원림화하며, 도로와 강하천을 관리하는 사업은 환경보호사업과 밀접히 결합시켜 진행하여

---

10) 위의 논문, p.43.

야 성과를 이룰 수 있다. 대기오염, 물오염 등 공해는 여러 가지 요인으로 발생하는데 그 가운데 가장 큰 비중을 차지하는 것이 공업생산에 의한 오염이다. 그러나 공업이 발전한다고 해서 곧 공해가 생기는 것은 아니다. 문제는 공업의 배치와 관리운영을 어떤 목적에서 하는가 하는 데 있다. 모든 것이 인민 대중을 위하여 복무하는 사회주의 사회에서는 공해를 미리 막고 환경을 보호하기 위한 사업을 중앙으로부터 아래 생산단위에 이르기까지 철저히 조직 전개할 수 있다고 자부한다. 즉, 중앙집권적인 행정의 장점으로 모든 사업에 대한 통제가 가능하다는 것이다.

환경을 보호하기 위해서는 공장, 기업소들을 분산배치하며, 여기에 공해방지시설을 충분히 갖추는 것이 중요하다. 북한에서는 군(郡)을 단위로 지방 산업공장을 많이 건설하고 중앙공업기업소들도 지방에 분산 배치되어 있다고 설명한다. 즉, 군은 비교적 넓은 지역을 차지하고 있어 큰 자연정화능력을 가지고 있으므로 수십 개의 지방산업공장이나 중앙공업기업소가 한두 개가 있다 하더라도 자체의 자연정화능력으로 상당한 오염을 해소시킬 수 있고, 오염에 의한 피해를 막을 수 있다는 것이다. 그러나 공장, 기업소의 생산활동 과정에 생기는 오염물질이 많이 배출되지 않도록 해당한 시설을 충분히 갖추어야 대기와 물을 원만히 보호할 수 있으므로 공장, 기업소의 분산배치와 동시에 공해방지시설을 갖출 것을 강조한다.

환경보호사업 강화에서 또 하나 중요한 것은 사람들의 거처지, 주민지구를 옳게 배치하며 도시에 인구가 지나치게 집중되지 않도록 하는 것이다. 주민지구는 공장지대와 떨어져서 배치하는 것이 좋은데 얼마만한 거리를 두고 분리시키는가 하는 것은 유해인자의 종류에 따라 위생학적 요구에 따라 판단하여야 한다. 남청진과 신단천, 안주노동자구 등에 주택지구를 형성한 것은 공장지대로부터 주민지구를 분리시켜 배치한 본보기이며 공해로부터 근로자들의 건강과 생활을 보호하기 위한 당 정책의 뚜렷한 표현이라고 설명한다.

2절_ 도시와 농촌, 지역 간의 균형 발전론

김일성은 도시와 농촌에서의 사회주의 혁명의 승리는 농민문제, 농업문제를 해결해야 가능하며, 그 다음에도 농촌문제는 사회주의와 공산주의 건설에서 매우 중요하다고 강조한다. 그리고 농민문제, 농업문제는 도시와 농촌 간 차이, 노동계급과 농민 간 계급적 차이를 없애야만 종국적으로 해결된다고 하여 이른바 '도 · 농 균형 발전론'을 언급하고 있다.[11] 또한 이를 위해 군의 역할과 임무를 강조하고 있는데, 군이 농촌사업과 지방의 전반적 사업을 지도하는 지역적 단위로 적합하다는 것이다. 군은 그 크기에 있어서나 간부와 지도기관들, 물질 · 기술적, 문화적 수단을 기본적으로 갖추고 있다는 것이다.[12]

다른 연구 논문[13]에서도 사회주의 사회에서 도시와 농촌의 경제적 연계는 나라의 경제발전과 사회주의 완전승리를 이룩하는 데 근본적인 문제라고 전제한다. 군은 이러한 연계의 거점이 갖추어야 할 모든 조건을 원만히 갖춘 지역적 단위라고 한다. 군은 ① 부침땅의 넓이에 있어서 협동경리에 대한 국가의 기업적 지도를 실현하며 농업생산을 조직지도 하는 데 알맞고, ② 지역적 범위에 있어서 농민들의 생활을 조직하고 그들의 생활에 필요한 공업품을 공급하는 데서 적합한 크기라고 설명한다. 즉 도시와 농촌은 균형발전과 상호의존을 지향점으로 하며, 그 기능을 수행할 지역적 범위로서 군의 역할이 여러 문헌을 통해서 강조되고 있다.

그리고 도 · 농 균형발전과 동시에 지역 간 균형개발도 북한 국토개발의 목표이다. 즉 "도시와 농촌의 차이, 지역들 사이의 차이를 없애고 나라의

11) 김일성, "우리나라 사회주의 농촌문제에 관한 테제", 『김일성저작집』 18권, pp.195~196.
12) 위의 책, p.229.
13) 김정길, "우리 당에 의한 사회주의사회에서 도시와 농촌의 경제적 련계문제의 과학적 해명", 『경제연구』(1988년 제4호), p.34.

모든 지역 인민들의 물질생활을 고르게 향상시키는 것은 사회주의, 공산주의 건설의 합법칙적 요구이며, 로동계급의 당과 국가 앞에 나서는 중요한 과업이다"[14]라는 언급에서 알 수 있듯이 지역의 균형개발 문제는 국토개발정책의 중요한 과제이자 목표가 되고 있다. 이에 따라 북한은 한국전쟁 정전 직후 당중앙위원회 제6차 전원회의에서 지역 간 균형발전과 관련하여 공장, 기업들은 몇 개 도시에 집중시키지 말고, 전국의 모든 지역에 균형적으로 배치해야 한다는 것을 노동당의 방침으로 정하였다고 한다.[15]

이러한 도·농 간 및 지역 간 균형개발정책은 1970년대에 보다 체계적으로 시행될 수 있는 기틀이 마련되었다. 1972년에 제정된「헌법」제26조는 "국가는 도시와 농촌의 차이, 로동계급과 농민의 계급적 차이를 없애기 위하여 군의 역할을 높이며 농촌에 대한 지도와 방조를 강화한다"라고 규정하고 있을 만큼 도시와 농촌 간 균형개발 문제는 북한의 개발정책에서 기본적인 과제가 되었다. 이후 1977년에 제정·공포된「토지법」에 의해 수립·집행되기 시작한 국토건설총계획도 지역별 균형을 보장하는 방향으로 수립되도록 하였다. 이런 법적인 뒷받침 속에서 도·농 간 및 지역 간의 균형개발정책에 대한 북한 당국의 정책과 관심은 이후의 여러 연구 논문을 통해서도 주장되고 있다.

3절_ 경제 특구와 국토개발

북한지도부가 2002년 7월 1일에 발표한 경제관리 개선조치의 기본 목표는 '사회주의 원칙을 고수하면서 가장 큰 실리를 얻는' 것이었다. 이후에도

---

14) 리수일, "지방경제를 종합적으로 발전시키는 것은 사회주의·공산주의 건설의 합법칙적 요구",『경제연구』(1990년 제3호), p.45.
15) 윤복녀·김강산, "공장, 기업소들을 고루 배치하는데서 견지하여야 할 원칙과 요구"『경제연구』(1992년 제2호), p.34.

경제가 더디게 개선되고 있는 상황은 지도부에게 체제안정을 위한 사회주의 이데올로기 강화와 더불어 경제위기 극복을 위한 경제사업의 혁신적 변화를 요구하고 있다.16) 이러한 북한 지도부의 고민은 국토 이용과 관리에서도 나타난다. 즉, 체제안정을 위한 사회주의 이데올로기를 주장하면서도 국토개발에 대한 적극적인 정책을 구사하는 것이다. 이른바 '모기장'식 개발도 같은 맥락으로 이해할 수 있다. 김정일은 1989년 6월, '조선로동당 중앙위원회 책임일군 및 도당책임비서들과 한 담화'에서 개방을 하더라도 당사상사업을 더 강화해야 한다고 하면서 이른바 '모기장 이론'을 제시하였으며, 그 내용은 다음과 같다.

> "오늘 조성된 정세는 당사상사업을 더욱 강화할것을 요구하고 있습니다. 최근 일부 사회주의나라들에서 수정주의, 개량주의의 정책의 후과로 하여 엄중한 사태가 조성되고 그것을 기화로 사회주의나라들을 반대하는 제국주의자들의 책동이 악랄해지고 있는 조건에서 우리 내부에 수정주의, 부르죠아 사상을 비롯한 불건전한 사상요소가 침습할수 있는 위험성이 커지고있습니다. ……당원들과 근로자들이 외부로부터 들어오는 불건전한 사상요소에 오염되지 않게 하는 유일한 방도는 그들속에서 사상교양사업을 강화하는 것입니다. ……당원들과 근로자들에 대한 사상교양사업을 강화하는것은 모기장을 치는것이나 같습니다. 위대한 수령님께서는 모기장을 치지 않고 창문을 열어놓으면 모기가 달려들어 눈두덩을 쏘거나 쉬파리가 들어와 쉬를 쏠수 있다고 하시면서 문을 열어놓는 경우에도 모기장을 잘 쳐야한다고 교시하시였습니다. 모기와 쉬파리가 들어오지 못하게 모기장을 쳐놓으면 문을 열어놓아도 문제될것이 없습니다. ……당원들과 근로자들에 대한 사상교양사업을 진공적으로 벌려 수정주의, 부르죠아 사상을 비롯한 그 어떤 불건전한 사상요소도 우리 내부에 침습하지 못하게 방어진을 철저히 쳐놓아야 합니다."17)

---

16) 박순성, "북한의 가격 · 배급제도의 변화와 전망", 『민족발전연구』 제8호(2003), p.103.
17) 김정일, "당을 강화하고 그 령도적역할을 더욱 높이자", 『김정일선집』 9권(평양: 조선로동당출판사, 1997), p.355.

이런 방식은 자본주의적 시장경제방식이나 운용원리는 모기장 속에 들어오는 바람처럼 부분적으로 받아들이되, 이와 함께 직·간접으로 들어오는 체제부정이나 와해요소는 걸러내겠다는 것이다. 즉, '모기장 이론'은 경제개방조치와 더불어 김정일이 외부 사조의 북한 내 유입을 경계하기 위해 사용하는 용어이다.[18)

1984년의 「합영법」은 북한 전역을 대상으로 하는 외국자본의 유치로서 그것이 전국적으로 활성화될 경우에는 북한의 사회주의 체제 전체를 뒤흔드는 매개체 -물론, 현실적으로는 그럴 가능성이 전혀 없었지만- 가 될 수도 있었다. 따라서 북한 전역을 대상으로 하는 「합영법」보다는 일정한 지역만을 대상으로 각종 특혜를 부여하는 방식으로 외국 자본을 끌어들이는 방법이 필요하였다. 그것이 경제특구를 통한 경제 운용이었으며 그 기저에는 '모기장 이론'이라는 개념을 통하여 개방에 대한 방어책으로서 사상 무장을 동시에 강조하고 있는 것이다.

최근에는 경제특구에 대한 북한의 연구 논문이 발표되는 빈도가 더 높아지고 있다. 즉, 리광혁은 "라선경제무역지대개발제도의 기본내용"[19)이라는 논문에서 2011년 12월에 개정된 「라선경제무역지대법」의 내용을 상세하게 설명하고 있다. 리승준은 "경제특구와 그 발전방향"[20)이라는 논문에서 경제특구의 정의, 유형, 이해관계자, 특구발전 요인, 최근의 다른 나라 동향 등에 대하여 상세하게 설명하면서 나선경제무역지대를 잘 운영하여 나라의 경제를 발전시키고 인민생활을 향상시키는 데 이바지하는 것이 당의 의도라고 설명하고 있다. 김은순은 "특수경제지대의 발생발전과 류형"[21)에서 지대의 세계적인 발전 과정을 소개하고, 그 유형을 자유항과 자유무역지대,

18) 최상권, "북한의 경제특구: 현황과 과제", 『북한학보』 제34집 1호(2009), p.186.
19) 리광혁, "라선경제무역지대개발제도의 기본내용", 『정치법률연구』(2012년 제4호), pp.43~45.
20) 리승준, "경제특구와 그 발전방향", 『경제연구』(2012년 제4호), pp.54~56.
21) 김은순, "특수경제지대의 발생발전과 류형", 『경제연구』(2014년 제2호), pp.55~57.

보세구, 수출공업가공구, 자유변강구, 중개구(중개항), 과학기술개발구, 종합형 특수경제지대 등으로 분류하여 각 지대에 대하여 자세히 설명하면서 특수경제지대를 통한 경제발전은 세계적 추세임을 언급하고 있다. 이러한 연구들의 지속적 발표는 북한이 그만큼 대외 개방에 대한 필요성을 인식하고 실행하려는 의도가 있음을 보여준다.

3장

국토 이용과 관리에 관한 각종 제도

1절_ 국토 이용에 관한 계획

1. 국토건설총계획[22]

북한 「토지법」 제14조는 "국토건설총계획은 국토를 인민경제발전과 인민들의 복리증진에 맞게 합리적으로 개발리용하고 정리미화하며 나라의 전반적살림살이를 전망성있게 계획적으로 꾸려나가기 위한 국토건설의 통일적이며 종합적인 전망계획"이라고 규정하고 있다. 김정일은 1984년 11월 19일 '전국국토관리부문일군대회 참가자들에게 보낸 서신'에서 "국토건설총계획을 바로 세워야 국토와 자원을 나라의 경제 발전과 인민들의 생활상 요구에 맞게 합리적으로 개발 리용할 수 있으며 로력과 자재, 자금의 랑비를 없애고 나라살림살이를 알뜰히 꾸려갈 수 있다"[23]라고 언급하여 국토건설

---

22) 국토건설총계획은 남한에 있어서 「국토기본법」상의 국토종합계획과 유사한 것이다.
23) 김정일, "국토관리사업을 개선강화할데 대하여", 『김정일선집』 8권(평양: 조선로동당출판사, 1998), pp.148~149.

총계획의 의의와 중요성을 설명하였다. 즉, 국토건설총계획은 국토건설에 관한 일반적이고 추상적인 기준을 정한 계획으로서, "도시건설총계획에서는 국토건설총계획에서 규정한 도시성격, 전망인구규모, 도시위치, 도시의 지역적계선에 따라 주택, 록지, 기술시설망, 도로 등이 설계"[24]되는 것이므로 북한 국토이용에 관한 계획 중 최상위의 계획이다.

이 계획이 입법된 것은 1977년이지만, 『김일성저작집』에 나타난 김일성의 1964년 연설[25]에서도 언급되어 있는 것을 보면, 1960년대부터 국토개발의 지침으로 활용된 것으로 보인다. 종전에는 국토계획 중 국토건설총계획만이 「토지법」에 규정되어 있었으나, 2002년 「국토계획법」 제정으로 국토계획의 내용이 세분화되었다. 그중 국토건설총계획은 「토지법」과 「국토계획법」에 중복 규정되어 있는 상황이다. 이는 「토지법」이 토지에 관한 모든 법의 기본법적인 성격을 가지고 있으므로 국토계획 중 가장 상위계획인 국토건설총계획을 그대로 두어 「토지법」의 위상을 유지하려는 의도인 것으로 이해된다.

그리고 「토지법」 제15조에서 규정하고 있는 국토건설총계획을 수립함에 있어 지켜야 할 원칙은 다음과 같다.

> 제15조 국토건설총계획을 세우는데서 지켜야 할 원칙은 다음과 같다.
> 1. 국토건설과 자원개발에서 농경지를 침범하지 말며 그것을 극력 아끼고 보호하도록 한다.
> 2. 도시 규모를 너무 크게 하지 말며 작은 도시형태로 많이 건설하도록 한다.
> 3. 나라의 각이한 지대들의 기후풍토적특성을 고려하도록 한다.
> 4. 나라의 인민경제발전방향과 각이한 지역들의 경제발전전망에 맞게 과학적으로 세우도록 한다.

---

24) 장해성, "국토건설총계획에 대하여", 『천리마』(2003년 제11호), p.79.
25) 김일성, "국토관리사업을 강화할데 대하여", 『김일성저작집』 18권, p.171.

국토건설총계획을 작성하는 데 지켜야 할 원칙으로 최우선적으로 농경지 보호를 정하고 있다. 이는 국토면적에서 산림토지가 차지하는 비중이 80% 이상이므로 농경지나 택지, 산업용지 등으로 이용할 토지가 너무 협소하기 때문에 경제활동의 기초인 농업생산을 보호하여야 한다는 것이다. 이와 관련하여 북한의 한 연구[26]에서는 공장, 기업소, 도로건설에서는 농업생산에서와 같이 생물학적 요구가 나서지 않기 때문에 산기슭이나 산비탈, 그밖에 농경지로 적합하지 않은 토지를 이용할 수 있다고 한다. 즉, 토지용도에 있어 중요한 것은 지리적 위치가 아니라 지력(地力)임을 강조하고 있는 것이다. 이것은 농업 중심의 산업구조에서는 합리적인 기준이었다.

그러나 다양한 산업구조가 형성된 상황에서 이 작성원칙은 원칙적이고 선언적인 규정이며, 북한의 다른 연구[27]에서도 언급하고 있듯이 농업용 토지의 다른 용도로의 전환은 불가피한 것이다. 즉, 국토 발전에서 공업, 도로, 주민지 건설에 의한 국토이용이 빨리 늘어나고 그에 따라 농업토지의 산업적 이용 몫이 늘어나는 것은 어느 정도 불가피하다. 그러므로 농업토지를 최대한으로 보호유지하면서 새로운 토지자원을 획득하기 위한 사업이 국토관리를 위해서뿐만 아니라 농업의 물질기술적 토대를 강화하는 데서도 중요한 것이라고 한다. 다시 말하면, 농업토지는 다른 용도로 전환될 수밖에 없는 상황도 있고, 그 경우에는 대체 농지를 확보하는 것이 중요한데, 그 사업이 간석지 개간과 새 땅 찾기 운동, 토지개량사업 등이다.

또한, 도시규모를 너무 크게 하지 말도록 하는 것은 마르크스, 엥겔스의 대도시 비판과 연결되는 원칙이다. 대도시는 자본주의적인 모습이며 각종 사회악이 발생하는 공간적 대상으로 국토의 균형 있는 발전에도 방해가 되므로 이를 방지하고자 하는 것이다. 대도시 제한과 중소도시 육성에 관한

---

26) 조길현, "국토건설총계획과 그 작성에서 지켜야 할 원칙", 『김일성종합대학학보(철학, 경제학)』(2007년 제1호), p.51.
27) 최윤숙, "국토관리는 자립적민족경제의 튼튼한 토대축성의 중요한 담보", p.43.

많은 북한의 연구들이 있으며, 도시로 인구가 집중되는 것은 '도시화병'을 발생시키는 사회적 조건으로 된다고 한다. '도시화병'은 공해현상에 의한 생태환경의 파괴, 교통문제와 주택문제의 긴장과 혼란, 공중위생의 불결화, 실업의 증대와 도시주민들의 소비생활조건의 악화, 패륜패덕의 조장과 각종 범죄의 성행 등 사회적 재난을 발생시킨다. 그러나 자본주의는 이윤추구 등의 속성 때문에 이를 해결할 수 없으며 도시 토지가 국유로 되어 있고, 도시형성도 계획적으로 진행하기 때문에 사회주의 사회에서만이 이를 해결할 수 있다고 한다.[28]

대도시 형성을 방지하기 위하여 "도시규모를 일정하게 유지하기 위하여서는 계획전망인구 이상으로 늘어나는 인구를 분주시키는 것이 중요"[29]하다고 설명하는데, 이는 직접적인 정책으로 인구분산을 할 수 있다는 것을 보여준다. 남한에서도 인구의 과다 집중으로 인한 폐해를 예방하기 위해 대도시로의 과다한 인구 전입을 억제하는 정책을 펼치기는 한다. 그러나 그 수단은 토지이용계획의 변경 등 간접적인 인구 분산정책을 시행하는 것과 구별된다. 중소도시의 우월성에 대해서는 "'주민들의 정치, 경제, 문화생활에 유리한 조건"[30]을 조성해 주는 것에 있다고 하여 이러한 도시건설은 농업토지의 보호와 함께 국토관리의 중요한 정책 방침으로서 여러 연구 논문에서 발표되고 있다. 중소도시는 집단주의 사회에서 주민 통제를 하기 위한 수단으로도 작용한 것으로 이해된다. 북한에서 주민 수에 의한 도시형태를 설정한 예는 다음과 같다.

28) 조현숙, "중소도시의 계획적형성은 도시에로의 인구집중을 막기 위한 합리적인 도시형성방식", 『경제연구』(2004년 제1호), p.36.
29) 조길현, "국토건설총계획과 그 작성에서 지켜야 할 원칙", p.51.
30) 리주민, "국토건설총계획의작성과 승인, 집행에서 나서는 법적요구", 『김일성종합대학학보(력사, 법학)』(2005년 제3호), p.64.

[표 3-3] 주민 수에 의한 도시 분류

도시 등급	전망 인구 수 규모	도시 형태	비고
1	100만 명 이상	특대도시	수도
2	50~100만 명	특대도시	도소재지
3	20~50만 명	큰도시	도소재지, 시급도시
4	10~20만 명	중도시	도소재자, 시급도시
5	5~10만 명	중도시	시급도시 또는 군소재지
6	1~5만 명	작은 도시	군소재지
7	1만 명 이하	작은 도시	로동자구

출처: 조현숙, "중소도시의 계획적형성은 도시에로의 인구집중을 막기 위한 합리적인 도시형성방식", 『경제연구』(2004년 제1호), p.37.

국토건설총계획을 작성하면서 각 지대의 기후풍토적 특성 고려와 국가경제발전방향과 각 지역 경제발전전망에 적합하게 수립하도록 하는 원칙은 중앙의 계획을 기준으로 각 지역의 특성에 맞게 계획하라는 것이다. 그리고 도시와 농촌, 지역 간 균형 개발에 대한 정책 방침을 국토건설총계획에 반영하여야 한다는 것이다.

「토지법」 제16조는 "국토건설총계획의 전망기간은 30~50년으로 한다. 필요에 따라 전망기간을 이보다 짧게 정할수도 있다"[31]라고 규정하였다. 국토건설총계획은 장기계획이므로 전망성 있게 수립하여야 한다. 즉, 국토의 발전된 모습을 단기간이 아니라 멀리 내다보고 계획하라는 것으로서 경제체제를 불문하고 꼭 필요한 계획 원칙이다. 도로, 택지수요 등에 대한 장기적 전망을 제대로 못하면, 무분별한 개발 또는 저개발로 자원 낭비, 환경훼손 등을 가져올 수 있기 때문에 중요한 원칙이다. 다만, 전망기간에 신축성을 두고 있지만, 원칙적으로 30~50년으로 하는 것은 남한에 비해 북한 사회의 발전 속도가 빠르지 않다는 것을 보여준다.

한편, 「토지법」 제17조에서 규정하고 있는 국토건설총계획의 내용[32]은

31) 국토건설총계획의 전망기간을 30~50년으로 하는 것은 남한의 국토종합계획이 20년을 단위로 수립되는 것과 비교된다.

다음과 같다.

제17조 국토건설총계획에는 다음과 같은 내용이 포함된다.
1. 혁명전적지, 혁명사적지를 잘 꾸리며 보호하기 위한 대책
2. 토지를 정리, 개량하고 보호하며 새땅을 얻어내며 간석지를 개간리
용하기 위한 방향과 대책
3. 산림조성방향과 보호 및 그 리용과 리로운 동식물을 보호하기 위한
대책
4. 강하천, 호소, 저수지의 건설 및 정리방향, 큰물피해를 막기 위한 시
설물들의 배치 및 물의 종합적리용대책
5. 교통운수, 전기, 체신망과 그 시설물의 합리적배치
6. 지하자원의 개발구역과 공업, 농업기업소들을 배치할 위치와 규모
7. 도시와 마을, 휴양지, 료양지의 위치와 규모, 명승지, 천연기념물 및
문화유적유물의 보호 대책
8. 연안, 령해를 종합적으로 개발리용하기 위한 방향과 연안을 아름답
게 정리하며 수산자원을 보호하기 위한 대책
9. 공해현상을 미리 막기 위한 대책

법정된 국토건설총계획의 내용을 정리하면, 조선노동당에서 밝힌 국토관
리에 관한 정책 방침을 모두 포함하고 있다. 즉, 토지관리(2호, 5호, 6호, 7호),
산림관리(3호), 강하천 수역관리(4호, 8호), 환경보호사업(9호)으로 구분할

32) 유사한 성격을 갖는 남한의 「국토기본법」(제10조)에 의한 국토종합계획에는 다
음의 사항에 대한 기본적이고 장기적인 정책방향이 포함되도록 규정하고 있다.
① 국토의 현황 및 여건 변화 전망에 관한 사항 ② 국토발전의 기본 이념 및 바
람직한 국토 미래상의 정립에 관한 사항 ③ 국토의 공간구조의 정비 및 지역별
기능 분담 방향에 관한 사항 ④ 국토의 균형발전을 위한 시책 및 지역산업 육성
에 관한 사항 ⑤ 국가경쟁력 향상 및 국민생활의 기반이 되는 국토 기간 시설의
확충에 관한 사항 ⑥ 토지, 수자원, 산림자원, 해양자원 등 국토자원의 효율적 이
용 및 관리에 관한 사항 ⑦ 주택, 상하수도 등 생활 여건의 조성 및 삶의 질 개선
에 관한 사항 ⑧ 수해, 풍해(風害), 그 밖의 재해의 방제(防除)에 관한 사항 ⑨ 지
하 공간의 합리적 이용 및 관리에 관한 사항 ⑩ 지속가능한 국토 발전을 위한 국
토 환경의 보전 및 개선에 관한 사항 ⑪ 그 밖에 부수(附隨)되는 사항.

수 있다. 다만, 혁명전적지, 혁명사적지 보호 대책(1호)을 별도로 첫 머리에 추가적으로 규정하고 있는 특징이 있다. 이와 관련한 북한의 자료[33]에 따르면, 도시중심부의 계획과 건축 형성에서는 중심부가 혁명적 수령관으로 일관되게 하여야 한다고 강조한다. 중심부는 근로자들의 사상 문화 교양의 중요한 장소로서 해당 도시의 성격과 특징을 집중적으로 보여주는 곳이므로 도시의 전반적인 건축에서 이러한 시설이 주도적 역할을 할 수 있게 한다는 것이다. 이는 항일투쟁 혁명 역사를 북한 정권의 정통성으로 주장하고, 주체사상을 체제 유지를 위한 이념으로 삼는 것과 관련된다.

2. 국토계획의 분류 및 작성

「국토계획법」[34] 제2조는 "국토계획은 국토와 자원, 환경의 관리에 관한 통일적이며 종합적인 전망계획"이라고 하여 국토계획의 성격이 장기계획이며 국토 발전방향에 관한 추상적인 계획임을 정의하고 있다. 그 분류는 "전국국토건설총계획과 중요지구국토건설총계획, 도(직할시)국토건설총계획, 시(구역), 군국토건설총계획"[35]으로 하고 있다. 즉, 「토지법」상의 국토건설총계획을 전국, 중요지구, 도(직할시), 시(구역), 군으로 세분하고, 구체적인 내용의 작성과 비준, 실행 절차에 대하여 규정하고 있는 것이다. 동법 제12조는 국토계획의 전망기간에 대하여 "국토계획의 전망기간은 50년이다. 필요한 경우 국토계획의 전망기간을 50년보다 짧게 할수 있다"[36]라고 규정하

---

33) 『광명백과사전』 17권, p.485.
34) 남한의 「국토기본법」과 유사한 법으로서, 2002년 3월에 제정되어 2004년 10월에 한 차례 개정이 있었다.
35) 남한의 경우에는 국토종합계획, 도종합계획, 시·군 종합계획, 지역계획 및 부문별계획으로 구분하고 있다. 따라서 남북한 모두 국토계획의 대분류에는 큰 차이가 없다고 할 수 있다.
36) 남한은 계획의 수립주기를 국토종합계획은 20년을 단위로 하여 수립한다. 도종합계획, 시·군종합계획, 지역계획 및 부문별계획의 수립권자는 국토종합계획의

고 있다. 이는 「토지법」 제16조 "국토건설총계획의 전망기간은 30~50년"의
내용과 다소 차이가 있다. 그러나 필요에 따라 전망기간을 이보다 짧게 정
할 수 있도록 한다는 점에서 두 법은 모두 계획 수립 전망기간에 신축성을
부여하고 있으며 동일한 의미로 이해된다.

「국토계획법」 제11조에서 국토계획 작성에서 지켜야 할 원칙으로 규정
한 내용은 다음과 같다.

> 제11조(국토계획작성에서 지켜야 할 원칙)
> 국토계획작성에서 지켜야 할 원칙은 다음과 같다.
>   1. 부침땅을 침범하지 말아야 한다.
>   2. 도시규모를 너무 크게 하지 말아야 한다.
>   3. 해당 지역의 기후풍토적특성을 고려하여야 한다.
>   4. 경제발전전망과 실리를 타산하여야 한다.
>   5. 국방상요구를 고려하여야 한다.
>   6. 환경을 파괴하지 말아야 한다.

이 원칙은 「토지법」 제15조과 유사하나, 더 많은 내용을 담고 있다. 또한
북한에서 2002년 '7·1 경제관리 개선조치' 시행 이후에 자주 언급하고 있는
'실리'를 국토계획 작성에서도 중요한 원칙으로 법정하고 있다. 환경보호에
대한 정책방향도 추가적으로 법정화되었으며, 무엇보다도 국토계획 작성에
서 국방상 요구를 고려하도록 법정화한 것이 특이하다. 이에 대한 북한의
연구[37]는 국방상 요구를 고려하여 공업을 합리적으로 배치하는 것이 중요
한데, 이는 전시를 고려한 원칙이다. 즉 도시에만 공업을 집중시킨다면 유
사시에 그것을 옮기기 어려우며, 공업생산력이 집중되어 있는 도시는 현대

수립 주기를 고려하여 그 수립 주기를 정하도록 하고 있다. 이는 급변하고 있는
환경에 대응하기 위한 것으로 수립단위 시기가 북한의 그것에 비해 짧다는 차이
점이 있다.
37) 조길현, "국토건설총계획과 그 작성에서 지켜야 할 원칙", p.53.

적 무기의 집중적인 공격목표로 될 수 있으므로 공장, 기업소들을 분산 배치하여야 한다는 것이다. 북한 법 규정과 당 정책 방침에는 이러한 전시 가능 상황을 고려한 내용들이 다수 확인되고 있다.

법 규정에는 없으나 계획의 작성과정에서 일원화를 강조하고 있다. 즉 "계획작성사업을 일원화해야 당의 정책적요구가 정확히 반영될 수 있고 중앙집권적 규률과 민주주의가 옳게 결합될 수 있으며 주관주의와 기관본위주의를 없애고 과학적이며 현실적인 계획을 세울 수 있다"[38]라는 언급에서 알 수 있듯이 경제정책에서 설명되는 계획의 일원화가 국토계획이라는 행정 분야에도 강조되고 있는 것이다. 그리고 국토계획을 작성하는 과정에 주민들의 참여절차가 없으며, 이는 토지에 대한 사적 소유권의 불인정에 따른 것이라고 할 수 있다. 다만, "계획작성에서 집체적지휘를 최대한 발양해야 계획작성사업에서 개별적일군들의 주관과 독단을 없애고 인민들의 의사와 요구가 옳게 반영된 과학적이며 현실성있는 계획이 될수 있게 한다"[39]라는 언급을 보면 법적 절차는 아니지만 주민들의 의사를 반영하도록 하여야 한다는 인식은 하고 있는 것을 알 수 있다.[40]

3. 국토계획의 비준 및 실행

국토환경보호기관이 작성한 국토계획은 권한 있는 기관의 심의와 승인을 통하여 확정된다(「국토계획법」 제18조 내지 21조).

---

38) 리주민, "국토건설총계획의작성과 승인, 집행에서 나서는 법적요구", p.66.
39) 위의 논문, p.66.
40) 남한의 도시계획(지금의 도시·군관리계획) 수립절차에서 주민의견 청취 절차는 1981년에 도입되었으며, 이는 "다수 이해관계인의 이익을 합리적으로 조정하여 국민의 권리에 대한 부당한 침해를 방지하고 행정의 민주화와 행정에 대한 신뢰를 확보하기 위한 절차(대법원2000.3.23선고 98두2768판결)"라고 할 수 있다. 일반적으로 주민의 절차적 참여를 보장하는 것은 계획 수립권자에 대한 사전적 통제방법으로 이해된다.

[표 3-4] 국토계획의 비준

구 분	제출기관	심의, 승인기관
전국국토건설총계획	내각	· 최고인민회의 · 최고인민회의 휴회기간에는 최고인민회의 상임위원회
중요지구국토건설총계획	내각	· 최고인민회의 · 최고인민회의 휴회기간에는 최고인민회의 상임위원회
도(직할시), 시(구역), 군 국토건설총계획	도(직할시) 인민위원회	· 도(직할시)인민회의 · 도(직할시)인민회의 휴회기간에는 도(직할시) 인민위원회

국토계획은 국토 발전을 위한 청사진을 마련하는 것으로서 계획 내용의 작성자에게 많은 재량이 부여되는 영역이다. 어디에, 무엇을, 얼마만큼, 언제 개발하거나 이용하게 할 것인지에 대하여 법규나 행정조치로 명확하게 정할 수 없기 때문이다. 법규에서는 원칙적인 내용만 규정할 수밖에 없는데 계획 내용의 작성자가 전문성이 없거나 그 권한을 남용하는 경우에는 국토가 비합리적으로 이용되고 훼손될 가능성이 농후해진다. 따라서 작성된 국토계획은 상급 기관이나 다른 국가기관에 의한 엄정한 검토 또는 추인 절차가 필요하다.

「국토계획법」도 이에 대한 절차적인 규정을 두고 있는데, 승인의 주체를 내각이 아니라 입법기관이 한다는 점이 특이하다. 다른 연구를 보면, "국토건설총계획을 승인한다는 것은 작성한 국토건설총계획을 검토하고 인정한다는 것이다. 주권기관에 의하여 승인된 국토건설총계획은 국가의 법이다"[41]라고 하여 승인이라는 절차를 통하여 국토건설총계획의 법적 지위를 부여하고 있다. 그리고 "법제정기능과 법적통제기능을 다 가지고있는 주권기관이 국토건설총계획을 승인하는 것은 응당하다"[42]라고 하여 입법기관

41) 리주민, "국토건설총계획의작성과 승인, 집행에서 나서는 법적요구", pp.66~67.
42) 위의 논문, p.66.

의 승인권 행사의 정당성을 강조하고 있다.

또한, 북한의 「국토계획법」은 단순한 계획법규에 그치는 것이 아니라 계획 실행에 관한 사항도 담고 있다. 동법 제30조는 국토건설, 자원개발조건으로 "건설주기관, 기업소, 단체는 건설위치지정서[43) 또는 국토개발 승인서에 지적된대로 국토를 건설하거나 자원을 개발하여야 한다. 정해진 기간에 국토건설, 자원개발에 착수하지 못하였을 경우에는 해당한 승인을 다시 받아야 한다"라고 규정하고 있다. 즉, 기관, 기업소, 단체는 국토환경보호기관의 건설위치 지정 또는 국토개발 승인을 받아 국토를 건설하거나 자원을 개발할 수 있다. 정해진 기간 내 공사에 착수하지 못했을 때에는 승인을 다시 받도록 하여 국토계획의 실행이 중단되거나 방치되지 않도록 하고 있다.

2절_ 도시 건설과 정비에 관한 계획

북한의 도시계획은 도시와 마을에 적용되는 계획으로서, 「도시계획법」[44)은 도시계획을 "토지를 리용하며 건물, 시설물, 록지 같은 것을 건설, 개건, 정비하는 것과 관련한 통일적이며 종합적인 계획"(제2조 전단)이라고 규정하고 있다. 즉, 도시계획은 특정한 지역에 있어 토지이용과 건물, 시설물, 녹지 등을 건설하고 정비하는 구체적인 것을 정하는 것이다. 도시계획은 "도시, 마을총계획과 그에 따르는 세부계획, 구획계획"(제2조 후단)으로 분류된다. 동법 제14조는 "도시, 마을총계획의 전망기간은 20년이다. 필요한 경우 20년 이상으로 할 수도 있다"[45)라고 규정하고 있다. 이러한 내용으로

---

43) 국토건설에서 위치지정이란 국토관리기관이 국토건설총계획에 따라 국토건설과 자원개발대상의 자리와 규모, 경계 등을 확정하고 승인해 주는 사업이대위의 논문, p.68].
44) 남한의 「국토의 계획 및 이용에 관한 법률」과 유사한 법으로서, 2003년 3월에 제정되어 2009년 5월까지 두 차례 개정이 있었다.

볼 때, 「국토계획법」에 의한 국토계획이 장기인 종합계획이라면, 도시, 마을총계획은 중기적인 종합계획이라고 할 수 있다. 세부계획과 구획계획46)은 단기계획으로서 전망기간을 별도로 두고 있지 않는데 그것은 추상적인 계획이 아니라 개별적이고, 구체적인 계획이기 때문이다.

동법 제12조에 규정된 도시계획 작성에서 지켜야 할 원칙은 다음과 같다.

> 제12조 도시계획작성에서 지켜야 할 원칙은 다음과 같다.
> 1. 혁명전적지와 혁명사적지, 기념비적건축물, 력사유적, 천연기념물을 원상대로 보존할 수 있게 하여야 한다.
> 2. 나라의 경제문화발전전망을 고려하여야 한다.
> 3. 주체성과 민족성, 현대성을 옳게 구현하여야 한다.
> 4. 자연지리적조건과 기후풍토를 고려하여야 한다.
> 5. 도시를 너무 크게 하지 말고 인구밀도, 건축밀도를 줄이며 큰 도시 주변에 위성도시를 합리적으로 배치하여야 한다.
> 6. 경사지와 지하를 최대한으로 리용하며 토지리용률을 높여야 한다.
> 7. 나라의 기본도로와 철도는 도시중심을 통과하지 않게 하여야 한다.
> 8. 도, 시, 군, 지역별에 따르는 살림집의 층수는 도시 및 마을계획설계기준에 맞게 정하며 거리는 살림집을 위주로 형성하여야 한다.
> 9. 도시를 수림화, 원림화하며 자연재해와 공해를 방지할수 있어야 한다.
> 10. 국방상 요구를 지켜야 한다.

「국토계획법」에서 국토계획의 작성원칙으로 정하고 있는 항목(6가지)보다 도시계획의 작성원칙으로 제시되고 있는 내용이 더 다양한데, 이것은

---

45) 총계획은 남한의 도시 · 군기본계획과 유사하다. 남한의 도시 · 군기본계획도 수립단위 시기를 일반적으로 20년으로 하고 있는 것은 동일한 점이 있으나, 남한은 5년마다 계획의 타당성을 검토하도록 하여 사회경제적 현상의 변화에 적극적으로 대응하도록 하고 있는 점에서는 차이가 있다.
46) 세부계획과 구획계획은 개별적이고 구체적인 계획으로서 남한의 도시 · 군관리계획 및 지구단위계획과 그 성격이 유사하다고 할 수 있다.

국토계획은 국토 전체를 대상으로 하고, 도시계획은 도시와 마을에 적용되는 세부적인 공간적 범위에 따른 차이이다. 즉, 도시와 마을은 토지이용의 모습이 다양하게 나타나고 건축물의 건축과 관련된 규제의 필요성도 대두되기 때문에 더 상세한 원칙을 정하여야 한다. 도시와 마을도 결국 국토의 한 부분이므로 국토계획의 작성원칙 또는 내용은 도시계획의 작성원칙에 동일하게 적용된다(1호, 2호, 4호, 5호, 9호, 10호). 그 외에 도시계획 작성에서 주체성, 민족성, 현대성(3호)은 북한 사회주의 체제를 건축물의 형태, 배치 등에 구현하려는 원칙이다. 경사지와 지하의 최대한의 이용(6호)은 토지이용률을 제고하기 위한 것이고, 도시 중심으로의 간선 교통시설 통과 금지(7호)는 도시의 기능 및 미관 보호와 관련되며, 주택의 층수 규제(8호)는 쾌적한 주거환경의 확보 등과 관련된, 도시의 건전한 발전을 도모하기 위한 원칙들로 이해된다.

　　도시계획 중 도시, 마을총계획은 도시와 마을의 발전 전망에 대한 일반적이고 추상적인 내용을 작성하는데, 그 내용은 다음과 같다.

　　　　제18조 도시, 마을총계획에 반영할 내용은 다음과 같다.
　　　　　1. 전망인구수
　　　　　2. 도시계획령역과 건설령역, 보호령역의 규모와 경계
　　　　　3. 혁명전적지, 혁명사적지, 살림집지역, 공공건물지역, 산업지역, 철도, 항만, 비행장지역, 창고지역, 특수지역, 중요기관, 기업소구획의 규모와 경계
　　　　　4. 도시중심부의 위치
　　　　　5. 도로와 광장, 시내교통망, 기술시설망과 그에 따르는 시설물의 배치, 록지의 배치, 지대조성
　　　　　6. 재해 및 공해방지시설의 배치와 도시계획적조치

　　도시, 마을총계획은 계획의 적용대상이 되는 도시, 마을의 범위 설정(2호), 도시중심부의 위치설정과 개별시설물의 입지(3호, 4호), 도로 등의 기

반시설 배치(5호), 공해방지시설 배치(6호) 등에 대하여 설계를 하는 것이다. 또, 이러한 물리적 설계 외에 전망인구 수(1호)도 정하도록 하고 있다. 전망인구 수는 국토건설총계획 작성에서 지켜야 할 원칙 중 "도시규모를 너무 크게 하지 않도록 하는 것"과 관련된다.

세부계획에는 "계획구역의 설정, 기능별 대지경계, 건물능력과 층수·배치·형성방향, 도로와 기술시설물, 록지의 배치, 지대조성 같은 것을 반영"(제19조)하도록 규정하고 있다. 즉, 세부계획은 도시, 마을총계획이 적용되는 도시, 마을의 일정한 계획구역을 세부화하여 일정한 지대로 구분하고 기반시설과 대지, 건축물에 대한 별도의 구체적인 설계를 하는 것이다. 구획계획에는 "대상별 대지경계, 건물능력과 층수, 도로와 기술시설물, 록지와 수종배치, 지대조성 같은 것을 구체적으로 반영"(제20조)하도록 규정하고 있다. 이는 도시, 마을 영역으로부터 세부화된 지역 범위에서 구획별로 기반시설의 계획과 개별 대지와 건축물에 대한 구체적인 건축 조건을 정하는 것으로 이해된다. 즉, 세부계획은 지대, 구획계획은 개별 대지를 대상으로 하여 건축물의 규모에 대한 계획을 수립하지만, 건축물의 용도에 대한 설계는 반영되지 않는다.

한편, 도시계획도 국토계획과 마찬가지로 계획의 합목적성, 정확성 등을 위하여 작성 후에 심의와 승인 절차를 거치도록 하고 있다(제22조 내지 26조). 동법은 도시계획의 실행에 관한 사항도 규정하고 있는데, 현 실태와 예산 등을 고려하여 "선하부구조, 후상부구조건설, 한개 구획 및 한개 거리씩 집중완성하는 원칙"(제30조)하에서 "도시 순차 및 년차건설계획[47]을 작성"(제31조)한 후에 도시계획을 실행하도록 한다. 즉, 도시계획은 토지이용과 건물 등을 건설, 개건, 정비하는 목적으로 수립되며 예산과 수요 등을 고려하여 순차적으로 사업이 진행되도록 하고 있다. 그리고 도시계획을 실

---

47) 이는 남한에서의 도시계획시설사업이 단계별로 진행되는 단계별집행계획과 유사한 것이다.

행하는 기관, 기업소, 단체는 건설명시서와 토지이용허가를 별도로 받고(제
32조, 제36조), 대상 건설을 착공하기 전에 건설허가 또한 별도로 받아야 한
다(제37조). 이러한 절차는 중국의 '일서양증' 제도와 유사한 것이다.

　도시계획의 실행단계에서는 하부구조 건설을 먼저 실행하도록 하고 있
다(제30조). 하부구조란 "개별적시설물이나 도시의 밑부분에 해당한 구조"
를 말하는데, 개별 시설물로는 "우수망과 상하수도망, 열망, 전력망, 통신망,
도로망을 비롯한 도시의 아래부문을 형성하는 구조물"[48]이 해당된다. 이러
한 시설이 완비되어 있지 않은 상태에서 개발행위가 집중되어 마을이나 도
시가 형성되면, 도시가 제대로 기능하지 못할 뿐만 아니라 기존 도시에서
새로이 이러한 시설을 설치하려면 많은 비용이 소요된다. 따라서 북한은
경제특구 관련법이나 여러 논문에서 하부구조 건설의 중요성을 언급하고
있다. 김정일도 "도시건설에서 하부구조건설에 선차적인 힘을 넣어야 합니
다"[49]라고 언급하는 등 전 국가 차원에서 이를 강조하고 있는데, 그만큼 하
부구조가 정비되지 않은 상태에서 도시나 마을이 형성되어 도시 기능과 관
리에 문제가 있음을 알 수 있다.

3절_ 토지이용 구분

　「토지법」 제7조는 북한의 토지이용구분을 '농업토지, 주민지구토지, 산림
토지, 산업토지, 수역토지, 특수토지'의 6가지로 분류[50]하는데 토지이용구

---

48) 권오헌, "도시건설에서 하부구조건설을 앞세울데 대한 원칙", 『경제연구』(2008년
　　제3호), p.29.
49) 김정일, "기본건설에서 새로운 전환을 일으킬데 대하여, 2004년 8월 11일", 『김정
　　일선집』 15권(평양: 조선로동당출판사, 2005), p.464.
50) 1963년의 「토지법」은 1960년 「토지관리규정」과 동일하게 토지이용구분을 "농업
　　용토지, 도시토지, 산림토지, 수역토지, 특수용토지"로 하였으나, 1977년 제정된 「
　　토지법」은 도시토지를 주민지구토지와 산업토지로 구분하고 있다. 이는 북한에

분별 내용은 다음과 같다.

[표 3-5] 토지이용구분별 내용

구 분	내 용
농업토지	농업생산활동에 리용할수 있는 토지(논, 밭, 과수밭, 뽕밭, 호두밭, 나무모밭 등)
주민지구 토지	시, 군, 로동자구의 건축용지와 그 부속용지, 공공리용지 등
산림토지	산림이 조성되여있거나 조성할것이 예견되여있는 산과 들, 그안에 있는 여러 가지 리용지의 면적(림지와 무림지, 비림지)
산업토지	공장, 광산, 발전시설 등 산업시설물과 그 부속지가 차지하는 토지
수역토지	연안, 령해, 강하천, 호수, 저수지, 관개용물길 등이 차지하는 일정한 지역의 토지
특수토지	혁명전적지, 혁명사적지, 문화유적지, 보호구역, 군사용토지 등 특수한 목적에 리용되는 토지

출처: 김광일, "부동산에 대한 통계적 연구에서 제기되는 몇 가지 방법론적 문제", p.27.

이러한 토지이용구분이 남한의 용도지역제[51]에 해당하는지 또는 지목[52]에 해당하는지는 분명하지는 않다. 북한에서는 토지에 대한 개인 소유권이 인정되지 않기 때문에 토지이용의 다양성도 남한보다는 훨씬 단순할 것이다. 이에 따라 남한의 경우처럼 일정한 지역을 대상으로 하는 용도지역제 개념이나 개별 필지를 대상으로 하는 지목 개념을 따로 구분할 실익이 없을 수도 있다. 다만, 북한의 한 연구는 앞의 6가지 분류에 대하여 "부동산으로서의 토지에는 나라의 모든 땅이 포함된다. 토지는 사명과 용도에 따라 농업토지 …… (중략) 특수토지 등으로 나누어지는데 이러한 분류를 토지

서 종전의 농업 중심의 경제구조가 더 다양한 산업구조로 나아가고 있음을 보여주는 것이다.

51) 「국토의 계획 및 이용에 관한 법률」 제6조(국토의 용도구분)에서는 국토를 도시지역, 관리지역, 농림지역, 자연환경보전지역으로 대분류 하고 있으며, 21개 용도지역으로 다시 세분류한다.

52) 「측량 · 수로조사 및 지적에 관한 법률」 제67조(지목의 종류)에서는 28개의 지목을 법정하고 있다.

의 지목별 분류라고 한다. 토지의 지목별 분류에 기초하여 지목별 규모와 구조를 밝힐 수 있다"[53]라고 설명하고 있다. 여기에서 말하는 지목이 남한에서 말하는 지목과는 동일하다고 볼 수 없으며 6종류의 토지이용이 일정한 지대를 기준으로 구분된다는 점에서 보면 남한의 용도지역의 개념에 더 유사하다고 할 수 있다.

앞의 농업토지 등의 용도 구분은 국토계획이 적용되는 전 국토를 대상으로 하는 것이다. 도시계획이 적용되는 도시에 대해서도 앞의 토지이용구분과 같이 명확한 지역 구분은 아니지만, 별도의 용도 구분[54]을 하고 있다. 즉, "도시는 하부구조의 배치상태와 능력에 따라 주민거주지역(살림집구획), 산업지역, 교통운수시설지역, 공업시설지역, 창고지역, 록지지역 등을 형성하고 확대해 나가게 된다"[55]라는 언급에서 도시 내 용도지역의 구분[56]을 알 수 있다. 그 구분은 기반시설 배치, 상태, 규모 등에 따라 행하도록 하고 있는데, 먼저 기반시설을 갖춘 후에 도시 내의 용도지역을 설정하여 토지 이용을 유도한다는 것이다. 용도지역에 따라 필요한 기반시설의 종류 등 세밀화의 정도가 다르니 이에 대한 검토가 선행되어야 한다는 설명으로 이해된다.

「토지법」은 농업토지에 대하여 많은 규정[57]을 두고 있으며, 주로 농업토지의 보호와 관련된 내용이다. 동법 제65조에 따르면, 논밭에서 휴경을 하

---

53) 김광일, "부동산에 대한 통계적 연구에서 제기되는 몇 가지 방법론적 문제", p.27.
54) 「도시계획법」제18조는 도시계획이 적용되는 영역을 "혁명전적지, 혁명사적지, 살림집지역, 공공건물지역, 산업지역, 철도, 항만, 비행장지역, 창고지역, 특수지역, 중요기관, 기업소구획"으로 구분하고 있다.
55) 권오헌, "도시건설에서 하부구조건설을 앞세울데 대한 원칙", p.29.
56) 또 다른 자료 [『광명백과사전』17권, p.488]에서는 도시 영역을 "거주지역, 산업지역, 외부교통지역, 공영시설 및 창고지역, 녹지 및 체육시설지역, 연접지역(교외지대)" 등으로 구분하고 있다.
57) 농지에 대한 규정으로 보면, 남한의 경우에는 농업의 보호 외에 도시민의 농지에 대한 투기방지를 중요한 목적으로 하고 있고, 북한은 생존의 기반으로서 식량자원의 확보를 위한 목적에서 많은 규정을 두고 있는 것으로 볼 수 있다.

거나 농업생산 외의 용도로 변경하는 경우에는 그 규모와 대상에 따라 해당 국토관리기관의 동의를 받은 다음 중앙농업지도기관 또는 내각의 승인을 받도록 하고 있다. 동시에 대토확보에 대한 국가계획에 부합하는지 검토하여야 한다. 제66조는 논밭을 농업생산 외의 용도로 변경하는 경우에는 농업생산이 가능한 용도의 면적을 고려하도록 하며, 제67조는 기관, 기업소, 단체가 논밭을 부업지로 이용하려고 할 경우에는 내각의 승인을 받도록 한다. 즉 농업토지에 대한 각종 규제는 강력한 중앙집권적 형태를 보이고 있는 것이다.

「토지법」상 농업토지 보호에 관한 규정과는 별도로, 「농업법」58)이 제정되어 있다. 이 법은 '농업' 자체에 관한 법으로서 농업생산, 농업의 물질기술적 토대강화, 농업자원의 보호, 농업생산물의 관리 등에 대하여 규정하고 있다. 농업토지에 대한 규정으로 대체 토지 확보59)에 관한 규정이 있는데, "농업토지를 건설부지같은 농업생산 밖의 목적에 리용하려 할 경우에는 대상에 따라 대토를 확보하고 해당 기관의 합의를 받은 다음 내각의 승인"(제52조 후단)을 받도록 하고 있다. 이 규정은 「토지법」상의 규정과 중복되는 것이나, 경제가 발전하고 산업용지로의 농지전용이 늘어남에 따라 절차를 엄격하게 하려는 취지에서 나온 것이다. 북한에서 계획하고 있는 농지 총량 면적은 발표되어 있지 않지만, 전체 농업토지의 규모를 일정한 수준으로 유지하려는 정책의도를 이해할 수 있다.

한편, 산림토지에 대해서는 산림조성과 보호, 산림자원 이용을 규제하기

---

58) 1998년 12월에 제정되어 2009년 11월까지 2차례의 개정이 있었다.

59) 남한에도 유사한 제도가 있는데, 농지를 전용하는 경우에는 '농지보전부담금'(농지전용사업자에 대해 국민식량의 공급기반인 농지의 대체조성 비용으로 부과한 농지조성비(1975년)와 농지전용으로 발생하는 개발이익을 환수하여 농어촌 구조개선 사업 재원으로 활용하기 위해 부과한 농지전용부담금(1992년)이 2002년, 농지보전부담금으로 통합되었다)을 농지관리기금을 운용·관리하는 자에게 내야 한다(「농지법」 제38조).

위하여 「산림법」60)을 제정하여 운용하고 있다. 동법 제2조에 따르면, 산림에는 산림토지와 그 안에 있는 동식물자원이 속하며, 산림은 국가만이 소유한다. 제4조는 산림의 조성과 보호관리 및 합리적 이용을 위하여 산림건설총계획을 작성하도록 하고 있다. 산림의 '조성', '보호', '이용'에 관한 주요 내용은 다음과 같다. 산림조성은 "창성이깔나무 같은 좋은 수종의 나무와 상록수를 배합하여 산림면적을 끊임없이 늘이고 산림풍경을 개선하며 산림의 경제적효과성을 높이고 단위당 축적을 늘일수 있도록"(제10조) 하여야 한다. 즉, 북한에서 산림은 원료의 제공기지로서 중요한 기능을 하는 것으로 이해된다.

산림보호를 위하여 조치로는 산불방지기간, 입산·불놀이허가, 산불감시 및 산불 끄기, 산림병해충구제, 사방야계공사와 그 시설물의 보수정비, 전형적인 산림생태지역 보존과 동식물자원보호 등을 규정하고 있다(제20조 내지 27조). 산림이용에 관해서는 산림토지 이용 허가(제30조), 나무베기 허가(제32조), 산짐승·산새 사냥 허가(제37조) 등을 규정하고 있다. 산림조성 외에 산림보호와 산림이용에 관한 내용은 남한과 유사한 규제를 하고 있는 것을 알 수 있다.

4절_ 건설 및 도시경영

북한에서 건물을 포함한 건설물61)의 건설은 「건설법」62)의 적용을 받는다. 이 법은 건물과 각종 기반시설의 건설 절차에 관한 법으로서 「도시경영법」이 이미 건축된 건물과 각종 시설물의 보호 관리에 목적을 두고 있는 것

---

60) 1992년 12월에 제정되어 2012년 3월까지 8차례의 개정이 있었다.
61) 건설물은 건물과 구조물로 분류한다(『광명백과사전』 17권, p.494).
62) 남한의 「건축법」, 「주택법」, 「택지개발촉진법」 등과 유사한 법으로서, 1993년 12월에 제정되어 2011년 10월까지 7차례의 개정이 있었다.

과 구분된다. 북한에서 건설은 엄격한 계획, 즉 '선 계획, 후 건설' 형식으로 진행하도록 되어 있다. 동법 제10조는 건설총계획을 "건설대상을 합리적으로 배치하고 계획적으로 건설하기 위한 종합적인 전망계획"이라고 정의하고, "국토건설총계획에 따라 세운다"라고 규정하여 그 작성기초를 정하고 있다. 동법 제12조는 건설총계획의 종류를 "산업건설총계획과 도시 및 마을 건설총계획, 부문별 건설총계획"으로 구분하고 있다. 건설총계획은 국토계획이나 도시계획과는 별도의 전망계획이다. 이는 국토나 도시, 마을 내 토지이용에 대한 것보다는 공장·기업소 건물, 공공건물 등과 같은 개별 시설물의 건축에 중점을 둔 제도라고 할 수 있다.

동법 제11조는 건설총계획의 작성원칙을 규정하고 있는데, 그 내용은 다음과 같다.

제11조 건설총계획을 세우는데서 다음과 같은 원칙을 지켜야 한다.
1. 혁명전적지와 혁명사적지를 영원히 보존할수 있게 하여야 한다.
2. 력사유적, 유물과 천연기념물을 잘 보존할수 있게 하여야 한다.
3. 늘어나는 인민들의 물질문화적수요와 경제발전의 요구를 고려하여 건설방향과 규모를 정하여야 한다.
4. 공장, 기업소를 원료, 연료원천지와 제품소비지 가까이 배치하여야 한다.
5. 도시규모를 알맞춤하게 정하며 수도를 비롯한 큰 도시주변에는 위성도시를 합리적으로 배치하여야 한다.
6. 지금 있는 건물과 시설물을 합리적으로 리용하며 앞선 과학기술의 성과를 널리 받아들여야 한다.
7. 자연부원을 보호하며 유용광물매장지구에 도시와 마을을 배치하지 말아야 한다.
8. 산경사지와 지하를 최대한으로 이용하여 부침땅을 침범하지 않도록 하며 건설부지의 리용률을 높일수 있게 하여야 한다.
9. 민족적 특성과 현대성을 결합하며 립체성과 비반복성·통일성을 보장할수 있게 하여야 한다.

10. 조선식건물보존구획에는 다른 형식의 건물을 배치하지 말아야 한다.
11. 우수망, 상하수도망, 난방망, 가스공급망, 송배전망, 통신망 같은
    하부구조건설을 앞세우며 현대적인 교통망을 합리적으로 배치하
    여야 한다.
12. 살림집을 비롯한 건물의 형식을 대상별, 지방별로 자기의 특색이
    살아날 수 있도록 다양하게 하여야 한다.
13. 건물배치를 울타리식으로 하지 말며 거리쪽에서 건물과 건물사이
    로 건물 뒤쪽이 환히 들여다보일수 있게 하여 도시형성상 립체감
    이 나도록 하여야 한다.
14. 건물사이에 록지구획을 합리적으로 조성하여 주민들의 생활에 유
    리한 자연환경을 조성하며 공해를 막을수 있게 하여야 한다.

건설도 국토나 도시, 마을의 발전 전망에 중요한 부분이므로 건설총계획
을 작성하는 원칙에는 국토계획이나 도시계획 작성원칙의 내용과 유사한
내용이 많다. 혁명지, 유적지 등의 보존[63](1, 2호), 경제발전 전망 고려(3호),
도시규모 및 배치(5호) 등이 그것이다. 그리고 건설은 어떤 구체적인 건물
이나 시설물을 대상으로 하기 때문에 계획 내용도 더 구체적이다. 즉 공장,
기업소의 입지(4호), 자연부원 보호를 위한 도시와 마을의 입지(7호), 부침
땅 보호를 위한 산경사지와 지하를 고려한 입지(8호) 등은 건설물 설치와
관련된 일정한 지역조건을 정하고 있는 것인데, 이 원칙에서도 부침땅 보
호를 강조하고 있다.

또 기존 건물 및 시설물의 합리적 이용(6호), 민족성 · 현대성을 반영한
건물 등의 입체성과 비반복성 · 통일성 보장(9호), 조선식건물보존구획 내의
다른 형식의 건물 제한(10호), 건물 창의성 실현(12호), 건물 입체감 유지(13
호), 건물 사이의 녹지조성(14호) 등은 개별 건물의 조건을 정하고 있다. 즉,
건물의 획일성을 탈피하고 현대적인 건축 설계를 통하여 다양하고 창의적
인 건축을 하되, 전통 건축양식은 보호하도록 하는 것이다. 그리고 2000년

---

63) 이들 지역 주변에서는 일반적인 건설 활동이 제한될 수 있다.

대 들어 강조되고 있는 하부구조의 기반시설 조성(11호)은 건설총계획에서
도 규정되어 있다.

건설 절차를 보면, '건설위치지정서 또는 건설명시서 발급(제15조) → 토
지이용허가(제16조) → 건설허가(제30조)'의 단계를 거쳐야 한다. 건설위치
지정서 또는 건물명시서를 발급받아야 한다는 것은 건설 입지와 규모 등이
사전에 결정되어 있지 않고, 건설할 때 정해진다는 것으로 토지이용규제방
식 중 재량방식에 해당하는 것이다. 동법 제15조도 "건설명시서 발급신청을
하기 전에 건설 및 도시경영과 관련된 문제를 해당 인민위원회와 합의"하
도록 정하고 있다.

실제 건설은 설계(제17조) → 시공(제28조) → 준공검사(제37조)의 순서로
이루어진다. 설계와 시공은 전문 기관, 기업소, 단체가 담당하게 되며 준공
검사는 국가건설감독기관이 한다. 다만, 건설주⁶⁴⁾에 기관, 기업소, 단체만
규정되어 개인 공민이 건설주가 되는 경우에 대한 규정이 없다. 따라서
법·제도적으로는 개인 공민이 주택을 신축하는 것은 합법이 아니다. 개인
이 건설 자금을 투자하더라도 그 명의는 기관, 기업소, 단체 명의로 할 수
밖에 없는 구조인 것이다. 2006년 개정에서는 건설자재를 충분히 준비하지
않은 대상, 즉 "건설자재를 50프로 이상 준비하지 않은 대상"(동법 제29조)
은 시공할 수 없도록 하여 시공 중에 공사가 중단되는 일이 없도록 하였다.

한편, 북한은 건설 후의 도시경영을 위하여 「도시경영법」⁶⁵⁾을 제정하여
운영하고 있다. 이 법은 "건설된 도시와 농촌의 건물과 시설물을 보호 관리
하여 편리하고 문화적인 생활환경을 조성하는 것"(제1조)에 그 목적을 두고
있다. 건물의 신축은 「건설법」의 적용을 받지만, 그 외의 건축행위, 즉 "건
물을 철거, 증축, 개축, 이개축, 확장하거나 건물의 구조, 용도 변경"은 이

---

64) 남한의 건축주 개념이다.
65) 남한의 「건축법」,「도로법」,「수도법」,「하천법」 등 개별 법률과 유사하며, 1992년
    1월에 제정되어 2006년 9월까지 4차례의 개정이 있었다.

법에 의하여 "해당 기관의 승인"(제15조)을 받아야 한다. 그리고 개인이 소유하고 있는 주택은 소유자가 국가소유로 전환시켜 줄 것을 요구할 수 있다. 이 경우에 "'도시경영기관과 재정은행기관은 그것을 넘겨받고 보상"(제17조)해 주어야 한다. 그러나 구체적인 보상금액 결정에 대해서는 규정이 없다.

또한, 동법은 도시미화를 위하여 문화휴식시설과 공동위생시설의 관리, 건물 도색, 유해가스와 먼지방지 대책, 보일러 운영시설의 관리 등에 관한 규정을 두고 있다. 특히 상수원 보호를 위하여 위생보호구역을 지정 운영하고 있으며 이 구역에서는 수원을 오염시키는 행위를 하지 못하게 하는 행위제한을 직접 정하고 있다(제22조). 동법은 화장시설의 관리에 관하여 규정(제53조)하고 있는데, 화장에 의한 장사(葬事)의 방법도 행하고 있음을 알 수 있다. 이에 대하여는 「화장법」을 별도로 두어 "화장을 장려하고 장례를 간편하게 하며 자연풍치와 국토를 보호"(「화장법」제1조)하고자 하고 있다.

4장

국토개발과 이용의 실제

1절_ 농업생산 기반 정비사업

1. 토지정리사업

토지정리사업은 "토지를 효과적으로 리용하며 농촌경리의 기계화, 화학화를 실현하고 농업을 공업화하기 위한 토지건설사업의 중요한 내용의 하나"[66]로 정의되고 있다. 북한 문헌[67]에 의하면, 토지를 정리하면 농업생산을 훨씬 늘릴 수 있고, 농촌경리의 종합적 기계화를 더 잘 실현하게 된다. 또한, 이 사업은 토지의 면모와 구조를 개변시켜 봉건적 토지소유의 잔재를 완전히 없애기 위한 목적도 있다.

토지정리사업 경과에 관한 북한의 설명[68]을 보면, 김정일이 1998년 5월 어느 날 전시시찰의 길에서 창도군 대백마을을 찾은 이야기가 나온다. 김정일이 산골짜기 여러 곳에 널려 있는 다락논과 떼기밭들을 보고 강원도의

---

66) 『경제사전』 2권(평양: 사회과학출판사, 1985), p.532.
67) 김재호, 『김정일강성대국 건설전략』(평양: 평양출판사, 2000), p.145.
68) 위의 책, pp.146~147.

토지정리를 하여야 하겠다고 말하고 즉시 관계부문 일군들의 협의회를 소집하여 토지정리에 대한 구상을 밝혔다. 이후 토지정리가 한창 진행되고 있던 그해 12월, 고산군 난정리의 토지정리현장을 돌아보던 김정일은 토지정리를 소극적으로 하지 말고 논 하나가 1,000평, 800평 정도 되게 기준을 정해 놓고 대담하게 하라고, 통이 크게 하라고 하였다. 이후 평안북도, 황해남도에도 토지정리사업을 벌였으며, 평안남도는 개천-태성호 물길공사를 끝낸 다음에 하여야 한다고 하고, 모든 도, 시, 군들에서 토지정리사업을 전군중적으로 힘 있게 벌려 논밭들을 기계화 포전, 규격 포전으로 만들도록 하였다고 한다.

그 결과, 북한은 2000년대 초반 6년 동안 토지정리사업을 통해 전국적으로 27만ha의 토지를 정리했다. 북한은 이 과정에서 210만 개의 소필지를 56만 개의 규격화된 필지로 정리하는 한편, 13만km의 논두렁을 8만km로 줄이고 2만 3,000km의 수로를 새로 건설했으며 7,600ha의 농지를 새로 조성했다고 발표한 바 있다.[69] 특히 『로동신문』의 보도[70]에 따르면, 2002년~2004년 기간에 평안남도와 평양시에 9만 4,400정보의 토지가 정리되고, 1,530정보의 새 땅이 생겨났다고 한다.

북한은 또한, 토지정리사업의 의미를 농민들의 사상의식 통제에 큰 비중을 두고 있다. 즉, 토지정리사업이 지주계급과 그 후손들의 땅문서를 역사의 휴지로 만들고 북한 농민들을 낡은 사상의 구속에서 완전히 해방시키며 사회주의 계급 진지를 강화하고 농민들의 사상적 순결성을 보장하는 중대한 정치적 사업으로 된다고 강조하고 있다. 그것은 농촌에는 오랜 세월 사적 토지소유관계가 지배하였으며, 그로 인하여 거미줄같이 늘어진 논두렁들과 올망졸망한 뙈기논밭들이 많았는데, 김정일이 뙈기논밭들에서 봉건적 토지소유 잔재를 발견하고 토지정리사업을 낡은 사회의 유물을 완전히 청

69) 양문수 외, 『2000년대 북한경제 종합평가』(산업연구원, 2012), p.237.
70) 『로동신문』, 2002년 7월 17일.

산하기 위한 하나의 혁명으로 내세웠다는 것이다.[71]

또한, 토지정리사업의 시기와 시행지역의 범위에 대해서도 큰 의미를 부여하고 있다. 『로동신문』에 발표된 논평에 의하면, 북한에서 "가장 어렵고 준엄하였던 《고난의 행군》 시기에 이 사업을 단기간 내에 수행한 것은 죽음을 각오한 사람을 당할 자 이 세상에 없다는 드센 뱃심과 혁명적 낙관주의, 무비의 결단력을 갖춘 지도자가 있어서 가능했다"고 하고 있다. 도 단위로 진행한 것은 끊임없이 현대화되고 있는 사회주의 농촌경리발전의 추세와 도들의 농업생산 조건의 특성으로 보아 가장 적중했고 현실적이었다는 것이다.[72]

1990년대 중반부터 시행한 것으로 알려진 북한의 토지정리사업은 1차적으로 기계화의 활용, 농민들의 노동력 경감 등을 통한 농업 생산성 제고가 주요 목적이었다. 한편, 북한의 각종 연구나 논평에서는 이와 더불어 토지소유의 완전한 사회주의화를 위한 큰 의미가 있는 사업이었다고 주장하고 있다. 이 사업은 남북한 통합 이후 토지개혁 과정에서 토지를 몰수당했던 소유자들의 원상회복 주장을 부정하는 현실적인 이유로 작용할 가능성이 있다.

2. 자연흐름식 관개수로 개설

북한의 대형 관개체제는 전기 공급이 풍부하던 시대를 반영하여 양수식에 의존하고 있었다. 그러나 1990년대 들어 에너지가 부족해짐에 따라 발전도 크게 영향을 받기 시작했다. 2000년대 들어 북한이 추진한 대규모 '물길' 개설 공사는 에너지가 많이 요구되는 양수식에서 자연흐름식으로 관개체계를 바꾸기 위한 사업이다. 또한 이 사업은 북한 내에 풍부한 유휴 노동력을 최대한 활용할 수 있다는 측면에서 북한 현실에 적합한 농업기반 정비

---

71) 『로동신문』, 2001년 3월 3일.
72) 『로동신문』, 2001년 3월 3일.

사업으로 평가할 수 있다.[73] 주요 '물길' 공사는 다음과 같다.

'개천-태성호 물길' 공사는 1999년 11월에 시작되어 2002년 10월 18일에 완공되었다. 이 관개수로 공사는 농업용수의 원활한 공급, 전력 수요 절감, 홍수 예방, 용수 확보 등을 목적으로 하였다.[74] '백마-철산 물길'은 평안북도 백마호로부터 룡천군, 염주군, 철산군, 신의주시까지 이어지며, 총연장 길이는 270㎞에 달한다. 이 물길 공사는 개천-태성호 물길 공사 완료와 동시에 시작되어 2005년 10월에 완공되었다.[75] 2006년 4월에는 황해북도 '미루벌 물길' 공사가 시작되었다. '미루벌 물길'도 자연흐름식 물길 공사로 2009년에 완공한 것으로 발표된 바 있다. 이 물길의 완료로 곡산, 신계, 수안군의 2만 6,000여 정보에 달하는 농경지에 관개용수를 제공할 수 있게 되었다.[76] 이러한 3대 수로공사를 정리하면 다음과 같다.

[표 3-6] 북한의 대규모 관개수로 조성(1999~2009)

공사명	개천-태성호 물길	백마-철산 물길	미루벌 물길
공사 기간	1999.11~2002.10	2003.05~2005.10	2006.04~2009.09
물길 길이	154km	168.5km	220km
관개 면적	99,610ha	46,750ha	26,000ha
사업비	6,310만 달러 -북한:4,680만 달러 -OPEC차관:1,000만 달러	4,800만 달러 -OPEC차관:1,020만 달러	n.a.
수혜지역	평안남도, 평양시 10여 개 시, 군, 구역	평북 피현, 용천, 염주, 동림, 철산, 신의주 100여 협동농장	황북 곡산, 신계, 수안의 35개 협동농장
효과	곡물증산:8.7만 톤 전력절감: 연1만4,500만kWh	곡물증산:10여 만 톤 전력절감: 연2만6,300만kWh	전력절감: 연2,700만kWh

출처: 통일부, 주간 북한 동향, 제783호, 2006 참고. 이는 양문수 외, 『2000년대 북한경제 종합평가』, p.239에서 재인용함.

---

73) 양문수 외, 『2000년대 북한경제 종합평가』, p.238.
74) 위의 책, p.238.
75) 『로동신문』, 2005년 10월 3일; 『민주조선』, 2005년 10월 4일.
76) 양문수 외, 『2000년대 북한경제 종합평가』, p.239.

최근의『로동신문』보도[77]에 따르면, 황해남도에도 자연흐름식 물길공사를 하고 있는 것으로 전해진다. 이 공사는 물길 500여 리(약 200km)를 뚫고 저수지 2개와 다리 등 구조물 600여 개를 만드는 방대한 공사이다. 올해(2014년) 중으로 이 사업의 1단계 공사를 완료하고 내년부터 벽성, 강령, 옹진군 등에 물을 공급할 수 있을 것으로 기대하고 있다. 황해남도는 북한의 대표적인 곡창지대로 알려지고 있다. 그러나 가뭄에 의한 피해로 이 지역에서도 물길공사가 절박하였으며, 전국적인 물길공사로 농업생산성을 높이려는 정책을 지속적으로 시행하고 있다.

2절_ 북한의 도시화

1. 북한의 도시화 과정

도시화는 모든 국가들이 경험하는 범세계적인 현상이며, 경제성장과 함께 발생하는 긍정적인 현상이다. 반면에 도시화는 인구 집중과 함께 도시빈민이나 도시환경 문제와 같은 부정적인 현상을 동반하기도 한다.[78] 종래에 사회주의 국가들에서는 이러한 도시화의 부정적 측면에 더해 자본가의 착취 공간으로서의 도시를 상정하고 대도시 형성을 비판하고, 이를 방지하고자 하는 정책을 펼쳤다. 그러나 공업을 육성해서 경제성장을 하려고 하는 것은 사회주의 국가들에서도 마찬가지였고, 이에 따라 도시화는 취할 수밖에 없는 정책이었다. 북한 또한, 1950년대부터 중공업우선경제정책을 시행하면서 도 · 농 균형발전과 중소규모의 도시를 육성한다는 정책 아래 도시화가 진행되어 왔다.

---

77)『로동신문』, 2014년 11월 1일; 2014년 11월 25일.
78) 조남훈, "북한의 도시화 추이와 특징",『KDI 북한경제리뷰』제15권 5호(2013), p.40.

한 국가의 도시화 진행 정도를 나타내는 지표가 '도시화율'이다. 이는 전체 인구 중에서 도시에 사는 인구가 차지하는 비율을 말한다. 해방 이후 남북한의 도시화율 추이는 다음과 같다. [표 3-7]을 보면, 해방 직후 북한의 도시화 속도는 남한보다 앞섰다. 그것은 일제 강점기에 중국과 만주 진출을 위한 정책의 영향으로 남한보다 북한에 공업 시설이 더 많이 입지한 것과 관련된다.

[표 3-7] 남북한의 도시화율(단위: %, %p)

구분	1950	1960	1970	1980	1985	2000	2005	2010
남한	21.4	27.7	40.7	56.7	64.9	79.6	81.3	82.9
북한	31.0	40.2	54.2	56.9	57.6	59.4	59.8	60.2
격차 (북한-남한)	9.6	12.5	13.5	0.2	-7.3	-20.2	-21.5	-22.7

출처: UN통계; 통계청 북한통계(2013); 1950, 1960은 조남훈, "북한의 도시화 추이와 특징", 『KDI 북한경제리뷰』 제15권 5호(2013), p.44.

이처럼 초기에 남한보다 앞서던 북한의 도시화율은 1980년 이후에는 남한보다 낮아지게 된다. 그것은 사회주의 국가의 도·농 균형성장정책과 남북한 산업정책의 차이에서 비롯되었다. 즉, 북한도 다른 사회주의 국가와 마찬가지로 균형발전 및 사회통제를 위하여 도·농 간 균형 성장을 추진하였는데, 이것은 도시화를 더디게 만드는 원인이 되었다. 남한은 1960년대 중반에 이르러서야 본격적인 경제개발을 하여 초기 도시화가 뒤졌으나, 1970년대의 경제성장은 매우 빠른 속도의 도시화를 가능하게 만든 원동력이 되었다.[79] 1980년대 이후 북한의 도시화율이 보합세를 유지하고 있는 점은 전반적인 경제성장의 한계와도 관련이 있다. 남한은 2000년 이후에 도시화율이 약보합세의 증가현상을 보이는데, 이는 인구 구조뿐만 아니라 국토환경, 경제구조적 측면에서도 도시 확대 요인이 크게 발생하지 않는 것이 원인이라고 할 수 있다.

---

79) 위의 논문, p.44.

2. 도시별 인구변동과 지역균형개발

북한 주요 도시의 연대별 인구 규모 변동은 다음과 같다.[80]

[표 3-8] 도시별 인구(순위)

(단위: 1,000명)

도시	인구(순위)					
	1940	1967	1972	1987	1993	2008
평양	286(1)	1,555(1)	1,847(1)	2,355(1)	2,741(1)	3,255(1)
함흥	75(4)	424(2)	489(2)	701(3)	709(3)	769(2)
청진	198(2)	226(3)	407(3)	520(4)	582(4)	667(3)
남포	69(6)	141(8)	163(7)	715(2)	731(2)	367(4)
원산	79(3)	226(4)	272(5)	274(8)	300(10)	363(5)
신의주	61(9)	170(5)	217(6)	239(9)	326(9)	359(6)
단천	-	-	-	284(7)	-	346(7)
개천	-	-	-	-	-	320(8)
개성	72(5)	141(7)	326(4)	331(6)	334(6)	308(9)
사리원	35(11)	85(12)	136(10)	221(11)	254(12)	308(10)
순천	-	-	-	356(5)	-	297(11)
평성	9(16)	28(17)	109(13)	239(10)	272(11)	284(12)
해주	63(7)	113(9)	163(9)	195(14)	229(13)	273(13)
강계	26(13)	170(6)	163(8)	211(13)	223(15)	252(14)
안주	-	-	-	186(15)	-	240(15)
덕천	-	-	-	217(12)	-	237(16)
김책	62(8)	113(10)	136(8)	179(16)	-	207(17)
나선	38(10)	57(14)	54(17)	89(23)	-	197(18)
구성	9(17)	28(16)	109(13)	177(17)	-	197(19)

80) 연대별 인구자료 중 공식적인 자료는 1993년에 유엔인구기금(UNFPA: United Nations Population Fund)으로 실시한 인구센서스와 2008년에 유엔인구기금과 남한의 지원으로 실시한 인구센서스에 의한 것이다.

혜산	16(14)	85(13)	136(12)	164(18)	178(16)	193(20)
정주	-	-	-	-	-	190(21)
희천	13(15)	28(15)	27(19)	163(19)	-	168(22)
회령	-	-	-	-	-	154(23)
신포	35(12)	28(18)	81(16)	158(20)	-	153(24)
송림	6(18)	85(11)	81(15)	108(21)	-	129(25)
문천	-	-	-	-	-	123(26)
만포	-	-	54(18)	93(22)	-	117(27)

출처: -1940, 1967, 1972: 하경준, "북한의 도시규모 분포에 관한 연구", 서울대학교 석사학위논문, 1988.
-1987: Eberstadt, Nicholas and Judith Banister, "The Population of North Korea", Center for Korean Studies, University of Berkeley, 1992 참고. 이는 조진철, "사회주의 개발도상국으로서의 북한의 도시계획", 『통일과 국토』(2001), p.12에서 재인용함.
-1993: Central Bureau of Statistics in DPRK, Tabulation on the Population Census of the Democratic People's Republic of Korea, December 31, 1993, 1995 참고. 이는 위의 논문, p.12에서 재인용함.
-2008: (조선)중앙통계국(2009); 통계청, '북한 인구일제조사 자료'(2011)

[표 3-8]의 2008년 현재를 기준으로 북한의 연구 논문에서 제시하고 있는 도시 구분의 기준을 보자. 1등급 특대도시는 1개 도시, 2등급 특대도시는 2개 도시, 3등급 큰 도시는 14개 도시, 4등급 중도시는 10개 도시로 분류된다. 조사된 전체 인구가 2,334만 9,859명임을 고려하면, 각 도시별 인구는 남한보다 도시화율이 낮은 만큼 도시규모도 비교적 크지 않게 유지한 것으로 보인다. 또한 도시규모가 크지 않고 도시화율이 낮은 것은 북한의 산업이 농업 위주의 구조임을 보여주고 있다. 의도와 관계없이 도·농 간 인구 비율은 대체로 균형 있는 결과를 보여준다.

그러나 평양 인구는 다른 도시와 비교할 수 없을 정도로 규모가 크다. 함흥과 청진도 다른 도시보다 2배 정도의 인구 규모를 유지하는 것은 특정 도시를 중심으로 집적의 경제 원리에 따라 도시 성장이 이루어지고 있음을 보여준다. 특히, 평양은 주변도시인 남포, 순천, 평성, 송림 등의 도시 인구를 합하면, 433.2만 명으로서 앞의 27개 도시 전체 인구(1,047.3만 명)의 약 41.4%로서 이른바 수도권 비대화가 심각함을 알 수 있다. 즉, 북한의 도시화는 도시별 규모는 대체로 균형적인 규모를 유지하고 있으나 특정 도시 중심의 경제 집적이 이루어지고, 특히 평양시 주변은 불균형 성장을 하고 있는 것으로 분석되고 있다.

또한, 앞의 표는 도시규모의 발전과정을 보여주는데, 일제 강점 시기인 1940년대는 일제의 식민지 수탈 정책과 중국과 만주로의 진출을 목적으로 곡물, 석탄, 군수물자의 이동을 용이하게 위해 주로 동서 해안을 중심으로 도시들이 발전하였다. 한국전쟁 이후에는 도시발전 형태가 변화하게 되는데 북부내륙지역의 도시건설이 대표적 예이다. 이 도시들의 순위도 급격히 상승하며 1970년대 초중반까지 지속된다. 이른바 역성극화 현상(polarization reversal)은 북부내륙지방을 중심으로 도시성장을 보여줌으로써 뚜렷이 나타난다.[81] 즉 평양 주변도시인 남포(6위)와 평성(16위)의 도시 순위는 1940년에 북부내륙도시인 강계(13위)와 혜산(14위)보다 높거나 유사하다. 그러나 1967년에는 강계(6위)와 혜산(13위)이 남포(8위)와 평성(17위)보다 높게 나타나서 북부내륙지방으로 역성극화 현상이 나타나서 지역균형 개발 정책이 실행된 것으로 분석된다.

한편, 이 순위는 1972년과 1987년을 기준으로 볼 때, 남포(7위, 2위)와 평성(13위, 10위)의 도시 순위는 강계(8위, 13위)와 혜산(12위, 18위)보다 높게 나타나서 2008년 현재까지 유지되고 있다. 즉, 1972년에 순위가 역전되어 1987년에는 현저한 차이가 나타나고 있는 것이다. 이는 1970년대 중반 이후 북한에서 역성극화 현상이 급격히 해체되어 평양 주변으로 인구가 집중되었음을 의미한다. 즉, 사회주의 도시계획 이념에 따라 전통적인 도시 외에 내륙지방의 도시 성장을 유도하였으나, 더딘 경제 성장과 함께 집적 경제를 실현할 수 있는 평양시 주변으로 불균형 도시성장이 나타났던 것이다.

---

81) 조진철, "사회주의 개발도상국으로서의 북한의 도시계획", p.11.

북한의 연구 논문에서도 "계획전망인구 이상으로 인구가 집중되는 경우에는 인구분산정책을 시행하는 것이 옳다"[82]고 밝히고 있듯이 인위적인 인구이동 정책이 가능하였던 것이다.

3. 종주도시화

평양은 북한에서 특별한 지위를 가진 도시이다. 해방 이후 북한의 수도역할을 해왔으며, 북한 권력의 핵심 계층이 거주하는 지역이기도 한다. 평양의 인구는 2008년 현재 325.5만 명으로 북한에서 유일하게 100만 명 이상의 인구를 가지고 있다. 사회주의 국가가 추구하는 도시와 농촌 간 균형발전 정책에 비추어 평양의 비대함은 상당히 예외적이라고 할 수 있다.[83] 평양의 도시규모가 가지는 집중도를 측정하기 위해 '종주도시화 지수'가 사용될 수 있다. 종주도시란 한 도시가 다른 도시들에 비해 비정상적으로 집중도가 높아지는 것을 의미한다. 아래 [표 3-9]는 남한과 북한의 가장 큰 도시인 서울과 평양의 인구가 각각 두 번째 도시 또는 두 번째 내지 네 번째 도시의 인구 합계와 비교한 비율을 나타낸다.

[표 3-9] 남북한의 종주도시화 지수 변화 추이

		1940	1967	1972	1982	1987	1993	2008
북한	P1√P2	1.44	3.67	3.78	3.10	3.29	3.75	4.23
	P1√(P2+P3+P4)	0.81	1.78	1.51	1.31	1.21	1.35	1.80
남한	P1√P2	3.47	2.71	3.02	2.67	2.73	2.82	2.91
	P1√(P2+P3+P4)	1.44	1.38	1.57	1.39	1.36	1.31	1.18

82) 조길현, "국토건설총계획과 그 작성에서 지켜야 할 원칙", p.51.
83) 조남훈, "북한의 도시화 추이와 특징", p.51.

[표 3-9]에서 보면 남한의 종주도시화 정도는 1970년대에 증가한 이후 점차 감소하는 반면, 북한의 종주도시화 지수[84]는 지속적으로 증가하고 있다. 특히 1940년에 남한의 절반 정도에 불과하던 북한의 종주도시화 정도는 1960년대 말에는 1.30배로 역전되어 2008년에는 1.5배에 이르렀다. 이는 평양으로의 도시집중도가 서울로의 도시집중도보다 계속 높아져 평양의 성장 속도가 빠르게 진행되어 왔다는 것을 의미한다. 그 이면에는 대도시에서 발생하는 교통난, 주택난, 환경오염 등의 문제가 평양에서도 발생했을 것임을 예측하게 한다.

3절_ 경제특구 개발사업

1. 경제특구 지정과 운영

북한의 대외경제정책의 새로운 전환으로서는 먼저 「합영법」 제정(1984년 9월)을 들 수 있다. 이것은 외자(外資) 도입에 의한 경제발전 시도로서 중국의 대외개방정책에 영향을 받은 것으로 보인다. 그러나 이 시점에서는 '경제특구'가 논의되지 않았다. 이것은 중국과는 다른 독자성의 강조와 더불어, "북한은 여전히 진영론에 입각해서 세계를 보면서 자신의 사회발전 단계를 「사회주의 완전 승리를 향한 단계」로 규정하고, 전과 다름없이 국가사회주의에 기초해서 유일체제와 속도전적 경제발전을 밀고나갔던"[85] 당

---

84) 종주화 지수(宗主化 指數, Davis index)란 한 나라의 종주도시의 인구를 인구 규모 순위에 따라 제2위, 제3위, 제4위 도시의 인구의 총합으로 대비시킨 지수를 말한다. 이 방식을 처음 사용한 데이비스(kingsley Davis)의 이름을 따 데이비스 지수라고도 한다. 이에 비하여 인구 규모 수위 도시의 인구를 차위 도시와 대비시키는 비교 방식을 수위도(首位度)라 한다[이종수, 『행정학 사전』, p.442].
85) 이종석, 『북한-중국관계 1945~2000』(서울: 중심, 2004), p.263.

시 북한의 인식과 관련된다. 후일 김정우(대외경제사업부 부부장)는 두만강 개발문제를 협의하기 위해 평양을 방문한 UNDP[86] 조사단과의 간담회에서 경제특구 구상은 1988년부터 시작되었다고 밝혔다. 경제특구가 1988년에 검토된 이유는 1980년대 외자유치 실적 미비, 중국 대외개방정책의 성공과 북한에 대한 장려, 1991년에 실시된 소련의 무역방식변경[87] 등이라고 할 수 있다.[88]

이러한 배경으로 나선지대가 북한의 경제특구로서 1991년 최초로 지정되어 운영된다. 나선지대는 북한, 중국, 러시아 3국의 접경지이며 동북아시아 내륙과 태평양을 이어주는 최단 동해항로를 확보할 수 있어 동해권 영역유통의 중심이 될 수 있다. 출해구(出海口)가 없는 중국 동북지방으로서는 태평양으로 향하는 항로로서 북한의 나진항이 대안이 될 수 있다.[89] 그러나 나선지대 외국인 투자의 계약 체결, 투자이행, 조업도 현황을 파악하기는 쉽지 않다. 다만, 지정 이후에 큰 성과는 없었던 것으로 보이며, 이 지대를 활성화하기 위한 노력은 지속적으로 언론에 보도되었다.

이후 북한은 2000년대에 들어서면서 추가적으로 경제특구를 지정하게 되는데, 경제특구의 추진경과는 시기별로 크게 3단계로 구분된다.

---

86) United Nations Development Programme. '유엔개발계획'이라고 하며, 유엔 전체의 개발 원조계획을 조정하기 위한 기관이다.
87) 소련은 자국의 경제·무역개혁의 일환으로서 북한에 대해 종래의 '우호가격'과 구상무역에 의한 청산거래방식에서 교환가능통화·국제가격에 의거한 방식으로 변경할 것을 통고했다. 북한으로서는 이것을 받아들일 수밖에 없었기 때문에 1990년 11월에 새 무역협정을 체결하고, 그 다음부터는 새로운 방식을 실시하기로 했다.
88) 박정동, 『북한의 경제특구』(서울: 한국개발연구원, 1996), p.59.
89) 최상권, "북한의 경제특구: 현황과 과제", 『북한학보』 제34집 1호(2009), p.191.

[표 3-10] 북한의 경제특구 사업 추진 경과

단계	지역	일자	추진 내용
1단계	나진·선봉	1991.12	나진선봉 자유경제무역지대 지정
		1992.10	「외국인투자법」, 「합작법」, 「외국인기업법」 제정
		1992.12	대외경제협력추진위원회 설립
		1993.01	「자유경제무역지대법」 제정
		1993.09	원봉리를 포함하여 지대 면적을 625㎢에서 746㎢로 확대하고, 나진선봉을 직할시로 승격
		1994.08	나진항 1호 부두 완공
		1997.06	변동환율 및 기업 독립채산제 실시, 북·중 공동자유시장 개설 등 개혁조치
		1998.09	자유경제무역지대에서 경제무역지대로 명칭 변경
2단계	신의주	2002.09	「신의주특별행정구기본법」 제정, 초대 행정장관으로 중국인 사업가 양빈 임명
		2002.10	중국 당국, 양빈 체포·구속, 사업 중단
	개성	2000.08	현대-북한 간 「공업지구 개발에 관한 합의서」 채택
		2002.11	「개성공업지구법」 제정
		2005.09	본단지 1차 23개 입주기업 및 1개 기관 계약 체결
		2007.06	본단지 2차 183개 기업 입주기업 계약 체결
		2010.05	5·24조치에 따라 개성공단 신규 입주 중단
		2013.04	북측의 통행 차단 조치로 가동 중단
		2013.09	남북합의로 재가동 개시, 남북공동위원회 설치
	금강산	1998.06	현대-북한 간 금강산 관광 실시 계약서 체결
		1998.11	금강산 (해로)관광 개시
		2002.11	「금강산관광지구법」 제정
		2003.09	금강산 육로 관광 개시
		2008.07	관광객 피격 사망 사건으로 사업 중단
3단계	북·중 접경지역	2010.10	「나선경제무역지대와 황금평·위화도 경제지대 공동개발 및 공동관리를 위한 북·중공동지도위원회」 1차 회의 개최
		2011.06	북, 최고인민회의 상임위 정령, 「황금평·위화도 경제지대를 내옴에 대하여」 발표
		2011.06	북·중공동지도위원회 2차 회의 개최 및 황금평, 나선지대 개발 착공식
		2011.12	「황금평·위화도경제지대법」 및 「나선경제무역지대법」 제정
		2012.08	북·중공동지도위원회 3차 회의 개최
		2012.10	나진-원정 도로 개통
	기타	2013.05	「경제개발구법」 제정
		2013.11	신의주경제특구 및 13개 도별 경제개발구 지정

출처: 이석기·김석진·정근주 "북한의 산업발전 잠재력과 남북협력 과제"(산업연구원, 2013), pp.97~98.

1단계 나선지대의 성과는 미미한 것으로 알려지고 있다. 2단계의 경제특구도 개성공단을 제외하면 여러 정치적인 이유로 사업이 중단되거나 폐지되었다. 개성공단 또한 주지하듯이 2013년에 정치적인 이유로 공단의 가동까지 중단되었다가 재개하는 등 불안한 사업진행이 지속되고 있다. 그럼에도 북한은 계속하여 경제특구 지정과 활성화를 통한 경제발전을 시도하고 있다. 3단계는 북·중 접경지역에서 양국의 공동 협력하에 진행되고 있다. 다만, 현지 조사를 한 언론의 보도[90])에 따르면, 황금평·위화도의 경우 2011년 기공식이 거행된 후 지난 3년여 간 진행된 공사는 아직도 미완성인 관리사무소 건물 일부와 북·중 경계를 나타내는 철책공사, 대략적 수준의 터닦기 정도가 전부라고 한다. 반면에 실제 65만 인구의 중국 단둥지역 곳곳에서는 호화주택 및 고층 건물의 공사가 활발하게 진행되고 있다고 한다.

나선지대와 관련한 최근의 일부 언론 보도[91])에 따르면, 취재일에 중국의 훈춘시 취안허 세관 앞 도로는 북한의 나선지대로 건너가는 화물과 사람을 실은 차량들로 북새통을 이루고 있었으며, 컨테이너 차량은 물론, 시멘트 등 건자재와 기계류를 실은 트럭들이 긴 줄을 지어 있었고, 자가용에 몸을 실은 사람들도 심심찮게 눈에 띄었다고 한다. 중국인을 대상으로 한 나선지대 비파도 카지노 방문 관광상품도 인기가 많다고 한다. 이러한 동향으로 보면 나선지대는 북·중·러 3국의 이해관계가 맞물려 앞으로는 더 발전적인 특구가 될 것으로 기대된다.

2. 경제개발구 창설

한편, 북한은 2013년에 신의주시에 특수경제지대, 도들에 경제개발구를 지정하였다. 이 과정을 북한의 문헌과 보도 내용으로 정리하면 다음과 같

---

90) 『뉴스1 코리아』, 2014월 9월 6일.
91) 『매일경제』, 2014일 9월 6일.

다. 조선로동당 중앙위원회는 2013년 3월 전원회의에서 각 도들에 자체의 실정에 맞는 경제개발구들을 지정하여 특색 있게 발전시킬 것에 관한 정책을 제시하였다.[92] 이는 당시 "원산지구와 칠보산지구를 비롯한 나라의 여러 곳에 관광지구를 잘 꾸리고 관광을 활발히 벌리며 각 도들에 자체의 실정에 맞는 경제개발구를 내오고 특색 있게 발전시켜야 합니다"라는 김정은의 발언으로부터 시작하였다고 한다.[93]

2013년 5월 29일, 「경제개발구법」이 제정되었다. 종전 경제특구의 경우각 지대별로 적용 법규를 따로 두고 있는 데 반하여, 이 법은 새로 지정되는 경제개발구 전체에 통일적으로 적용되는 차이점이 있다. 경제개발구는 공업, 농업, 관광, 수출가공, 첨단기술개발구 같은 경제 및 과학 기술 분야의 개발구들로 구분하고, 관리소속에 따라 지방급 경제개발구와 중앙급 경제개발구로 관리하도록 하였다. 투자는 다른 나라의 법인, 개인과 경제조직, 해외 동포가 할 수 있도록 하였으며, 국가는 투자가에게 토지이용, 세금 등에 있어서 특혜적인 경제활동 조건을 보장하도록 하였다.[94]

10월에는 국가경제발전총국이 국가경제개발위원회로 개편되고 다른 나라의 기업, 단체들의 특수경제지대 진출을 도와주는 민간급 단체인 조선경제개발협회가 조직되었다.[95] 그리고 10월 16일과 17일에 조선경제개발협회 주체로 특수경제지대개발에 관한 평양국제토론회가 열렸으며, 북한과 외국의 학계와 경제계 전문가들이 참가하였다. 이 토론회에서는 특수경제지대 계획 작성의 특성과 실례 연구, 특수경제지대의 관리, 투자, 발전과정 등을 중점적으로 논의하였다.[96] 그리고 조선중앙통신은 11월 21일, 최고인민회

---

92)『조선신보』, 2013년 12월 4일.
93) 강정남, "경제개발구법제도에 대한 리해에서 제기되는 기초적인 문제", 『정치법률연구』(2013년 제3호), p.52.
94)『조선신보』, 2013년 12월 4일.
95)『조선신보』, 2013년 12월 4일.
96)『조선신보』, 2013년 11월 18일.

의 상임위원회 정령으로 '신의주시에 특수경제지대, 도들에 13개 경제개발구'가 지정되었음을 발표하였다.[97] 그 내용은 다음과 같다.

[표 3-11] 북한이 추진하고 있는 14개 경제개발구

	명칭	지역	주요 산업	투자액 (억달러)
북중접경지구	압록강경제개발구	평북	현대농업, 관광휴양, 무역	2.4
	만포경제개발구	자강도	현대농업, 관광휴양, 무역	1.2
	위원공업개발구	자강도	광물자원 가공, 목재 가공, 기계설비제작, 농토산물 가공	1.5
	온성섬관광개발구	함북	골프장, 경마장 등 관광	0.9
	혜산경제개발구	량강도	수출가공, 현대농업, 관광휴양, 무역	1.0
서해지구	송림수출가공구	황북	수출가공업, 창고·화물 운송 물류업	0.8
	와우도수출가공구	남포시	수출 가공조립업, 보상무역, 주문가공	1.0
	개성고도과학기술개발구	개성시	첨단 과학기술 산업단지	3.0
동해지구	신평관광개발구	황북	체육, 오락 등 현대 관광지구	1.4
	현동공업개발구	강원도	보세가공, 정보산업, 경공업, 관광기념품 생산, 광물자원	1.0
	흥남공업개발구	함남	보세가공, 화학제품, 건재, 기계설비 제작	1.0
	북청농업개발구	함남	과수업, 과일종합가공, 축산업	1.0
	청진경제개발구	함북	금속가공, 기계제작, 건재, 전자제품, 경공업, 수출가공업	2.0
	어랑농업개발구	함북	농축산기지, 채종, 육종 등 농업과학 연구개발단지	0.7

출처: 경제개발구의 명칭은 「조선신보」(2013년 11월 27일)의 보도내용을 참고하였으며, 그 밖의 내용은 조봉현, "박근혜정부의 대북정책과 남북경협", 『KDI 북한경제리뷰』 제15권 12호(2013), p.31 참고.

───────────────

97) 『조선신보』, 2013년 11월 27일. 13개 경제개발구라고 보도되지만, 지도에는 신의주 특수경제지대와 14개 개발구로 표시되고 있는데, 개성고도과학기술개발구의 포함 여부에 따른 차이로 보인다. 이 책에서는 14개로 표시한다.

[그림 3-1] 특수경제지대와 경제개발구

① 혜산경제개발구
② 만포경제개발구
③ 위원공업개발구
④ 신의주특수경제지대
⑤ 압록강경제개발구
⑥ 황금평 · 위화도 경제지대 ★
⑦ 와우도수출가공구
⑧ 송림수출가공구
⑨ 라선경제무역지대 ★
⑩ 은성섬관광개발구

⑪ 청진경제개발구
⑫ 어랑농업개발구
⑬ 북청농업개발구
⑭ 흥남공업개발구
⑮ 현동공업개발구
⑯ 신평관광개발구
⑰ 개성고도과학기술개발구
⑱ 개성공업지구 ★
⑲ 금강산국제관광특구 ★

★ 이미 나온 특수경제지대

출처:『조선신보』, 2013년 12월 4일.

경제개발구 선정은 ① 대외 경제협력과 교류에 유리한 지역, ② 나라의 경제 및 과학 기술발전에 이바지할 수 있는 지역, ③ 주민지역과 일정하게 떨어진 지역, ④ 국가가 정한 보호구역을 침해하지 않는 지역이라는 원칙 하에 이루어졌다.[98] 이 중 ①원칙과 관련하여 경제개발구는 대부분 북 · 중 국경지대, 서해안, 동해안에 지정되었음을 알 수 있다. 또한 ③원칙은 이른 바 '모기장 이론'처럼, 대외 개방의 파급효과가 내국인들에게는 미치지 못

---

98) 강정남, "경제개발구법제도에 대한 리해에서 제기되는 기초적인 문제", p.53.

하게 하려는 의도인 것으로 이해된다. 그리고 내용으로 보면, 수출가공구는 서해안에만 지정한 특징이 있다. 서해안은 중국과 가까운 거리에 있어 대외 수출이 용이하기 때문에 이러한 입지를 하였다고 할 수 있다. 와우도와 송림의 경우 북한 도시 중에서 특대도시인 평양 부근에 위치하고 있으므로 국내 수요도 고려한 것으로 보인다.

추가로 지정된 경제개발구의 또 하나의 특징은 도 단위로 지정되었다는 점이다. 조선경제개발협회 윤용석 국장은 "각 도가 자체의 실정에 맞게 경제개발구들을 특색 있게 발전시킴으로써 외화도 벌고 지방경제 발전에 필요한 기술도 얻으면서 도 주민들의 생활향상에 이바지"[99]하는 것에 경제개발구의 목적이 있다고 설명하였다. 즉, 지방경제를 종합적으로 균형적으로 발전시켜 나가겠다는 것이다. 그리고 북한의 연구 논문[100]에 따르면, 경제개발구는 관리기관에 특별한 자격, 즉 투자유치, 기업의 창설 등 경제무역관리 측면에서 많은 권한을 부여하는 지역이라고 설명하고 있다. 그리고 중앙특수경제지대 지도기관과 지방인민위원회는 관리기관의 사업을 경제적으로, 정책적으로 지도한다고 한다.

따라서 경제개발구는 중앙과 지방 정부의 통제를 받으면서 운영될 수밖에 없을 것이다. 그러나 외국 기업의 유치, 예산, 토지이용 등에 있어 실질적인 권한을 관리기관에 부여하면, 개발구별 경쟁을 통하여 일부 지대에서는 성과도 얻을 수 있을 것으로 본다. 북한의 경제개발구 창설을 개혁이나 개방의 맥락에서 보는 견해에 대하여 윤용석 국장은 "우리는 조선의 실정에 맞게 경제관리 방법을 풀어나가면 되고, 앞으로도 사회주의 경제제도를 확고히 고수하고 강화 발전시켜 나갈 것이다. 한편, 다른 나라의 경제건설 경험에서도 좋은 방법들에 대해서 연구하고 자기나라의 실정에 맞게 도입할 계획"[101]이라고 언급하였다. 즉, 사회주의 경제관리라는 이념적 바탕은

---

99) 『조선신보』, 2013년 12월 4일.
100) 강정남, "경제개발구법제도에 대한 리해에서 제기되는 기초적인 문제", p.52.

가지고 있으되, 실리를 추구하는 경제 정책이 계속 시행될 것임을 말하고
있는 것이다.

한편, 최근 다수의 남한 언론 보도[102]에 따르면, 북한은 2014년 7월 23일,
6개의 경제개발구를 추가로 지정했다고 한다.

[그림 3-2] 경제특구와 경제개발구(종합)

출처: 『한국경제』, 2014년 12월 4일.

지대의 명칭은 은정첨단기술개발구, 강령국제녹색시범지구, 청남공업개
발구, 숙천공업개발구, 청수관광개발구, 진도수출가공구이며, 4개의 지대는
[그림 3-2]에 나타난 바와 같이 평양시 주변에 입지하고 있다. 북한의 경제
발전이 평양시를 중심으로 한 경제 집적의 이익을 추구하는 것을 알 수 있

101) 『조선신보』, 2013년 12월 4일.
102) 『Daily NK』, 2014년 7월 25일; 『매일경제』, 2014년 11월 4일; 『한국경제』, 2014년
    12월 3일.

다. 그리고 2013년에 이어 많은 경제개발구를 지정하여 적극적인 외자유치로 경제 활성화를 도모하겠다는 의지를 보이고 있지만, 기존의 4대 경제특구의 경험으로 볼 때, 그 성과를 거두는 데에는 한계가 있을 것이다. 따라서 상대적으로 초기 투자비용이 적게 들어가는 관광개발구를 우선 활성화할 것이다.

경제개발구의 활성화를 위해서 중앙에서 지방별로 경쟁을 유도한다면, 「경제특구 관련법」에 규정되어 있는 '토지이용과 관련된 특혜'를 적용하여 저가에 의한 토지이용권 부여와 토지임대료의 일시 납부 등이 시도될 수 있다. 이는 장래 '토지재정의 고갈'이라는 심각한 문제의 원인이 될 것이다. 또한, 평양시 주변의 서해안지대에는 노동력이 집중되는 수출가공구를 3개 지대를 계획하고 있어 거대한 도시군(都市群)이 형성될 가능성이 높다. 그리고 중국의 경제특구도 심천만이 그 성과가 있었으며, 1992년 등소평의 남순강화 이후에는 심천이 차지하는 외자 유치액의 전국 비율이 현저하게 낮아졌듯이 경제특구의 활성화에 앞서 남북대화 등을 통한 대외 신뢰를 구축하는 것이 선행되어야 한다.

4절_ 사회간접자본 확충 사업

사회간접자본은 국가경제 발전의 가장 기초가 되는 부문으로서 국토개발에서 최우선적으로 검토되어야 하는 부분이다. 북한의 경우에도 그 중요성을 인식하고 있으며, 이는 많은 연구 논문과 경제특구 관련 법규를 비롯한 계획법규에서도 '하부구조 건설'이라는 명칭으로 논의되고 있다. 북한의 경우, 사회간접자본 확충에 필요한 토지 소유권이 국·공유화되어 있어 토지비용이 들지 않아 원가의 상대적 저렴이나 절차의 간소화가 긍정적인 요인이 되기는 한다. 그러나 공사비만 해도 엄청난 규모의 재원이 필요하기 때문에 열악한 상황으로 알려진 북한의 사회간접자본을 일시에 극복하는 것은 결코 쉬운 일이 아니다. 북한경제가 성장하여 남한을 비롯한 다른 국가들과의 정상적인 교역을 하기 위한 물적 토대는 사회간접자본의 확충에 있으므로 이를 위한 남북협력, 중·러와의 협력이 절실히 필요하다.

1. 사회간접자본의 현황

사회간접자본 중 가장 기초적인 시설은 철도와 도로이다. 북한은 평야보다 산악지대가 많고 험하여 철도를 중심으로 기반시설이 정비되어 온 것으로 알려지고 있다. 북한의 철도와 도로 현황은 다음과 같다.

[표 3-12] 남북한의 철도 총연장(단위: ㎞)

		1994	1997	2001	2002	2007	2012
북한		5,112	5,214	5,224	5,235	5,242	5,299
남한	철도키로	3,101	3,118	3,125	3,129	3,399	3,559
	궤도연장	6,559	6,580	6,820	6,845	7,950	8,419

출처: 북한-통계청, 남한-한국철도공사, 「철도통계연보」(2013).

[표 3-13] 남북한의 도로 총연장 및 고속도로 길이(단위: ㎞)

		1994	1997	2001	2002	2009	2012
북한	도로총연장	23,219	23,377	23,963	24,449	25,854	26,114
	고속도로 길이	524	682	724	724	727	727
남한	도로총연장	73,833	84,968	91,396	96,037	104,983	105,703
	고속도로 길이	1,650	1,889	2,637	2,778	3,776	4,044

출처: 북한-통계청, 남한-국토교통부, 「도로현황」(2013).

북한의 철도와 도로 시설 확충 정도는 남한과의 비교를 통해 검토해 볼수 있다. 즉, 2012년을 기준으로 북한의 철도 궤도연장(㎞)은 남한의 약 63% 정도에 해당한다. 이에 비해 도로의 총연장 길이는 북한이 남한의 약 25%

에 그치고 있다. 따라서 철도에 비하여 도로시설은 현저하게 부족하며, 북한의 산업을 위한 교통이 철도를 중심으로 이루어져 왔음을 보여준다.

이처럼 도로가 주력 교통수단이 되지 못했던 이유는 산악지형이 대부분이라는 지리적 여건, 유류 부족으로 인한 에너지 절약, 주민의 통행통제 등으로 도로의 이용을 억제하였기 때문이다. 북한은 도로건설의 3대 원칙을 제시하고 있는데, 그 내용은 "산간지대의 교통문화 해결, 농촌의 기계화 실현, 농경지를 침범하지 않는 도로건설"이다.[103] 최근에는 도로에 대한 투자가 많이 이루어지고 있다. 앞의 [표 3-12]와 [표 3-13]에서도 1994년 대비 2012년에 철도는 약 3.7%의 확충이 있는 반면, 도로는 동 기간 약 12.5%의 확충이 있었던 것을 알 수 있다.

또한, 북한은 2011년 1월 내각결정을 통해 '국가경제개발 10개년 전략계획'을 발표하였다.[104] 과거 북한은 중장기 인민경제발전계획을 발표하였으나, 20년 만에 명칭을 경제개발계획으로 변경하였으며, 이는 경제개발에 관한 의지를 피력한 것으로 볼 수 있다.[105] 이 계획에서는 하부구조 건설과 농업·전력·석탄·연유·금속 등 기초공업, 지역개발을 핵심으로 하는 국가경제 개발의 전략적 목표를 설정하였는데, 그중 사회간접자본과 관련된 내용은 다음과 같다.

103) 안병민, "북한교통 인프라 현황 및 통일을 대비한 향후 대응방향", 『대한토목학회지』 제60권 3호(2012), p.13.
104) 『조선중앙통신』, 2011년 1월 16일.
105) "최근 북한의 경제개발 관련 동향과 전망"(한국정책금융공사, 2013), p.1.

[표 3-14] 북한의 10개년 경제개발 중점대상으로서 사회간접자본

분 야	내 용
철도	·투자액: 96억 달러 ·2,386km 복선으로 총 4,772km, 평양-나선 780km, 김책-혜산 180km, 평양-개성 186km, 기타 철도 연결 1,000km ·시속 120~140km/h 수준으로 건설
고속도로	·투자액: 150달러 ·평양-나선 870km, 평양-신의주 240km, 평양-개성 180km, 기타 광산 연결 1,200km 등 총 2,490km 건설·보수
공항	·투자액: 12억 달러 ·평양국제공항 연인원 1,200만 명 수용 정도로 확장
전력	·투자액: 40억 달러(3년) ·탄광건설로 연간 4,000만 톤 석탄 생산(안주탄광 3,000만 톤, 북 창탄광 300만 톤, 온성탄광 500만 톤, 용동탄광 200만 톤)

출처:『조선중앙통신』, 2011년 1월 16일.

　최근, 북한의 경제개발 의지는 앞의 전략계획을 발표하면서 설립한 정부의 총괄기구인 국가경제개발총국을 2013년 10월, 국가경제개발위원회로 승격시킨 것에서도 엿볼 수 있다. 경제개발의 전 부분에 있어 사회간접자본 시설의 확충은 그 기초가 되므로 이 분야를 최우선시할 것이다. 앞의 계획에서는 북한의 기존 주요 교통 운수 수단인 철도에 대한 투자도 지속적으로 확충하려 하고 있지만, 고속도로에 대하여 더 큰 규모의 계획이 이루어지고 있음을 알 수 있다. 이는 늘어나는 교통 운수 수요에 대해 철도만으로 해결하기가 어렵고, 북한의 지형상 철도를 신규로 개설하기도 어려우며, 각 지역의 접근성에 대해 도로가 갖는 이점 등을 고려한 계획으로 보인다.

2. 북·중·러 접경지역의 사회간접자본 확충

　최근 언론의 보도[106])에 의하면, 김정은·시진핑 집권 이후 북·중 관계는

---

106)『매일경제』, 2014년 9월 6일.

악화일로에 놓였으나, 성(省)정부가 주도하는 양국 간 경제협력과 무역은
오히려 빠르게 늘어나고 있다고 한다. 중국의 지린성 훈춘시 인민정부의
훈춘시 발전·개혁국 박일봉 부국장은 "훈춘은 북한 나진과 러시아 자루비
노·포시에트 등 항구가 있어서 존재이유도 있다"고 말했으며, 훈춘시 인민
정부 청사 외벽에도 '동북아지역으로 향하는 교통운수망을 구축하자'라는
플래카드가 내걸려 있었다고 한다. 또한, 압록강과 대비되는 두만강에도 중
국의 취안허와 북한의 원정리를 잇는 기존의 두만강대교(1936년 건설, 폭:
6.6m, 통관량: 연간 60만 톤)를 대체한 신두만강대교(길이: 577m, 폭: 25m,
통관량: 연간 120만 톤)가 기존 대교의 상류 50m 지점에 건설되고 있다. 이
와 관련해, 북한 측 구간에서 먼저 공사가 시작된 것으로 알려지고 있다.
　북·중·러 3국은 2007년 12월 '북·중·러 간 철도화물운송회의'를 개최
하여 공동 운송협정을 체결하였다. 2008년 3월에는 중국 투먼역-북한 두만
강역-러시아 하산역을 잇는 국제철도선 재개통 문제를 협의하였다. 이로써
북한을 경유하는 중·러 철도 수송은 16년 만에 재개통이 가능해졌다.[107]
한편, 북·러 양국은 2000년 철도협력 의정서를 체결하고 북한 철도의 현대
화사업을 서둘러 왔다. 그동안 러시아 측의 개발 자금 부족으로 지연되다
가, 극동지역 개발의 일환인 '나진-하산 프로젝트'가 수립되면서 2008년부터
하산-나진 간 54㎞ 구간을 현대화하여 컨테이너 수송이 가능하도록 개조하
고 있다. 이처럼 두만강 하구 접경지역의 철도연계는 협의로는 북·중·러
3국의 대외 화물 운송 통로가 확보되는 것이고, 광의로는 북서 태평양권과
유라시아 대륙으로 잇는 국제 물류 유통로가 만들어지는 것이다.[108]
　또 다른 언론 보도[109]에 의하면, 북·중은 단시간에 많은 물동량을 소화

---

107) 안병민, "중국 창지투개발계획에 있어서의 북·중 간 교통망 현대화사업 현황
　　분석 및 향후 과제", 『수은북한경제』(2010년 가을호), p.6.
108) 이옥희, 『북·중 접경지역 -전환기 북·중 접경지역의 도시네트워크』(서울: 푸른길,
　　2011), p.262.
109) 『뉴스1 코리아』, 2014년 9월 6일.

하지 못하는 기존 우의교(기존 압록강 철교)의 한계를 극복하고 황금평 특구 개발에 박차를 가하기 위해 우의교에서 10㎞가량 떨어진 곳에 신압록강대교(길이 3㎞)를 건설하였다. 지난 2010년 착공한 신압록강대교는 당초 2014년 9월에 완공될 예정이었다. 북한 측은 신압록강대교와 연결되는 세관과 검역 등 출입국 통관시설 공사를 아직 제대로 진행하지 못하고 있는데, 이는 중국 측 지원이 원활하게 진행되지 못한 탓이라고 한다. 최근(2014년) 10월 31일 미국의 자유아시아방송(RFA)이 보도110)한 바에 따르면, 신압록강대교 자체는 완공되었으나, 개통은 무기한 연기되어 있는 상태인 것으로 알려졌다. 이는 북한 쪽에 있는 대교 끝이 평양-신의주를 잇는 국도 제1호선까지 연결되어야 하나, 그 약 4㎞ 거리의 공사가 전혀 이루어지지 않은 이유에서다. 이 공사를 위하여 북한은 중국 측에 자금 지원을 요청하였으나, 최근의 소원한 북 · 중 관계로 인해 협조가 이루어지지 않는 것으로 전해진다. 따라서 황금평 특구 등 단둥지역의 신 무역지대가 제대로 운영될 수 있을지 여부는 아직은 불투명해 보이는 것으로 전해지고 있다.

3. 남북한 협력사업

북한의 사회간접자본 확충과 관련된 국내외적인 관심은 1990년대부터 점차 증대되어 왔다. 북한의 사회간접자본 확충에 대한 논의가 남북한 당국 간에 본격적으로 이루어지는 결정적 계기가 된 것은 바로 2000년 3월, 김대중 대통령이 독일에서 발표한 베를린 선언이었다. 이 선언에서 우리 정부는 북한의 사회간접자본 확충에 대해 적극적인 지원 의지를 밝혔다. 뒤이어 열린 6월 남북정상회담과 후속 장관급 회담을 통해 경의선 철도 및 도로 연결사업, 임진강 수해방지사업, 개성공단건설 및 대북 송전사업 등 구체적

---

110) 『아시아경제』, 2014년 11월 1일.

인 사회간접자본 개발 사업들이 논의되기 시작했다.111) 즉, 남북정상회담 직후에 열린 제1, 2차 남북장관급 회담에서 경의선 철도(서울~신의주) 및 도로(문산~개성)를 연결하기로 합의하였다. 경의선 철도 복구구간은 문산~개성 간 27.3㎞(남측 12.0㎞, 북측 15.3㎞)이고, 도로는 총 12.1㎞이다. 철도는 2003년 12월에 남측 구간 공사를 완료하고 시험운행에 합의하였으나, 북한의 일방적인 파기 후 진행하지 못하였다. 그 후 핵문제에 다소 진전이 있자, 2007년 5월 17일 군사분계선을 처음으로 넘는 경의선과 동해선을 시험운행했다. 2007년 10월 남북정상회담에서 문산~봉동 간 화물열차를 정례적으로 운행하기로 합의함에 따라, 12월 11일 개통되어 화물열차는 매일 1회 운행되었으나, 남북관계가 다시 냉각되자 2008년 12월부터 중단되고 있다.112)

그리고 개성공단이 2002년 11월 「개성공업지구법」을 제정하고, 2003년 6월 부지조성공사 착공을 시작하면서 2007년 12월에 1단계 3,306천㎡에 대한 사업이 준공되었다. 2004년 5월 시범단지 분양 후 입주기업의 전력을 남한의 한국전력에서 공급함으로써 분단 이후 최초로 남한의 전력을 북한지역에 공급하는 계기를 마련하여 대북 송전사업이 시작되었다.113) 임진강 수해방지 남북 간 실무 협의는 2001년 2월부터 시작되어 2009년 10월까지 진행되어 왔다. 그동안 북측이 당해년도 임진강 및 임남댐 방류계획을 통보하기로 합의하고, 현지조사를 위한 기자재를 남측이 북측에 제공하는 등 실무협의가 지속적으로 이루어졌다.114)

분단의 당사자인 남한에게 북한문제는 언제든지 정치·경제·사회적인 혼란을 야기할 수 있는 대상으로 상존하고 있다. 연평도 포격사건과 같은

111) 이상준, "북한의 사회간접자본을 위한 새로운 인식과 접근방법",『국토논단』제 249호(2002), p.47.
112) 이종윤, "남북철도 연결사업 현황과 그 효과",『철도시설』통권 제101호(2006), pp.16~19.
113) 한국토지주택공사, 한국전력 홈페이지 자료.
114) 통일부, (2011년도 국정감사자료).

군사적 충돌뿐만 아니라, 북한의 경제, 정치적 상황은 한반도의 정세를 불안정하게 할 수 있는 요인이다. 따라서 남북경협의 진전과 북한경제의 연착륙 등은 남한으로서 피할 수 없는 과제들이다.[115] 남북 간 기반시설사업의 협력은 북한 측에도 절실한 부분이다. 북한이 적극적으로 추진하고 있는 경제개발구 등 특구 개발을 위한 대외 투자도 기반시설의 부족으로 투자가 활성화되지 못하는 측면이 있기 때문이다.

경제개발구의 성공적인 사업을 위해서도 남북 간 기반시설사업의 협력은 필요하나, 남북관계의 더딘 개선으로 이 부문에서도 북한의 중국 의존도를 높이게 하는 요인이 되고 있다. 북한의 대중 경제의존이 종속적이라는 비판이 나오고 있는 가운데, 기반시설 부문에서도 의존도가 높다는 것은 중국의 입장에 따라 북한이 의욕적으로 추진하고 있는 경제개발구 정책이 효과를 거둘 수 없다는 의미가 된다. 따라서 북한의 사회간접자본 확충도 남북한 협력이 절실히 필요한 분야이다.

5절_ 국토환경 보호

북한에서도 환경보호는 국토관리에서 중요한 부분으로 인식되고 있다. 「국토계획법」에 의한 국토계획의 작성에서 지켜야 할 원칙으로서 "환경을 파괴하지 말아야 하며", 「도시경영법」상의 "위생보호구역의 지정, 화장시설의 관리" 등의 법규정으로 이를 확인할 수 있다. 그리고 조선노동당의 정책방침을 정한 『우리 당의 선군시대 경제사상 해설』에서도 공장, 기업소에서 공해방지시설의 설치를 의무화하는 내용 등에서 환경보호사업을 강조하고 있다.

---

115) 이종운, "북 · 중 경제관계의 구조적 특성과 함의", 『KDI 북한경제리뷰』 제16권 1호(2014), p.68.

남북한 간에도 이 분야에 관한 교류협력이 있어 왔는데, 1992년 2월 19일에 발효된 「남북사이의 화해와 불가침 및 교류·협력에 관한 합의서」의 제3장 「남북교류협력의 이행과 준수를 위한 부속합의서」(1992년 9월 17일 발효)는 제2조에서 "남과 북은 과학·기술, 환경 분야에서 정보자료의 교환, 해당 기관과 단체, 인원들 사이의 공동연구 및 조사, 산업부문의 기술협력과 기술자, 전문가들의 교류를 실현하며 환경 보호대책을 공동으로 세운다"라고 하여 남북 환경협력의 구체적인 내용을 언급하고 있다.116) 이후 남북 간의 직접 교류 또는 국제기구를 통한 간접교류로 환경 분야에서 협력한 사례는 다음과 같다.

[표 3-15] 환경 분야 남북 교류 협력 사례

구분	일자	주관 기관	교류 형태
동북아 생물권보전지역 네트워크 협력	1994~2001.9	UNESCO	국제기구를 통한 남북한 간접교류
환경과 개발에 관한 동아시아 학자 회의	1995.10	UNDP외 8개국 (남북한 포함)	제3국을 통한 간접교류
국립공원 및 자연보전지역 동아시아지역 회의	1995.5	IUCN과 태평양 경제 사회 이사회	국제기구를 통한 남북한 간접교류
동북아시아·태평양 환경포럼	1995.9	동북아시아·태평양 환경포럼	국제기구를 통한 남북한 간접교류
두만강 환경보전사업	1999.	UNDP	국제기구를 통한 남북한 간접교류
금강산 솔잎흑파리 공동방제사업	1999.2, 2000.12	수목보호연구회-금강산관광총회사, 강원도-민족화해협의회	남북한 간의 직접교류
「평화의 숲」 양모장 조성사업	2000.8	평화의 숲-민족화해협의회	남북한 간의 직접교류
북한 양모장 조성사업	2001.7	UN Office for Project Service	국제기구를 통한 남북한 간접교류
무산철광 실태조사 계획	2001.10	UNDP	국제기구를 통한 남북한 간접교류

출처: 변병설, "남북한 국토환경관리 협력방안 연구"『환경정책』제11권 2호(2003), p.92.

116) 변병설, "남북한 국토환경관리 협력방안 연구"『환경정책』제11권 2호(2003), p.92.

국토환경은 일단 훼손되면 복원하는 데 시간과 비용이 많이 필요하며 원래의 모습으로 회복할 수 없는 경우도 있다. 그러므로 국토의 효율적 환경관리를 위해서는 사후대책보다 사전예방에 정책 우선순위를 두어야 한다. 따라서 현재 진행되고 있는 교류협력 사업뿐만 아니라 향후 추진될 교류협력 사업들과 통일 이후에 진행될 국토환경 관리사업에서는 사전예방의 원칙에 입각하여야 한다. 각종 개발 사업의 계획단계에서부터 국토환경에 미치는 영향을 면밀히 분석하여 이를 저감할 수 있는 대책 마련이 필요하다. 또한 개발단계에서도 국토환경에 악영향을 주는 요인들을 미연에 방지하도록 해야 한다.[117] 이를 위해서는 국토환경 보호 분야에 있어서도 지속가능한 남북 교류협력 장치의 마련이 시급한 상황이다. 남한에서도 국토환경 보호의 문제는 심각하게 논의되고 있으며 교통 · 환경 · 재해의 영향에 대한 다양한 평가 경험은 북한의 국토 보호에 도움이 될 것이다.

---

117) 위의 논문, p.96.

5장

국토 이용과 관리 제도에 대한 평가

국토 이용과 관리에 관한 북한의 정책방향은 크게 농업토지와 산림의 보호, 도시와 농촌의 균형 발전, 지역 간 균형발전, 국토계획 개념의 도입과 실행, 경제특구 개발, 국토환경 보호 등으로 구분할 수 있다. 특히, 2000년대 이후에는 입법을 통한 제도 정립이 다수 이루어지고 있다. 「토지법」을 제외한 대부분의 국토 이용과 관리에 관한 법은 1990년 이후에 제정되었다. 2000년대 이후에 더욱 개정 빈도가 높으며, 「국토계획법」과 같은 계획법규 또한 2000년대 이후에 제정되었다. 이처럼 2000년대 이후에 국토, 도시, 건설 등에 관한 법들이 제정되고 개정이 잦아진 것은 그만큼 북한에서 부동산활동이 이전에 비해 활발해지고 있다는 것을 의미한다. 따라서 이를 법제화하여 국토를 효율적으로 이용하고 관리할 필요가 있고, 한편으로는 새로운 규제가 필요해졌다는 것을 뜻한다.

농업토지 보호에 관해서는 국가 수립 이후부터 일관되게 주장되어 왔다. 이는 식량이 생존의 기초이고, 안보의 한 부분으로 인식되는 상황으로 볼 때, 당연한 정책 방향이라고 할 수 있다. 이를 실천하기 위하여 도로와 같은 기반시설뿐 아니라 도시나 마을의 형성, 공장 및 기업소의 입지도 원칙적으로는 농업토지를 훼손하지 않는 범위에서 하도록 입법이나 연구들에서 주장되어 왔다. 그러나 경제가 발전하려면 산업시설이 신규로 필요하고, 입지도 최대한의 경제적 효과를 발휘할 수 있는 지역에 할 수 밖에 없다. 즉, 농업토지 훼손은 불가피하였다. 북한의 법제는 농업토지 보호라는 원칙을 설정하였지만 이는 절대적인 것이 아니라 '농업토지의 산업적 이용 몫이 늘어나는 것은 어느 정도 불가피한 것'[118])이라는 점을 인정하고 있다. 이에 따라 훼손되는 농업토지를 대체하기 위한 정책 수단들이 동원되었으며, 간석지 개간과 새 땅 찾기 운동, 토지개량사업 등이 그것이다.

농업토지 보호에 못지않게 북한에서 강조하고 있는 토지이용의 대원칙은 국토계획, 도시계획, 건설계획 등 각종 계획수립이나 부동산사용에 있어서 혁명전적지와 혁명사적지를 보존하여야 한다는 것이다. 가장 기본적으로는 도시중심부에 혁명적 수령관으로 일관되게 도시계획을 하고 건축되도록 하여 이 건설물이 도시의 전반적인 건축에서 주도적인 역할을 하는 것이 중요하다고 한다. 평양시의 도시중심부는 사회주의 도시중심부로의 본보기로 훌륭하게 형성되었고 하며, 그 예로 만수대 언덕의 김일성 동상, 대기념비, 조선혁명박물관, 김일성 광장 등을 들고 있다. 즉, 북한은 혁명전적지와 혁명사적지의 보존을 도시계획이나 건축에서 최우선 고려사항으로 하여 북한 정권의 정통성을 항일혁명으로부터 찾고 있으며, 체제 유지를 위한 이념으로 삼고 있다.

북한은 도시계획에 있어서 소규모 도시의 형성과 지역별 균형을 지속적으로 강조하였다. 그러나 도시와 농촌 간 인구이동, 도시별 인구 변동 추이 등을 보면, 경제적 난관을 극복하기 위한 자구책으로서 경제 집적의 논리가 반영되어 평양 주변에 인구 규모가 큰 도시들의 집중을 가져왔다. 즉, 초기 사회주의 단계에서는 소규모 도시계획 원칙과 지역계획에 있어 역성

---

118) 최운숙, "국토관리는 자립적민족경제의 튼튼한 토대축성의 중요한 담보", p.43.

극화 현상이 일어났다. 이는 1970년대 초중반까지의 시기가 해당된다. 그러
나 1970년대 초중반 이후에는 지역계획에서 역성극화 현상이 급격히 해체
되어 경제 집적의 논리에 따른 특정도시 중심적인 종주화 현상을 보여주고
있다.[119] 다만, 도시별 인구 규모를 보면, 평양시 주변을 제외하고는 어느
정도 균형적인 성장을 하고 있다고 평가된다.

즉, 사회주의 도시계획과 개발도상국적 지역계획이 공존하는 형태가 나
타나고 있는 것이다. 실제로 북한 종주도시화 지수는 1940년대에는 남한의
절반 정도에 불과하였으나, 2008년 현재에는 북한이 남한의 1.5배에 달하는
것으로 나타났다. 이러한 현상은 북한도 실리를 추구하는 개발도상국적 지
역계획을 수행하였음을 보여준다. 그리고 2013년에 경제개발구 지정에서 2
개의 수출가공구를, 2014년에는 추가로 1개의 수출가공구를 서해안에 배치
하였다. 이는 중국과의 지리적인 문제도 고려한 것이지만, 평양시 근처라는
점에서 평양을 중심으로 한 집적의 이익 추구는 계속될 것으로 보인다. 다
른 경제개발구에 비하여 수출가공구는 인구집중의 효과가 크므로 평양 주
변은 거대한 수도권을 형성할 것이다.

한편, 북한에서 국토계획이나 도시계획의 실행으로 건설을 하거나 개별
건설을 하는 경우에 건설물 규모 등에 대한 제한은 건설명시서에 의하고
있다. 이러한 방식은 규제방식(Regulatory System)과 재량방식(Discretionary
System)으로 구분되는 토지이용규제 방식 중 재량방식에 해당한다. 즉, 어
떠한 건설의 규모나 배치, 용도제한 등이 일정한 지역별로 사전에 결정되
는 것이 아니라 계획보다는 정책적 요인이나 허가를 담당하고 있는 관료
개인의 판단에 따르는 것이다.

이 방식은 유연함이 장점이지만 토지이용 구분이나 밀도와 관련된 특별
한 규정이 없기 때문에 사전에 그 규모에 대하여 얼마나 허가될지 알 수 없

119) 조진철, "사회주의 개발도상국으로서의 북한의 도시계획", p.13.

으며, 불허가의 경우 시간적, 재정적 손실을 볼 수 있다는 것이 단점이다. 또한, 담당 관료의 전문성 부족이나 부패로 인한 부정이 개입되면, 전반적인 사회의 불신, 환경오염, 난개발 등의 큰 문제가 발생할 수 있다. 북한은 앞에서 살펴 본 바와 같이 토지이용권을 외국인뿐만 아니라 해외 동포, 북한의 법인에도 허용하였다. 이로써 국토개발이 더 활발해질 것이 예정되어 있으므로 개발행위를 이러한 재량방식으로만 통제하여서는 안 된다. 국토는 개발 못지않게 보전도 중요하므로 가장 기초적인 규제 즉, 일정한 지역별 건축물의 용도, 규모 등에 관한 일반적인 규제 속에서 재량방식에 의한 허가제 적용이 필요하다.

최근, 북한의 국토 이용과 관리에서 중요한 부분을 차지하는 것이 경제특구와 경제개발구를 통한 국토개발이다. 종전의 4개 경제특구 중 개성공단만이 남북한의 정치적 사정에 따른 영향을 받으며 유지되고 있었으나, 나머지 경제특구는 이렇다 할 성과가 없었다. 특히, 나선경제무역지대는 오랜 기간 이 지대개발을 통한 경제발전 기대가 내외적으로 컸으나, 큰 성과를 얻지 못한 것으로 알려졌다. 그러나 최근의 언론 매체에 보도된 내용에 따르면 나선지대로의 물류, 교통량이 증가하고 있는 것으로 보도되었다. 또 중국이나 러시아로부터 도로나 철도의 개설, 보수가 이루어져 기반시설 개선이 이루어지면 나선지대는 더욱 활성화될 것으로 보인다.

그리고 2013년 말에 지정된 14개의 경제개발구 정책의 진행 상황에 따라 북한의 대외 개방의 속도는 더 빨라질 수도 있다고 본다. 이 정책은 지역균형 개발이라는 대원칙하에 도 단위로 시행하는데, 각 개발구별 경쟁이 이루어지면 가시적 성과를 얻을 수도 있을 것이다. 그러나 "단기적으로 볼 때 조선반도 정세가 긴장국면에 있고 투자유치에서 어려운 조건이 있는것만은 사실이다"[120]라는 북한의 인식에서도 알 수 있듯이 정치, 군사적 환경이

---

120) 『조선신보』, 2013년 12월 4일.

저해요소가 되고 있다. 또한 많은 경제개발구를 동시에 진행하여 '선택과 집중'의 힘을 발휘할 수 없다는 우려도 있다. 2014년에는 6개의 경제개발구를 추가로 지정하였다. 모든 경제개발구가 성과를 얻기 어렵다면, 서해안 중심의 수출가공구가 활성화될 가능성이 높다. 그리고 상대적으로 초기 투자비용이 적게 들어가는 관광개발구를 우선하여 활성화할 것이다.

종합하면, 북한의 국토 이용과 관리는 기본적으로 대도시를 비판하고, 지역 균형개발, 도·농 균형개발 등을 중시하는 전통적인 사회주의 도시계획 이념과 혁명사적지 등의 배치를 중시하는 북한 자체 이념을 반영하고 있다. 실제 국토개발의 결과, 개발도상국 경제 성장에 수반되는 종주도시화, 역성극화 현상 해체, 경제특구와 경제개발구를 통한 국토개발 등 실리를 추구하는 국토 이용과 관리를 동시에 꾀하고 있다.

4부

북한의 부동산 및

국토이용 · 관리제도 개혁 방안

1장

남한의 부동산 및 국토이용 · 관리제도

 남한의 법제를 구성하는 여러 분야 중 부동산제도 분야는 세제(稅制) 분야와 함께 가장 빈번하게 법령 개정이 이루어져 왔다. 이것은 부동산제도가 그만큼 경제주체들의 경제활동에 미치는 영향이 크다는 것이며 빈번한 개정과 새로운 제도의 도입은 시행착오도 많이 겪어 왔다는 의미도 된다. 따라서 북한에서는 장기적으로 새로운 부동산제도를 구축할 것이 예정되어 있으므로 남한의 경험이 주는 바를 잘 검토하는 것도 국가 발전에 도움이 될 것이다. 아래에서는 남한의 국가수립 이후 현재까지 전개된 부동산제도 중 중요한 항목을 부동산 소유와 이용, 국토 이용과 관리 부문으로 구분하여 정리하고,[1] 그 내용들이 북한의 장기 부동산제도 구축에 주는 시사점을 제시해 보고자 한다.

---

1) 부동산세제 또한 중요한 제도이나, 그 자체가 엄청난 분량이므로 이는 제외한다. 그리고 법조문의 내용과 주요 제 · 개정 입법 취지는 법제처의 자료를 참고하였다.

1절_ 부동산 소유와 이용

1. 「헌법」상의 사(私)소유권 인정과 제한

남한은 1948년 「헌법」 제정 당시부터 "재산권은 보장된다. 그 내용과 한계는 법률로써 정한다"(제15조)라고 규정하여 토지에 대해서도 사유재산권제도를 인정하였다. 그리고 "재산권의 행사는 공공복리에 적합하도록 하여야 한다"(제15조), "국민의 자유와 권리를 제한하는 법률의 제정은 질서유지와 공공복리를 위하여 필요한 경우에 한한다"(제28조)라고 규정하여 재산권을 공공복리 등의 필요에 따라서 제한 즉, 규제할 수도 있음을 천명하였다. 현행 「헌법」 규정도 동일한 취지로 입법되어 있으며, "국민의 모든 자유와 권리는 국가안전보장 · 질서유지 또는 공공복리를 위하여 필요한 경우에 한하여 법률로써 제한할 수 있으며"(제37조제2항 전단)라고 규정하여 제한할 수 있는 범위를 더 넓혀놓고 있다.

그리고 "제한하는 경우에도 자유와 권리의 본질적인 내용을 침해할 수 없다"(제37조제2항 후단)라고 규정하고 있는데, 재산권의 제한도 그 본질적 내용을 침해할 수는 없으며, 그 본질적 내용은 재산권 제한의 한계를 이룬다.[2] 이에 대하여 헌법재판소는 "재산권의 본질적인 내용을 침해하는 경우라고 하는 것은 그 침해로 사유재산권이 유명무실해지고 사유재산제도가 형해화(形骸化)되어 헌법이 재산권을 보장하는 궁극적인 목적을 달성할 수 없게 되는 지경에 이른 경우"라고 하면서, "사유재산제도의 전면적인 부정, 재산권의 무상몰수, 소급입법에 의한 재산권의 박탈 등이 본질적인 침해가 된다고 판시하였다.[3]

한편, 부동산에 대한 사유재산권 제한의 모습은 부동산의 소유제한, 거래

---

2) 김철수, 『헌법학개론』(서울: 박영사, 2007), p. 751.
3) 헌법재판소 1989.12.22. 선고, 88헌가13결정; 헌법재판소 1990.9.3. 선고, 89헌가95결정.

제한, 가격제한으로 나누어 볼 수 있다. 특히, 농지에 대해서는 다른 용도의 토지와는 달리「헌법」제121조 제1항에서 "국가는 농지에 관하여 경자유전의 원칙이 달성될 수 있도록 노력하여야 하며, 농지의 소작제도는 금지된다", 제2항에서 "농업생산성의 제고와 농지의 합리적인 이용을 위하거나 불가피한 사정으로 발생하는 농지의 임대차와 위탁경영은 법률이 정하는 바에 의하여 인정된다"라고 직접 특별한 규정을 두어 농지의 소유와 이용에 관한 제한을 하고 있다. 이는 농업과 농민의 보호가 「헌법」적 가치임을 천명하고 있는 것이며, 농지가 갖는 역사성을 잘 표현하고 있는 것이라고 볼 수 있다.

2. 국유토지의 이용과 외국인의 토지취득

사소유권이 인정되는 부동산의 이용에 대해서는 「민법」에 의한 사적 자치의 원칙에 따라 계약의 상대방, 계약 방법, 계약 금액 등에 있어 당사자 간의 합의에 의하는 것이 원칙으로 되어 자유로운 부동산거래제도가 정립되어 있다. 다만, 국가 소유의 토지에 대한 이용관계는 「국유재산법」의 적용을 받게 되는데, 동법은 국유재산을 행정재산과 일반재산으로 구분[4]하

---

4) 「국유재산법」제6조(국유재산의 구분과 종류) ① 국유재산은 그 용도에 따라 행정재산과 일반재산으로 구분한다.
② 행정재산의 종류는 다음 각 호와 같다.
  1. 공용재산: 국가가 직접 사무용 · 사업용 또는 공무원의 주거용(직무 수행을 위하여 필요한 경우로서 대통령령으로 정하는 경우로 한정한다)으로 사용하거나 대통령령으로 정하는 기한까지 사용하기로 결정한 재산
  2. 공공용재산: 국가가 직접 공공용으로 사용하거나 대통령령으로 정하는 기한까지 사용하기로 결정한 재산
  3. 기업용재산: 정부기업이 직접 사무용 · 사업용 또는 그 기업에 종사하는 직원의 주거용(직무 수행을 위하여 필요한 경우로서 대통령령으로 정하는 경우로 한정한다)으로 사용하거나 대통령령으로 정하는 기한까지 사용하기로 결정한 재산
  4. 보존용재산: 법령이나 그 밖의 필요에 따라 국가가 보존하는 재산
③ "일반재산"이란 행정재산 외의 모든 국유재산을 말한다.

고, 행정재산은 중앙관서의 장의 사용허가를 받아서, 일반재산은 중앙관서의 장과 대부계약을 체결하고 사용 또는 점유할 수 있도록 하고 있다.5) 그리고 국유재산의 사용에 따른 대가인 사용료 또는 대부료는 그 사용목적에 따라 재산가액에 일정한 비율을 곱하는 방식으로 산정된 금액을 기준으로 한다.

국유재산의 사용자를 결정함에 있어서는 국가 재정수입을 확충하고, 특정인에게 특혜를 주는 시비를 예방하기 위하여 사용을 희망하는 불특정 다수인을 대상으로 하는 일반경쟁입찰 방식이 대원칙이다. 예외적으로 특정한 조건을 갖춘 자가 사용하는 것이 합리적인 경우에는 법정된 경우에 한하여 지명경쟁이나 제한경쟁을 거쳐서 사용할 수 있게 하고 있다. 또한, 국방상 비밀리에 할 필요가 있거나 경쟁에 부쳤으나 두 번에 걸쳐 유효한 입찰이 성립되지 않는 경우 등 아주 특별한 경우를 법정하여 그 경우에만 수의계약으로 사용자를 결정할 수 있도록 하고, 모든 과정은 투명하게 공개하도록 하였다. 그리고 사용자로 결정된 자는 그 국유재산을 기부한 자가 아니면 다른 사람에게 사용하게 하지 못하며, 기부자도 중앙관서의 장의 승인을 얻어야만 다른 사람에게 사용하게 할 수 있다. 이렇게 국유재산의 전대를 엄격하게 통제하는 것은 국유재산의 사용관계에서 투기적인 요소가 개입되는 것을 예방하기 위한 조치인 것이다.

한편, 외국인6)의 경우에는 1994년 4월부터 시행된 「외국인의 토지취득

---

5) 행정재산 사용허가의 법적 성질에 대하여 대법원은 "사용허가는 중앙관서의 장이 공권력을 가진 우월한 지위에서 행하는 행정처분"이라 판시(대법원2006.3.9선고, 2004다31074판결)하였으며, "잡종재산(현재의 일반재산)을 대부하는 행위는 국가가 사경제 주체로서 상대방과 대등한 위치에서 행하는 사법상계약"이라고 판시(대법원2000.2.11선고, 99다61675판결)하고 있다. 즉, 일반재산은 국가의 재정재산으로서 일반 개인이 가진 재산과 그 성격이 다를 바 없다는 것이다.
6) "외국인"이란 다음 각 호의 어느 하나에 해당하는 개인ㆍ법인 또는 단체를 말한다.
   1. 대한민국의 국적을 보유하고 있지 아니한 개인
   2. 다음 각 목의 어느 하나에 해당하는 법인 또는 단체
      가. 외국의 법령에 따라 설립된 법인 또는 단체

및 관리에 관한 법률」(1994.1. 제정)에 의하여 남한에서 토지를 취득할 수 있게 되었다. 이 법은 외국기업에 대한 투자여건을 개선하기 위하여 외국인이나 외국기업이 업무에 필요한 토지를 보다 쉽게 취득할 수 있도록 하는 한편, 외국인 등이 취득한 토지에 대하여는 투기목적 등에 사용할 수 없도록 사후관리를 강화하며, 외국인의 토지소유에 관한 제도를 전반적으로 개선·보완하려는 취지에서 제정되었다. 이 법에 의하여 외국인 또는 외국법인이 토지에 관한 권리를 취득하고자 하는 경우에는 국토교통부장관의 허가를 받거나 신고하도록 하되, 특정 업종을 영위하는 외국법인이 그 업무에 필요한 실수요 범위 내에서 토지에 관한 권리를 취득하는 경우에는 이를 허가하여 주도록 하였다. 그리고 외국인 등이 취득한 토지를 당초 목적대로 사용하지 아니할 때에는 국토교통부장관은 취득목적대로 사용할 것을 권고하도록 하고, 권고를 받고도 이에 응하지 아니하는 때에는 토지에 관한 권리의 처분을 명하거나, 국가·지방자치단체 등이 당해 토지에 관한 권리를 매수할 수 있도록 하였다.

이 법률은 외국인의 국내토지 취득을 극히 제한적으로 허용하고 있어 외국인의 투자활동에 장애요인이 되고 있다는 비판이 제기되어 1998년 6월에 시행된 「외국인 토지법」(1998.5. 개정, 법률 명칭을 변경함)에 의하여 군사시설보호구역 등 외국인의 토지취득을 특별히 제한할 필요가 있는 지역 외에는 토지취득에 관한 제한을 전면적으로 폐지함으로써 외국인의 투자를 활성화하려고 하였다. 종전에는 외국인 또는 외국법인이 토지취득계약을 체결하기 전에 시·도지사의 허가를 받도록 하던 것을, 군사기지 및 군사시설보호구역, 지정문화재와 이를 위한 보호물 또는 보호구역, 생태·경관보

나. 사원 또는 구성원의 2분의 1 이상이 제1호에 해당하는 자인 법인 또는 단체
다. 업무를 집행하는 사원이나 이사 등 임원의 2분의 1 이상이 제1호에 해당하는 자인 법인 또는 단체
라. 제1호에 해당하는 사람이나 가목에 해당하는 법인 또는 단체가 자본금의 2분의 1 이상이나 의결권의 2분의 1 이상을 가지고 있는 법인 또는 단체

전지역, 야생생물특별보호구역 등의 일부 지역에 한하여 시장·군수 또는 구청장의 허가를 받도록 하고 그 외의 지역에서는 토지취득계약을 체결한 후 시장·군수 또는 구청장에게 신고하도록 하였다. 그리고 외국인의 토지 취득에 관하여 종전에는 개인의 경우 국내거주자에 한하여 660㎡ 이하의 주거용지와 165㎡ 이하의 상업용지를 취득할 수 있도록 하고, 법인의 경우 공장부지·사무소용 토지·사택용 토지 등 업무용 토지에 한하여 취득할 수 있도록 하던 것을, 이러한 제한을 폐지하여 국내거주 여부, 용도 및 면적 등에 관계없이 토지를 취득할 수 있도록 하였다.[7]

3. 부동산의 소유 규제

(1) 농지의 소유규제

1948년 「헌법」 제86조는 "농지는 농민에게 분배하며 그 분배의 방법, 소유의 한도, 소유권의 내용과 한계는 법률로써 정한다"라고 규정하여 농지에 대한 소유규제를 엄격히 하였다. 이는 일제하의 소작에 대한 혐오에 기인하는 바가 크다. 일제하에서 소작지는 전체 농지의 60% 이상이었으며, 소작료는 최대 60%에 이르는 등 소작제도의 폐해가 극심하였다.[8] 이러한 헌법 정신은 현재에도 반영되어 현행 「헌법」 제121조 제1항은 "국가는 농지에 관하여 경자유전의 원칙이 달성될 수 있도록 노력하여야 하며, 농지의 소작제도는 금지된다"라고 규정하고 있고, 이에 따라 「농지법」은 농지의 소유제한에 대한 기준과 소유상한에 대한 기준을 정하고 있다. 농지소유에 대한 규제는 농지는 국민의 식량공급과 국토환경 보전의 기반이 되는 한정된

---

7) 국토교통부는 2014년 2분기 말 기준으로 국내에서 외국인이 소유한 토지 면적이 2억 2,805만㎡(228.05㎢)로 국토면적 100,266㎢의 0.2%를 차지하고, 이를 금액(공시지가 기준)으로 환산하면, 33조 102억 원으로 나타났으며 특히, 강원도는 68만 ㎡, 제주도는 35만㎡ 증가했다고 밝혔다(국토교통부 보도자료, 2014.8.27).

8) 이태교 외, 『부동산정책론』(서울: 법문사, 2012), p.180.

자원이므로 보호되어야 하고, 농업의 생산성을 높이는 방향으로 소유·이용되어야 할 뿐만 아니라 투기의 대상이 되어서는 안 된다는 점에서도 강조되고 있다.

현행 「농지법」에 따르면, 원칙적으로 농지는 자기의 농업경영에 이용하거나 이용할 자가 아니면 소유하지 못하는 것이 원칙이다. 그러나 학교 등이 그 목적사업을 수행하기 위하여 필요한 시험지·연구지·실습지 또는 종묘생산지로 쓰기 위하여 농지를 취득하여 소유하는 경우, 주말·체험영농을 하려고 농지를 소유하는 경우, 상속으로 농지를 취득하여 소유하는 경우 등의 경우에는 예외적으로 자기의 농업경영에 이용하지 아니할지라도 농지를 소유할 수 있으며, 「농지법」에서 허용된 경우 외에는 농지 소유에 관한 특례를 정할 수 없다. 이 경우 농지를 취득하고자 하는 자는 농지취득자격증명을 얻어야 하는데, 이 증명서는 농지를 취득하려면 농지를 놀리지 않고 계속 농업에 영위할 것인지를 검토하여 일정한 요건에 해당하는 자에게 농지취득에 관한 자격을 증명해 주는, 농지 구입에 꼭 필요한 증명서이다.

그리고 농지는 그 소유면적의 상한이 없는 것9)이 원칙이나, 농업경영을 직접 하지 아니하는 다음의 경우에는 제한을 받는다. 「농지법」에 따르면, ① 상속으로 농지를 취득한 자로서 농업경영을 하지 아니하는 자는 그 상속 농지 중에서 총 1만 제곱미터까지, ② 8년 이상 농업경영을 한 후 이농한 자는 이농 당시 소유 농지 중에서 총 1만 제곱미터까지, ③ 주말·체험영농을 하려는 자는 총 1천 제곱미터 미만의 농지를 소유할 수 있다.

---

9) 1950년 당시에 1인당 농지소유한도가 3정보로 제한되어 오다가 일정한 변경을 거친 후 현재에는 원칙적으로 농지소유상한제는 폐지되었으나, 예외적으로 그 제한을 받는 경우가 있다.

(2) 임야매매증명제도

농지와는 달리 임야에 대해서는 그 소유규제를 하지 않았으나, 1989년경에 집중 논의되었던 토지공개념을 구현하고 투기 억제를 위하여 1990년 7월 (구)「산림법」의 시행(1990.1. 개정)으로 농지취득자격증명과 유사한 임야매매증명제도가 도입되었다. 이 제도는 임야를 매수하려는 자가 특정한 임야의 소유권을 취득할 수 있는 실수요자임을 법적으로 증명하는 것이다. 즉, 등기원인을 입증하는 서류로서 임야 매매 후 소유권이전등기를 할때 이 증명서를 제출하지 않으면 이전등기가 허용되지 않았던 것이다.

임야매매증명의 발급대상이 되는 임야는 보안림과 천연보호림으로 지정되어 있는 임야를 제외한 전국의 모든 임야 중 그 매수하고자 하는 면적이 2천㎡(1994년에 시행령 개정으로 1만㎡ 이상으로 완화하였다) 이상인 임야로 하였다. 증명서의 발급은 임야의 소재지를 관할하는 시장·군수·구청장이 발급하며 매수자의 매수 목적 등을 검토하여 실수요자인 경우에 발급하도록 하였다. 그리고 시장·군수·구청장은 임야매매증명을 발급받아 소유권이 이전된 임야로서 소유권이전 일부터 5년 이내에 그 임야를 매수하고자 하는 자로부터 임야매매증명발급신청이 있는 경우에는 국가나 지방자치단체로 하여금 다른 사람보다 우선하여 매수할 수 있도록 하여 이 제도가 편법적으로 운영되는 것을 예방하고자 하였다.

그러나 이 제도는 임산물의 생산 및 유통을 원활하게 하며, 임야의 매매를 자유롭게 하고 활성화하기 위하여 1997년 4월 (구)「산림법」의 개정에 의해 폐지되었다. 이에 따라 임야는 농지와 달리 거래규제를 받지 않게 되었다. 즉, 특정 임야가 토지거래계약허가구역에 포함되지 아니한 경우에는 그 지역에 거주하지 않는 외지인도 임야 취득에 제한이 없게 되었다. 이 제도의 폐지 후 임야는 도시민들에 의한 투기 대상이 되었고, 1994년 (구)「국토이용관리법」의 개정에서 국토 이용 및 개발을 촉진한다는 취지에서 새롭게 도입된 준농림지역 내에 위치한 임야의 무분별한 거래와 개발로 인한 폐해는 극에 달한 적이 있었다. 이러한 점은 2003년 1월부터 효력이 발생한「국토의 계획 및 이용에 관한 법률」에 의하여 용도지역 조정의 계기가 되었고, 현재에는 종전보다 강화된 토지이용규제가 유지되고 있으나, 거래는 제한 받지 않고 있다.

(3) 택지소유상한제

택지소유상한제는 택지의 과다 보유를 억제함으로써 국민들의 주거생활을 안정시키기 위해 1989년 12월 토지공개념의 일환으로 도입된 제도로「택지소유상한에 관한 법률」에 근거하였다. 택지소유상한제는 1998년에 폐지됨으로써 현재에는 실시되고 있지 않지만, 여기서는 토지소유에 대한 규제의 한 사례로서 이전의 내용을 살펴보도록 한다. 이 제도는 1가구당 6대 도시의 경우 200평, 시급 도시의 경우 300평, 기타 도시의 경우 400평까지만 택지를 소유할 수 있도록 제한하였다. 그리고 법인은 원칙적으로 택지를 소유하지 못하도록 하였다.

소유상한제가 적용되는 토지는 택지로서, 택지라 함은 '① 주택이 건축되어 있는 토지(주택의 부속토지를 포함한다), ② 지목이 대(垈)이 토지 중 영구적인 건축물이 건축되어 있지 아니한 토지(나대지), ③「도시계획법」등 관계 법령에 의하여 개발된 개발택지' 중 어느 하나에 해당하는 경우를 말한다. 그리고 택지소유상한제가 기본적으로 국민의 안정된 주거생활을 도모하고자 함에 목적이 두어져 있으므로 대규모 택지개발 가능지가 고갈되어 택지난이 가중되고 있는 도시계획구역10)만을 그 대상으로 하였다.11)

가구당 택지소유상한을 초과하여 택지를 소유하거나 법인이 택지를 소유하고자 할 경우 시장·군수의 허가를 받아야 하며, 택지취득허가를 받아 택지를 초과하여 소유할 경우에는 취득일로부터 5년의 범위 안에서 처분의

---

10) 2002년까지「도시계획법」이 적용되던 지역의 개념이다.
11) 국토연구원,『토지공개념평가연구-택지소유상한제를 중심으로』(2000.12), p.77.

무기간 내에 소유상한 초과분을 처분하여야 한다. 처분의무기간 내에 처분하지 않으면 초과소유부담금이 부과되었다. 부담률의 경우 부과대상 택지에 해당하게 된 날로부터 2년 이내인 택지는 택지가격의 6%이며, 2년이 넘은 택지는 택지가격의 11%였다. 부담금 납부의무자는 국토교통부장관에게 해당 택지의 매수를 청구할 수 있는데, 국토교통부장관은 해당 택지가 일반 공고를 통해서도 매각되지 않을 경우 한국토지주택공사 등에 이를 매수할 것을 요청할 수 있도록 하였다.

택지소유상한제도는 국민의 주거생활을 안정시킨다는 취지하에 도입되었지만 토지의 사적 소유권을 지나치게 제약한다는 비판에 직면하였고, 일부 택지소유자들은 「택지소유상한에 관한 법률」이 위헌 소지가 있다며 헌법재판소에 헌법소원[12]을 제기하기에 이르렀다. 특히 1997년 말 외환위기 이후 어려운 경제여건하에서 택지초과소유부담금이 개인·기업 등 택지소유자의 경제적 부담을 가중시키고 있다는 지적이 있었다. 이러한 문제점을 해소하고, 부동산 경기 활성화 대책의 일환으로 택지거래를 활성화시킴으로써 경제적 어려움의 극복에 도움이 될 수 있도록 하기 위하여 「택지소유상한에 관한 법률」을 1998년 9월에 폐지하기에 이르렀다.[13]

(4) 주택소유 관련 규제

남한의 경우, 직접적으로 주택소유를 제한하는 제도는 없다. 개인이 수

---

12) 헌법재판소는 1999년 4월 29일 「택지소유상한에 관한 법률」에 대하여 위헌결정을 선고[헌재1999.4.29.선고 94헌바37외66건(병합)전원재판부결정]하였다. 다만, 택지소유상한제도 그 자체가 위헌이라는 것이 아니라, 특별시·광역시에 있어서 택지의 소유상한을 일률적으로 200평으로 정한 것은 과잉금지의 원칙에 반하며, 이 법 시행 이전부터 택지를 소유하고 있는 사람에게도 일률적으로 택지소유상한제를 적용하는 것은 신뢰이익을 해하는 것이라는 등의 사유로 동법의 일부 조항이 헌법에 위배된다는 것이다. 다만, 이러한 조항들이 위헌으로 결정된다면 법 전체를 시행할 수 없다고 판단하여 법 전부에 대하여 위헌결정을 하였다고 판시하고 있다.
13) 국토연구원, 『토지공개념평가연구-택지소유상한제를 중심으로』, p.212.

4부_ 북한의 부동산 및 국토이용 · 관리제도 개혁 방안 ▎ 221

십, 수백 채의 주택을 보유하는 것이 원칙적으로는 제한 없이 허용된다. 주택을 다수 소유한 사람들 중에는 법적으로나 사회적인 통념으로나 전혀 문제 삼지 않는 소유자도 있지만, 일부는 주택투기를 목적으로 주택을 사재기해두는 보유자도 있다. 통상 전자의 경우, 임대사업자로 등록하여 주택임대사업을 위해 다수의 주택을 보유한 사람 또는 주택개발사업을 통해 준공된 주택을 분양 처분하지 못한 채 일시적으로 다량 보유하고 있는 사람 등을 예로 들 수 있다. 그리고 후자의 경우에는 재테크 목적으로 수익성이 높고 비교적 거래가 잘 되는 주택을 다수 확보하여 과도한 이익을 얻으려는 투기성향이 매우 강한 투자자 집단을 예로 들 수 있다. 주택 투기자 중에는 연쇄적으로 주택담보대출을 일으켜 수십 채의 주택을 소유한 사람이 있으며, 이 경우 주택가격이 하락하여 주택의 담보력이 낮아지게 되면, 개인 및 금융권의 부실을 초래할 수도 있다.[14]

한편, 정부는 주택투기로 인한 사회적 문제를 줄이기 위해 과도한 주택투자를 억제할 장치를 마련해 두기도 한다. 그러나 이는 어디까지나 간접적인 규제일 뿐 직접적인 규제로 보기는 어렵다. 예를 들면, 투기를 억제하기 위해 주택을 2채 이상 보유한 경우, 양도소득세 부담을 높이려고 장기보유에 따른 공제혜택을 줄이거나 양도차액에 대한 부과세율을 높이기도 한다. 혹은 금융권의 대출을 받을 때, 주택담보비율(LTV: Loan to Value)이나 총부채상환비율(DTI: Debt to Income)을 낮게 적용하거나 1가구 1대출만 허용하는 강력한 제한 정책을 펴기도 한다.[15]

---

14) 이태교 외, 『부동산정책론』, p.186.
15) 위의 책, p.186.

4. 부동산 거래규제

(1) 토지거래계약 허가제

토지거래계약허가제는 택지개발사업 등 각종 개발사업 등으로 지가가 급격히 상승하는 지역과 그러한 우려가 있는 지역에 대하여 토지 투기를 방지하고 실수요자에 의한 토지거래를 유도하기 위한 제도이다. 1970년대 급격한 경제개발로 인한 지가상승과 투기가 만연하자 정부는 소위 8.8조치라고 알려진 「부동산투기억제 및 지가안정을 위한 종합대책」을 내 놓았고, 그 대책에 따라 (구)「국토이용관리법」에 도입된 제도 중 하나가 토지거래계약허가제와 신고제이다. 이 중 신고제는 1999년 2월에 규제 개혁의 일환으로 폐지16)되었고, 현재에는 허가제만 운영되고 있다. 이른바 법률행위로 인한 소유권 이전은 등기가 있어야 그 효력이 발생되며, 토지거래계약허가 대상인 토지는 허가증이 있어야 등기신청이 가능하고, 허가를 받지 못하는 당사간의 거래는 등기를 할 수 없으며, 구하고자 하는 법률행위의 효력도 인정받을 수 없다. 즉 허가구역에서 토지소유권을 처분하기 위해서는 허가증이 필수적이다.

이 제도가 토지의 자유로운 거래를 금지하여 사유재산권을 침해한다는 위헌 논란에 대하여 헌법재판소는 "토지거래허가제는 사유재산제도나 사적자치 원칙의 부정이 아니라 헌법의 명문(제122조)에 의거한 재산권 제한의 한 형태이고, 토지의 투기적 거래를 억제하기 위하여 이 법이 정한 방법과 내용에 따라 그 처분을 일정한 범위 내에서 제한함은 부득이하고도 적절한 것이므로, 그것이 재산권의 본질적인 내용을 침해한다거나 과잉금지의 원

---

16) 토지거래계약의 신고제는 허가제와 유사한 기능을 하였다. 다만, 당시의 기준으로 볼 때, 허가를 받아야 하는 대상 권리 면에서 신고대상의 범위가 상대적으로 적었으며, 신고 대상 면적도 허가 대상 면적에 비하여 더 완화된 기준을 가지고 있었다. 즉, 허가구역보다는 신고구역이 지가상승이나 투기의 성행이 덜한 지역으로서 규제의 정도가 더 약했다고 할 수 있다.

칙에 위배된다 할 수 없고, 또 헌법상의 경제질서의 기본원칙에 위배되지도 아니한다"고 하여 합헌임을 선언(헌법재판소 1997.6.26 선고 92헌바5 결정)한 바 있다.

토지거래계약허가제는 전국의 모든 토지에 적용하는 것이 아니라 지가의 급격한 상승이나 투기가 발생하고 있는 지역 또는 그러한 우려가 있는 일정한 구역을 대상으로 운영된다. 또 그 구역 안의 모든 토지에 대한 거래가 아니라 일정면적을 초과하는 거래로서, 소유권 이전이나 지상권 설정 또는 이전의 거래에 한하여 적용한다. 그리고 이 구역은 지가가 안정되는 등 당초의 목적을 달성한 경우에는 해제되기도 하는데, 이 제도가 적용되는 최장기간은 원칙적으로 5년이나, 연장도 가능하다.

허가대상으로서 허가를 받고자 하는 당사자는 공동으로 허가관청(시장 · 군수 · 구청장)에 허가신청을 하며, 허가관청은 법정된 허가기준 즉, ① 토지이용목적의 실수요성, ② 토지이용목적의 도시 · 군관리계획과의 적정성, ③ 토지이용목적과 거래 면적과의 적합성 등에 의하여 허가 또는 불허가 처분을 하게 된다. 이 제도가 도입될 때에는 또 다른 허가기준으로서 '거래가격의 적정성'이 있었는데, 소유권 이전의 경우 계약예정금액이 [표준지가×1.2+취득관리비의 원리금][17]을 초과하는 경우에는 허가관청이 그 금액의 감액을 권고할 수 있고, 당사자가 이에 불응하는 경우에는 불허가처분을 하였다. 그러나, 이 기준으로 인해 실제거래금액과 허가신청서에 기재하는 거래금액이 현저하게 차이 나는 등 음성적인 거래가 만연하였고, 논란 끝에 거래금액에 대한 기준은 폐지되었다.

---

17) 표준지가는 당해 토지와 유사한 이용가치를 지닌다고 인정되는 표준지의 공시지가를 기준으로 하여 평가한 액을 말하며, 취득관리비는 다음의 비용을 합한 것을 말한다. ① 당해 토지의 취득에 소요된 등록세 · 취득세 및 방위세 ② 등기에 소요되는 법무사의 보수 및 중개인의 중개수수료 ③ 법률에 의하여 시행되는 사업으로 인하여 토지소유자가 부담하는 수익자부담금(구)「국토이용관리법」 제21조의4 제1항

이 제도의 도입 후 제도의 운영에는 많은 변화가 있었고, 거래당사자들의 탈법행위도 만연하여 이 제도의 실효성에 대한 논란도 계속되었다. 그러나, 제도의 실효성을 유지하려는 지속적인 노력, 즉, 토지이용목적에 위배되는 이용행위에 대한 이행강제금 도입, 허가제도와 관련된 현실을 적극 반영하는 법령의 개정(예를 들면, 「외국인토지법」 제4조의 규정에 의하여 외국인·외국정부 또는 국제기구가 토지취득의 신고를 하거나 허가를 받은 경우에도 이 제도의 적용이 없었으나, 일부 외국인의 불건전한 투기행위를 차단하고 외국자본의 내실 있는 투자유치를 도모하기 위하여 2008년부터는 외국인의 경우에는 허가구역에서는 토지거래계약허가를 받아야 한다), 부동산실명제의 도입, 실거래가 신고제 등을 통한 거래의 투명화를 통하여 그 실효성을 유지하고 있다.

(2) 부동산 실권리자 명의등기와 실거래가 신고제

부동산의 물권변동에 있어 명의신탁 약정이 대법원 판례에 의하여 유효하게 됨으로써 명의신탁을 통한 탈법행위가 만연하였다. 이에 따라 1995년 3월 「부동산 실권리자 명의등기에 관한 법률」이 제정되어 부동산에 관한 소유권 기타 물권을 실체적 권리관계에 부합하도록 실권리자 명의로 등기하게 함으로써 부동산등기제도를 악용한 투기·탈세·탈법행위 등 반사회적 행위를 방지하고 부동산거래의 정상화와 부동산가격의 안정을 도모하고자 하였다. 이에 따라 1995년 7월 이후에는 부동산의 물권변동등기는 실권리자 명의로 하도록 하고 타인과 맺은 명의신탁약정은 무효로 하는 것을 원칙으로 하며, 법률 위반사항에 대해서는 징역이나 벌금을 과하는 등 강력한 정책이 도입되었다.

그리고 권리자의 명의를 다른 사람으로 하는 탈법 행위 외에 부동산거래가액을 허위로 신고하는 경우도 관례화되어 이를 시정하고자 2005년 7월 「공인중개사의 업무 및 부동산 거래신고에 관한 법률」을 전부 개정하여 부동산투기 및 탈세의 원인이 되고 있는 이중계약서 작성을 금지하고 실거래 가격에 기초하여 과세가 이루어지도록 하기 위한 제도적 장치를 마련하는 한편, 투명하고 공정한 부동산 거래질서를 확립하여 국민의 재산권을 보호하고 있다.

그러나 동법에 따른 부동산 거래신고는 거래 당사자 모두에게 부과된 의무이나 공인중개사의 업무에 관한 법률에 함께 규정되어 있어 일반 국민에게는 중개업자의 의무로 인식되고 있었으며, 거짓으로 부동산거래를 신고하는 사례도 빈번히 나타나고 있었다. 이에 따라 2014년 1월에 「부동산 거래신고에 관한 법률」이라는 부동산 거래신고 제도에 대한 법률을 별도로 제정함으로써 일반 국민의 인식을 제고하고, 부동산 거래신고 제도의 발전을 위한 기반을 마련하는 한편, 이 제도를 효율적으로 관리하기 위해 필요한 사항을 입법적으로 보완하였다.

(3) 주택거래신고제

이 제도는 2004년 1월, 「주택법」개정에서 도입된 제도이다. 당시 아파트를 중심으로 부동산가격이 급등하는 상황에서 주택의 투기적 거래가 성행하거나 성행할 우려가 있는 투기지역 중 국토교통부장관이 지정하는 지역 안에서 주택을 거래하는 경우에 거래당사자는 주택의 거래금액 등 거래내역을 시장·군수·구청장에게 신고하도록 하여 투기적 수요를 억제하고 실거래가에 기초한 과세가 이루어지도록 하기 위하여 도입되었다.

먼저, 이 제도가 적용되는 대상 지역은 주택에 대한 투기가 성행하거나 성행할 우려가 있다고 판단되는 지역으로서 주택정책심의위원회의 심의를 거쳐 국토교통부장관이 지정하는 지역이다. 구체적으로는 '① 지정하는 날이 속하는 달의 직전월(이하 "직전월"이라 한다)의 아파트 매매가격상승률이 1.5퍼센트 이상인 지역, ② 직전월로부터 소급하여 3월간의 아파트 매매가격상승률이 3퍼센트 이상인 지역, ③ 직전월로부터 소급하여 1년간의 아파트 매매가격상승률이 전국의 아파트매매가격상승률의 2배 이상인 지역, ④ 직전월부터 소급하여 3개월간의 월평균 아파트거래량 증가율이 20퍼센트 이상인 지역, ⑤ 관할시장·군수 또는 구청장이 주택에 대한 투기가 성행할 우려가 있다고 판단하여 지정을 요청하는 지역' 중 어느 하나의 요건에 해당하면 지정할 수 있다.

지정된 주택거래신고지역에서 신고의 대상이 되는 주택은 아파트[18]로서, 아파트에 관한 소유권을 이전하는 계약(대가가 있는 경우만 해당하며, 신규로 건설·공급하는 주택을 신규로 취득하는 경우는 제외한다)을 체결한 당사자는 공동으로, 주택거래가액 등을 주택거래계약의 체결일부터 15일 이내에 해당 주택 소재지의 관할 시장·군수·구청장에게 신고하여야 하며, 신고한 사항을 변경하는 경우에도 같다. 신고를 받은 시장·군수·구청장은 그 신고 내용을 확인한 후 신고증명서를 신고인에게 즉시 발급하여야 한다. 그리고 국토교통부장관은 주택거래신고지역의 지정 후 관할 지방자치단체의 장이 해제를 요청하거나 주택가격이 안정되는 등 지정 사유가 없어졌다고 인정되는 경우에는 주택정책심의위원회의 심의를 거쳐 주택거래신고지역의 지정을 해제하여야 한다.

한편, 이 제도는 부동산시장이 침체됨에 따라 시장여건에 맞지 않는 불필요한 규제를 정상화하기 위하여 2015년 7월 「주택법」의 일부 개정에서 폐지되었다.

(4) 주택의 전매제한

주택 전매제한제도란 새로 분양받은 주택에 대하여 일정기간 동안 사고 팔지 못하도록 하는 조치를 말한다. (구)「주택건설촉진법」 제38조의3은 주택의 전매행위 제한에 관한 규정을 두고 있었으나, IMF구제금융 시기 이후

---

18) 주택으로 사용하는 층수가 5개 층 이상인 주택을 말한다.

주택경기를 활성화하기 위하여 주택 투기방지 위주로 되어 있는 주택관련 규제를 대폭 폐지 또는 완화하여 주택경기 활성화를 도모하기 위해서 이 제도는 1999년 2월, 관련 법 개정으로 폐지된다. 그러나 주택분양가 자율화 이후 분양가가 상승하여 부동산 투기가 과열되고 중산 · 서민층의 주거비 부담이 증가함에 따라 2005년 1월, 「주택법」의 개정으로 다시 주택의 전매 행위에 대한 제한을 하게 되었다.

주택의 수급상황이나 투기 우려 등에 따라 이 제도는 계속 변화를 보여 오는데, 2014년 현재의 내용을 보면, 사업주체[19]가 건설 · 공급하는 주택 또 는 주택의 입주자로 선정된 지위로서 '① 투기과열지구에서 건설 · 공급되 는 주택의 입주자로 선정된 지위, ② 분양가상한제 적용주택 및 그 주택의 입주자로 선정된 지위, ③ 주택공영개발지구에서 분양가격의 제한을 받지 아니하고 공공기관이 건설 · 공급하는 공동주택 및 그 주택의 입주자로 선 정된 지위'의 어느 하나에 해당하는 경우에는 일정한 기간이 지나기 전에는 그 주택 또는 지위를 전매하거나 이의 전매를 알선할 수 없다. 이 경우 전 매제한기간은 주택의 수급 상황 및 투기 우려 등을 고려하여 지역별로 달 리 정할 수 있다.

전매가 제한되는 기간을 보면, 앞의 ①의 지위의 경우, 투기과열지구 안 에서 건설 · 공급되는 주택의 입주자모집을 하여 최초로 주택공급계약 체결 이 가능한 날부터 수도권, 충청권의 행정구역에 속하는 지역은 당해 주택에 대한 소유권이전등기를 완료한 때(전매제한기간은 5년을 초과하지 아니한 다), 그 외의 지역은 1년을 말한다. 앞의 ②의 지위의 경우는 분양가상한제 적용주택의 입주자모집을 하여 최초로 주택공급계약 체결이 가능한 날부터 대상 지역 또는 규모에 따라 별도로 정한 6월 내지 5년 기간에 도달한 때를

---

19) "사업주체"란 주택건설사업계획 또는 대지조성사업계획의 승인을 받아 그 사업 을 시행하는 국가 · 지방자치단체, 한국토지주택공사, 등록한 주택건설사업자 또 는 대지조성사업자 등을 말한다.

말한다. 앞의 ③의 지위의 경우는 당해 주택의 입주자모집을 하여 최초로 주택공급계약 체결이 가능한 날부터 주거전용면적이 85제곱미터 이하인 주택은 5년, 주거전용면적이 85제곱미터를 초과하는 주택은 3년을 말한다.

엄격한 규제로 인한 이 제도의 취지와는 다르게 경제활동에 위축이 되는 것을 방지하기 위하여 예외적으로 입주자로 선정된 자 또는 주택을 공급받은 자의 생업상의 사정 등으로 전매가 불가피하다고 인정되는 경우, 세대원 전원이 해외로 이주하거나 2년 이상의 기간 해외에 체류하고자 하는 경우, 이혼으로 인하여 입주자로 선정된 지위 또는 주택을 그 배우자에게 이전하는 등의 경우에는 이 제도를 적용하지 아니한다. 그리고 이 제도에 위반하여 주택의 입주자로 선정된 지위의 전매가 이루어진 경우, 사업주체가 이미 납부된 입주금에 대하여 「은행법」에 따른 은행의 1년 만기 정기예금 평균이자율을 합산한 금액을 그 매수인에게 지급한 경우에는 그 지급한 날에 사업주체가 해당 입주자로 선정된 지위를 취득한 것으로 본다.

(5) 건축물의 분양규제

건축물의 분양이란 분양사업자가 건축하는 건축물의 전부 또는 일부를 2인 이상에게 판매하는 것을 말한다. 종전에 건축 사업이 불투명한 상태에서의 분양이 이루어지고, 허위·과장광고 또는 분양대금의 유용 등으로 인하여 많은 피해자들이 발생되었던 사례가 다수 있었다. 이러한 피해로부터 분양받는 자를 보호하고, 국민경제의 건전한 발전을 도모하고자 하는 목적으로 일정한 건축물을 「건축법」에 의한 사용승인 전에 분양하고자 할 때에는 건축허가권자에게 분양신고를 하도록 하는 등 분양에 대한 규제제도가 2004년 10월, 「건축물의 분양에 관한 법률」에 도입되어 시행되고 있다.

분양규제를 받는 대상 건축물에는 원칙적으로 '① 분양하는 부분의 바닥면적의 합계가 3천 제곱미터 이상인 건축물, ② 일반업무시설 중 오피스텔로서 20실 이상인 것, ③ 주택외의 시설과 주택을 동일 건축물로 건축하는 건축물 중 주택외의 용도에 쓰이는 바닥면적의 합계가 3천 제곱미터 이상인 것, ④ 바닥면적의 합계가 3천 제곱미터 이상으로서 임대 후 분양전환을 조건으로 임대하는 것' 등 그 규모가 커서 공사 중 분양사업자의 부도 등에 의하여 공사가 중단되는 사유로 사회적 파장이 클 것이 예상되는 건축물이 해당된다.

분양규제의 내용을 보면, '분양시기'에 있어 '① 분양사업자는「자본시장과 금융투자업에 관한 법률」에 따른 신탁업자와 신탁계약 및 대리사무계약을 체결한 경우 또는 금융기관 등으로부터 분양보증[20]을 받는 경우에는 착공신고 후, ② 해당 건축물의 사용승인에 대하여 다른 건설업자 2 이상의 연대보증을 받아 이를 공증 받은 경우에는 골조공사의 3분의 2 이상 완료후'에 분양하여야 하며, 건축물을 분양하고자 하는 때에는 건축할 '대지의 소유권을 확보'하여야 하는 것이 원칙이다. 그리고 분양사업자는 건축물을 분양하고자 하는 때에는 건축 허가권자에게 '신고'하여야 하며, 분양신고를 하는 때에는 신탁계약서 · 대리사무계약서, 대지의 등기부등본 등 서류를 갖추어 허가권자에게 제출하여야 한다. 허가권자는 분양신고의 내용을 검토하여 법의 규정에 적합한 경우에는 분양신고를 수리하고 그 사실을 분양사업자에게 통보한다. 또한, 분양사업자는 분양신고의 수리사실을 통보받은 후 '분양광고'에 의하여 분양받을 자를 공개모집하여야 하며, 분양광고에는 건축물의 위치 · 용도 · 규모 등을 포함하여야 한다.

한편, 이러한 절차를 거쳐서 분양받은 건축물은 '전매행위의 제한'을 받는다. 즉 건축물을 분양받은 자 또는 소유자는 '① 서울특별시, 인천광역시, 경기도 내의 시에서 분양하는 100실 이상의 오피스텔은 사용승인일부터 소유권이전등기일까지(다만, 사용승인일부터 1년이 지난날까지 소유권이전

---

20) "분양보증"이라 함은 분양사업자가 파산 등의 사유로 분양계약을 이행할 수 없게 되는 경우 해당 건축물의 분양(사용승인을 포함한다)의 이행 또는 납부한 분양대금의 환급(피분양자가 원하는 경우에 한한다)을 책임지는 보증을 말한다.

등기를 마치지 아니한 경우에는 사용승인일부터 1년간), ② 앞에 해당하지 아니하는 건축물로서 분양사업자와 피분양자가 계약체결을 한 건축물의 경우에는 사용승인 전에 이를 2인 이상에게 전매하거나 이의 전매를 알선할 수 없다'라고 규정하여 건축물의 분양과 관련된 투기방지를 위한 제도를 두고 있다.

5. 부동산 가격규제: 공동주택의 분양가격 상한제

우리나라에서 신규 분양주택에 대하여 분양가격을 규제하기 시작한 것은 1977년부터이다. 이때에는 각 지방자치단체에서 행정지도가격으로 규모에 관계없이 일률적으로 분양가격을 통제하다가 1982년 들어 국민주택규모(85㎡ 이하)를 초과하는 주택에 대해서는 행정지도가격을 다소 높여 주었다. 분양가 행정지도가격은 1989년 11월에 원가연동제로 바뀌었다. 원가연동제는 택지비와 건축비에 연동하여 분양가의 상한 가격을 정하는 제도이다. 원가연동제는 1995년부터 조금씩 완화되기 시작하여 1995년 11월에는 강원도, 충북, 전북, 제주도의 85㎡ 초과 주택에 대해서는 원가연동제를 적용하지 않기로 하는 등 해마다 완화책이 전개되다가 1998년 12월에는 수도권 지역의 공공택지에서 건설되는 아파트 중 전용면적 85㎡ 이하의 아파트에 대해서도 원가연동제를 폐지함으로써 마침내 분양가 규제는 완전히 폐지되었다.[21] 1970년대부터 유지되어 오던 분양가 규제의 폐지는 외환위기로 인한 건설업체의 부도여파와 주택가격의 하락으로 인한 영향이 컸다.

그러나, 주택분양가 자율화 이후 분양가가 상승하여 부동산 투기가 과열되고 중산·서민층의 주거비 부담이 증가함에 따라 다시 이 제도의 도입이 필요하다는 공감대 속에서 2005년 1월 「주택법」의 개정으로 다시 도입되는

---

21) 이태교 외, 『부동산정책론』, pp.157~158. 요약정리.

데, 먼저 사업주체가 공공택지 안에서 건설 · 공급하는 주거전용면적이 85㎡ 이하인 공동주택에 대하여는 일정한 기준에 따라 산정되는 분양가격(택지비, 공사비, 설계감리비, 부대비 등 포함) 이하로 공급하도록 하였다. 동시에 사업주체는 이 주택에 대하여 입주자모집승인을 얻은 때에는 입주자모집 공고안에 분양가격을 공개하여야 하도록 하였다.

이후 2007년 9월부터는 신규 분양되는 모든 공동주택에 대하여 분양가 상한제를 실시하였는데, 2014년 현재 적용되는 내용을 보면, 사업주체가 일반에게 공급하는 공동주택은 일정한 기준에 따라 산정되는 분양가격 이하로 공급하여야 하나, 도시형 생활주택의 경우와 경제자유구역에서 건설 · 공급하는 공동주택으로서 경제자유구역위원회에서 외자유치 촉진과 관련이 있다고 인정하여 분양가격 제한을 적용하지 아니하기로 심의 · 의결한 경우 그리고 관광특구에서 건설 · 공급하는 공동주택으로서 해당 건축물의 층수가 50층 이상이거나 높이가 150m 이상인 경우에는 적용되지 않는다.

그리고 분양가격의 구성항목 중 공공택지에서 주택을 공급하는 경우의 택지비는 해당 택지의 공급가격에 택지와 관련된 비용을 가산한 금액으로 하고, 공공택지 외의 택지에서 주택을 공급하는 경우의 택지비는 「부동산 가격공시 및 감정평가에 관한 법률」에 따라 감정평가한 가액에 택지와 관련된 비용을 가산한 금액으로 하는 것이 원칙이다. 분양가격의 구성항목 중 건축비는 국토교통부장관이 정하여 고시하는 건축비(기본형 건축비)에 부대금액을 가산한 금액으로 하되, 이 경우 기본형 건축비는 시장 · 군수 · 구청장이 해당 지역의 특성을 감안하여 일정한 범위 내에서 따로 정하여 고시할 수 있다. 그리고 시장 · 군수 · 구청장은 분양가심사위원회를 설치 · 운영하여야 하며, 시장 · 군수 · 구청장은 입주자모집승인을 함에 있어서 분양가심사위원회의 심사결과에 따라 승인 여부를 결정하여야 한다.

6. 공적 부동산가격 제도

부동산에 대한 공적가격은 부동산정책을 수행하기 위한 필수적 사항이다. 남한에서 1989년 7월 이전에는 공적지가가 다양하게 존재하였는데, 기준지가, 과세시가 표준액, 기준시가, 감정시가 등이 그것이다. 기준지가는 (구)「국토이용관리법」, 과세시가 표준액은 「지방세법」, 기준시가는 「소득세법」, 「법인세법」, 「상속세법」, 감정시가는 (구)「감정평가에 관한 법률」에 근거하여 평가되고 고시되었다. 이렇게 공적지가가 각 개별법에 달리 규정되어 그 주체, 방법, 가격 내용 등이 체계화되지 않아 공적 업무의 혼란, 공적지가에 대한 신뢰 저하 등의 문제가 꾸준히 제기되고 있었다. 이를 개선하기 위하여 1989년 4월에 (구)「지가공시 및 토지 등의 평가에 관한 법률」을 제정하여 공시지가 제도를 도입한 후, 공적지가체계를 일원화하였다.

이후 2005년 1월에 동 법률은 전면 개정되어 그 법명을 「부동산 가격공시 및 감정평가에 관한 법률」로 변경하여 현재까지 운영되고 있다. 그 주요 내용을 보면, 국토교통부장관은 토지이용상황이나 주변환경 그 밖의 자연적·사회적 조건이 일반적으로 유사하다고 인정되는 일단의 토지 중에서 선정한 표준지에 대하여 매년 공시기준일 현재의 적정가격을 조사·평가하고, 중앙부동산평가위원회의 심의를 거쳐 이를 공시하여야 한다. 이 경우 국토교통부장관이 표준지의 적정가격을 조사·평가하고자 할 때에는 둘 이상의 감정평가업자에게 이를 의뢰하여야 한다.

그리고 시장·군수 또는 구청장은 「개발이익환수에 관한 법률」에 의한 개발부담금의 부과 그 밖의 다른 법령이 정하는 목적을 위한 지가산정에 사용하도록 하기 위하여 시·군·구부동산평가위원회의 심의를 거쳐 매년 공시지가의 공시기준일 현재 관할구역 안의 개별토지의 단위면적당 가격(개별공시지가)을 결정·공시하고, 이를 관계행정기관 등에 제공하여야 한다. 개별공시지가를 결정·공시하는 경우에는 당해 토지와 유사한 이용가치를 지닌다고 인정되는 하나 또는 둘 이상의 표준지 공시지가를 기준으로 토지가격비준표를 사용하여 지가를 산정하되, 당해 토지의 가격과 표준지 공시지가가 균형을 유지하도록 하여야 한다. 개별토지의 가격을 산정한 때에는 그 타당성에 대하여 감정평가업자의 검증을 받고 토지소유자 그 밖의 이해관계인의 의견을 들어야 한다.

다시 말하면, 중앙 정부에서 전국에 걸쳐 약 50만여 필지에 표준지 공시지가를 공시하면, 지방정부에서는 이를 기준으로 표준지와 개별 토지 간의 특성을 비교한 후 일정하게 산정된 격차율에 의하여 개별공시지가를 산정한 후 그 행정 목적에 따라 표준지 공시지가 또는 개별공시지가를 적용하도록 하고 있다. 그리고 표준지공시지가는 국토교통부장관, 개별공시지가는 시장·군수 또는 구청장이 지가 평가나 산정의 주체이지만 그 과정에 민간 전문기관인 감정평가업자가 개입하도록 하여 공적지가의 정확성과 신뢰성을 확보하도록 하고 있다.

공시지가 제도의 도입과 시행으로 폐지되었으나, 북한의 현재 국정토지 가격 결정방법과 유사한 남한의 종전의 「지방세법」에 근거한 과세시가표준액의 기준이 되었던 토지등급제를 살펴보면 다음과 같다. 이 제도는 1973년 3월, 개정된 「지방세법」에 근거하였는데, 동법의 토지과세등급이란 토지의 과세기준에 사용하기 위하여 토지의 위치, 품위 기타 정황을 참작하여 결정한 등급을 말한다. 시장·군수는 토지에 대하여 토지의 지목·품위 또는 정황에 따라 등급을 설정하고 이를 토지대장, 임야대장 및 과세대장에 등재하여야 하며, 1평당(광천지는 1번지당) 가액을 기준으로 별도로 정한 토지등급표에 의하여 설정한다. 이 시기에는 토지를 1등급부터 96등급까지 구분하고 '1등급은 1원/평, 96등급은 3,200,000원/평'이라는 형식으로 등급별로 인위적인 가격을 부여하였다. 즉, 토지가격을 조사해서 그에 해당하는 가격에 해당하는 등급을 적용하였던 것이다.

이 경우, 토지의 가액은 매년 1월 1일 현재의 매매실례가격을 기준으로

234 북한 경제와 토지제도

하되 매매실례가 없을 경우에는 그 토지의 품위와 정황에 따라 인근토지의 매매실례를 참작하여 평가한 적정가액으로 한다. 그 가액에 상당하는 토지 등급가격이 없을 때에는 그 가액의 직근 하위등급의 가격에 의하여 등급을 설정한다. 이 제도를 운영한 결과, 토지등급이 매 1등급이 올라가면 기준가 격은 11%~25%로 불균일하게 상승하여 등급 간의 격차가 심하게 되어 있으므로 이를 조정하고자 1984년 5월에 동법 시행규칙은 개정되었으며, 토지 등급을 전면 재조정하여 부담의 형평을 이루도록 하였다. 개정 후부터는 모든 토지에 대하여 1㎡당(광천지는 1필지당) 가액을 기준으로 별도로 정한 토지등급표에 의하여 설정하였으며, 토지등급표는 등급을 1등급부터 365등급까지 구분하고, '1등급은 1원/㎡, 365등급은 200,000,000원/㎡'라는 형 식으로 등급별로 인위적인 가격을 부여하였다.

그리고 시장·군수가 토지등급을 설정하거나 수정하고자 할 때에는 그 토지의 품위와 정황이 유사한 인근토지의 등급가격을 참작하되 미리 그 토 지를 관할하는 읍·면·동의 장과 지역사정에 정통한 자 및 토지평가에 전 문적인 식견이 있는 자의 자문을 받은 후 조례가 정하는 날 현재의 결정분 에 대하여 그 결정일 전 60일까지 토지등급의 설정 또는 수정내용을 도지 사에게 승인신청을 하도록 하였다. 도지사가 시장·군수로부터 토지등급의 설정 또는 수정승인신청을 받은 때에는 승인신청을 받은 날로부터 30일 이 내에 그 승인 여부를 결정하여 통지하면, 시장·군수는 그 결과를 지체 없 이 토지대장·임야대장 및 과세대장에 등재하도록 하였다. 즉, 공적 지가의 정확성과 신뢰성을 확보하고 담당 공무원의 임의성을 배제하기 위하여 전 문가의 자문을 받도록 하고, 상급 행정청의 통제를 받도록 한 것이다.

444444444444

2절_ 국토 이용과 관리

1. 국토 이용과 관리에 관한 법체계

현행 「헌법」은 "국토와 자원은 국가의 보호를 받으며, 국가는 그 균형 있는 개발과 이용을 위하여 필요한 계획을 수립한다"(제120조 제2항)라고 국토이용에 관한 계획 수립의 필요성을 천명하고 있다. 또한 "국가는 국민 모두의 생산 및 생활의 기반이 되는 국토의 효율적이고 균형 있는 이용·개발과 보전을 위하여 법률이 정하는 바에 의하여 그에 관한 필요한 제한과 의무를 과할 수 있다"(제122조)라고 규정하여 다른 재산과는 달리 토지재산권의 제한에 관한 별도의 근거를 두고 있다. 이에 따라 많은 법률들이 제정되어 있으며, 그중 대표적인 것은 2002년에 정비된 「국토기본법」과 「국토의 계획과 이용에 관한 법률」이다.

(1) 계획 법규

국토 이용과 관리에 관한 계획법규로서 기본법적 성격을 지닌 법으로는 「국토기본법」[22]을 들 수 있다. 이 법은 국토에 관한 계획 및 정책을 수립·시행함에 있어서 지향하여야 할 이념과 기본방향을 명시하고, 국토계획의 수립과 이의 체계적인 실천을 위한 제도적 장치를 마련하여 국토의 지속가능한 발전을 도모하고자 2003년 1월 1일부터 시행되었다. 그 주요 골자를 보면, 국토관리의 기본이념이 국토의 지속가능한 발전에 있음을 명시하고, 이를 실천하기 위하여 국토계획 및 정책을 수립·집행하는 때에는 국토의 균형발전, 경쟁력 있는 국토여건의 조성, 환경친화적 국토관리를 지향하도록 하며, 국토계획을 국토종합계획·도종합계획·시군종합계획·지역계획

---

22) 종전의 「국토건설종합계획법」이 폐지되고 새로 제정된 법률이다.

및 부문별계획으로 구분하고, 상호 간의 관계를 명확히 하는 등 계획 간의 조화와 일관성을 도모하고 있다.

이 법에 따르면, 국토교통부장관은 국토 전역을 대상으로 국토의 장기적인 발전방향을 제시하기 위하여 국토공간구조의 정비, 지역별 기능분담, 국토기간시설의 확충, 지하공간의 합리적 이용 및 관리, 국토환경의 보전 및 개선 등에 관한 장기적인 정책방향이 포함된 국토종합계획을 수립하고, 국토정책위원회 및 국무회의의 심의를 거친 후 대통령의 승인을 얻어 이를 확정하여야 한다. 이 법에 의하여 수립되는 국토종합계획은 국토 전역을 대상으로 하여 국토의 장기적인 발전 방향을 제시하는 종합계획으로서 일반적이고 추상적인 내용을 담고 있으며, 이를 기초로 하위 계획법규에 의한 행정계획이 수립되게 된다.

다음은 「국토의 계획 및 이용에 관한 법률」[23]을 들 수 있는데, 이 법은 국토의 이용·개발과 보전을 위한 계획의 수립 및 집행 등에 필요한 사항을 정하여 공공복리를 증진시키고 국민의 삶의 질을 향상시키는 것을 목적으로 2003년 1월 1일부터 효력이 발생되고 있는 법률이다. 이 법률에 근거해서 도시·군관리계획이 수립, 집행되는데, 그 내용은 '① 용도지역·용도지구의 지정 또는 변경에 관한 계획, ② 개발제한구역, 도시자연공원구역, 시가화조정구역, 수산자원보호구역의 지정 또는 변경에 관한 계획 ③ 기반시설의 설치·정비 또는 개량에 관한 계획 ④ 도시개발사업이나 정비사업에 관한 계획 ⑤ 지구단위계획구역의 지정 또는 변경에 관한 계획과 지구단위계획 ⑥ 입지규제최소구역의 지정 또는 변경에 관한 계획과 입지규제최소구역계획'이다. 이 행정계획은 일정한 행정구역(특별시·광역시·특별자치시·특별자치도·시 또는 군)별로 그 지역을 개발·정비 및 보전을 위하여 수립한다. 이 계획은 토지이용행위를 직접 규제하는 개별적이고, 구체

---

23) 종전의 「국토이용관리법」과 「도시계획법」이 통합되어 새로 제정된 법률이다.

적인 계획이라고 할 수 있는데, 도시마다 장기발전 전망을 먼저 수립한 후 이 계획을 수립하도록 하고 있다. 그것이 도시·군기본계획[24]이며, 2건 이상의 도시의 장기발전방향을 제시할 필요가 있을 때에는 광역도시계획을 먼저 수립하게 된다.

그리고 수도권[25]에서는 「수도권정비계획법」에 의하여 수도권정비계획이 수립되는데, 이 법은 1982년 12월 31일 제정되어 1983년 7월 1일부터 그 효력이 발생되고 있다. 당시에 20여 년간의 공업화시책에 따라 전 국토면적의 11.8%에 해당하는 서울을 중심으로 하는 수도권에 인구 및 산업의 35% 이상이 과도하게 밀집되어 있어 국가안보상의 취약성, 지역 간의 격차 유발과 교통난·주택난·공해·범죄 등 도시문제의 심화현상의 문제점이 야기되고 있었다. 이의 해결을 위해 인구 및 산업을 적정하게 재정비·배치하고 광역적인 차원에서 수도권의 질서 있는 정비를 위한 중앙정부 차원의 정비계획을 마련하여 이를 추진하는 제도적인 기틀을 확고히 함으로써 국토의 균형 있는 발전을 기하기 위하여 이 제도가 도입되었다. 수도권정비계획은 수도권의 다른 법령에 따른 토지 이용 계획 또는 개발 계획 등에 우선하여 적용된다.

이상의 국토 이용과 관리에 관한 기본적인 계획법규를 정리하면 다음과 같다.

---

24) "도시·군기본계획"이란 특별시·광역시·특별자치시·특별자치도·시 또는 군의 관할 구역에 대하여 기본적인 공간구조와 장기발전방향을 제시하는 종합계획으로서 도시·군관리계획 수립의 지침이 되는 계획을 말한다.
25) "수도권"이란 서울특별시, 인천광역시, 경기도 일원을 말한다.

[표 4-1] **국토 이용과 관리에 관한 계획**

구분	수립 단위지역	주요 특징	필수 여부
국토종합계획	전 국토	국토의 장기적인 발전방향 제시	필수
수도권정비 계획	수도권	과밀억제권역, 성장관리권역, 자연보전권역의 지정을 통한 토지이용 규제	필수
광역도시계획	2개 이상의 특별시·광역시·특별자치시·특별자치도·시 또는 군	광역계획권의 장기발전방향 제시	임의
도시·군 기본계획	특별시·광역시·특별자치시·특별자치도·시 또는 군	대상지역의 기본적인 공간구조와 장기발전방향 제시	필수 (일부 임의)
도시·군 관리계획	특별시·광역시·특별자치시·특별자치도·시 또는 군	용도지역, 지구, 구역의 지정을 통한 토지이용규제와 도시·군계획시설사업의 시행	필수

(2) 개별 법규

개별 법규는 앞의 계획법규에서 지정하는 용도지역 등과 유사한 명칭의 구역 등을 지정하고 그 지정목적에 맞게 개별적인 행위제한을 추가하는 법규이다. 「농지법」은 농지를 농업진흥지역(다시 농업진흥구역과 농업보호구역으로 구분)과 농업진흥지역 밖으로 구분하고 있으며, 「산지관리법」은 산지를 보전산지와 준보전산지로 구분하여 운영하고 있다. 그 밖에도 「군사기지 및 군사시설보호법」은 보호구역, 민간인통제선, 비행안전구역, 대공방어협조구역으로, 「자연공원법」은 공원구역, 공원자연보존지구, 공원자연환경지구, 공원자연마을지구, 공원밀집마을지구, 공원집단시설지구로 각각 대상지역을 구분하여 행위제한을 하고 있으며, 「수도법」에 의해서는 상수원보호구역이 지정된다. 그 외에도 많은 개별 법규에서 유사한 구역을 지정하여 운영하고 있는데, 이는 한정된 국토에서 다양한 토지이용수요에 대한 개별적이고 효율적인 규제의 필요성 때문이라고 할 수 있다.

그리고 개별적인 개발에 대해서는 뒤에서 살펴 볼 "개발행위 허가제"가 적용되지만, 대규모의 집단적인 개발에 대해서는 일정한 구역 등을 지정하고 법적 절차에 따라 사업이 시행되도록 하고 있다. 즉, 「산업입지 및 개발에 관한 법률」의 산업단지(국가산업단지, 일반산업단지, 도시첨단산업단지, 농공단지 등으로 구분)와 준산업단지, 「택지개발촉진법」의 택지개발지구, 「도시개발법」의 도시개발구역, 「도시 및 주거환경정비법」의 정비구역(주택재개발구역, 주택재건축구역, 도시환경정비구역, 주거환경개선지구 등으로 구분) 등이 그것이다.

2. 국토종합계획의 수립과 집행

국토 이용과 관리에 관한 계획체계에서 최상위에 위치하고 있는 국토종합개발계획은 1971년에 도입되어 2000년에는 그 명칭을 국토종합계획으로 변경한다. 각 시기별 계획의 정책목표와 내용 그리고 그 평가에 대하여 국가기록원에서 발간한 "30년경과 국가기록물 공개재분류"『중요 공개기록물 해설집Ⅵ, 국토개발편 (1960~1990년대)』의 내용으로 정리하면 다음과 같다.

(1) 1970년대

1971년에 '제1차 국토종합개발계획(1972~1981년)'이 수립되어 1972년에 처음으로 전국적이며, 체계적이고 종합적인 국토종합개발계획 아래 지역개발이 추진되었다. 제1차 국토종합개발계획은 도시지역과 농촌지역이 균형 있게 발전하고 모든 산업을 조화 있게 배치하여 국민이 보다 안전하고 풍부한 생활을 영위할 수 있도록 국토구조와 환경을 개선하기 위해 국토이용관리 효율화, 사회간접자본 확충, 국토자연개발과 자연보존, 국민생활환경의 개선 등의 네 가지 기본목표를 제시하였다. 목표의 효과적 달성을 위해 대규모 공업기지의 구축, 정비와 교통·통신·수자원 및 에너지 공급망 정비, 부진지역 개발을 위한 지역기능 강화 등 주로 거점개발방식으로 추진되었다. 또한, 권역별 개발방식을 채택하고 전국을 4대권 8중권 17소권으로 구분하고, 이 중 중간단계인 8중권(수도권, 태백권, 충청권, 전주권, 대구권, 부산권, 광주권, 제주권)을 중심도시와 함께 개발사업을 추진하는 방식을 취하였다.

제1차 국토종합개발계획은 국토이용관리의 효율화와 개발기반의 확충 등 소기의 성과를 달성했다. 특히 거점개발전략을 도입하여 울산, 포항, 마산 등 임해공업지와 함께 창원, 여천 등의 공업기지 개발로 동남해안공업기지의 건설이 이루어져 중화학공업으로의 구조적 변화가 야기되었으며 지방공업단지 건설 등 지방공업육성의 기초도 구축되었다. 또한 서울~부산 간 고속도로에 이어 호남(전주~순천), 남해(부산~순천), 영동선(새발~강릉) 등 고속도로의 건설을 통해 전국 1일 생활권의 기틀도 형성되었으며, 4대강의 종합개발을 통해 치수와 각종 용수공급이 원활하게 이뤄지는 성과도 있었다.

그러나 거점개발전략으로 인하여 서울, 부산(경부축) 등 대도시에 인구가 집중되고 여타지역은 상대적으로 인구가 감소하여 서울의 과밀과 국토이용의 양극화라는 부작용을 수반하게 되었다. 또한, 도시지역에서는 부동산투기로 인해 지가의 상승이 이루어지고 주택가격이 폭등하는 등 많은 문제를 야기했던 것으로 평가되고 있다. 1970년대는 본격적인 국토개발이 착수된 시기이고, 전국적이고 체계적인 제1차 국토종합개발계획이 공포, 시행됨으로써 국토계획이 정착되어 나가는 하나의 분기점으로 볼 수 있다.

(2) 1980년대

'제2차 국토종합개발계획(1982~1991년)'은 기본목표를 인구의 지방정착유도, 개발가능성의 전국적 확대, 국민복지수준의 제고, 국토자연환경의 보존에 두었다. 이상의 목표를 달성하기 위한 전략으로 국토의 다핵구조를 형성하고, 지역생활권을 조성하여 서울, 부산 양대 도시의 성장억제 및 관리 전략을 세웠다. 지역기능 강화를 위한 교통 · 통신 등 사회간접자본을 확충하고 후진지역의 개발촉진을 추진하였다. 또한 주택과 같은 국민생활 환경의 정비, 에너지와 같은 자원개발, 도로와 통신 등과 같은 국토개발의 기반확충, 도시개발과 같은 국토공간의 구조개편 등에 투자를 많이 했다. 또한 전국을 28개의 지역생활권으로 분류하고 각 생활권은 한 두 개의 성장거점 도시를 포함하도록 하여 분산된 성장거점 정책을 도입하였다.

1980년대 후반에는 지역 간 격차에 대한 비판, 가속화되는 수도권으로의 경제 및 인구집중, 지방자치제의 실시를 목전에 두고 있는 시점에 국토개발의 불균형 문제를 재조명하고, 88올림픽 등 국제적 지위향상에 능동적으로 대처하며, 대외적인 여건변화를 수용하고자 기존계획을 정비, 보완하여 '제2차 국토종합개발계획수정계획(1987~1991년)'을 작성, 발표하였다. 수정계획은 국토개발의 기본이념을 국토공간의 다핵화, 국민생활의 형평화, 국토이용의 고도화에 두어 개발전략을 수정하였다. 수정계획의 핵심은 지역경제권의 구상인데 이는 수도권 집중억제와 지방중심의 지역경제권 중심체제로 변경하여 다핵구조를 형성하였다. 또한, 생활권 중심도시와 주변농촌지역의 광역통합개발 방식을 도입하고, 지방정부 및 주민참여를 확대하였다.

그러나 제2차 국토종합개발계획은 서울, 부산의 경부축에 대한 집중이 계속되고, 아시안 게임과 올림픽의 성공적 추진을 위해 오히려 수도권에 대한 투자 집중문제를 야기하였고, 환경오염 확산으로 인해 생활환경의 질이 저하되는 문제도 드러냈다. 1980년대는 국제화시대가 전개되면서 정치, 경제, 사회, 문화의 모든 측면에서의 새로운 변화와 수요는 공간개발에서도 성숙된 사고방식을 요구하게 되었다. 특히 지나간 20여 년간의 축적된 경제력을 바탕 위해 국토이용의 고도화, 체계화, 기능화를 요구했다.

(3) 1990년대

'제3차 국토종합개발계획(1992~2001년)'은 1980년대의 국토문제를 해결하기 위한 방안으로 수립되었다. 제3차 국토종합개발계획이 추구하는 목표는 지방 분산형 국토골격의 형성, 생산적·자원절약적인 국토 이용, 국민복지 향상과 국토환경의 보존, 남북통일에 대비한 국토기반의 조성 등을 포함한다. 목표를 달성하기 위한 주요 전략은 수도권집중 억제와 지방도시 육성, 서남부 신산업지대 조성과 첨단화, 교통·통신·유통 연계화, 생활환경 개선으로 삶의 질 향상, 지역주민 참여와 지방과 중앙의 역할분담으로 요약된다. 이 계획에 의해서 추진된 중점사업들을 보면 지방의 육성과 수도권 인구집중억제, 공업용지 및 여가공간의 조성, 통합적 교통교류망의 구축, 국민생활수준의 향상과 국토자원 관리, 통일에 대비한 국토의 기반구축 사업 등이다. 지방육성과 수도권 억제시책의 효과적인 추진을 위해 도를 기준으로 하되 인접 특별시와 직할시를 포함하여 9개의 지역계획권역(수도권, 강원권, 충북권, 대전·충남권, 전북권, 광주·전남권, 대구·경북권, 부산·경남권, 제주권)을 설정하였다.

제3차 국토종합개발계획은 북한과의 교류 및 협력방안을 검토하고, 남북 경제협력단지개발의 추진 등을 계획에 포함시킴으로써 북한을 포함하는 한반도 전체의 국토구상을 제시하였다는 점과 광역적 관리를 위한 광역도시계획제도 도입의 토대가 됨으로써 대도시권의 계획적, 체계적 관리기반을 조성하였다는 점에는 긍정적으로 평가할 수 있다. 반면, 환경보전 및 관리에 대한 구체적이고 현실성 있는 대책이 미흡하였으며, 낙후지역에 대한 대책이 미흡했다는 점 등은 한계로 지적되고 있다. 특히 수도권집중의 지속화와 지방의 과감한 육성이 국가적 과제로 남게 되었다.

(4) 2000년대

'제4차 국토종합계획(2000~2020년)'은 명칭과 계획기간에서 변화가 있었다. 개발과 환경의 조화, 지속가능한 개발과 생태환경에 대한 국민적, 국가적 관심을 제고하기 위해 국토종합개발계획에서 국토종합계획으로 명칭을 변경하였다. 또한 국토종합계획 기간을 원대한 장기전망과 장기 계획적 관점에서 10년 단위에서 20년 단위로 변경하고, 국토종합계획 성과에 대한 평가결과와 사회적, 경제적 여건 변화를 고려하여 5년마다 재검토하고 필요한 경우 정비하도록 하였다.

제4차 국토종합계획의 배경은 21세기의 세계화·지방화 등 커다란 변화에 직면한 것과, 수도권집중과 지역 간 불균형 심화, 환경훼손에 따른 삶의 질 저하, 인프라 부족에 따른 국가경쟁력 약화, 국토의 안정성 결여 등이었다. 따라서 제4차 국토종합계획은 이러한 배경하에서 21세기 통합국토의 실현을 계획기조로 하여 더불어 잘사는 균형국토, 자연과 어우러진 녹색국토, 지구촌으로 열린 개방국토, 민족이 화합하는 통일국토를 기본목표로 하였다. 목표달성을 위해 개방형 통합국토축 형성, 지역별 경쟁력 고도화, 건강하고 쾌적한 국토환경 조성, 고속교통·정보망 구축, 남북한 교류협력기반 조성 등 5대 추진전략을 채택했다.

참여정부는 국가균형발전을 위한 행정중심복합도시 건설, 지방분산과 지역혁신체계(RIS) 구축의 국가경영 패러다임 반영과 중국의 성장, 국가 간 자유무역협정(FTA) 체결 등 대외환경 변화에 대응하기 위해 '제4차 국토종합계획수정계획(2006~2020년)'을 수립하였다. 수정계획은 21세기 통합국토 실현을 계승하여 약동하는 통합국토의 실현으로 상생하는 균형국토, 경쟁력 있는 개방국토, 살기 좋은 복지국토, 지속가능한 녹색국토, 번영하는 통일국토를 기본목표로 제시하였다. 목표달성을 위해 자립형 지역발전 기반의 구축, 동북아 시대의 국토경영과 통일기반 조성, 네트워크형 인프라 구축, 아름답고 인간적인 정주환경 조성, 지속가능한 국토 및 자원관리, 분권형 국토계획 및 집행체계 구축의 6대 추진전략을 채택했다.

이후 이명박정부는 기후변화와 에너지 경쟁 심화에 따른 저탄소 녹색성장의 대두, 경제체계의 글로벌화에 따른 광역경제권 전략 필요, 인구감소와 고령화, KTX 시대의 본격화와 4대강 살리기 등 국토공간에 중대한 변화요인이 발생함에 따라 새로운 국토비전과 국토관리의 패러다임을 제시하기 위해 '제4차 국토종합계획수정계획(2011~2020)'을 수립하였다. 수정계획은 비전을 대한민국의 새로운 도약을 위한 글로벌 녹색국토로 설정하고, 경쟁력 있는 통합국토, 지속가능한 친환경국토, 품격 있는 매력국토, 세계로 향한 열린 국토 등의 4대 목표를 제시하였다. 그리고 국토경쟁력 제고를 위한 지역특화 및 광역적 협력 강화, 자연친화적이고 안전한 국토공간조성, 쾌적하고 문화적인 도시주거환경 조성, 녹색교통국토정보 통합네트워크 구축, 세계로 열린 신성장 해양 국토 기반 구축, 초국경적 국토경영기반 구축 등 6대 추진전략을 채택했다.

3. 수도권정비계획의 수립과 집행

수도권에서는 수도권정비계획이 수립되어 다른 법령에 따른 토지 이용계획 또는 개발 계획 등에 우선하여 적용되는데, "30년경과 국가기록물 공개재분류"『중요 공개기록물 해설집Ⅵ, 국토개발편(1960~1990년대)』의 내용으로 정리하면 다음과 같다.

(1) 수도권정비계획

1982년 12월 제정된 「수도권정비계획법」은 수도권의 인구 규모 · 산업배치 · 토지이용 · 도시정비 등을 내용으로 하는 수도권정비계획의 수립과 그 결정절차를 정하고, 수도권을 이전촉진권역, 제한정비권역, 개발유도권역, 자연보전권역, 개발유보권역의 5가지로 세분하였다. 또한, 수도권 안에서 수도권정비계획에 저촉되는 토지이용계획, 건설계획, 개발계획을 제한하되, 국가안보와 같이 부득이한 사유가 있는 때에는 수도권정비위원회의 사전심의와 국토교통부장관의 협의 또는 승인을 얻어 시행하도록 하였다.

그리고 학교, 공장, 업무용건축물 등 인구집중유발시설의 정비를 유도하기 위하여 국가, 지방자치단체 등이 조성한 대지의 우선분양과 기존 인구집중유발시설 이전 적지의 매수 등의 지원제도를 마련하였고, 수도권의 건전한 발전에 관련되는 중요정책에 관한 심의를 하기 위하여 수도권정비위원회를 두게 되었다. 또한 관계행정기관의 장은 이전촉진권역, 제한정비권역 등에서 중요 공공사업이 시행되는 경우에는 당해 사업이 수도권 인구집중현상에 미칠 인구영향평가를 실시하도록 하였다.

제1차 수도권정비계획은 수도권의 인구 및 산업의 과도한 집중억제와 기능의 선별적 분산으로 국토의 균형발전 유도를 목표로 서울에 인구집중시설의 입지를 강력히 제한하고, 수도권 내 도시 간 기능분담으로 다핵적 광역대도시생활권을 계획적으로 형성하며, 한강수계 환경보호를 추진전략으로 삼았다. 또한, 수도권 내 도시 간 기능분담으로 다핵적 광역대도시생활권을 계획적으로 형성하는 공간계획을 구상하였다.

제2차 수도권정비계획은 1997년부터 2011년까지 15년간을 계획기간으로 설정하여, 세계화와 지방화 및 통일에 대비한 공간구조의 기틀 마련을 목표로 하였다. 추진전략은 수도권의 질서 있는 정비와 자족적인 지역생활권 육성, 세계화에 대비한 수도권 기능의 제고와 통일대비 기반 구축, 쾌적한 생활환경의 확보와 자연환경의 보전이었다. 이를 위해 4대축(서울~인천, 안산~아산만, 파주~포천, 이천~가평)별로 정비를 추진하였다. 또한 이 시기부터 기존의 5대 권역을 과밀억제권역, 성장관리권역, 자연보전권역의 3대 권역으로 설정하였다.

제3차 수도권정비계획은 제4차 국토종합계획 수정계획에 맞춰 계획기간을 2006년부터 2020년까지 설정하였다. 기조는 "지방과 상생 발전하는 살기좋은 동북아의 경제중심"이었고 이를 위해 선진국 수준의 삶의 질을 갖춘 수도권의 정비, 지속가능한 수도권 성장관리기반 구축, 지방과 더불어 발전하는 수도권 구현, 동북아 경제중심지로서 경쟁력 있는 수도권을 형성하는 것을 목표로 하였다. 이를 위하여 수도권 인구 안정화와 수도권의 경쟁력 강화, 수도권 주민의 삶의 질 개선, 수도권 규제의 합리적 개선을 추진전략으로 삼았다. 국토의 공간구조 역시 서울과 10개 자립적 도시권으로 구분하는 다핵연계형으로 설정하였다.

(2) 총량규제

「수도권정비계획법」에 의하여 도입된 중요한 제도는 총량규제인데, 국토교통부장관은 공장·학교 기타 인구집중유발시설이 수도권에 과도하게 집중되지 아니하도록 하기 위하여 그 신설·증설의 총 허용량을 정하여 이를 초과하는 신설·증설을 제한할 수 있는 바, 이는 수도권의 과밀을 해소하고 국토의 균형 개발을 위하여 도입된 제도이다. 공장에 대한 총량규제의 내용 및 방법은 수도권정비위원회의 심의를 거쳐 결정하며, 국토교통부장관은 이를 고시하여야 한다. 대학 및 교육대학의 입학정원 증가 총수는 국토교통부장관이 수도권정비위원회의 심의를 거쳐 정하되, 입학정원 증가 총수는 법정 기준을 초과할 수 없는 것을 원칙으로 하고 있다.

특히, 공장에 대한 총량규제는 「산업집적활성화 및 공장설립에 관한 법률」 제2조 제1호에 따른 공장으로서 건축물의 연면적(제조시설로 사용되는 기계 또는 장치를 설치하기 위한 건축물 및 사업장의 각 층 바닥면적의 합계를 말한다)이 500㎡ 이상인 공장 건축물이 적용된다. 국토교통부장관은 수도권정비위원회의 심의를 거쳐 공장건축의 총허용량을 산출하는 방식을 정하여 관보에 이를 고시하며, 3년마다 수도권정비위원회의 심의를 거쳐 그 산출방식에 따라 시·도별 공장건축의 총 허용량을 결정하여 관보에 이를 고시한다. 시·도지사는 관할 시·군 또는 구(자치구를 말한다)의 지역별 여건을 고려하여 공장건축을 계획적으로 관리할 필요가 있다고 인정하는 경우에는 관계 행정기관과 협의하여 국토교통부장관의 승인을 받은 연도별 배정계획의 범위에서 지역별로 공장건축의 총허용량을 배정할 수 있으며, 지역별·연도별 총허용량을 배정하는 경우에는 그 내용을 시·도에서 발행하는 공보에 고시한다.

4. 토지이용규제

토지이용규제는 계획 당국이 일정한 목적하에 토지의 이용을 합리적인 방향으로 유도하기 위하여 특정 토지의 이용을 제한하는 행위라고 할 수 있다.[26] 그 내용은 일반적으로 토지 그 자체의 이용을 제한하는 경우뿐만 아니라 토지 위에 설치하는 정착물의 종류나 규모까지도 규제하는 것을 포함하며, 용도지역제와 개발행위허가제를 동시에 채택하고 있다.

(1) 용도지역제

가. 의의

남한에서 채택하고 있는 용도지역제는 용도지역·용도지구·용도구역을 말하며, 일정한 지역적 범위를 정하여 대상 지역이 정해지고 그 대상 지역별로 토지 자체의 이용이나 건축물의 용도나 규모가 제한 받게 되는 것이다. 따라서 용도지역제에 따른 토지이용규제의 상대적인 차이에 따라 토지 가격은 영향을 받게 되는데, 용도지역제는 토지가격형성에 있어서 중요한 요인이 되고 있다. 전 국토에 걸쳐서 기본적으로 용도지역이 정해지며, 용도지역에 의한 토지이용규제를 보완하기 위하여 용도지구와 용도구역이 운영되고 있다.

이 경우 "용도지역"이란 토지의 이용 및 건축물의 용도, 건폐율, 용적률, 높이 등을 제한함으로써 토지를 경제적·효율적으로 이용하고 공공복리의

---

26) 이태교 외, 『부동산정책론』, p.101.

증진을 도모하기 위하여 서로 중복되지 아니하게 도시·군관리계획으로 결정하는 지역을 말하고, "용도지구"란 토지의 이용 및 건축물의 용도·건폐율·용적률·높이 등에 대한 용도지역의 제한을 강화하거나 완화하여 적용함으로써 용도지역의 기능을 증진시키고 미관·경관·안전 등을 도모하기 위하여 도시·군관리계획으로 결정하는 지역을 말하며, '용도구역'이란 토지의 이용 및 건축물의 용도·건폐율·용적률·높이 등에 대한 용도지역 및 용도지구의 제한을 강화하거나 완화하여 따로 정함으로써 시가지의 무질서한 확산방지, 계획적이고 단계적인 토지이용의 도모, 토지이용의 종합적 조정·관리 등을 위하여 도시·군관리계획으로 결정하는 지역을 말한다.[27]

1960년대 초기까지만 하더라도 남한에는 개별경제주체의 토지이용을 사후적으로 기록, 관리하는 지적제도가 있었을 뿐, 토지의 효율적 이용을 유도하거나 무질서한 개인의 토지이용을 통제하기 위한 규제제도는 거의 없었다. 이와 같이 토지이용을 자유방임한 결과 특히 한국전쟁 이후 인구의 폭발적인 도시유입과 산업화의 진척으로 무질서한 토지개발과 토지이용이 자행됨에 따라 이를 통제하기 위한 제도적 장치의 필요성이 절실히 요구되기 시작하였다.[28] 이에 따라 「도시계획법」 등에 의해 용도지역제가 도입되어 전개되게 된다.

나. 용도지역의 전개 과정

남한의 용도지역 전개과정은 2003년 1월을 기준으로 그 이전에는 도시지역과 그 밖의 지역에 대한 계획체계를 달리하였으나, 그 이후에는 전 국토를 도시계획화하였으므로 2003년 1월을 기점으로 정리할 수 있다. 그중 1994년까지의 용도지역 전개과정은 다음과 같다.

---

27) 「국토의 계획 및 이용에 관한 법률」 제2조 제15호 내지 제17호.
28) 국토개발연구원, 『국토 50년』(1996), p.763.

[표 4-2] 용도지역의 전개과정

시기 및 근거법령	내용	특징 및 문제점
1939년, 「조선시가지계획령」	주거지역, 상업지역, 공업지역, 혼합지역	급격한 도시화와 사회변천으로 현실과 불부합
1962년, 「도시계획법」과「건축법」	주거지역, 상업지역, 공업지역, 준주거지역, 준공업지역	「건축법」에 용도지역별로 금지되는 건축물 용도를 법정
1972년, 「국토이용관리법」	도시지역, 농업지역, 산림지역, 공업지역, 자연 및 문화재보존지역, 유보지역	전국적으로 토지이용을 통제할 필요성 제기
1982년, 「국토이용관리법」	도시지역, 경지지역, 취락지역, 산림보전지역, 개발촉진지역, 공업지역, 자연환경보전지역, 관광휴양지역, 수산자원보전지역, 유보지역	기존의 6가지 용도지역과 11개의 용도지구로 세분하던 것을 10가지 용도지역으로 일원화
1994년, 「국토이용관리법」	도시지역, 준도시지역, 농림지역, 준농림지역, 자연환경보전지역	토지이용 제도의 중복 방지와 무한경쟁 시대에 맞는 토지이용 효율성 강조

출처: 이정전, 『토지경제학』(서울: 박영사, 2011), pp.678~683. 내용을 참고하여 정리하였다.

1994년 개편에서 특히 주목되는 부분은 준농림지역의 지정이었다. 종전에 이용 및 개발이 엄격하게 제한되었던 농업진흥지역 이외의 농지와 준보전임지를 준농림지역으로 변경하였는데, 환경오염 정도가 심한 시설이나 대규모 개발행위 등 반드시 규제가 필요한 토지이용행위 이외의 행위들은 폭넓게 허용할 수 있도록 규제를 대폭 완화함으로써 토지의 이용 및 개발을 촉진한다는 취지에서 새롭게 도입된 용도지역이 준농림지역이다. 이와 같이 경지지역과 산림보존지역 중에서 보전적 가치가 상대적으로 낮다고 인정되는 땅을 준농림지역으로 지정할 수 있게 함으로써 개발 가능지를 획기적으로 늘릴 수 있게 되었다. 이러한 지역, 지구제의 개편 이전에는 전 국토의 84.5%가 보전용 토지이었고 개발용 토지는 15.5%에 불과하였다. 그러나, 개편 이후에는 농림지역과 자연환경보전지역만 보전용도의 토지로서 그 비중이 58.3%로 줄어든 반면, 도시지역, 준도시지역, 준농림지역이 개발 및 개발가능용도로 토지로 바뀌면서 그 비중은 41.6%로 크게 증가하였다.[29]

그러나 도시계획과 같이 상세한 계획이 수립되지 아니한 비도시지역인 준농림지역의 개발이 상대적으로 더 용이해지고, 그 면적도 늘어나서 국토의 난개발 문제가 심각하게 대두되었다. 특히 1997년, 임야매매증명제도의 폐지로 준농림지역 안의 임야는 거래가 활발해져서 투기의 온상이 되었다. 이에 따라 국토의 난개발도 방지하고 국토를 친환경적으로 관리하기 위하여 2002년 2월에 '선계획-후개발' 원칙을 표방한 「국토기본법」과 「국토의 계획 및 이용에 관한 법률」(약칭 「국토계획법」)이 제정되어 2003년 1월 1일부터 시행되면서 준농림지역은 폐지되었다. 즉, 2002년 제정된 「국토계획법」은 '선계획-후개발' 기조의 국토이용체계를 구축함과 동시에 종전 도시지역에 대한 것과 비도시지역에 대한 것으로 이원화되어 있었던 국토관리체계를 일원화하기 위하여 「국토이용관리법」과 「도시계획법」을 폐기하고 통합한 법률이다.

이 법에서는 국토에 관한 계획체계와 용도지역제의 개편, 개발행위허가제의 확대 도입, 제2종지구단위계획 및 기반시설연동제, 토지적성평가제의 도입 등에 관한 내용을 담고 있다. 「국토계획법」에 의한 용도지역은 도시지역, 관리지역, 농림지역, 자연환경보전지역의 4개 용도지역 체계로 개편되었으며, 도시지역과 관리지역은 세분이 가능하도록 하였다. 「국토계획법」의 제정으로 전 국토에 대하여 단일화된 '도시·군관리계획'에 의하여 용도지역제가 운영되게 하였으며, 행위제한의 방식도 「건축법」상의 건축물 용도 28종에 대하여 각 용도지역에 대하여 금지용도 열거방식이 아닌 허용가능 용도 열거방식이 도입되어(「국토계획법」에 직접 규정) 전체적으로 종전보다 행위제한의 강도가 강해진 특징이 있다.[30]

---

29) 이정전, 『토지경제학』, p.684.
30) 이후 「국토계획법시행령」의 개정(2014.1.)으로 다양한 용도의 건축물 등이 함께

이러한 전개과정을 걸쳐 2013년 12월 현재 남한의 전 국토에 대한 용도지역의 현황은 다음과 같다.

[표 4-3] 용도지역 지정 현황(2013.12.31. 현재)

용도지역		면적(㎢)	비율(%)
도시지역	주거지역	2,580	14.7
	상업지역	325	1.8
	공업지역	1,121	6.4
	녹지지역	12,683	72.1
	미지정지역	884	5.0
	소계	17,593	100.0(전체 중 16.6)
관리지역		27,093	25.5
농림지역		49,403	46.5
자연환경보전지역		12,107	11.4
합계		106,196	100.0

출처: 국토해양부 보도자료(2014.7.21).

(2) 상세계획제도

토지이용제도는 용도지역제 외에 상세계획 등과 같은 세부계획에 의한 제도로 보완할 수 있다. 용도지역제가 주로 거시적인 차원에서 토지이용계획을 실현하기 위한 규제수단이라고 한다면, 상세계획제도는 도시 기능 및 미관의 증진을 목적으로 좀 더 좁게 정의된 공간을 대상으로 개별적이며 미시적 차원에서 토지이용계획을 실행하기 위한 수단이라고 할 수 있다. 남한에서 상세계획은 1991년 5월, 「건축법」의 전면 개정을 통한 도시설계와 1991년 12월, 「도시계획법」의 개정을 통한 상세계획구역이 도입됨으로써 비로소 제도화되었다. 도시설계란 도시계획에 의한 도시계획시설 및 토

입지하여 융·복합 효과가 크게 나타날 수 있는 준주거지역·상업지역·준공업지역과 중소기업의 입지수요가 높은 계획관리지역에 대해서는 건축이 금지되는 건축물이나 시설을 제한적으로 열거하는 방식으로 전환하였다.

지이용 등에 관한 계획, 건축물 및 공공시설의 위치·규모·용도·형태 등에 관한 장기적인 종합계획으로서 도시의 기능 및 미관 증진을 목적으로 하였다. 한편, 상세계획구역은 도시계획구역 안에서 토지이용을 합리화하고 도시의 기능·미관 및 환경을 효율적으로 유지·관리하기 위하여 필요한 때에 도시계획으로 결정하는 것으로 제도화하고 있었다. 따라서 양자는 다 같이 상세계획의 변형이라고 할 수 있고, 그 실질에 있어서 크게 차이를 보이지 않았다. 이에 따라 두 제도는 유사하고 중복되므로 이를 통합하여 행정 혼선의 여지를 제거하고, 발전적으로 개편할 필요가 있었다.[31] 이에 따라 2000년 1월, 「도시계획법」의 전면 개정을 통해 두 제도는 통합하고 명칭도 지구단위계획으로 변경하였다.

한편, 2002년 「국토계획법」의 제정에서 제2종지구단위계획이 도입되면서 종전의 지구단위계획은 제1종지구단위계획으로 명칭이 변경되고, 제2종 지구단위계획제도는 종전의 준농림지역의 개발수단을 대체하여 계획적인 개발·관리가 필요함에 따라 특정지역을 보다 상세하게 계획하여 체계적인 개발을 도모하였으나 시행상 문제점이 나타났다. 이를 보완하기 위해 2011년 4월 동법 개정에서는 제1종지구단위계획과 제2종지구단위계획의 형식적 구분을 폐지하는 대신 지구단위계획구역의 지정 목적 및 중심기능, 해당 용도지역의 특성 등을 고려하여 지구단위계획을 수립하도록 하였다.

이러한 지구단위계획은 용도지역제에 의한 토지이용규제를 보완하는 기능을 하는 것이나 어떠한 경우에는 용도지역제를 대체하는 수단으로 작용하기도 한다. 즉, 용도지역제는 건축가능한 건축물의 용도나 규모를 결정하는 기능이 주이나 지구단위계획은 그 자체로서 용도지역이나 지구를 변경할 수 있는 경우가 있고, 그 지역에 허용되는 건축물의 용도나 규모를 직접 결정할 수도 있으며, 건축물에 대한 직접적인 규제도 할 수 있다. 그리고

---

31) 유해웅, 『토지법제론』(서울: 부연사, 2000), p.278.

지구단위계획은 단순히 용도지역제를 보완하는 수단으로서의 기능을 넘어 종합적인 토지이용계획으로서의 기능도 하고 있다.

(3) 개발행위 허가제

건축물의 건축, 공작물의 설치, 일정한 토지의 형질변경, 토석채취, 일정한 토지분할 등의 개발행위는 (구)「도시계획법」이 적용되던 도시계획구역 내에서 허가관청의 허가를 받아서 행하도록 하고 있었다.[32] 이를 통상 '일반적인 행위제한'[33]이라 통칭하였으며, 도시계획구역 내에서 소규모의 난개발을 방지하고자 하는 데 그 목적이 있었다. 그러나 이 규정은 허가대상이 포괄적이며, 허가기준이 불명확하고, 허가절차도 불투명하여 개정의 필요성에 대한 논의가 있어 왔다. 이에 (구)「도시계획법」은 2000년 1월 전면개정을 통해 이 제도의 명칭을 '개발행위 허가제'로 명칭하고, 허가대상, 허가기준, 허가절차 등에 대한 명확한 규정을 둠으로써 도시계획구역 내의 무분별한 개발을 방지하고 계획적인 개발을 유도하고자 하였다.

이후 제정된 「국토계획법」은 이 제도의 적용대상지역을 도시지역에 한정하지 않고, 전 국토로 확대하였다. 즉, 일정한 토지의 형질변경 등은 특별시장 · 광역시장 · 특별자치시장 · 특별자치도지사 · 시장 또는 군수의 개발행위 허가를 받도록 하고 개발계획의 적정성, 기반시설의 확보여부, 주변 환경과의 조화 등을 고려하여 개발행위에 대한 허가여부를 결정하도록 하였다. 이러한 절차를 거치도록 함으로써 개발행위로 인하여 주변경관이 훼손되거나 기반시설이 갖추어지지 아니한 채 개발될 가능성을 사전에 차단하고자 하였으며, 토지이용규제제도로서 현재에도 중요한 역할을 하고 있다. 즉, 용도지역에 의한 토지이용규제는 법정된 개발 가능한 용도와 규모

---

32) (구)「도시계획법」(2000.1.28개정 이전의 것) 제4조에서는 '행위 등의 제한'이라고 규정하고 있었다.
33) '용도지역제에 의한 행위제한'의 상대적인 개념이다.

의 범위를 설정해 주는 것이라면, 개발행위 허가는 행정관청의 재량적 판단에 의하여 그 가능성이 구체화되는 것이다.

또한, 개발행위의 집중으로 기반시설 부족현상이 심화되자 개발행위허가제 강화와 함께 개발행위에 따른 기반시설연동제를 도입하였다. 이는 난개발 방지와 성장관리의 관점에서 도시개발을 기반시설과 연계하는 제도로서 계획관리지역 등 신규개발지역에 적용되는 기반시설부담구역제도와 기성 시가지에 적용되는 개발밀도관리구역제도로 구분된다. 기반시설부담구역은 개발행위로 인한 기반시설 부족의 보충은 개발행위자가 부담하여야 한다는 수익자부담원칙에 의해 도로, 상·하수도, 폐기물처리시설, 공원, 녹지, 학교 등의 기반시설을 개발행위자가 설치해야 하는 지역이며, 기반시설 설치, 필요한 용지 확보 또는 비용의 부담방법을 정하는 기반시설설치계획 및 기반시설부담계획을 수립하여야 한다. 개발밀도관리구역은 도시지역의 주거, 상업, 공업지역에서 개발로 인해 기반시설이 부족할 것으로 예상되지만, 기반시설의 설치가 어려운 지역을 대상으로 개발밀도(용적률)를 해당 용도지역에서 허용 범위의 50%까지 강화하기 위해 지정한다.

5. 농지 및 산지 보호제도

"농지"란 전·답, 과수원, 그 밖의 법적 지목을 불문하고 실제로 농작물 경작지 또는 다년생식물 재배지로 이용되는 토지(「초지법」에 따라 조성된 초지는 제외), 토지의 개량시설과 그 토지에 설치하는 농축산물 생산시설의 부지를 말한다. 이러한 농지의 관리를 위하여 「농지법」에 의하여 농지구분을 용도지역과는 별도로 하고 있는데, 시·도지사는 농지를 효율적으로 이용하고 보전하기 위하여 농업진흥지역34)을 지정할 수 있다. 이 지역은 농

---

34) 1972년 「농지의 보전 및 이용에 관한 법」이 제정되면서 도입된, 절대농지의 개념이다.

업진흥구역과 농업보호구역으로 구분 지정되는데, 각 구역에서는 법정된 토지이용행위 외의 행위는 할 수 없다. 즉, 허용가능 행위가 법정되어 행위제한의 강도가 높다고 할 수 있다. 그리고 농지 중에 농업진흥지역으로 지정되지 아니한 지역은 농업진흥지역 밖이라고 하는데, 농업진흥지역보다는 상대적으로 토지이용행위가 더 다양하게 허용된다.

이 제도는 경지정리와 같은 방식으로 기반이 정비된 우량농지가 집단으로 존재하는 구역 전체를 농업진흥지역으로 지정하여 권역별로 우량농지를 보전하는 제도로서, 1990년 4월 (구)「농어촌발전특별조치법」의 제정으로 도입되었다. 이를 통해 기존에 필지별로 절대농지 또는 상대농지를 지정하던 '필지별 농지보전 방식'이 '권역별 농지보전 방식'으로 전환되었다. 농업진흥지역으로 지정된 농지는 기반정비 투자를 집중하여 농업생산기지로 보전하고 농업진흥지역 밖의 농지는 전용규제를 완화하여 공장용지 등 농외부문의 토지수요에 탄력적으로 대응하기 위해서였다.[35]

또한, 「농지법」은 농지의 전용에 대한 규제를 하고 있는데, 농지의 전용이란 농지를 농작물 경작이나 다년생식물의 재배 등 농업생산 또는 농지개량 외의 용도로 사용하는 것을 말한다. 농지는 국민의 식량공급과 국토환경보전의 기반이 되는 한정된 자원으로 보전의 필요성이 중요하여 농지를 전용하고자 하는 경우에는 원칙적으로 농림축산식품부장관의 허가를 받아야 한다. 그리고 농지를 다른 용도로 전환하는 경우에는 농지의 보전·관리 및 조성을 위한 부담금을 납부하여야 하는데, 이를 농지보전부담금이라고 한다. 이는 종전에 농지를 전용하는 자에게 농지의 대체조성 비용으로 부과한 농지조성비와 농지전용으로 발생하는 개발이익을 환수하여 농어촌구조개선 사업 재원으로 활용하기 위해 부과한 농지전용부담금이 통합된 개념이다.

---

35) "30년경과 국가기록물 공개재분류" 『중요 공개기록물 해설집Ⅵ, 국토개발편(1960~1990년대)』(국가기록원, 2014), p.58.

한편, '산지'라 함은 입목·죽이 집단적으로 생육하고 있는 토지, 집단적으로 생육한 입목·죽이 일시 상실된 토지, 입목·죽의 집단적 생육에 사용하게 된 토지, 이들 토지에 있는 암석지(巖石地) 및 소택지(沼澤地), 임도(林道), 작업로 등의 산길 등을 말한다. 이러한 산지의 관리를 위하여 「산지관리법」은 산지구분을 용도지역과는 별도로 보전산지와 준보전산지로 구분하고 있다. 그리고 보전산지는 다시 임업용산지와 공익용산지로 구분되는데, 각 지역에서는 법정된 토지이용행위만 가능하도록 규정되어 농지와 마찬가지로 행위제한의 강도가 더 강하게 적용된다. 준보전산지는 상대적으로 용도변경을 통한 개발이 용이한 산지이다.

그리고 농지의 전용과 마찬가지로 산지의 전용도 권한 있는 행정관청의 허가를 받아야 하는데, 산지의 전용이라 함은 산지를 조림, 숲 가꾸기, 입목의 벌채·굴취, 토석 등 임산물의 채취, 산지일시사용의 용도 외로 사용하거나 이를 위하여 산지의 형질을 변경하는 것을 말한다. 산지의 전용은 자연환경을 훼손하고 자연재해의 원인이 될 우려가 있을 뿐만 아니라 토지에 대한 투기가 발생될 요인이 될 우려가 있으므로 법률에 의하여 일정한 절차를 거쳐야 가능하도록 하고 있는 것이다. 이렇게 산지를 다른 용도로 전환하는 경우에는 대체산림자원을 조성하는 데 드는 비용을 산지전용자에게 부과하는데 이를 대체산림자원조성비라고 한다. 이는 종전의 산지전용부담금과 대체조림비가 통합된 개념이다.

6. 환경영향평가제도의 확대실시

환경영향평가제도는 1977년 (구)「환경보전법」이 제정되면서 행정기관이 시행하는 도시개발, 산업입지의 조성, 에너지개발 등에 대한 협의근거를 마련하여 처음 도입되었으나 평가서 작성방법 등에 대한 하위규정이 마련되지 않아 실시되지 못하였다. 이후 1981년 2월 '환경영향평가서 작성에 관한 규정'이 제정, 고시됨에 따라 본격적으로 실시되었으며, (구)「환경보전법」의 개정을 통해 대상사업을 확대하면서 행정기관뿐만 아니라 정부투자기관 등 공공기관 및 민간이 시행하는 사업까지 포함되었다. 1990년 환경청이 환경처로 승격되면서 환경법 체계를 전면 개편함에 따라 환경영향평가에 관한 사항을 (구)「환경정책기본법」에 규정하고, 주민 의견수렴 및 사후관리제도를 도입하였다. 그러나 환경정책의 기본방향을 정하고 있는 (구)「환경정책기본법」에서 환경영향평가 대상사업의 범위, 시기, 협의절차 등 구체적이고 집행적인 사항까지 정해야 하는 등 입법상의 문제와 제도의 운영상 나타난 문제점을 개선하기 위하여 1993년 6월 단일법으로서 (구)「환경영향평가법」을 제정하였다.[36)]

이후 1999년 12월, 그동안 환경, 교통, 재해, 인구 등 영향평가가 각각 다른 법률에 근거를 두고 별도로 시행됨으로써 사업자에게 시간적, 경제적으로 부담이 가중되고 있다는 지적에 따라 이를 해소하기 위하여 환경 등 4대 영향평가를 통합한 (구)「환경 · 교통 · 재해 등에 관한 영향평가법」을 제정하였다. 그러나, 환경 · 교통 · 재해 · 인구영향평가 등 성격이 서로 다른 평가제도를 통합 · 운영하여 오면서 평가제도 상호 간에 중복현상이 발생하거나 각종 영향평가서 작성에 과다한 시간 · 비용 · 인력이 소요되는 등의 문제점이 제기됨에 따라 이를 개선하기 위하여 2008년 3월 다시 「환경영향평가법」을 제정(2009년 1월 시행)하였다. 이 법에서는 교통 · 재해 · 인구영향평가 제도를 분리하고 환경영향평가제도만을 규정하되, 환경영향평가의 협의 및 이행과정의 관리를 강화하기 위하여 평가서에 대한 검토와 사후관리 등에 관한 규정을 보완하는 등 그동안 제도의 운영과정에서 나타난 문제점을 보완 · 개선하고자 하였다.

---

36) "30년경과 국가기록물 공개재분류" 『중요 공개기록물 해설집Ⅵ, 국토개발편 (1960~1990년대)』, p.57.

7. 경제특구의 지정 및 운영

남한에서 경제특구를 조성하려는 논의는 1970년대 초에 본격화되어 1971
년에 마산수출자유지역이 지정되었다. 마산수출자유지역은 우리나라 산업
정책이 수출 주도형 공업화 전략으로 전환함에 따라 탄생된 외국인 직접
투자의 중심지이기도 하다. 입주기업체의 유치를 위해 일반 공단과는 다른
혜택이 부여되었는데, 모든 행정 절차를 단일 창구화하여 처리함으로써 기
업들의 편의를 최대한 지원하였고, 입주업체가 자가 사용 목적으로 수입하
는 기계설비, 원자재, 반제품에 대해서는 관세 및 물품세를 면제하였다. 또
한, 입주기업의 소득세는 처음 5년간 면제하고 향후 3년간은 50% 경감하였
으며, 입주기업체의 외국인에 대해서는 개인소득세를 면제하였다. 그리고
최근의 아파트형공장과 같은 표준공장을 도입하여 입주기업체에 토지 및
공장 건물 등을 저가에 임차하거나 매입할 수 있게 해 주었다.[37]

마산수출자유지역은 우리나라뿐만 아니라 세계적으로도 성공한 투자자
유지역 가운데 하나로 손꼽힌다. 이 지역이 국가 및 경남에서 차지하는 수
출비중은 설립초기인 1975년의 경우 각각 3.4%와 22.8%로 높은 수준을 보
였다. 이후에도 그 비중을 꾸준히 유지하였으며, 현재의 마산자유무역지역
은 2000년 1월 「자유무역지역지정 등에 관한 법률」에 의거하여 마산수출자
유지역에서 명칭이 변경된 것이다.[38] 수출자유지역은 이후 익산(이리)에
추가 지정되었지만, 그 후로는 더 이상 확대되지 못하고 기능적으로도 정
체되는 경향을 보였다.

이후에 경제특구에 대한 구상이 가시화된 것은 1990년대 말의 외환위기
극복과정에서였다. 이 시기에 외자유치에 대한 필요성이 집중적으로 논의
되었고, 과거와는 다른 형태 및 기능의 경제특구를 개발해야 할 필요성이

---

37) 남덕우 외, 『한국경제 생존프로젝트, 경제특구』(서울: 삼성경제연구소, 2003), p.48.
38) 남덕우 외, 『한국경제 생존프로젝트, 경제특구』, pp.49~51.

제기되었다.39) 같은 시기에 재정경제부와 한국개발연구원을 중심으로 '동
북아 비즈니스 중심국가' 건설론이 제기되었다. 여기에는 그간의 각종 경제
특구 제도와는 별도로 비즈니스 거점을 육성하기 위해 경제특별구역을 지
정하여야 한다는 제안이 담겨 있었는데, 동북아의 물류 중심지 건설, 다국
적 기업의 아시아본부 유치 및 동북아 금융중심지 건설을 통해 한국경제의
성장동력을 창출한다는 것이 주된 내용이었다.40) 이 제안은 정부 내외에서
상당히 큰 반향을 일으키면서 정부의 주요 시책으로 채택되었고, 입법화
과정을 거쳐 경제자유구역이라는 새로운 제도를 탄생시키게 된다.41) 이러
한 과정을 통하여 2002년 12월에 새로이 제정된 법률이 「경제자유구역 지
정 및 운영에 관한 특별법」(2003년 7월 시행)이다.

경제자유구역(Free Economic Zone: FEZ)의 가장 본질적인 정책목표는 외
국인 투자 유치 촉진으로서, 구체적인 목표로는 첫째, 글로벌 네트워킹의
중심지이다. 글로벌 기준에 부합하는 제도 개선을 통해 최고의 경영환경을
제공하고, 다국적 · 다문화 친화적인 지역사회와 쾌적한 미래형 생활환경을
제공함으로써 세계 제일의 인재, 정보, 기술이 모이는 상생의 터전을 경제
자유구역에 마련하는 것이다. 둘째, 동북아 물류의 신거점이다. 동북아 중
심의 지정학적 위치와 세계 최고 수준의 공항 · 항만, 그리고 TSR(Trans
Siberian Railway: 시베리아횡단철도), TCR(Trans China Railroad; 중국횡단철
도, 중국대륙관통철도) 등의 물류기반을 활용하여 동북아의 물류 중심지로
발돋움하는 것이다. 셋째, 최적의 기업정주 환경이다. 우수한 경영여건과
생활여건을 마련하여 국제금융업, 다국적 기업본부, 법률 · 회계 · 정보시스
템 · 전략 건설팅 등 경영지원 서비스업의 중심지로 발전함은 물론, 세계 최

---

39) 이원섭, "경제특구 개발전략과 지역균형 발전" 『국토』(국토연구원, 2002), p.251.
40) 재정경제부, 『동북아 비즈니스 중심국가 실현방안』(2002) 참고, 권오혁, "한국과
   중국의 경제특구 제도 비교", 『지방정부연구』 제10권 제4호(2006 겨울), p.290에
   서 재인용함.
41) 위의 논문, p.290.

고 수준의 교육, 의료, 쇼핑 및 관광·레저 서비스를 누릴 수 있도록 하는 것이다. 넷째, 첨단지식산업의 중심으로 한국의 우수한 기술수준과 생산여건을 활용하고 우수 인력의 유치와 생활을 지원하여 첨단기술 및 지식기반 산업의 연구·생산 중심지로 거듭나는 것이다.[42]

경제자유구역은 우선적으로 총 6개 지구가 지정되었다. 인천경제자유구역, 부산/진해경제자유구역, 광양만권경제자유구역, 황해경제자유구역, 대구/경북경제자유구역, 새만금/군산경제자유구역 등이 그것이다. 그러나 경제자유구역은 당초 제도의 취지와 달리, 외국인 투자 유치보다는 지역개발사업으로 변질되어 외국인 투자유치는 미흡한 결과를 낳고 있다. 현재 경제자유구역 내 외국인 투자 유치액은 우리나라 전체 외국인 투자 유치액의 4.3%에 불과하며,[43] 경제자유구역 내의 입주기업도 국내기업이 93%를 차지하는 등 그 성과가 부진하다고 할 수 있다.[44] 또한 최근 정부가 경영환경 개선과 관련하여 규제완화 및 인센티브를 강화하고자 하였으나, 실제, 인천, 부산/진해, 광양만권경제자유구역을 대상으로 사업기획·운영·성과를 평가한 결과, 3개의 경제자유구역 모두 그 성과가 미진한 것으로 나타났다.[45] 이후 2013년 2월에는 동해안권경제자유구역과 충북경제자유구역이 추가로 지정되어 투자설명회를 유치하는 등 활성화를 꾀하고 있다. 그러나 전체적인 사업부진으로 인하여 산업통상자원부에서는 2014년 8월, 경제자유구역 92.53㎢를 해제하였는데, 이에 따라 총 경제자유구역 면적은 종전보다 21.6% 감소한 335.84㎢로 축소되었다. 이는 외국인 투자의 미흡으로 인한 장기간 개발 지연과 이에 따른 재산권 침해 관련 민원을 해소하기 위한

42) 김봉환, "산업중심 국토개발 정책에 대한 비판적 논의: 광역경제권개발과 경제자유구역사업을 중심으로", 『행정논총』 제51권 제1호(2013.3), p.129.
43) 국회입법조사처, 국정감사 정책자료Ⅲ(2012)
44) 2012년 지식경제위원회 국정감사 자료
45) 정형곤·나승권, "한국경제의 경쟁력 강화를 위한 경제자유구역의 과제"『KIEF 오늘의 세계경제, 11(2)』(2011), pp.1~8.

조치라고 알려지고 있다.

3절_ 남한의 제도 변천이 북한에 주는 시사점

1. 남북한 제도의 유사점

남한은 부동산에 대한 사소유권을 인정하는 체제이기 때문에 토지와 대부분의 건물에 대하여 이를 부정하는 북한과는 제도상의 차이점이 많다. 그러나 이러한 체제를 달리한다고 하여도 각각 하나의 국가체제를 유지하고 있음으로 해서 유사한 구조와 내용을 가지고 있는 경우도 있음을 확인할 수 있다.

먼저, 국유 부동산에 대한 사용관계이다. 남한에서도 국유 부동산을 이용하고자 하는 경우에는 그 재산의 구분에 따라 중앙관서 장의 허가나 대부계약을 체결하는 절차를 거치도록 하고 있다. 또한, 당해 재산의 기부자는 중앙관서의 장의 승인을 얻어 제3자에게 국유 부동산을 전대할 수 있지만, 원칙적으로는 사용권능을 얻은 부동산의 유통은 허용되지 않는다. 북한의 경우에도 외국인을 제외하고는 원칙적으로 허가라는 절차를 거쳐서 국유 부동산을 이용할 수 있으며, 이를 유통하는 것이 제한된다.

남한은 국유 부동산의 범위가 전체 부동산에서 차지하는 비중이 낮아 이를 관리하는 것이 북한보다 복잡하지 않으므로 이러한 원칙에 대한 통제가 가능하다. 그러나 북한은 협동단체 소유 토지를 제외하고는 대부분 국유이므로 허가받은 국유 부동산의 유통에 대한 통제를 하기가 어려운 점이 있다.[46] 국유재산의 사용에 따라 부과되는 사용료 산정방식에도 유사성이 있

---

46) 국토교통부가 발표한 자료(국토교통부 보도자료, 2013.11.5)에 의하면, 남한의 2012년 말 현재 토지소유 현황은 민유지 52.6%, 국공유지 32.2%, 법인소유 6.5%,

다. 그것은 '부동산가격×일정 요율'의 방식을 말하는데, 이 경우 사용료 산정의 기초가 되는 부동산가격도 국정 가격으로 하는 점 또한 유사하다. 다만, '일정 요율'은 남한의 경우에는 사용 목적에 따라 달라지는 반면, 북한의 요율에 대해서는 아직 구체적으로 알려지고 있지 않다. 남한에서도 그런 것처럼 북한에서도 정책적인 목적에 따라 요율을 달리 정하는 제도가 운영될 것으로 추정된다.[47]

그리고 국토의 이용과 관리에 있어서도 농지 보호를 중요시한다는 점에서 유사점이 있다. 남한은 전 국토에 걸친 용도지역의 분류 외에도 농지를 절대농지, 상대농지로 구분하는 제도를 운영하다가 후에는 농업진흥지역과 농업진흥지역 밖으로 구분하여 보전의 강도를 조절하는 정책을 펼쳤다. 그 외에도 농지전용에 대한 신고·허가제의 운영, 대체농지 조성을 위한 농지보전부담금제의 시행, 휴경 농지에 대한 통제 등 농지를 보호하기 위한 다각도의 정책을 시행하였다. 북한은 각종 개발계획 수립 시에 농지보호를 최우선 지침으로 하여 주거단지나 공장도 농지로서의 가치가 낮은 지대에 입지하도록 하고 있다. 또한, 농지전용에 대한 중앙의 통제, 농지개발에 따른 간석지 개발 등을 통한 대체 농지 확보의 노력 등을 많은 법제나 연구에서 확인할 수 있었다. 남북한은 그 수단에 있어서는 차이가 있지만, 농지보호 정책을 중요시하고 있으며 이것은 다른 나라들에서도 마찬가지이다.

비법인 등 8.7%로 알려지고 있어 국공유지 비율이 상당한 것으로 보이나, 이 비율에는 국공유 행정재산과 국유 임야 등이 모두 포함된 것으로서 실제로 사유지처럼 사용할 수 있는 면적은 이보다 훨씬 작은 규모이다.

47) 한편, 북한에서는 토지소유권과는 별도로 장기간의 토지이용권을 이전하는 경우에는 그 권리의 설정 대가로 토지사용료 외에 토지임대료를 납부하게 하는 제도를 운영하고 있다. 남한의 경우에는 국유재산의 사용기간이 그 목적에 따라 1년~10년의 기간이므로 이러한 제도의 운영은 없다.

[표 4-4] 남북한의 국토이용현황

구분	용도	국토 면적(㎢)	구성비(%)
남한	논밭	19,379	19.3
	임야 등 기타	80,887	80.7
	소계	100,266	100.0
북한	논밭	19,100	15.5
	임야 등 기타	104,038	84.5
	소계	123,138	100.0

출처: 통계청,『국가통계포털』(2013년 현재)

남한은 그동안 급속한 경제성장과 더불어 택지, 산업단지 등의 수요가 급증하여 농지보호를 위한 법제를 두고 있음에도,「택지개발촉진법」등의 특별법 시행으로 농지의 택지화 등이 이루어져 왔다. 그런데도 앞의 [표 4-4]에 나타나듯이 농지의 절대면적이 북한의 경우가 작으며, 각 지역에서 농지가 차지하는 상대적인 비율도 북한이 낮다. 북한은 앞으로 그 경제성장에 따라 농지의 훼손이 불가피할 것인데, 농지 규모의 한계로 인하여 우량농지를 보호하기 위한 특단의 대책이 필요하다. 농지는 식량자원의 원천이 될 뿐만 아니라 자연환경으로서 기능도 하기 때문에 개발과 보전기능이 잘 조화된 장기적인 계획 수립이 필요한 것이다.

그리고 남북한은 그 명칭은 다르나, 국토 이용과 관리에 관한 계획에 있어서도 유사한 체계를 가지고 있다. 먼저, 국토 전반에 걸친 발전적인 이용과 관리를 위한 일반적이고 추상적인 기준을 가지는 최고의 계획으로 남한은 국토종합계획, 북한은 국토건설총계획을 둔다. 그리고 각 지역마다의 장기발전방향을 담는 일반적이고 추상적인 내용을 담는 계획으로 남한은 도시·군기본계획, 북한은 도시·마을총계획을 두고 있다. 그 하위에 개별적이고, 구체적인 계획을 수립하게 되는데, 남한의 도시·군관리계획과 지구단위계획, 북한의 세부계획과 구획계획이 그것이다. 다만, 남한은 종전에는 특정 행정구역에 있어 도시계획구역과 그 밖을 구분한 계획체계를 가지고 있었으나, 2003년부터는 국토 난개발에 대한 대책의 하나로 이러한 구분 없이 일정한 행정구역 전체를 하나의 계획영역으로 하고 있다. 북한의 '도시·마을'이라는 명칭이 남한에서 말했던 도시계획구역과 그 밖의 구역을 모두 포함하는 개념인지는 불명확하나, 법 명칭은 「국토계획법」과 「도시계획법」으로 구분하고 있으므로 도시와 농촌을 별도로 관리하고 있는 것으로 보인다. 경제성장과 국토 발전이 더디게 진행되는 경우에는 도시와 농촌을 하나로 하는 계획영역이 중요하지 않을 수도 있으나, 개발압력이 높아지는 시기가 오면 북한의 경우에도 도시와 농촌을 하나로 묶어서 관리하게 될 것이다. 중국도 2007년에 「도시 및 농촌계획법」의 제정으로 남한의 경우와 같이 운영하고 있다.

개발행위에 따른 수익자부담제의 운영도 유사한 정책으로 시행하고 있다. 남한은 도로 등의 간접자본시설은 국가나 지방자치단체가 부담(세금으로 충당)하였으나, 개발사업으로 인한 막대한 이윤은 개발업자가 가져가는 모순에 대한 논의가 진행되다가, 2000년에 들어서야 기반시설부담제가 도입되어 개발행위자에게 기반시설 설치에 관한 비용의 일부를 부담하게 하고 있다. 북한에서도 외국인인 개발행위자에게 토지이용권을 부여하고 토지임대료를 납부하게 할 때, 사회간접자본의 설치에 소요된 비용을 납부하게 함으로써 수익자부담원칙을 실현하고 있다.

경제특구를 통한 외자도입으로 경제활성화를 하려는 시도도 (그 성과는 별론으로 하더라도) 큰 틀에서는 남북한 간에 유사한 제도라고 할 수 있다. 주지하는 바와 같이 남한은 1970년 마산수출자유지역을 시작으로 2000년대에는 8개의 경제자유구역의 지정과 운영이 있었다. 북한의 경우에도 1991년 나선경제무역지대의 지정을 시작으로 2013년에는 14개, 2014년에는 6개의 경제개발구를 지정하고 운영하려는 시도를 하고 있다. 다만, 경제특구의 운영에 있어 남한은 특구지역에서 운영되는 제도를 특구 밖의 지역과 기본적으로는 동일하게 하되, 외자기업에 대한 세제혜택 등의 각종 혜택을 부여하는 것에 중점을 두는 반면, 북한은 특구지역 내에서 외자기업에 대한 세제혜택 등의 각종 혜택을 주는 것과 함께 특구 밖에서 내국인에게 인정되지 않는 토지이용권 유통 등의 제도를 운영하고 있는 점에 차이가 있다.

2. 남한의 제도 변천이 주는 시사점

토지제도는 한 국가의 발전과 그 구성원들의 삶의 질에 영향을 주는 가장 큰 요인이라고 할 수 있다. 토지는 다른 재화와 달리 그 자체가 가지는 고유한 특성과 사회경제적인 요인 등이 결합하여 많은 문제를 야기할 수 있으므로 일반 경제학적 관점으로 해결할 수 없는 부분이 많다. 토지 문제는 그 소유와 이용관계에 관한 제도를 어떻게 구축하여 사회 구성원 모두가 부동산활동에 있어 공평한 기회를 보장받을 수 있도록 할 것인가의 문제와 국토의 효율적인 이용과 관리를 통한 국토의 난개발 방지로 구성원의 삶의 질을 보장하여야 하는 문제로 귀착된다. 이러한 두 가지의 관점에서 남한의 토지제도 전개가 북한에 주는 시사점을 살펴본다.

(1) 부동산 소유와 이용

남한은 1948년 「헌법」부터 현재까지 줄곧 토지와 주택에 대한 사소유권을 인정하고 있으나, 소유권 행사를 무제한적으로 허용하는 것이 아니라 공공복리를 위하여 그 권리의 본질적 내용을 침해하지 않는 범위에서 제한할 수 있도록 하고 있다. 그러나 토지의 생산수단으로서의 기능, 주택의 생활공간으로서 기능을 넘어 그 자체가 자본이득을 추구하는 중요한 수단으로 인식되고, 활용됨으로써 사회구성원들의 빈익빈 부익부 현상을 심화시켜 갔다. 이른바 토지공개념으로 대표되는 부동산의 공동체적 개념보다는 사적인 부를 추구하는 하나의 수단으로서 더 큰 작용을 하였던 것이다.

이러한 문제점을 인식하고 부동산의 소유와 이용에 있어 소유의 편중을 막고, 투기보다는 효율적인 이용을 도모하고자 많은 정책이 시도되었다. 이에 따라 법제도화되었다가 폐지된 제도로는 소유 규제로서 택지소유상한제, 거래 규제로서 임야매매증명제도가 있고, 토지거래계약신고제, 주택거래신고제가 있었다. 현재까지 유효하게 운영되고 있는 소유권 행사를 제한하는 제도로는 농지의 소유 규제, 주택소유 관련 규제(간접 규제)가 있고, 거래 규제로는 토지거래계약허가제, 주택의 전매제한, 건축물의 분양규제가 있으며, 가격 규제로 공동주택 분양가 상한제가 대표적이다.

  그러나, 이러한 제도를 집행하는 정책 당국은 부동산제도와 경제 활성화를 연관시킨 정책을 펼쳤다. 즉, 일반 경제가 활성화될 때에는 부동산에 대한 규제를 강화하고, 경제 침체기에는 그 규제를 완화하는 정책을 반복하여 시행하였다. 그 결과, 토지의 공공재적 성격과 주택의 생활공간으로서의 개념은 정착되지 않고, 자본이득을 구할 수 있는 대상으로의 인식이 만연되어 있다. 따라서 다른 생산 활동에 의하지 않고 부동산을 통한 자본이득 추구행위가 급증하였으며, 이로 인하여 사회적 부의 편향과 그것으로 형성된 탐욕으로 인한 사회적 문제, 사회적 갈등이 현재까지도 상존하고 있는 것이다.

  이러한 현상을 방지하기 위해서는 토지와 주택은 자본이득을 구하는 대상이 아니라는 강력한 인식을 가질 수 있게 하는 제도의 구축이 필요하다. 토지에 대한 사적 권리를 보장하되, 그것이 소유권이든, 사용권이든 그것은 크게 중요하지 않다. 그 권리가 하나의 재산으로서 자본이득을 구하는 도구로 사용되는 것을 제한하여야 한다는 것이다. 따라서 토지의 공공재적 성격과 주택의 생활공간으로서의 성격에 대한 강력한 제도적 장치가 없는 상태에서 사적 권리행사에 대한 제한과 강화를 반복하고 있는 남한의 경험은 부동산에 관한 권리관계를 북한에서 새롭게 구축함에 있어서 좋은 시사점을 줄 것으로 본다.

(2) 국토 이용과 관리

국토는 효율적으로 이용되고 관리되어야 할 대상이다. 여기서 '효율적'이란 국민의 경제활동에 적합하여야 하지만, 도시 · 농촌 간 및 지역 간의 균형 발전을 도모하고, 국토 환경의 보전을 함께 추구하여야 한다는 것이다. 남한에서는 1970년대부터 급속한 경제성장과 동시에 국토개발이 가시화되어 국토종합계획, 국토이용계획, 도시계획 등의 계획체계를 수립하여 국토를 효율적으로 이용하고 관리하고자 하였다. 그러나 경제활동에 있어서의 집적의 이익, 규모의 경제를 추구하느라 수도권의 초과밀화 현상을 초래하였고, 지역 간 및 도시와 농촌 간의 불균형 발전은 계속적인 문제로 지적되어 왔다. 또한, 국토이용계획 및 도시계획에 의한 용도지역제를 통하여 토지의 개발과 보전수요를 조절하려고 하였으나, 각종 개발사업의 진행으로 국토는 제대로 보전되지 못한 채, 난개발이 심각한 문제로 대두되었다. 임야지대의 거대한 골프장, 산재되어 있는 공장, 외곽의 전원주택단지, 나홀로 아파트 등이 그 예가 된다. 이러한 문제들을 뒤늦게 해결하기 위하여 행정수도의 이전, 공공기관의 각 지방으로의 분산 이전, 도시와 농촌을 하나로 묶는 행정계획 체계의 정립과 집행 등을 시도하고 있지만 그로 인하여 집행되는 사회적 손실의 크기는 결코 작지 않다.

국토의 효율적인 이용과 관리는 어느 정부에서나 다 중요시하는 정책 방향이며, 남한과 같이 국토의 면적이 협소하고 특히, 개발 가능한 국토면적이 작은 경우에는 더 많은 관심과 집중이 있어야 하는 문제임은 틀림이 없다. 그러나 지금까지도 남한에서 앞의 문제점들이 해소되지 못하는 이유는 바로 부동산의 소유와 이용에 관한 확고한 제도의 미비에 있다. 예를 들면, 경제성장에 따라 국토의 이용에 관한 계획에서 생산 활동을 위한 토지소유권 행사의 제한을 완화하면, 부동산을 통한 자본이득의 추구로 가수요가 몰려 부동산가격을 상승시키고, 그러다 보면 토지비용을 감당하지 못하는 생산자들은 더 외곽으로 내몰리게 되어 결국 국토의 난개발 문제가 반복되는 것이다.

그리고 국토의 이용과 관리에 관한 세부적인 정책에서 중요한 것은 용도지역의 구분이다. 용도지역을 지정함으로써 그 토지에서 건축 가능한 건축물의 용도와 그 규모를 정하는 것인데, 남한의 경험은 근본적으로 같은 목적을 수행하기 위하여 수없이 용도지역의 구분을 변경하면서 시행하여 왔다. 결국, 2003년에 도입한 용도지역은 10년 넘게 운영되고 있는데, 이 제도를 통하여 국토의 효율적인 이용과 관리를 도모할 수 있기 위해서는 토지의 공공재적 개념과 주택의 생활수단이라는 기초적인 인식을 통한 부동산의 소유와 이용에 있어서의 권리행사의 제한을 잘 조화시켜야 한다. 남한의 경우에는 재산권의 보장과 공공복리, 국토의 효율적인 이용과 관리 등을 중요시하여 수많은 제도를 두고 있으나, 부동산가격을 통한 경제 활성화를 도모하려는 정책 당국과 부동산이 자본이득을 주는 수단이라는 주민의식이 더해져서 부동산에 관련된 문제는 해결하기 힘든 큰 사회문제가 되고 있다. 북한에서도 기본적으로 부동산에 관한 실효성 있는 사적 재산권의 통제를 제대로, 종합적으로 법제화해야 사회정의와 통합은 물론, 국토의 효율적인 이용과 관리를 도모할 수 있음은 남한에서 그동안 보여준 경험들이 귀중한 시사점을 줄 것이다.

2장

중국의 부동산 및 국토이용 · 관리제도

1절_ 부동산에 관한 권리관계의 변천

1. 개혁 · 개방 이전 시기

개혁 · 개방 이전 시기의 중국 토지제도는 토지개혁과 합작화, 집체화의 단계로 구분할 수 있다. 토지개혁은 1949년 정부 수립 이후 1950년 말부터 단행되었다. 중국 정부는 「토지개혁법」을 제정하여 지주계급에 의한 봉건적 착취관계의 토지소유제를 폐지하고, 농민들에게 무상으로 토지를 분배하였다.[48] 즉, 토지개혁은 경자유전 원칙에 따라 무상몰수, 무상분배 형식으로 진행되었다. 그 결과, 일정 부분의 토지생산성 제고 효과가 나타났다. 중국 토지개혁의 중요한 특징은 농민들에게 토지소유권을 부여하고 그 권리의 처분권까지 인정하였다는 점이다. 그 결과, 빈농과 중농 중심의 토지개혁을 단행하였지만, 다시 부농 비율이 증가될 가능성도 있었다. 북한과

---

48) 중국의 토지개혁에 대한 자세한 내용은 박인성 · 조성찬, 『중국의 토지개혁 경험』, pp.83~86 참고.

마찬가지로 중국도 토지개혁을 통하여 정부 수립 이후 군중들의 지지를 광범위하게 얻게 되었다. 이러한 군중의 지지는 한편으로, 후에 농업 합작화 추진의 동력으로 작용하게 되었다.

그러나 토지개혁에 따른 토지분배 결과, 농가별 소규모 토지 경영으로 농업생산 도구가 부족하고 수리관개시설 건설과 자연재해 대처에 어려움이 발생하였다. 그리고 농지 처분권의 인정으로 다시 소작이 나타나는 등 '자본주의적 병폐'에 대한 비판으로 농업 합작화가 진행되게 되었다.[49] 농업 합작화는 상호협조조, 초급합작사, 고급합작사의 세 단계[50]로 진행되었으며, 토지소유권은 고급합작사 단계에서 집체화되었다. 이후 1958년부터는 전국적으로 인민공사(人民公社)[51]가 추진되었는데, 이는 기존의 고급합작사를 대규모로 통합한 것이다. 인민공사는 대규모 조직으로 개별 농가에 의한 농업경영의 분산 상황을 개선하고, 토지공유제를 확고히 하는 의미가 있었다.

인민공사는 '공업, 농업, 상업, 문화·교육이 상호 결합되고', 국가권력기관을 조직 면에서 일체화한 '정사합일(政社合一)'체이며, 집단소유제로부터 전인민소유제로의 생산관계 전환의 전망을 지닌 '사회적 기본단위'였다.[52] 즉, 기존 합작사가 경제조직이었다면, 인민공사는 일정 부분 지역의 행정과

---

49) 농업의 합작화와 집체화에 대한 자세한 내용은 박인성·조성찬, 위의 책, pp.86~95 참고.

50) 상호협조조는 개체경제 기초 위에 자원(自願), 상호이익의 원칙에 따라 조직된 노동협동 조직이며, 초급합작사 단계에서는 개인 소유권을 승인하는 전제하에 농민의 토지와 농기구 등 생산수단과 토지사용권(경작권)을 합작사 집체소유로 전환시켰다. 1956년부터 고급합작사 단계에 진입했는데, 토지사유제를 폐지하고 농업합작사 집체소유, 통일사용 경영제도로 바뀌었다. 농민의 토지, 농기구 등 생산수단은 모두 무상으로 집체에 귀속되었다[吳玲,『新中國農村産權制度變遷與創新研究』(北京: 中國農業出版社, 2007), pp.61~68 참고. 이는 박인성·조성찬, 위의 책, p.87 재인용함].

51) 인민공사에 대한 자세한 내용은 유영구, "人民公社의 변화과정을 통해 본 中國의 농업관리형태",『중소연구』제43권(1989) 참고.

52) 위의 논문, p.136.

경제를 포함한 사회의 기본조직이었던 것이다. 인민공사는 3급 소유제로 구성되었다. 하부 조직으로 생산대, 생산대대가 있고, 생산대대를 묶어 인민공사로 조직한 것이다. 인민공사의 수는 거의 향(鄕)의 수와 같아서 1향(鄕) 1사(社)가 일반적인 규모였다. 인민공사의 채산단위(협동경영체의 수지 결산을 행하는 단위)는 처음에는 인민공사 단위로 하였으나, 제대로 기능하지 않아 생산대대 단위의 채산(1960년), 생산대 단위의 채산(1962년)으로 변경하였다. 이에 따라 농업경영에 대한 자율성과 책임이 인민공사 하부단위로까지 부여되었다.

2. 개혁·개방 이후 도시 토지사용제도 개혁과 시장 형성

중국의 연구53)에 따르면, 1978년 개혁·개방54) 당시 무상·무기한으로 토지를 사용하는 제도는 다양한 문제점을 발생시켰다. ① 외자기업 및 중국 내 비국유기업에 대한 토지사용제도 개혁의 요구, ② 국가토지소유권의 경제적 실현 제약, ③ 토지이용 및 토지배치의 효율성 저하, ④ 기업 간 공정 경쟁 저해, ⑤ 토지자원과 토지자산 간 모순, ⑥ 새롭게 형성·발전하는 부동산시장과의 모순 등이 그것이다. 즉, 국가소유인 토지를 사용하는 외자기업이나 비국유기업에 토지사용료를 징수하는 것은 토지소유권을 실현하는 당연한 조치이며, 외자기업의 자유로운 투자를 위해서는 토지사용권의 유통도 인정하여야 한다고 주장하였다. 그리고 국유토지를 무상으로 이용

---

53) 黃小虎 主編,『中國土地管理硏究(上, 下)』(北京: 當代中國出版社, 2006), pp.4~5 참고. 이는 박인성·조성찬,『중국의 토지개혁 경험』, p.116에서 재인용함.
54) 중국 공산당은 1978년 12월에 제11기 중앙위원회 제3차 전체회의에서 당의 역점을 사회주의 현대화 건설로의 전환을 천명하였다. 이에 대하여 원톄쥔은 중국에서 개혁을 한 이유는 1978~1979년에 심각한 재정 적자 위기에 직면했기 때문이라고 분석하면서, 중앙정부는 이미 더 이상 잉여를 생산하지 못하게 된 농업자본을 돌아볼 겨를이 없어졌다고 설명하고 있다[원톄쥔 지음, 김진공 옮김,『백년의 급진』, p.62].

하면 토지이용이 낭비되는 현상이 발생하고, 기업 경영활동에 비용으로 인식되지 못하여 기업 경영능력을 판단하는 데 공정하지 못하다고 하였다. 또 법적으로는 금지되어 있었지만, 부동산시장이 은폐된 형태로 존재하여 이를 인정할 필요가 있다는 것이다.

이러한 국유토지 유상사용 필요성의 인식과 동시에, 대외개방 방침에 따라 지정·설립된 선전(深圳), 주하이(珠海), 샤먼(厦門), 산터우(仙頭) 등의 경제특구에 삼자기업(독자기업, 중외합자기업, 중외합작기업)이 나타났다. 「중외합자기업경영법(中外合資經營企業法)」은 "만약, 장소 사용이 중국 측 공동경영자 투자항목의 일부가 아니라면, 합작기업은 중국정부에 사용료를 납부해야 한다"라고 규정하였다.[55] 즉, 중국에서 토지 유상사용은 처음부터 전국적으로 실시한 것이 아니라 경제특구를 중심으로 외자기업에 대하여 시범적으로 운영한 후 지역적 범위를 확대하였던 것이다. 이후, 1988년에 「헌법(憲法)」과 「토지관리법(土地管理法)」[56]을 개정하면서 "국유토지와 집체소유 토지의 사용권은 법에 의해 양도할 수 있으며, 국가는 법에 의해 국유토지의 유상사용을 시행할 수 있다"고 정했다. 그리고 국유토지사용권의 출양과 재양도에 관한 구체적인 내용은 1990년 5월에 국무원이 총리령으로 공포한 「도시국유토지사용권 출양 및 재양도 임시규정」에 규정하였다. 이로써 토지사용제도의 개혁은 법적인 체계를 갖추고 전국적으로 추진되게 되었다.

이에 따라 도시에서는 도시 국유토지 사용권 시장이 형성되었으며, 이는 거래 단계에 따라 1단계, 2단계, 3단계의 시장구조로 나눌 수 있다. 1단계 토지사용권 시장은 토지사용권 출양[57] 시장으로 국가가 토지공급자로서

---

55) 도시 토지 유상사용 실시과정에 대한 자세한 내용은 박인성·조성찬, 『중국의 토지개혁 경험』, pp.120~134 참고.

56) 이 책에서 인용하는 중국 법률은 『세계법제정보센터-중국』(법제처, 2014); 박인성·조성찬, 『중국의 토지개혁 경험』, 부록 편; 중국정부법제정보망(中國政府法制新息網, http://www.chinalaw.gov.cn)의 자료를 참고하였다.

국유토지 사용권을 협의, 입찰, 경매 방식으로 토지수요자에게 양도하는 시장이다. 2단계 토지사용권 시장은 국유토지사용권 재양도(轉讓) 시장으로 토지개발상(土地開發商, 1단계 토지사용권 시장의 수요자)이 1단계 시장으로부터 양도받은 국유토지사용권에 대해 택지조성, 상품주택 건설 등의 개발행위를 한 후 부동산수요자에게 판매하는 시장이다. 3단계 토지시장은 2단계 토지시장에서 토지사용권을 취득한 기업이나 개인 간에 토지사용권을 거래하는 시장이다. 3단계 토지시장은 토지사용자 간에 이루어지는 토지 재양도, 임대, 저당, 교환 등의 거래활동이 이루어지는 시장이다.[58] 예를 들면, 국가로부터 토지사용권을 매수(1급 시장)하거나, 개발업자가 주택을 건설하여 일반 분양(2급 시장)을 하거나, 분양받은 자가 다시 주택을 매각(3급 시장)하는 형식으로 토지사용권을 포함한 부동산시장이 형성되는 것이다.

3. 개혁·개방 이후 농촌 토지제도 변천과 도급경영권의 유통

농촌 토지에 대한 인민공사 집체소유와 집체경영은 농업생산성을 오히려 저하시킨 것으로 나타났다. 인민공사의 행정, 경제조직적 성격 때문에 생산물에 대한 관료적 통제, 개인 농민들의 소극성 등의 문제가 발생해 농업 경영이 심각한 상태에 이르렀던 것이다. 이러한 상황 속에서 1978년 농지 계약경작(包産到戶) 방식의 농촌 집체토지 도급제 모델이 대두되었다. 이후 몇 해 만에 전국 대부분의 농촌 집체 토지는 토지 운용에 관한 농민의 자율권이 한층 강화된 계약경영(包干到戶) 방식의 도급제를 채택하기에 이

---

57) 출양(出讓)이란 국유토지의 사용권을 토지사용자에게 유상으로 양도하고, 토지사용자는 토지사용권의 대가인 출양금을 일시불로 지불하는 것을 말한다.
58) 토지사용권시장에 대한 자세한 내용은 박인성·조성찬, 『중국의 토지개혁 경험』, pp.177~180 참고.

르렀다. 농가생산도급책임제(家庭聯産承包責任制)[59]로 통칭되는 이 토지사용제도는 흔히 '5개의 1호 문건'[60]이라고 불리는 일련의 정책 통지를 통해 기본적 원칙과 운용 방침이 확정되었다.[61]

실험적으로 실시되던 계약경영제 방식은 1983년 정책적 결정을 계기로 전국적으로 확산, 시행되었다. 또한 1978년에 1년, 그 이듬해에 3년 기한으로 설정되었던 토지도급 기간은 1984년 문건을 통해 15년으로 연장되었다. 그리고 1988년에 개정된 「토지관리법」은 "법률에 의거하여 토지사용권을 유상으로 재양도할 수 있다"고 규정함으로써, 농지 도급경영권의 유통에 의해 토지집중화를 실현할 수 있는 법적 근거가 마련되었다. 1993년 국무원은 도급기간을 계약 기간 완료 후 다시 30년 연장한다는 정책을 공포하였다. 1998년 「토지관리법」 제2차 개정을 통하여 제14조에 30년 농지 도급 방침을 확실히 명시함으로써 법률적 근거를 확보했다.[62]

그리고 2003년 3월 1일자로 전국적으로 시행된 「농촌토지도급법(農村土地承包法)」[63]은 집체 소유권과 농민의 토지사용권 관계를 더욱 세부적으로

---

59) 농민들에게 농지에 대한 토지사용권을 부여한 제도로서, 동 제도하에서는 토지에 대한 노동력 및 기초설비 등을 농가가 독자적으로 결정하며, 토지생산량 중 의무수매량만을 국가와 집체에 납부하고 잉여생산물은 독자적으로 처분한다. 이 제도는 다양하게 번역되어 소개되고 있다. 원문 그대로 해석하면, 개별 농가에게 일정량의 책임생산을 도급하는 제도라고 풀이할 수 있다[유현정,『중국의 농촌토지제도의 한계와 개선방향』(성남: 세종연구소, 2014), p.11]. 이 책에서는 각 인용문에서 사용하는 용어를 그대로 사용하기로 한다.
60) '5개의 1호 문건'은 중국공산당 중앙위원회가 1982년부터 1986년까지 매년 최초로 하달한 정책 통지를 지칭하는 것이다.
61) 장호준, "개혁개방 이후 중국의 농촌 토지제도 개혁",『중국연구』제52권(2011), pp.564~565.
62) 위의 논문, 564~565.
63) 원톄쥔은 이 법의 시행으로 토지에 대한 농민의 권리를 급진적으로 사유화하여 새로운 실질적 변화가 나타났는데, 토지에 대한 '집단적 소유권'이 사실상 박탈되었으며, 이 때문에 많은 지역에서 농민들이 인구 변동에 따라 토지를 재분배 받지 못하는 상황이 벌어졌다고 진단한다. 특히, 1980년 이후나 1990년 이후에 출생한 이른바 '80후', '90후'의 신세대 농민공들은 고향으로 돌아가도 경작할 토지

규정하고 있다. 이 법에서는 사용권 이전 과정에서 집체구성원에게 우선권을 부여하고 있다. 농민이 자신이 보유한 토지도급경영권을 처분할 경우에 농업경영 능력을 가진 자에게만 경영권을 처분할 수 있도록 강제하고 있다. 또 지방 정부의 토지 징용 및 농민들의 사용권 이전 과정에서 농지 용도가 무단으로 변경되는 것을 방지하기 위하여 용도변경 관련 위반 사항에 대해 법률적 처벌의 근거를 제공하고 있다.

아울러 2007년 3월에 채택된 「물권법(物權法)」은 토지사용권의 법적 성질에 중요한 변화를 가져온 계기가 되었다. 이전의 다른 법률에서는 농민들의 토지도급경영권이 계약에 의해 효력이 발생하는 대인(對人)적 권리로 규정되었다. 이와 달리 「물권법」에서는 절대적 재산권의 속성을 지닌 대세권(對世權 right in rem)으로 규정되고 있다. 이는 개별 농가의 농지 권리 자체가 일종의 재산으로 인정되어 저당(抵當)과 같은 부가적 권리가 파생될 수 있는 여지가 마련되었고, 이에 따라 더욱 엄격한 법률적 보호를 받게 되었다는 점에서 상당히 의미 있는 전환이라 할 수 있다.[64]

한편, 「토지관리법」 제10조를 정리해 보면, 농촌집체 소유 토지의 소유권 행사 주체는 상황에 따라 ① 향(진) 농촌집체경제조직, ② 촌 단위의 농촌집체경제조직 혹은 촌민위원회, ③ 촌민소조로 구분할 수 있다. 촌집체경제조직과 촌민위원회가 동시에 존재하는 촌에서 촌민위원회가 소유권 행사의 주체기 되는 경우에 권리행사의 적법성, 유효성 여부에 대한 논쟁이 촉발되었다. 「토지관리법」에서 집체경제조직의 법인성을 확정적으로 부여받지 못함으로 인해 거래현실에서 집체조직이 사적 경제주체로서 법적 인정

를 분배받을 수 없게 되어, 땅이 없는 유동인구로 전락했으며, 그리하여 중국의 노동자계급은 새로운 세기 들어 불과 5년 만에 세계 노동자계급 가운데 가장 방대한 집단이 되었다고 한다. 또한, 중국은 최대의 소자산계급 국가에서 돌연 2억 명이라는 신생 노동자계급을 거느린 국가로 변모했다는 것이다(원톄쥔 지음, 김진공 옮김, 『백년의 급진』, p.56].
64) 장호준, "개혁개방 이후 중국의 농촌 토지제도 개혁", pp.565~566.

을 받지 못하고 있다. 따라서 행정자치조직인 촌민위원회와 분리되어 집체경제조직이 집체구성원의 의사를 대리할 우선적 주체라는 법적 취지가 형해화되었다. 이러한 이유로 집체경제조직과 촌민위원회의 의사가 충돌하는 경우에는 어떻게 해결해야 하는지에 관한 법률적 논쟁을 촉발시키는 중요한 원인이 되고 있다.[65]

즉, 집체토지의 소유권행사 주체는 개별 농민들과의 도급계약을 통해 집체소유토지에 대한 도급경영권을 부여할 권한을 가지고 있다(「농촌토지도급법」 제12조). 이 경우 앞에서 살펴본 대로 일반적으로 촌민위원회와 농민 간의 계약을 통하게 된다. 또한, 농민집체소유의 토지는 현급 인민정부가 등기부[66]를 작성하고, 증명서를 심사발급하며, 소유권을 확인한다(「토지관리법」 제11조). 집체소유 토지의 소유권 행사 주체에 대한 명확한 정리가 되지 않은 채, 지방인민정부는 집체소유의 토지에 대해 강력한 통제력을 행사하고 있는 것이다.

이러한 가운데 집체 구성원인 농민들의 권리 보호를 위한 다양한 논의들이 진행되고 있다. 2014년 9월 20일에 중국은 중국공산당 중앙위원회와 국무원 공동명의의 문건 《농촌토지도급경영권의 점진적인 유동 유도 및 농업의 규모화 경영 발전에 관한 의견》(이하 《의견》이라 한다)을 발표하였다. 《의견》의 핵심 내용은 농촌 토지에 대한 대표적인 재산권을 소유권과 사용권(도급경영권)으로 정의하던 것을 소유권과 도급권, 경영권으로 분리하였다. 그리고 도급권과 경영권은 별도로 유통되게 하겠다는 것이다.[67] 이렇게 3권으로 분리되면, 소유권은 종전대로 집체경제조직(실질은 촌민위

---

65) 윤상윤, "중국 「토지관리법」상의 집체건설용지사용권에 관한 연구", 『중국연구』 제58권(2013), p.280.
66) 중국은 부동산권리에 대한 등기제도를 두고 있다. 즉, 토지사용권과 건물소유권의 등기증명·발급제도를 실시하고 있다(「도시부동산관리법」 제60조 내지 제62조).
67) 한국농촌경제연구원, "월간 중국농업 브리프"(한국농촌경제연구원 중국사무소, 2014.12), pp.3~4.

원회)이 행사하지만, 집체구성원은 농촌에서 도시로 떠나더라도 도급권을 그대로 보유한다. 그리고 경영권은 실제 영농을 하는 주체에게 유동이 가능하도록 하는 정책이다. 이것은 농촌집체의 구성원인 농민들의 권리를 보호하고 규모 영농을 장려하려는 취지이며, 농민에게 농지 소유권을 부여한 것과 같은 효과가 나타나는 획기적인 조치이다.

4. 토지의 공적지가와 부동산평가제도의 형성

토지사용권의 출양에는 출양가격이 필요하였는데, 토지 유통시장이 형성되지 않은 상황에서 토지가격을 정하는 것은 쉽지 않았다. 즉, 정상적 거래 사례나 임대사례가 형성되지 않았기 때문에 토지가격에 접근하는 세 가지 방식인 비교방식, 수익방식, 원가방식 중 가장 원초적 방법인 원가방식에 따를 수밖에 없었다.

토지사용권의 시장화 추진과정 초기에는 토지 조성원가를 기준으로 기준지가를 산정하여 협의, 경매 및 낙찰가격의 기준으로 삼았다. 기준지가는 ① 현재 이용자에 대한 토지수용비 ② 현재 거주자에 대한 건물보상비 ③ 도로, 전기, 가스, 상수도, 하수도, 통신, 난방 설치에 소요되는 이른바 칠통비용(七通費用) ④ 단지조성에 사용된 개발비로서 이른바 일평비용(一平費用) ⑤ 당해 토지의 예상 순수익 ⑥ 부대관리비 등 제반 조성원가를 고려하여 산정하였다. 다만, 전국 모든 토지를 대상으로 이러한 기준지가를 산정할 수는 없었다. 이에 따라 1990년 국가토지관리국이 「도시토지등급규정」을 제정하였다. 이 규정에 의해 도시와 인구 규모에 따라 전국 지역을 우선 일차적으로 등급화하였다(분등). 이어서 각 도시 · 지역별로 지리적 위치, 교통조건, 자연조건, 경제조건, 토지용도 등을 고려하여 토지 등급을 설정하였다(분급). 이처럼 분등과 분급 작업 후 각 지역별로 원가방식을 활용하여 대표적인 기준지가를 작성하였다. 이후 부동산시장이 형성되면서 부동산이 실제로 매매·이전되는 사례가 늘어가자, 토지등급 구분 단계를 거치지 않고 직접 기준지가를 평가할 수 있었다.[68]

즉, 중국의 부동산평가제도에서는 초기에 지역 및 토지별로 일정한 범위의 토지등급을 설정한 후, 원가방식에 의한 각 등급별 기준가격을 정하였다. 이후 부동산 매매 및 임대사례가 형성되자 비교방식과 수익방식을 함께 적용한 공시가격제도를 도입하였고, 평가에 관한 전문가 제도를 두어 일정한 방식에 의한 다양한 목적의 평가가 이루어지고 있다.

5. 주택 정책

신중국 출범 이후 개혁·개방 이전 중국 주택제도의 특징은 ① 공유제(公有制), ② 준공급제(准供給制), ③ 복지개념(福祉槪念)으로 요약할 수 있다. 건국 초기에는 사유 주택을 인정하였으나 1956년 사회주의개조가 완료되면서 기본적으로 국가에 귀속되었으며 국가가 통일적으로 관리하였다. 국가기관 종사자에게는 공급제에 따라 주택이 무상으로 분배되었으나 1955년에 이것이 취소되면서 표면적으로는 임대관계지만 실제로는 '직급 및 자녀 수에 따른 공급제'와 같이 운영되었다(준공급제). 그 후 임대료 수준은 전국적으로 국가기관 숙사의 임대료 수준으로 하향 평준화되었다. 그러면서 국가기관 종사자만 누리던 준공급제 분배방식도 전국적인 주택분배방식으로 확대되었다. 이와 함께 주택사정이 극심하게 곤란한 자에게는 위험가옥 개보수 지원 등의 특별한 대책, 즉 복지개념을 갖춘 제도가 시행되었다.[69] 그러나 국가재정으로 주택 건설·배분·관리에 소요되는 비용을 모

68) 이정식·정희남·정우형,『사회주의 국가의 부동산 제도개편 비교연구』(안양: 국토개발연구원, 1997), pp.245~246.
69) 馬洪波, "住房利益分配的 矛盾與協調" 참고. 이는 박인성,『중국의 국토개발정책에 관한 연구』, pp.167~168에서 재인용함.

두 부담할 수는 없었다. 복지개념에 의한 실물 관리와 저임대료 방식에 따른 주택 배분은 시장기제 작용을 억제하였고, 주택 건설과 분배를 위한 순환체계의 형성과 주택공급을 어렵게 하였다. 또한, 부족한 주택 공급과 팽창하는 주택수요 사이에서 주택문제는 더욱 심각한 사회문제로 대두되어 갔다.[70]

1980년대에 들어서면서 중국은 주택문제에 특별히 관심을 가지기 시작하였다. 그리고 1987년 국가통계위원회, 건설부, 국가통계국이 공동으로「상품주택건설계획과 관리 강화에 관한 임시규정」을 발표하였다. 이를 계기로 1987년부터는 각 지역의 상품적 주택건설을 국가계획에 포함시켰다.[71] 1994년에 이르러서는「국무원의 도시주택 제도 개혁에 관한 결정」을 발표·실시함으로서 중국 주택정책의 새로운 시도가 전개되었다. 변화된 주요 내용으로 주택적립금(住房公積金) 제도의 수립을 들 수 있다. 주택적립금 제도는 주택을 화폐로 환산하는 시발점이 되었다. 이는 새로운 주택제도의 추세로 발전할 수 있는 기반을 마련하였다는 점에서 의미를 찾을 수 있다.[72] 실제로 중국에서는 1998년에 실물주택 분배제가 완전히 폐지되고, 주택의 전면적인 상품화와 시장화 개혁이 이루어졌다. 이 시기에 정부는 주택시장의 형성을 유도하는 정책을 펼쳤으나, 2004년에는 주택가격이 급등하여 사회문제로 되자 시장안정화를 위한 대책을 발표하기도 하였다. 이후에도 정부는 주택을 경기조절 수단으로 삼아 거래 규제를 강화하거나 완

---

70) 위의 논문, p.168.
71) 정상국, "중국부동산 정책 및 시장에 관한 연구",『대한정치학회보』제17집 2호(2009); p.268; 상품방(商品房)은 1994년 주택시장 개혁에 의해 허용된 민간 상업용 주택을 의미하며, 일반상품방(普通上品房)과 고급상품방(高級商品房: 아파트·빌라)으로 나뉜다. 고급상품방은 주택단지 용적률 100% 미만 혹은 단위주택 면적 140㎡ 초과, 실제거래가격이 동급 주택 평균거래가격의 1.2배 이상 등 세 가지 조건 중 하나에 해당되는 경우이다[오대원·강소연, "중국의 도시주택가격 결정요인과 부동산금융 부실화 가능성 분석",『韓中社會科學硏究』제8권 3호(2010), p.138].
72) 정상국, "중국부동산 정책 및 시장에 관한 연구", pp.268~269.

화하였으며, 중국의 주택 시장은 시장경제체제에서의 그것과 동일한 상황
으로 전개되었다.

6. 부동산 소유 및 거래에 대한 규제

개혁·개방 이후 토지사용권이 부여되고 유통이 인정되면서 부동산시장
이 형성되었다. 주택을 포함한 다양한 부동산의 상품화로 부동산 관련 문
제들이 돌출함에 따라 중국의 제반 법령도 부동산활동을 규제하는 방향으
로 변화하고 있다. 먼저, 토지사용권 거래 규제를 살펴보면, ① 토지사용권
출양의 제한(「도시부동산관리법」: 城市房地産管理法 제10조, 18조, 39조),
② 출양 방식의 엄정한 선택(동법 제13조), ③ 부동산거래가격 신고제도(동법
제35조), ④ 토지사용권 재양도의 경우 거래가격 통제(「도시국유토지사용권 출
양과 재양도 임시조례」 제26조) 등이 있다. 이러한 규제는 거래질서 확립, 지
가변화 통제, 토지시장 안정 도모, 토지사용권자 권익 보호 등에 목적이 있다.
한편, 주택 소유와 거래에 대해서도 규제하고 있는데, 2010년 9월 중국
중앙정부는 '신국5조(新國5條)'를 발표하여 한구령(限購令)을 포함하였다.
구체적으로는 지방마다 차이가 있으나, 주요 내용은 현지 주민으로서 2채
이상 주택을 소유한 자는 더 이상 주택을 구입할 수 없으며, 1년 이상 해당
지역에서 납세증명서 및 사회보험금납입 증명이 없는 외지인은 주택을 구
입할 수 없다는 내용이다. 이러한 조치를 취한 지방에서는 효과가 즉각적
으로 나타났다. 2010년 하반기 가격 상승세가 주춤하는 모습을 보였던 것도
이러한 한구령 발동에 기인한 것으로 보인다.[73] 최근에는 다시 지방정부의
세수 확대와 부동산을 통하여 경기 활성화를 도모하려는 정책목적에 따라
지역별로 부동산규제의 미세한 조정(완화)이 나타나는 것으로 알려지고 있

---

73) 김화섭, "최근 중국 부동산 건전화 정책의 의미와 시사점", 『KIET 산업경제』 통권
제155호(2011), pp.49~51.

다.[74] 2012년 2월 상해시는 상해 호적을 소유하지 않은 외지인에 대해 최소 3년 이상 장기 거주할 경우 상해 주민과 동등한 부동산 구매자격을 부여하면서 한구령을 해제시킴에 따라 제2의 주택 구입을 가능하게 했다. 이러한 일련의 상황 속에서 중국에서도 주택은 자본이득을 추구하는 대상으로서 자리 잡게 되었고, 정부는 주택시장 활성화 여부에 따라 수요억제정책을 통한 조정 시도를 반복하고 있다.

그리고 상업용 주택을 사전 매각하는 경우에도 규제를 받는다. 즉, 토지 사용권 매각대금을 전액 납부하여야 하며, 투입된 건설 자금이 총 투자액의 25% 이상이어야 하고, 인민정부로부터 허가를 받아야 한다(「도시부동산관리법」 제45조). 2011년 3월 16일, 중국 국가개발개혁위원회는 「상업용 주택의 판매시 실가격 표시에 대한 규정」을 공포[75]하여 분양주택에 대한 제반 사항(실가격, 개발업자, 토지사용권, 건물 구조 등)을 표시하도록 규정하여 분양시장의 투명성을 확보하고자 하였다. 농촌 주택에 대해서는 농촌촌민 1가구당 1개 주택지만 가지며, 주택지 면적이 규정된 표준을 초과하지 못하도록 하여(「토지관리법」 제62조) 농촌촌민의 주택이 투기 대상이 되는 것을 방지하고 있다.

2절_ 국토 이용과 관리

1. 개혁·개방 이전의 정책 방향

이 시기에는 국토 전반의 개발과 관리에 관한 계획을 수립할 만큼 경제

74) 『신영증권 리서치센터』, 2012년 2월 28일.
75) 중국 국가개발개혁위원회, 「http://bgt.ndrc.gov.cn/zcfb/201103/t20110322_498590.html」 참조.

활동이 왕성하지 않았기 때문에 국토계획과 같은 총체적 계획의 고민은 없었다. 다만, 사회주의 체제를 구축하여 가는 과정이었으므로 사회주의 이념에 적합한 도시형성과 사회주의 공업화를 달성하기 위한 수단으로써 도시계획의 전개가 있었다.

이 시기 모택동(毛澤東)의 국토개발에 대한 정책 방향은 반도시화 정책과 도·농 균형 발전전략으로 구분할 수 있다. 모택동의 반도시 사상 가운데 뼈대를 이루고 있는 것은 호구제도(戶口制度)이다. 모택동은 1951년 7월 16일 「도시호구관리제조례」를 공포하고 농촌인구의 도시이주를 제한할 뿐 아니라, 도시인구의 도시 간 이동도 제약했다. 호구제도가 도입되고부터 중국인민들은 거주이전의 자유가 박탈되었지만, 이 제도는 농촌인구를 안정시키고 도시화를 억제하는 데 긍정적 역할을 했다. 중국이 다른 개발도상국에 비해, 적어도 모택동의 초기 기간에 낮은 도시화율을 보이는 이유도 이 때문이다. 물론 후반기에 사회주의 도시개조사업이 본격적으로 진행되면서 도시가 중공업화됨에 따라 농촌인구의 도시이동이 불가피해지기도 했다.76)

모택동의 두 번째 반도시적 정책은 이른바 하방정책(下放政策)이다. 하방운동의 대상은 국가기관, 군대, 학교, 기업, 단체의 관리지도자, 지식층, 초·중·고교생 등이었다. 이들을 농촌이나 인민공사, 공장 등에 보내어 노동자, 농민과 함께 노동하고 생활하게 함으로써 낡은 사상을 없앤다는 것이다. 이 운동의 이면에는 도시지향 사상을 없애고 도시화를 적극적으로 억제하는 정책이 내포되어 있다.77) 이러한 하방정책은 중국 도시성장에는 부정적인 영향을 미쳤다. 그러나 중국 경제 침체시기에 농촌 식량 자급자족을 가능하게 하고 상대적으로 적은 수의 도시인구 식량문제 해결에도 어려움이 없도록 하여 경제위기를 극복하는 유용한 정책 수단이 되었다는 평

76) 김원, 『사회주의 도시계획』, p.124.
77) 위의 책, pp.124~125.

가를 받기도 하였다.

2. 개혁 · 개방 이후의 국토 공간계획 전개

중국에서는 부동산 소유와 이용에 관한 제도와 마찬가지로 국토 공간 계획체계도 중국 국무원이나 공산당의 결정 등에 따라 정책이 먼저 집행되고, 법 · 제도화가 이후에 이루어지는 특징이 있다. 따라서 모든 공간계획이 법제화되어 있는 것이 아니므로 국토 공간계획을 이해하기 위해서는 법제화되지 않은 사항도 검토할 필요가 있다. 특히, 개혁 · 개방 이후에는 국토개발이 본격화됨에 따라 국토 공간계획에 대한 논의도 활발해지고 내용도 다양해지고 있다. 이로써 새로운 공간계획의 내용들이 법제화되어 가고 있는 과정에 있다.

우선, 중국의 계획체계는 경제사회 전반에 대한 발전전략을 수립하는 '국민경제및사회발전계획(國民經濟和社會發展規劃)'을 최상위로 하여 공간계획과 비공간계획의 두 가지로 구분할 수 있다.[78] 이 계획은 그야말로 국민경제와 사회발전에 관한 국토공간의 전망을 일반적이고 추상적으로 표현하는 것이라고 할 수 있다. 그 하위에 국토계획[79]이라고 부를 수 있는 공간계획이 있는데, 이 또한 법제화되어 있는 계획은 아니다.

이와 관련된 계획으로서 2011년 6월, 중국 국무원은 전국주체기능구계획(全國主體功能區規劃)을 발표하였는데, 이는 국토의 효율적 개발과 질적 성장의 필요성을 인지하고 개선을 이루고자 하는 데 목적이 있다. 계획에서는 중국의 동부 · 중부 · 서부 · 동북 등 4개 권역을 '도시화 지역', '농산품 주산지', '중점 생태기능구'로 나눔과 동시에 국토공간을 '최적개발구(優化開發

---

[78] 국민경제및사회발전계획에 대한 자세한 내용은 박인성 · 조성찬, 『중국의 토지개혁 경험』, pp.217~221 참고.

[79] 국토계획에 대한 자세한 내용은 위의 책, pp.221~224 참고.

區)', '중점개발구(重點開發區)', '제한개발구(限制開發區)', '금지개발구(禁止開發區)' 등 네 가지 주체기능구로 구분하였다. 최적개발구는 높은 인구밀도, 편중이 심한 개발로 자원환경이 과부화된 지역에 대해 합리적이고 최적화된 개발을 하기 위한 것이다. 중점개발구는 자원환경 적재능력이 강하고 인구와 경제 집적조건이 좋은 지역을 중점적으로 개발하고자 하는 목적이 있다. 제한개발구는 국가 생태에 영향을 미치는 중점 생태기능구에 대규모·고밀도의 공업화·도시화 개발을 제한하고, 금지개발구는 자원문화자원보호구와 기타 특수보호구역의 개발을 금지하고자 하는 목적이 있다.[80] 전국주체기능구계획도 법정 계획은 아니지만, 신중국 성립 이후 최초의 전국적인 국토 공간 개발과 관리계획으로 발표되었다는 점에 큰 의의가 있다.

법제화되어 있는 공간계획으로서 상위 계획으로는 토지이용총체계획이 있다. 이 계획은 「토지관리법」에 의해 수립되는데, 토지용도를 농경지, 건설용지, 미이용지로 구분한다. 그리고 농경지가 건설용지로 전환되지 않도록 엄격히 제한하며, 건설용지 총면적을 제어하여 농경지에 대한 특별한 보호정책을 취하도록 하고 있다(제4조). 이 계획에 의하여 건설용지 총량과 농경지 보유량에 대한 지표도 정해지며, 지방 각급 인민정부는 상급 토지이용총체계획에서 정한 범위 내에서 건설용지와 농경지를 이용하도록 하고 있다(제18조). 그 외에도 이 계획에 의하여 기본농지구보호구역을 지정하여 이 구역에 편입된 농지는 엄격하게 관리하도록 하였다(제34조).

즉, 토지이용총체계획은 국토 전반에 걸쳐 농지보호에 중점을 둔 총량계획이라고 할 수 있다. 이와 관련하여 최근의 중국 측 보도에 의하면, 국토자원부와 농업부는 《기본 농경지의 영구 확정에 관한 통지》를 발표하였다. 도시 주변, 교통로 인근에 위치한 양질의 경작지를 기본 농경지로 영구 확

---

80) 김상국, "중국 주체기능구 전략의 주요 내용", 『KIEP 북경사무소 브리핑』(2011), pp.2~10.

정함으로써 종합적인 식량생산능력을 최대한 보장하고 경작지 면적을 안정시키며 국가식량안보를 보장하도록 한다는 것이다.[81] 전국적인 계획체계가 확립되지 않은 상태에서 중국 국토발전을 시도한 결과, 농지의 건설용지로의 전용으로 농지총량제가 임계점에 다다르자 이에 대한 대책으로 나온 정책이다.

한편, 중국에서 현대적 의미의 도시계획은 중국정부가 개혁·개방 이후인 1980년부터 국토계획 업무를 추진하면서 함께 시작되었다. 당시 중국 건설부는 주 담당부처로서 국토계획업무의 한 분야인 도시계획 수립업무에 적극적으로 참여했다. 도시 및 농촌의 건설용지(예정지 포함) 관련 계획수립에 있어서는 각각 별도의 계획을 수립해왔다. 결과적으로 전국을 대상으로 하는 토지이용계획에서와 달리 도시와 농촌의 건설용지는 이분화되어 통합적으로 계획·관리되지 못했고 계획체계 간에 모순이 발생했다. 이에 따라 「도시농촌계획법(城鄕規劃法)」이 제정, 공포되었으며,[82] 종전의 「도시계획법(城市規劃法)」은 폐지되었다.

2007년 제정된 「도시농촌계획법」은 도시농촌의 계획관리를 강화하고, 도시농촌 공간분포의 조화를 이루며, 거주환경을 개선하여 도시농촌 경제사회의 전면적이고 조화로우며 지속 가능한 발전을 촉진하기 위해 제정되었다(제1조). 도시농촌계획의 종류와 수립자 및 주요 내용은 다음과 같다.

---

81) 『중국농업신문(www.farmer.com.cn)』, 2014년 11월 5일 참고. 이는 한국농촌경제연구원 중국사무소(2014,12)에서 재인용함.
82) 박인성·조성찬, 『중국의 토지개혁 경험』, p.233.

[표 4-5] 도시농촌계획의 종류와 주요 내용

구분		수립자	주요 내용
도시 체계 계획	전국	국무원 도시농촌 계획 주관부문	임의적 수립
	성역	성·자치구	도시공간배치와 규모의 규제, 중요 기초시설 의 배치, 생태환경·자원의 보호구역 지정 등
도시 계획	총체 계획	직할시 인민정부	도시의 발전구상, 용도구역 구분, 용지배치, 건설금지·제한 및 적합 지역 범위 등
		성·자치구	
		기타 도시	
	상세 계획	도시 인민정부	규제상세계획 수립은 의무, 건축상세계획은 임의
진 계획	총체 계획	현 또는 진의 인민정부	도시총체계획 내용과 동일
	상세 계획	현 또는 진의 인민정부	규제상세계획 수립은 의무, 건축상세계획은 임의
향계획		향 인민정부	계획구역 범위, 주택·도로 등 건설용지배치 (향계획은 촌 발전구상 포함)
촌계획		진 인민정부	

출처: 「도시농촌계획법」 제12조 내지 22조의 내용을 정리하였다.

[표 4-5]의 도시농촌계획 중 도시체계계획과 도시총체계획은 전국, 성·자치구, 기타 도시, 현·진의 지역별 장기 발전방향을 제시하는 계획이다. 특히, 도시총체계획·진총체계획의 계획기간은 일반적으로 20년으로서, 도시총체계획은 도시의 장기 발전에 대한 전망을 계획내용에 포함해야 한다(「도시농촌계획법」 제17조). 즉, 도시체계계획은 한국의 국토종합계획, 도시총체계획은 한국의 도시기본계획과 유사한, 국토나 도시의 장기발전에 대한 일반적이고 추상적인 전망을 담는 계획이다. 향계획·촌계획은 향의 실제 상황에서 출발해야 하며, 농민의 의사를 존중하고, 지방과 농촌의 특색을 구체화해야 한다(제18조). 즉, 이 계획들은 한국의 도시·군 관리계획과 유사한 개별적이고 구체적인 실시성 계획이다.

규제상세계획(控制性詳細規劃)[83]과 건설상세계획(修建性詳細規劃)으로 이루어진 상세계획은 현 또는 진 정부에서 수립하며, 주로 농지의 건설용지 전환 등에 따른 건설예정지역에 적용된다. 규제상세계획은 건설용지의 획지 규모와 도로 등 기반시설, 건축선, 건축물 용도와 밀도, 높이, 형태와 색채, 환경오염 사항 등을 상세하게 규제한다. 규제상세계획은 토지유상사용의 법적 근거가 된다. 1993년부터 도시국유토지의 사용권을 양도하거나 재양도할 때 해당 부지에 대한 사전 규제상세계획의 수립을 의무화했기 때문이다. 건설상세계획은 규제상세계획 지표에 따라 건설비용 등을 고려하여 물리적 설계로 구체화한 것이다.[84]

규제상세계획의 부문별 계획은 내용의 특성에 따라 크게 8개 부분으로 나눌 수 있다. 용지사용 규제, 환경용량 규제, 건축 관련 규제, 도시설계 유도, 시정시설 계획, 공공시설 계획, 교통 · 활동 규제, 환경보호 규정 등이 그것이다.[85] 이 중 기본적으로 중요한 것은 용지사용 규제이다. 중국은 2007년 8월에 '토지이용현황분류'를 발표하여 처음으로 전국 통일의 국가표준을 갖게 되었다. '토지이용현황분류'는 1 · 2급 2개 층의 분류체계를 가지며, 모두 12개의 1급과 56개의 2급으로 토지용도를 구분하고 있다.[86] 이는 한국의 지목과 유사한 개념이다. 다만, 한국은 일부 건축물을 제외하고는 건축물 부지를 '대'로 하는 것과는 달리, 중국은 건축물의 세부 용도에 따라 토지이용현황분류도 따로 정하는 등 한국의 지목 개념보다는 더 세밀한 용도분류를 하고 있다.

---

83) 한국의 '지구단위계획'에 해당한다고 할 수 있다.
84) 정매화 · 최막중, "중국 토지이용제도 특성에 관한 연구", 『국토계획』 제43권 3호 (2008), pp.103~104.
85) 우영만, "중국의 도시관리계획특성에 관한 연구"(인하대학교 대학원 박사학위 논문, 2006), pp.113.
86) 박인성 · 조성찬, 『중국의 토지개혁 경험』, p.460을 참고하였으며, 1급은 경지, 원지, 임지, 초지, 상업서비스용지, 공업광업저장창고용지, 주택용지, 공공관리 및 공공서비스용지, 특수용지, 교통운수용지, 수역 및 수리시설용지, 기타 토지 등으로 구분된다.

3. 토지이용의 규제

「도시농촌계획법」에 따르면, 도시·진 계획구역 내에서 출양 방식으로 국유토지사용권을 제공하는 경우, 국유토지사용권 출양 전에 도시·현 인민정부 도시농촌계획 주관부문은 규제상세계획에 근거하여 출양 토지의 위치·사용성격·개발밀도 등 계획조건을 제시하고, 국유토지사용권 출양계약의 구성내용으로 삼는다(제38조 전단). 즉, 토지사용권 출양 전에 토지 용도, 건축물 규모 등의 계획을 확정하는 것이다. 국유토지사용권 출양계약이 성사된 후에는 건설단위가 건설항목의 허가·심사비준·등기문서와 국유토지사용권 출양계약서를 가지고 도시·현 인민정부 도시농촌계획 주관부문에 가서 건설용지계획허가증을 받는다(제38조 후단). 건설용지계획허가증을 심사 발급하는 목적은 토지이용이 도시농촌계획에 부합하고, 건설단위가 도시농촌계획에 의하여 토지의 합법적 권익을 보호하도록 하여, 토지관리부서가 관리기능을 행사하기 위한 필요한 근거를 제공하는 데 있다.[87]

도시·진 계획구역 내에서 건축물·구조물·도로·각종 파이프 및 기타 공정건설을 진행하는 경우, 건설단위 혹은 개인은 도시·현 인민정부 도시농촌계획 주관부문 또는 성·자치구·직할시 인민정부가 지정한 진 인민정부에 건설공정계획허가증을 신청하여 받는다. 건설공정계획허가증의 신청 및 취득 시 사용토지 관련 증명서류·건설공정설계방안 등 자료를 제출하여야 한다. 건설단위가 건설상세계획의 건설항목을 수립할 필요가 있을 경우, 건설상세계획을 제출하여야 한다. 규제상세계획 및 계획조건에 부합하는지에 대해 권한 있는 기관은 건설공정계획허가증을 심사하여 발급한다(제40조).

다시 말하면, 중국에서 출양 방식으로 토지사용권을 취득하여 건축하는

---

87) 우영만, "중국의 도시관리계획특성에 관한 연구", p.31.

경우88)에는 먼저 토지사용권 출양 전에 건설내용 즉, 건축물 용도, 건폐율, 용적률 등 구체적 건축조건에 대한 계획을 확정받는다. 그리고 토지사용권을 출양한 후 출양계약서에 의거하여 건설용지계획허가증을 받는다. 실제 건축행위를 하는 경우에는 건축 설계 및 시행 등 공정에 관한 건설공정계획허가증을 받고 일정한 감독하에 실제 건축행위를 하게 된다. 이를 통칭 '일서양증(一書兩證)' 제도라고도 한다. 이러한 토지이용규제는 규제방식89)과 재량방식90) 중 재량방식에 해당한다.

또한, 출양 방식으로 토지사용권을 획득하여 부동산을 개발한 경우, 반드시 토지사용권 매각계약서에 약정된 토지용도 · 착공개발기한에 따라 토지를 개발하여야 한다. 계약서에 약정된 착공 개발일로부터 만 1년이 초과하여도 착공 · 개발하지 않은 경우, 토지사용권 매각대금의 20% 이하에 상당하는 토지유휴비를 징용할 수 있다. 만 2년이 초과하여도 착공 · 개발하지 않은 경우, 무상으로 토지사용권을 회수할 수 있다(「도시부동산관리법」 제26조). 즉, 개발을 목적으로 토지사용권을 취득한 자에게 그 목적에 맞게 토지를 이용하도록 독려하여 유휴지로 인한 토지자원 낭비를 방지하고 있다.

---

88) 행정배정 방식(무상 사용)으로 토지사용권을 제공받는 경우에는 '입지선정의견서'를 심사발급 신청하여 받는다.

89) 규제방식 또는 용도지역제는 세부적으로 정해진 용도지역에 따라 특정 용도지역 내의 토지 이용은 규정에 정해진 대로 규제한다는 것이다. 이 방식은 개별 토지의 면적이 크고, 토지의 형상도 정형화되어 있는 지역에서, 특정 지역이나 지대 내의 토지이용규제를 일괄적으로 해도 되는 경우에 적합한 방식이라고 할 수 있다.

90) 재량방식은 관료의 개입이 강한 방식으로서 토지에 건축되는 건축물의 용도와 규모, 배치, 색채 등의 세세한 사항까지 구체적인 허가를 받을 때 확정되는 방식이다. 토지이용규제방식과 경제체제와는 직접적인 관련성은 없으나, 큰 틀에서 보면, 규제방식은 토지이용자의 자율성을 상대적으로 더 보장해 주는 자본주의 체제, 재량방식은 중앙집권적 관료의 통제가 강하게 작용하는 사회주의 체제와 친밀하게 연결된다.

4. 경제특구와 경제개발구

경제특구(Special Economic Zone)라는 특수경제지대를 설치하여 외자를
유치하고 자국 수출 산업을 육성하는 정책은 자본주의뿐만 아니라 사회주
의 경제체제에서도 채택되고 있는 제도이다. 오늘날에는 개발도상국에서
유효한 정책수단으로 인정되고 있다. 이러한 경제특구는 1950년대 말부터
일부 국가에서 설치되기 시작하였다. 중국도 개혁·개방을 선언한 후 선전,
주하이, 샤먼, 산터우에 4대 경제특구를 설치하였다. 중국 정부는 1979~1982
년 사이 순차적으로 경제특구를 설립한 다음 또다시 지역개방을 확대하였
다.91) 경제기술개발구와 경제특구의 주요한 차이점은 경제특구는 중앙예
산으로 설치하고, 경제개발구는 지방예산에 의존하였다는 점이다. 중국의
연도별 지역 개방 현황은 다음과 같다.

[표 4-6] 중국의 연도별 지역개방 현황(1979~1994년)

승인 연도	개발구 종류 및 개수	주요 지역
1979 ~1980	경제특구 4	광둥, 푸젠
1984	연해개방도시 14 경제기술개발구 10	랴오닝, 허베이, 톈진, 산둥, 장쑤, 상하이 등 랴오닝, 허베이, 톈진, 산둥 등
1985	경제기술개발구 1 연해경제개방구 3	푸젠 주강델타, 장강델타, 푸젠
1986	경제기술개발구 2	상하이
1988	연해지역 개방 경제특구 1 경제기술개발구 1	랴오닝, 산둥, 광시, 허베이 하이난 상하이
1990	포동지구 개발	상하이
1992	주요 해안도시에 보세구 13	톈진, 광둥, 랴오닝, 산둥, 장쑤 등

91) 중국의 경제특구에 관한 자세한 내용은 최의현, "중국 경제특구 정책의 성과와
한계", 『대외경제연구』 제8권 2호(2004)와 최용호·김상욱, "중국 경제개발구의
발전과 한국경제에 주는 시사점", 『대외경제연구』 제7권 2호(2003)를 참고.

	장강 유역 주요 도시 10	장쑤, 안후이, 장시, 후난 등
	변경경제합작구 13	지린, 헤이룽장, 네이멍구, 신장 등
	경제기술개발구 5	푸젠, 랴오닝, 장쑤, 산둥, 저장
1993	경제기술개발구 12	안후이, 광둥, 헤이룽장, 후베이 등
1994	경제기술개발구 2	베이징, 신장

출처: D'emurger, Sylvie, Jeffrey Sachs, Wing Thye woo, Shuming Bao, Gene Chang and Andrew Mellinger. 2002. "Geography, Economic Policy and Regional Development in China." Harvard Institute of Economic Reserch Discussion Paper No.1950 참고. 이는 최의현, "중국 경제특구 정책의 성과와 한계", 『대외경제연구』 제8권 2호(2004), p.300에서 재인용함.

한편, 중국의 경제특구 운영 성과를 외자 도입액 규모를 기준으로 살펴보면 다음과 같다.

[표 4-7] 경제특구의 외국인 투자 유입 추이(단위: 억 달러, %)

년도	중국 (A)	선전(B)		산터우(C)		샤먼(D)	
		금액	(B/A)	금액	(C/A)	금액	(D/A)
1983	6.4	1.44	22.50	0.15	2.34	n.a.	–
1985	16.6	3.29	19.82	0.07	0.42	0.73	4.40
1992	110.1	7.15	6.49	2.19	1.99	5.60	5.09
1995	378.1	17.35	4.59	8.03	2.12	13.21	3.49
2001	440.0	36.03	8.19	1.77	0.40	11.98	2.72

출처: 최의현, "중국 경제특구 정책의 성과와 한계", p.302.

[표 4-7]을 보면, 선전경제특구가 다른 특구보다 더 성공적 성과를 달성한 것을 알 수 있다. 그러나 중국 전체 외자도입액에서 선전경제특구가 차지하는 비중은 1980년대 중반까지는 20%대로 높게 나타나지만, 1990년대 이후에는 10% 미만으로 상대적으로 낮게 나타난다. 이것은 중국에 대한 외국인 투자가 개혁 · 개방 정책 초기에 경제특구를 중심으로 이루어지다가 후에 설치된 경제개발구나 전국으로 확산되었음을 의미한다. 특히, 1992년 이후에 중국 전체 외자도입액이 크게 증가한 것은 등소평(鄧小平)의 남순강화로 중국 개방에 대한 대외적 신뢰도가 높아지기 시작하였다는 것과 관련

된다. 이러한 점으로 볼 때, 모든 경제특구가 성공적이지는 않았지만, 경제특구 정책은 초기에 유효한 정책수단이었음을 알 수 있다. 그리고 이러한 분위기를 바탕으로 다른 지역으로 외국인 투자가 확대되어 중국 경제발전에 큰 기여를 한 것으로 평가할 수 있다.

3절_ 북한과 중국의 제도 비교[92]

1. 부동산 소유와 이용

북한은 정부수립 이전인 1946년에 일제와 관련된 토지와 소작 주는 지주와 관련된 토지에 대하여, 중국은 정부 수립 후인 1950년에 지주의 소유지에 관련된 토지에 대하여 사유제 토지개혁을 실시하였다. 사(私)소유권의 부여 내용을 보면, 북한은 토지의 매매와 저당을 금지하였으나, 중국은 토지 매매까지 허용했다는 점에서 차이가 있다. 북한이 토지개혁을 하면서 토지 그 자체에 대한 매매를 금지한 것은 생산자에 의한 토지 소유 원칙을 고수함으로써 토지를 이용한 자본 이득 추구행위를 처음부터 허용하지 않겠다는 의지에 의한 것이었다. 이 점에서 북한의 토지개혁 강도는 중국의 그것보다 더 강했다고 평가된다. 이것은 농업협동화에서 북한의 협동농장이 더 강한 집단성을 가지게 하는 요인이 되었다.

양국은 농업협동화를 추진한 배경, 추진 시기 등에서도 유사한 과정을 거치지만, 북한은 한국전쟁으로 인한 농지 황폐화에 따른 농업경영상의 문제점이 있었고, 중국은 토지매매의 성행으로 인한 자본주의적 병폐가 성행한 배경이 있다는 점에서 차이가 있었다. 그리고 북한과 중국의 집단농

---

92) 북·중의 제도 비교는 앞의 2부, 3부와 4부 2장의 내용을 기준으로 하였다.

장[93])은 기본적으로 3단계의 생산조직 체계를 갖추는 점에서도 유사하다. 그러나 북한은 협동농장을 기본채산단위로 군 단위 독립채산제를 실시한 반면에, 중국은 생산대가 기본채산단위로 인정받았고, 상급조직인 인민공사 및 생산대대 역시 독립채산제 방식으로 운영되어 중국 인민공사 체계가 하급 조직 운영의 자율성이 더 인정되었다.

집단 농장에 대한 관료적 통제는 북한의 경우가 더 강했다. 즉, 북한의 협동농장은 도, 군의 행정기관 내부에 설치된 독립된 위원회를 통한 국가적 지도를 받았고, 리 인민위원장이 리 협동농장관리위원회 관리위원장을 겸직하고 있었기 때문에 경제단위인 동시에 행정단위의 성격을 가지고 있었다. 중국의 인민공사도 정사합일(政社合一)의 조직으로서 지방 인민정부로부터 상명하달식의 행정체계에 속하여 관료적 통제 속에서 운영되었다. 그러나 북한의 협동농장은 자체의 조직성보다는 군 인민위원회에서 분리되어 나온 군 협동농장경위원회의 직접적 통제하에 있었다는 점에서는 관료적 통제가 더 강하였다고 평가된다.

북한은 종래의 협동농장 운영체계에 큰 변화가 없다. 다만, 작업반 분조 규모의 지속적인 축소로 책임영농을 강조하고 있는데, 이는 가족농이 가능한 형태로 될 수 있어 사적 부문의 발전으로 평가된다. 중국에서는 1978년 호별도급생산제 도입에 대한 정책방향 결정 후 이를 시행하였으며, 1986년 법 · 제도화한다. 인민공사가 해체되고, 집체토지 소유권 행사의 주체는 농촌집체경제조직 또는 촌민위원회이며, 이들은 개별 농민들과 도급계약을 통해 집체소유토지에 대한 도급경영권을 부여할 권한을 가지고 있다. 일반적인 경우 행정조직인 촌민위원회와 농민 간의 계약을 통하여 토지사용권이 부여되므로 집체토지의 사용도 일정한 관료적 통제하에 있다고 할 수 있다. 그 통제의 수준은 인민공사 시기와는 비교할 바가 되지 못하며 특히

---

93) 북한은 협동단체, 중국은 집체라고 하는데, 둘을 공통적으로 설명하기 위하여 집단농장이라고 표현했다.

토지도급경영권에 대한 유통도 허용되어 농촌토지의 이용 및 거래에 있어서 상당한 자율성이 보장되고 있다. 2014년에는 집체조직의 구성원이 가지는 도급경영권을 도급권과 경영권으로 분리하여 유통을 허용함으로써 농민이 도시로 이주하더라도 농지에 대한 권리를 보유할 수 있도록 하는 등 농민의 권리보호를 위한 대책을 강구하고 있다.

시기를 달리하지만, 양국의 연구 논문에 나타난 국유토지 유상사용의 필요성에 대한 인식에는 큰 차이가 없다. 1978년 개혁·개방 당시 중국의 연구 논문과 2006년 북한의 부동산사용료 도입 당시의 연구 논문에서는 유사한 내용들이 언급되고 있다. 다만, '새롭게 형성·발전하는 부동산시장과의 모순'이라는 중국 연구에 나타난 문제점은 북한에서 언급되지 않는다. 북한은 실제로 성행하고 있는 부동산 거래 시장을 공식적으로 인정하고 있지 않아 이에 대한 언급만 없을 뿐이지 북한에서도 부동산시장이 형성되고 있음은 부인할 수 없다.

그리고 중국은 1978년 개혁·개방 이후에 실험지구 즉, 경제특구를 지정하여 외자기업을 중심으로 토지사용권과 그 유통을 인정하였다. 이후 1988년 「헌법」과 「토지관리법」에 전국적인 토지 유상사용과 토지사용권 유통이 입법되었는데, 그 대상에는 내국인도 포함되었다. 북한은 1984년 「합영법」의 도입으로 외자기업에 대해서만 유상사용을 허용하였고, 1991년에 지정된 나선지대를 중심으로 한 경제특구에서 외자기업뿐만 아니라 외국인, 해외 동포들에게 이를 허용하여 경제특구를 중심으로 토지이용권의 유통을 인정한 점은 공통점이 있다. 다만, 북한의 경우에는 중국과는 다르게 경제특구에서도 내국인에게 토지이용권의 유통을 인정하지 않는(법인은 가능) 점이 중요한 차이이다. 이로 인하여 경제특구를 통한 북한의 개방이 내국인의 경제활동에 영향을 주어 경제성장에 기여하기에는 한계가 있다.

중국의 토지사용료는 수십 년간의 토지사용료를 일시불로 지불하게 하는 '출양' 방식을 채택하였다는 특징이 있다. 북한도 유통이 허용되는 토지

이용권에 대해서는 토지이용권의 가격인 토지임대료를 일시불로 납부하게 하는 점은 중국과 유사하나, 별도의 토지사용료를 부담하게 하는 점에서 차이가 있다. 토지의 유상사용권을 부여하기 위해서는 부동산가격이 먼저 결정되어야 한다. 북한의 토지가격 평가방법은 각종 용도의 토지가격 형성 요인을 고려한 '등급제' 책정으로 이루어고 있다. 큰 틀에서는 개혁·개방 초기 중국의 평가방식과 동일한 것이다. 다만, 중국은 현재 전문기관에서 정기적으로 일정한 구역별로 기준이 되는 토지가격을 평가하여 이를 공시하고 있으나, 북한은 가격공시제도는 두지 아니한 채, 국가가격제정기관에서 토지등급화와 등급별 토지가격을 책정하고 있는 점에 차이가 있다.

북한은 일부 사유 주택을 제외하고는 주택 건설과 공급을 국가의 책무로 규정하고 주민들에게 배정하는 방식을 채택하여 왔으며, 사용료를 부과하였다. 다만, 사유 주택이든 이용하는 국가소유 주택이든 이를 유통하는 것은 금지되어 있으나, 실제로는 주택 거래가 만연한 것으로 알려지고 있다 (최근, 당국에 의하여 주택거래소가 창설되었다는 남한의 보도가 있었다). 중국도 주택의 국유제와 준공급제를 채택하고 있었으나, 1994년 주택시장의 개혁으로 민간 상업용 주택의 공급을 허용하였으며, 1998년에는 실물주택 분배제를 전면적으로 폐지한다. 그리고 중국은 농촌 촌민 1가구당 1개의 주택지만을 이용할 수 있고, 그 면적도 제한받고 있으며, 농촌 촌민이 주택을 매도하거나 임대한 후 다시 주택지를 신청하는 경우에는 허용하지 않는다. 즉, 그 이용 면적과 거래에 대한 규제를 함으로써 농촌촌민의 주택이 투기의 대상이 되는 것을 방지하고 있다. 그리고 한구령(限購令)과 같은 정책을 통하여 일정한 조건을 가진 자만이 주택을 구입할 수 있고, 그 소유 한도도 규제하는 등 주택 사유제 도입과 시행에 따른 다양한 규제를 하고 있다.

북한에서는 경제특구에서 북한 법인을 제외한 내국인의 부동산 거래는 법적으로 허용하지 않으므로 거래규제에 대한 법제가 확립되어 있지 않다.

다만, 부동산 거래가 허용되는 외국 투자가의 토지이용권 양도행위는 토지 임대기관으로부터 승인을 받아야 한다. 토지이용권의 판매의 경우에는 임대기관에 우선매수권이 있으며, 양도하는 경우에 토지에 있는 건축물과 기타 부착물은 함께 이전하여야 한다. 중국은 내국인에게도 국유 토지 유상 사용권과 그 유통을 허용하고, 건물은 사소유권을 인정하면서 토지에 대한 사용권과 건물 소유권이 일체로 거래되도록 하고 있다. 따라서 다양한 거래가 성립되고 있으며, 부동산시장에서의 문제점을 해결하거나 예방하기 위하여 1차 시장에서 토지사용권 매각방식에서부터 2차, 3차 시장에서 발생하는 거래가격의 불합리한 형성 등에 대한 여러 조치들을 법제화하고 있다. 주택을 사전 매각하는 경우에도 수분양자 보호를 위하여 일정한 제한을 하고 있으며, 상업용 주택의 판매 시 실가격 표시를 의무화하여 개방적이고 투명한 시장을 유지하고자 하고 있다. 즉 부동산의 거래가 다양하게 허용되는 중국에서는 그만큼 규제의 내용도 다양하고, 세부화되어 가고 있는 것이다.

2. 국토 이용과 관리

농업 보호에 대해서는 북한이나 중국 모두 이를 국토관리에 있어 최고의 우선 과제로 삼는다. 북한은 각종 국토계획이나 도시계획을 수립할 때, 농경지를 침범하지 않는 범위 안에서 계획하도록 법정하고 있다. 농지를 휴경하거나 용도 변경하려면 해당 국토관리기관의 동의를 받은 다음 중앙농업지도기관 또는 내각의 승인을 받아야 한다. 농업토지를 용도 변경하고자 하는 경우에는 해마다 계획을 미리 수립하여야 하며, 용도 변경에 따른 대체 토지를 확보하여야 한다. 즉, 농업토지에 대한 각종 규제는 강력한 중앙집권적 형태를 보이고 있다. 중국의 경우는 개혁·개방 이후 국토개발에 집중하고 지방정부의 과당 경쟁으로 농지의 무분별한 훼손이 문제가 되고 있다. 이에 따라 농지총량제(절대 보호 농경지 면적)와 기본농지보호구제도를 두고 있다. 전자는 농지를 건설용지로 용도 변경하는 경우의 임계점을 말하며, 후자는 농지를 엄격하게 보호해야 하는 농지와 상대적으로 조건이 열악한 농지로서 일정한 기간 동안에만 건설용지로 점용이 제한되는 농지로 구분한다. 이와 관련하여 중국은 2014년 《기본농경지의 영구 확정에 관한 통지》를 발표하여 농지 구분에 의한 개발 금지에 대하여 강력한 대책을 발표하였다.

북한과 중국은 모두 국토 이용과 관리에 관한 계획체계를 갖추고 있다. 북한은 최상위계획으로서 국토건설총계획을 두고, 이를 지역별로 전국, 중요지구, 도(직할시), 시(구역), 군으로 세분하여 계획을 수립하도록 하고 있다. 도시와 마을에서는 도시 · 마을총계획, 세부계획, 구획계획을 두어 먼저 국토발전을 위한 일반적이고 추상적인 종합계획을 수립한 후, 개별적이고 구체적인 계획을 통하여 도시와 마을의 이용과 관리에 관한 설계를 하고 있다. 중국은 국가발전에 관한 하나의 지침적 성격을 지니는 국민경제 및 사회발전계획을 최상위로 하여 토지이용총체계획이 수립되고, 도시계획이 도시지역 내에서 수립되었으나,「도시농촌계획법」의 제정으로 도시와 농촌의 계획 체계를 일원화하였다. 도시에서는 규제상세계획이 수립되어 개별적이고 구체적이며 상세한 계획에 의하여 도시를 설계하고 있으며 필요한 경우에는 건설상세계획을 수립하도록 하고 있다. 북한과 중국은 모두 국토발전에 대한 일반적이고, 추상적인 계획을 먼저 수립하고 각 지역별로 적용할 구체적인 계획을 수립하고 있다는 공통점이 있다. 다만, 북한은 도시와 마을, 즉 도시지역과 그 밖의 지역에 대한 계획체계를 달리하고 있는 점이 중국과 차이점이다.

북한은 국토의 용도구분을 농업토지, 주민지구토지, 산림토지, 산업토지, 수역토지, 특수토지로 구분하고, 각 토지의 관리주체를 정하고 있다. 그리고 도시계획이 적용되는 도시에 대해서는 별도의 지역 구분을 하고 있다.

중국은 2007년에 '토지이용현황분류'를 발표하고, 국가표준으로 1급 · 2급 2개 층의 분류체계를 통하여 모두 12개의 1급과 56개의 2급으로 분류하고 있다. 북한과 중국은 모두 토지에 대한 용도구분 제도를 두고 있으나, 북한은 일정한 지대를 중심으로 한 지역 개념이고, 중국은 개별 필지를 대상으로 한다. 용도구분의 목적에 있어 북한은 관리주체를 정하려는 취지가 강하며, 중국은 각 필지별 원칙적인 사용목적을 정하는 것에 의미를 두고 있다.

북한과 중국은 개별 개발행위에 대한 행정적 절차에 관한 내용에 있어서도 유사한 제도를 시행하고 있다. 북한은 개발행위를 하는 경우에는 건설명시서와 토지이용허가, 건설허가를 받도록 하고 있다. 중국도 개발행위를 할 때 출양 방식의 경우 국유토지사용권 출양계약서를 가지고 건설용지계획허가증과 건설공정계획허가증을 받는다. 양국의 개발행위 허가제는 건설명시서 또는 출양계약서에 의하여 개발 규모, 용도 등이 확정된다는 점에서 규제방식과 재량방식으로 구분되는 토지이용규제 방식 중 재량방식에 해당한다.

북한은 개발행위에 대한 일련의 허가를 받은 후, 정해진 기간 내에 공사에 착수하지 못했을 때에는 승인을 다시 받도록 하여 국토계획의 실행이 중단되거나 방치되지 않도록 하고 있다. 중국은 만 1년이 초과하여도 착공 · 개발하지 않은 경우, 토지사용권 매각대금의 20% 이하에 상당하는 토지유휴비를 징용할 수 있다. 만 2년이 초과하여도 착공 · 개발하지 않은 경우, 무상으로 토지사용권을 회수할 수 있도록 하여 토지사용권을 매수한 자가 직접 그 목적대로 개발하지 않는 경우에 대한 통제를 하고 있다. 따라서 개발공정에 대한 통제도 양국이 유사한 제도를 시행하고 있다고 할 수 있다.

북한과 중국은 모두 1950년대부터 중공업우선경제정책을 시행하면서 도 · 농 균형발전과 중소규모의 도시를 육성한다는 정책아래 도시화를 진행시켜 왔다. 북한과 중국의 국가 수립 이후 도시화율의 추이는 다음과 같다.

[표 4-8] 북한과 중국의 도시화율(단위: %)

년도	49	50	57	70	78	90	96	05	06	10	12
북한	-	31.0	-	54.2	-	58.4	-	59.8	-	60.2	-
중국	10.7	-	20.0	-	17.0	26.0	30.0	-	44.0	-	51.3

출처: 북한-UN통계; 통계청 국가통계포럼(2013).
중국-박종기, "중국의 도시화 과정과 도시문제의 해결방안에 관한 연구"『대한건
축학회 논문집』제30권 4호(2014), pp.170~171.

[표 4-8]을 보면, 북한은 국가수립 시기부터 어느 정도 도시화가 진행되어 있었으며, 1970년까지 높은 도시화율을 나타내고 있다. 이는 1950년대 중반부터 중화학공업을 중심으로 한 산업화를 중점적으로 추진한 결과라고 할 수 있다. 그러나 1970년대 이후부터는 미세한 증가율을 보이고 있다. 이것은 사회주의 체제 성립 이후, 북한도 다른 사회주의 국가와 마찬가지로 균형발전 및 사회통제를 위하여 도시와 농촌 간의 균형적인 성장을 추진한 결과로 분석된다. 그리고 중국은 1966년부터 1977년까지 대약진운동과 인민공사에서 발생한 각종 부정과 부패를 바로 잡기 위해 시작된 문화대혁명으로 도시화율은 오히려 그 이전 시기보다 하향곡선을 그리게 된다. 그러나 개혁·개방을 선언한 1970년대 말부터 다시 도시화율은 상승하다가 1990년대 이후부터는 큰 폭의 도시화율이 나타나고 있는데, 이것은 중국 경제성장의 결과이다.

특히, 소련과 동구 사회주의권 국가들이 체제전환을 하였던 1990년대 초, 소련과의 경제 교류가 많았던 북한이 중국보다 도시화율이 두 배 이상 높았던 것은, 외부적 요인에 의한 경제침체기에 북한의 식량난을 불러오는 하나의 요인이 되었다고 할 수 있다. 반면에 중국은 농촌인구 75%와 도시인구 25%의 구조로 소련과 동구 사회주의 국가들의 붕괴에 따른 경제적 영향을 적게 받아 외부적 악조건에도 경제성장을 도모할 수 있는 기반을 갖추고 있었다고 평가된다. 그러나 중국의 경우에도 2012년에는 도시화율이 50%를 넘어서고 있으므로 경제성장율의 둔화와 함께 도시화가 가져오는

문제점들로 인해 각종 제도의 재정비가 필요한 시점으로 보인다.

북한과 중국은 모두 경제특구를 통한 국토개발과 경제발전을 시도하였다. 먼저, 중국은 1980년 4개 경제특구 설치에 이어, 1984년 14개 연해개방도시, 1985년 3개 연해경제개방구, 1988년 연해경제개방구 등 사실상 경제특구의 성격을 갖는 개방지역을 계속 넓혀 나갔다. 북한은 나선지대를 북한 최초의 경제특구로 1991년 지정, 운영하였다. 이후 2002년 신의주, 금강산, 개성에 경제특구가 지정되었다. 2011년에는 황금평·위화도가 신규로 지정되고, 나선지대는 재지정을 통한 지대활성화를 도모하였다. 그러나 기공식을 거쳐 개발이 활발할 것으로 예상되었던 황금평·위화도는 사실상 개발이 중단된 상태이며, 나선지대는 중국과 러시아의 사회간접자본 확충으로 항만을 중심으로 운영이 되고 있다. 또한, 2013년에는 도 단위로 14개 특수경제지대, 2014년에는 6개 경제개발구가 추가 설치되었다.

북한과 중국은 시기상으로 차이는 있지만, 중앙정부 주도의 경제특구를 먼저 시행하고 지방정부 주도의 경제개발구를 추가로 운영하는 형태에 있어 유사한 점이 있다. 다만, 중국의 경제특구는 외자도입을 위한 대외 개방의 공간이자 대내 개혁을 위한 실험장으로서의 역할을 수행하였고, 비록 모든 경제특구가 성공적이지는 않았으나, 이러한 변화를 통해 전국적인 개혁 조치가 시도되었다. 북한의 경우에는 체제개혁의 실험장보다는 외자 유치를 위한 공간으로서의 역할을 강조하고 있다. 즉, 중국은 개혁과 개방을 동시에 진행하였지만, 북한은 경제특구를 중심으로 한 개방정책에 중점을 두고 있는 차이점이 있다.

3. 소결

앞에서 검토한 내용을 정리하면 다음과 같다.

[표 4-9] 북·중의 부동산 소유와 이용에 관한 비교

항목	북한	중국
토지개혁	-1946년, 일제관련 토지와 지주소유지 관련 토지 대상 -결과, 부농비율 3.2% -토지의 매매와 저당 금지	-1950년, 지주소유지 관련 토지 대상 -결과, 부농비율 8.0% -매매 등 허용
농업협동화와 이용	-배경: 소영농 문제, 농민계층 분화, 농·공 균형발전, 전쟁 영향 -협동농장, 작업반, 분조의 3단계 조직 -협동농장을 기본채산 단위 -군 경영위원회의 직접적 관료 통제 -토지소유권은 단체소유, 개인의 소유지분은 없음 -구성원들에게 경작물에 대한 인센티브제도의 지속적 개선 -포전담당제	-배경: 소영농 문제, 농민계층 분화, 매매허용의 문제 -인민공사, 생산대대, 생산대의 3단계 조직 -생산대가 기본채산 단위 -인민공사: 정사합일체, 관료통제 -토지소유권은 단체소유, 개인의 소유지분은 없음 -1978년, 호별도급생산제 도입, 토지사용권 부여와 유통 허용 -도급책임제 → 도급경영제 -도급경영권을 도급권과 경영권으로 분리, 유통 허용
국유토지 유상사용과 유통	-2000년대 이후, 필요성에 대한 공감대 형성 -외국인 상대로 최초시행 -2006년, 내국인에게 유상사용 적용, 유통은 불허 -2013년, 북한 법인은 유통 가능 -사용료 외에 권리설정 대가인 임대료 부과(임대료 일시 납부)	-1978년부터 필요성에 대한 공감대 형성 -실험지구(경제특구)에서 외자기업 상대로 시행 후 1988년부터 전국적 시행 -내외국인 차별 없이 적용 -사용료로 수년간의 부담액을 일시에 부과
주택의 소유와 유통	-주택의 국가공급제 -일부 사유주택 인정 -상속 가능한 재산 -주택사용료 부과 -거래는 불법이나 실제는 성행 -평양에 당국에 의한 주택거래소 설치(2014)	-주택의 국가공급제 시행 -1994년, 상품주택 허용 -1998년, 주택분배제 폐지하나 염가주택 등 복지제도 병행 -농촌촌민 1가구당 1개 주택지 제한 -한구령 시행 등 다양한 규제
거래규제	-내국인(법인제외)의 부동산거래는 금지 -전대는 해당기관의 승인 없이는 불가능 -외국인의 거래는 해당기관의 승인이 필요	-토지사용권 매각방식, 가격규제 -거래가격 신고제도 -재양도 가격에 따른 선매조치 또는 거래제한 조치 -수용과 보상 -주택의 사전분양에 대한 규제

		-주택분양에 관한 내용의 공시
국정 부동산 가격제도	-2006년 이후 도입 필요성 대두 -토지가격 산출방식에 대한 다양한 연구 -토지의 용도별로 등급화하여 지가 책정 -국가가격제정기관에서 정함 -건물은 원가방식 적용	-1980년대 토지사용권 유통과 동시에 도입의 필요성 대두 -초기, 전국을 분급하고, 토지를 등급화한 후 대표 필지에 대한 기준지가 작성 -1994년 법제화하여 전문자격자가 기준지가, 표정지가 평가 -건물은 원가방식 적용

1978년 중국의 개혁·개방 이전까지는 북한과 중국의 부동산 소유와 이용에 관한 제도는 유사하다. 다만, 토지개혁과 농업협동화의 과정에서 형성된 집단화의 정도는 북한의 경우가 더 강하였다고 평가된다. 중국의 개혁·개방 이후에는 양국의 제도에 차이가 발생한다. 2014년 현재를 기준으로 보면, 중국의 국유 토지사용권은 유상사용의 대상으로서 내·외국인에 관계없이 권리로써 인정받고 있고, 유통도 허용되고 있다. 북한도 유상사용제도를 도입하였으나, 내국인은 '허가'에 의한 이용에 그치며 유통은 허용되지 않는다. 외국 투자가의 경우에는 경제특구를 중심으로 토지이용권이 권리로써 인정되고 유통도 허용되는 점은 중국과 유사하다. 주택은 중국의 경우 소유와 유통이 합법적으로 보장되고 있으나, 북한은 그렇지 않다. 그러나 북한은 실제에 있어 주택 거래가 만연되어 있다. 주택거래에는 토지이용이 수반되므로 주거용 건부지의 경우에는 중국의 제도와 큰 차이가 없으나, 토지사용 기간 등에 있어서 법적 보호를 받지 못하고 있는 것이다. 중국의 집체토지는 구성원들이 자율적으로 경작할 수 있고, 일정한 제한하에서 유통도 허용된다. 북한의 협동농장은 구성원들에게 영농의 자율성을 보장하는 방향으로 발전되고 있지만, 법적으로 보장되는 권리가 부여되지 않는 점에서 중대한 차이가 있다.

[표 4-10] 북 · 중의 국토 이용과 관리에 관한 비교

항목	북한	중국
농업 보호	-각종 계획 수립 시 농지보호대책이 최우선 과제 -농지 전용 시 중앙통제, 대체 농지 확보	-농업의 보호는 국가정책의 최우선 과제 -기본농지보호구제도 도입(2014, 기본농경지 영구확정 제도) -농지총량제도 운영
국토이용 계획체계	-전국, 중요지구, 도(직할시), 시(구역), 군 국토건설총계획 -도시와 마을은 도시 · 마을총계획, 세부계획, 구획계획	-국민경제 및 사회발전계획 -국토이용총체계획 -도시농촌계획 -규제상세계획, 건설상세계획
토지용도 구분	-6개의 용도구분 -도시지역은 별도의 6개 용도지역으로 구분	-'토지이용현황분류'를 발표 -1, 2급 2개 층의 분류체계로 12개 1급과 56개 2급으로 분류
개발행위 허가	-건설위치지정서 등, 토지이용허가, 건설허가 필요 -재량방식에 의한 통제 -개발비용의 수익자부담 적용	-출양계약서(건설항목입지선정의견서), 건설용지계획허가, 건설공정계획 허가 필요 -재량방식에 의한 통제
도시화	-1960년대까지 급속한 도시화 -이후는 미세한 도시화율의 증가	-1979년까지 낮은 수준 도시화 -1990년대 말부터 급속한 도시화
경제특구	-1991년, 나선경제특구 -2002년 3개의 경제특구 -2011년 위화도 · 황금평지구 -2013년 14개 경제개발구 -2014년 6개 경제개발구	-1980년, 4개의 경제특구 도입 -1984년 14개 연해개방도시, -1985년 3개 연해경제개방구, -1988년 연해경제개방구 지정, 운영

국토 이용과 관리에 있어서도 북한과 중국은 유사한 제도를 시행하고 있다. 농업의 보호를 최우선정책으로 시행하고 있으며, 명칭에만 차이가 있을 뿐 국토이용계획체계도 유사하다. 다만, 중국은 종전에는 도시와 농촌에 대하여 별도의 계획체계를 가지고 있었는데, 2007년부터는 이를 통합하였고, 북한에서는 그렇지 않다는 차이점이 있다. 그리고 국토의 용도구분에 있어 북한은 일정한 지역을 대상으로 하고 있고, 중국은 개별필지의 사용목적을 중심으로 하고 있다. 개발행위에 대한 허가와 개발공정의 통제에 있어서는 양국이 유사한 제도를 가지고 있다. 한편, 도시화는 북한이 국가수립 초기

부터 상대적으로 더 진전되어 있었으나, 중국의 개혁·개방 이후에는 중국의 급속한 도시화가 나타난다. 북한의 높은 도시화율은 경제위기 상황에서 이를 극복하는 데 하나의 장애요인이 된 것으로 평가된다. 경제특구를 통한 경제성장의 도모는 중국이 앞서가고 북한도 이를 활성화하려는 의지를 보이고 있으며, 양국이 긴밀한 협력관계를 이어가고 있다.

3장

북한의 제도 변화 전망과 개혁 방안

1절_ 부동산 및 국토이용 · 관리제도 변화 전망

코르나이는 고전적 사회주의 체제의 1980년대와 1990년대에 걸친 변화 (분열이나 종말)의 유인(誘因)을 ① 경제적 곤란, ② 대중의 불만, ③ 권력을 가진 사람들의 자신감 또는 신념의 상실, ④ 외부 사례에 의한 영향으로 설명하고 있다.[94] 이를 북한의 상황에 적용해 보면, 북한도 고전적 체제에서 변화할 수 있는 상황에 있다고 할 수 있다. 즉, 핵문제와 관련하여 지속되는 대외관계의 악화로 경제상황은 더디게 개선되고 있으며, 북한이탈주민의 증가는 대중 불만의 표현이라고 할 수 있다. 김정은 정권 출범 이후 진행된 정치지도자들의 숙청은 권력을 가진 자들에게 위협이 된다. 대외매체와 중국 관광객들과의 빈번한 접촉을 통하여 알려지는 중국의 성장 사례 등은 북한 주민들에게 영향을 주고 있다. 따라서 북한에도 체제 변화의 요인은 상존하는 것으로 판단된다.

---

94) Janos Kornai, *The Socialist System: The Political Economy of Communism*, pp.383~386.

고전적 사회주의 체제 변화는 크게 정치체제와 경제체제를 동시에 개혁한 경우와 정치체제는 종전대로 유지하되, 경제체제를 개혁한 경우로 구분할 수 있다. 전자를 소련과 동유럽형, 후자를 중국형으로 부른다. 북한 정치체제에 대한 변화의 가능성과 시기, 정도(程度)를 전망하는 것은 쉽지 않다. 그러나 앞의 2부와 3부의 내용에서 분석해 본 바와 같이 경제특구에서의 토지이용권 부여와 유통 허용, 국유토지 유상사용에 따른 사적 권리의 인식, 음성적 주택거래 성행 등 사적 부문의 확대를 보면 각종 경제제도나 경제활동에 변화가 있음은 틀림이 없다. 이러한 변화를 이미 사회주의 체제 변화를 경험한 국가들의 유형으로 적용하면, 현재로서는 중국형에 유사하다고 볼 수 있다.

다만, 중국의 개혁·개방이 성과를 거둔 데에는 중국의 사회주의 체제가 지니고 있던 초기조건이 중요하게 작용한 결과라는 지적이 있다.[95] 중국은 경제성장 속도, 자본축적, 공업화 정도, 외채, 사회주의 복지수준, 무역과 해외의존도, 개혁·개방 추진주체의 정당성과 국민지지도, 분권화수준, 계획의 세밀함과 시장도입 공간 등의 측면에서 체제이행국가들과 다른 차이점이 있었다는 것이다.[96] 즉, 북한은 중국과 정치적으로 이질성이 있고, 경제적·국제적 조건도 차이가 있으므로 중국과 같은 속도와 경로로 경제체제가 변화할 것이라고 단정할 수는 없다. 중국이 1970년대 말에 전면적인 개혁·개방을 공식적으로 선언한 것과는 달리 북한은 경제체제의 변화를 시도하더라도 전면적인 사유화 정책을 시행할 것으로 전망되지는 않는다.

그러나 부동산활동과 이를 반영하여 수립되는 부동산제도 부문의 변화에 있어서는 북한이 중국과 유사한 내용의 경로를 보이고 있다. 부동산시

---

95) 박제훈, "체제전환과 통일의 비교정치경제학: 이행기경제경험의 남북 경제통합에 대한 시사점", 『비교경제연구』 제3호(1995), pp.11~16 참고.
96) 고정식, "북한의 가격개혁: 중국의 경험이 주는 교훈", 『동북아경제연구』 제15권 1호(2003), p.82.

장의 사례를 본다면, 개혁·개방을 선언하기 전까지 중국정부는 토지의 국·공유제하에서 그 사용권능을 매매하는 것을 금지하고 있었으나, 그 형식이 은폐되어 있었을 뿐, 토지를 기초로 부동산시장은 유지되고 있었다. 이후 경제정책의 변화에 따라 부동산시장이 점차 활발해지면서 주택 임대와 매매현상은 증가되고 확산되었다. 즉, 은폐된 상태로 형성, 발전한 부동산시장이 토지사용제도 개혁을 촉진하는 중요한 동력이 되었던 것이다.[97] 이러한 상황을 포함하여 북한과 중국의 부동산제도 전개과정을 비교해 보면, 북한의 체제도 개혁의 방향으로 나아가리라는 전망을 할 수 있다.

이 책에서 언급하는 부동산제도의 사적 부문이 경제에서 지배적 영역이 되기 위해서는 오랜 기간이 필요하다. 일부 연구[98]에 의하면, 체제전환을 경험한 동유럽 사회주의 국가들 중 혁명(정치체제의 변화를 포함)이 일어나기 전에 개혁을 한 국가가 더 성공적이었다고 분석한다. 따라서 경제체제 전환을 먼저 시행한 중국의 부동산제도는 북한에 유용한 참고가 된다. 북한 부동산 및 국토이용·관리제도 변화의 내용과 중국의 제도 전개를 비교해 본 결과, '사적 부문의 확장'이라는 방향으로 발전할 것으로 전망된다. 그 주요 내용은 다음과 같다.

첫째, 북한의 협동농장은 아직도 높은 관료적 통제하에 있으며 언젠가는 국유화하여야 할 대상으로서 집단적 소유라고 인식되고 있다. 다만, 텃밭, 부업밭 등 개인 경작을 허용하거나 뙈기밭 같은 비공식적인 영농도 묵인하는 등 토지생산성 제고를 위한 정책들이 시행되어 왔다. 협동농장 운영에 있어 작업반 내 분조 규모는 지속적으로 축소되어 왔으며, 최근에는 분조 내 3~5명으로 구성되는 포전담당제를 실시하여 농업생산에 대한 책임을 강

---

97) 黃小虎 主編, 『中國土地管理硏究(上, 下)』(北京: 當代中國出版社, 2006), pp.4~5 참고. 이는 박인성·조성찬, 『중국 토지개혁 경험』, p.117에서 재인용함.

98) 동유럽의 체제변화에 따른 GDP 변화와 실업률과 인플레이션의 추이 등 경제적 영향에 대한 자세한 내용은 최상철·이영성, "통일 후 북한지역에서의 토지소유 및 이용에 관한 연구", pp.57~59 참고.

조하고 있다. 이는 중국에서 도급책임제가 도급경영제로 전환된 것처럼 영농에 있어 가족 단위의 자율성이 보장되는 방향으로 전개될 가능성이 높다. 그러나 중국의 경우와 같이 협동농장 구성원들에게 토지사용권을 부여하고, 이를 도급권과 경영권으로 분리하여 권리의 처분성을 인정하는 단계로까지의 발전은 국가 체제에 관련된 문제이므로 단기간 내에 변화할 가능성은 희박하다.

둘째, 농지 외의 국유토지는 2006년부터 전국적으로 내국인에게 '허가에 의한 유상사용' 제도를 전면적으로 도입하였는데, 유통은 허용하지 않고 있다. 외국인에게는 토지이용권을 보장하고 유통도 허용하고 있으며, 최근의 연구 논문을 보면, 국유토지나 협동단체 소유 토지를 북한의 법인에 임대할 수 있고, 재임대도 가능하게 하고 있다. 아직 법제화되지 않아 그 전개과정이 어떻게 될지 불투명하나, 먼저 시행하고 후에 입법했던 관행으로 볼 때, 이미 법인의 경우에 경제특구에서 부동산 이용권을 인정하고 있는 것으로 보인다. 이러한 점에서 '허가에 의한 유상사용'은 법률이 보장하는 권리로 인정될 가능성이 높다. 다만, 북한에서 토지에 대한 권리의 처분권 부여는 토지개혁 당시부터 금지한, 국가체제의 중대한 부분이므로 북한 지도부도 이를 법제화하기는 어려울 것이다. 중국에서는 외자기업에 경제특구에서 토지사용권과 그 유통을 시범적으로 인정한 후 전국적으로 법제화하는 데에 약 10여 년이 소요되었으나, 북한에서 개인에게 토지이용권이 법적으로 보호되고, 유통 권한까지 인정되기에는 그 이상의 시간이 필요할 것이다. 주택소유권에 대한 처분권을 공식화한다면, 토지이용이 건물거래에 수반되므로 이 경우에는 토지이용에 대한 권능의 처분이 허용될 수 있다. 주택거래에 수반되는 토지이용권의 유통이 허용되더라도 토지이용목적이 결정되지 않은 나지(裸地)의 경우, 전면적인 사유화정책이 도입되기 전에는 토지이용권도, 그 유통도 허용되지 않을 것이다.

셋째, 주택에 있어 법적으로는 개인이 건축주가 될 수 없고, 기존의 소유가 아닌 경우에는 새로이 소유권을 가질 수도 없으며, 거래의 대상으로 할 수도 없다. 그러나 앞의 2부에서 분석한 결과, 실제로는 개인이 직접 건축하여 소유할 수 있고, 거래 대상이 되고 있음은 분명하다. 최근 평양에 국가에서 주택거래소를 설립하여 사적 거래를 중개하고 있다는 보도도 있다. 주택은 종래부터 개인소유권을 인정하고 상속의 대상으로도 법제화하고 있었다. 외국인에게는 이미 경제특구에서 건물의 소유를 인정하고 있다. 그리고 토지와 달리 건물은 그 소유권을 인정하고 유통을 허용해도 사회주의 체제의 근간을 흔드는 것은 아니며, 이미 주택시장이 광범위하게 형성되어 있는 상황이므로 이를 법제화할 가능성이 높다. 다만, 주택 외의 건물의 경우에는 현재 법제화되어 있는 내용이 다르므로 전면적인 개혁 조치가 이루어지지 않는 상황에서는 그 유통을 공식화하는 데 있어 주택과 차이를 둘 것이다.

넷째, 국정 부동산가격의 필요성은 증대될 것이다. 농지 경작권, 그 외의 토지이용권, 주택 소유권과 그 유통으로 부동산제도가 발전하면 할수록 부동산가격의 활용범위가 넓어진다. 특히 토지가격은 국가 재정 수입에 큰 영향을 미친다. 이 경우 현재처럼 등급제에 의한 토지가격 책정은 단순하여 세부적인 조건들을 다 반영할 수가 없다. 또한 사적 권리가 보장되고 국토개발이 가속화되면, 시간의 경과에 따라 부동산가치가 상당한 폭으로 상승할 것이다. 이러한 점을 고려하여 토지가격은 매년, 등급제가 아닌 개별 토지별로 부동산가격 공시제도를 운영할 것이다.

다섯째, 국토계획, 도시계획에 대한 논의를 더 신중하고 세부적으로 하게 될 것이다. 북한의 국토와 도시는 저개발된 상태에 있으므로 사적 영역의 확대와 경제특구를 통한 대외 개방은 국토 개발을 가속화할 것이다. 개발에 앞서 계획이 선행되어야 함은 어느 국가에서나 다르지 않고 북한도 이를 강조하고 있다. 국토를 도시와 농촌으로 구분하는 시각에서 탈피하여 국토 전체를 대상으로 하는 지역 중심 균형개발이 중요하다. 이를 위해서는 국토를 이용하고 관리하는 계획을 수립함에 있어 도시와 농촌을 하나의 계획영역으로 하여 운영하게 될 것이다.

여섯째, 평양시 중심 국토개발이 이루어질 것이다. 현재에도 평양시의 종주도시화지수는 서울의 1.5배 수준으로서 매우 높다. 2013년 지정된 14개의 경제개발구 중 수출가공구 2개 지대는 서해안에 설치하여 대중국 수출의 전초기지로 활용하려고 한다. 한편으로는 거대한 소비도시인 평양과 근거리에 위치한 점으로 보면, 이 지대의 개발은 평양시를 비롯한 수도권 초과밀화 현상을 초래할 것이다. 2014년에도 추가로 6개의 경제개발구를 지정한 것으로 남한 언론에 의하여 보도되고 있다. 그중 수출가공구 1개를 포함한 4개의 지대가 평양시 주변에 입지하여 경제 집적의 이익을 추구하고 있다. 중국이 남동 해안을 집중적으로 개방하여 경제 개발을 선행하고, 서부지역과 동북지역의 개발을 후순위로 한 것과 같이 북한도 서해안 중심의 집중 개방을 시도하고 있다. 경제개발구가 지방 간 경쟁으로 활성화된다면 이 지대가 가장 성공할 확률이 높으나, 심각한 지역 불균형 성장의 결과를 가져올 수 있다.

일곱째, 경제특구와 경제개발구를 통한 경제 개방은 확대될 것이다. 상대적으로 초기 투자비용이 적게 들어가는 관광개발구를 우선 활성화할 것이다. 북한에서는 경제특구를 시장경제를 도입하기 위한 '실험지역'이 아니라 '특혜지역'으로 운영하고 있다. 즉, 외자 유치를 통한 경제 성장을 도모하고 있으므로 대외관계가 이 사업의 성패에 결정적으로 영향을 준다. 따라서 경제 개방의 시도가 성공적인 사업이 되기 위해서는 대외 관계의 안정이 필수적이다. 그러나 모든 경제특구와 경제개발구가 성과를 내는 데에는 한계가 있다. 경제개발구의 활성을 위한 적극적인 정책으로 각 지대별 경쟁이 심화되면 예산낭비, 토지이용권의 저가 불하로 토지자원 낭비 등의 부정적인 현상이 나타날 수 있다.

2절_ 부동산제도 개혁 방안: 사적 권리의 인정과 제한

이 책에서는 북한이 장래에 채택할 토지에 대한 사적 권리의 내용에 대해서는 자세하게 언급하지 않는다.[99] 사적 권리의 내용이 소유권이든 사용권이든 그것은 크게 중요하지 않다고 보기 때문이다. 농지 외의 토지는 정착물과 함께 이용될 것이 예정되어 있는데, 사유물인 정착물이 있는 토지의 사용권은 소유권과 큰 차이를 가지지 못하기 때문이다. 더 중요한 것은 사적 권리를 통제하는 수단인 것이다. 이 책에서는 북한에서 장래에 외국인이나 북한의 법인 외에 개인에게도 그 내용에 관계없이 사적 권리를 부여하는 것이 부동산의 최고 최선의 이용을 도모한다는 인식(국가에서 개별 토지의 용도를 모두 결정할 수 없으므로)하에, 또, 그렇게 할 것이라는 기대 속에서 부동산제도의 발전에 대한 제언을 하고자 한다. 그 내용은 앞에서 살펴 본 제도의 유사성이 많은 중국과의 비교와 남한이 주는 시사점을 바탕으로 한다.

토지에 대한 사적 권리의 내용이 소유권이든 사용권이든 그 재산의 수익, 처분 권능까지 인정하는 것이 바람직하다. 토지는 주거용, 상업용, 공업용 등의 다양한 용도로 이용할 수 있고, 최고 최선으로 이용하여 효율화를 꾀하기 위해서는 국토의 모든 토지의 개별적이고 구체적인 용도를 국가계획으로 정하는 것이 아니라 개별 경제주체들이 국토계획에서 정하는 큰 틀의 범위 속에서 사회적 요구나 개인의 욕구에 의하여 결정하는 것이 합리적이다. 그러나 개별 경제주체들의 판단이 항상 옳은 것이 아니어서 개별 경제 주체들의 토지이용행위는 사정이 발생하면 자유롭게 퇴출할 수 있어

---

99) 다만, 다음에서 제시하는 각종 제언들을 제대로 집행하기 위해서는 부동산을 통한 자본이득의 창출이라는 인식을 불식시키기 위한 상징적인 측면에서 토지소유권은 현재와 같이 국·공유를 원칙으로 하는 것이 더 바람직하다고 본다.

야 한다. 바로 이 점에서 토지에 대한 사적 권리의 처분성을 인정하여야 한다는 것이다. 이는 토지 재산권에 대한 자유로운 시장이 형성될 수 있도록 하여야 한다는 것이며, 시장을 통한 퇴출의 자유가 보장되어야 진입을 하여 토지 이용의 효율화를 도모할 수 있는 것이다.

그리고 재산에 대한 수익권능도 보장해 주어야 한다고 본다. 즉, 사적 권리를 사용권으로 하더라도 그 임대수익의 창출은 보장[100]해 주어야 한다는 것인데, 모든 토지를 그 권리자가 직접 이용한다는 것은 가능하지도 않고, 합리적이지도 않기 때문이다. 그러나 부동산시장을 통한 자유로운 거래를 보장한다고 하더라도 토지가 가지는 공공재적인 성격으로 인하여 그 재산권의 행사에 제한을 가하지 않을 수가 없으며, 유효적절한 재산권 행사의 제한이 부동산을 통한 과다한 부의 집중을 방지하고, 건전한 경제발전을 이루는 초석이 된다. 이 책에서 제시하는 구체적인 제한의 내용은 다음과 같다.

첫째, 국유 토지에 일차적으로 사적 권리를 부여하는 절차에서 특정인에게 특혜를 줄 수 있는 경우를 예방하기 위하여 불특정 다수인을 대상으로 하는 일반경쟁 입찰방식을 택하여야 할 것이다. 그러나 그 토지이용의 특성상 일정한 조건을 가진 이용자로 한정하여 경쟁에 붙일 필요가 있는 경우에는 제한경쟁 입찰에 의할 수도 있다. 특정인에게 수의(隨意)의 방법으로 권리를 부여하는 경우는 극히 제한적으로 운영하여야 할 것인 바, 자연재해를 복구하는 경우 등을 상정할 수 있다. 물론, 이 경우에도 국가에서 미리 정한 권리 설정 대가의 금액 이상을 납부하게 하여야 한다. 실제로 현재 북한에서도 경제특구에서 외국인에게 토지이용권을 설정하는 경우 경쟁(입찰이나 경매)의 방식을 채택하고 있으나, 특정 상대와 협의의 방식도 가능하도록 하고 있으므로 이에 대한 원칙과 예외를 정하고 협의의 방식을

---

100) 과다한 임대수익의 발생은 임대차 관계의 통제로 해결할 수 있다.

적용할 수 있는 구체적인 경우를 열거하여야 관료의 부패도 막을 수 있고, 국부(國富)의 유출도 막을 수 있다. 남한, 중국 모두 경쟁의 방식을 원칙으로 하고 있으며, 남한은 예외에 대하여 구체적으로 법령에 열거하고 있고, 경쟁의 절차에 대해서도 종전의 제도를 개선하여 현재에는 정보처리장치를 이용한 공고 등을 하도록 하여 행정의 투명성을 보장하고 있다.

둘째, 개인의 주거용 택지의 권리면적 상한을 정할 필요가 있다. 택지란 일반적으로 주택건설용지 및 공공시설용지[101]를 말하는데, 북한 지역의 개발이 가속화되면, 심화가 예상되는 택지부족 현상, 주택의 열악한 수급상황, 부동산투기로 인한 부의 집중, 무주택자의 소외감 등의 요인을 예상해 볼 때, 택지이용면적의 상한을 정하는 것이 필요하다. 그 상한의 범위는 대도시, 중소도시, 소도시, 농촌으로 구분하고, 행정구역별로 정해지는 용도지역에 따라 규제받는 건폐율의 최대한도가 낮은 도시나 지역의 경우에는 그 범위를 상대적으로 높일 필요가 있다. 그렇게 해야 건축할 수 있는 일정한 건축면적을 확보함에 있어 지역별 균형성을 확보할 수 있기 때문이다. 남한의 경우 현재에는 적용되고 있지 않지만 택지소유상한제가 도입된 적이 있었고, 중국은 농촌주택의 토지이용면적에 대한 규제를 하고 있다.

셋째, 주택의 소유한도를 정할 필요가 있다. 부동산가격이 올라가면 부동산의 공급을 늘리면 된다는 주장이 있다. 수요의 법칙이 성립하는 정상적인 경우에는 공급을 늘리면 가격은 떨어지게 되어 있다. 하지만, 정상적인 시장이 아니라면, 공급을 늘린다고 해서 반드시 가격이 떨어진다는 보장이 없다. 가격이 비싸짐에 따라 수요가 증가하는 상황은 수요-공급 논리를 적용할 수 있는 정상적인 상황이 아니다. 공급을 늘려서 부동산가격을 안정시키자는 주장은 경제학 상식이 적용되지 않는 문제를 경제학 상식으로 풀어보자는 얘기다.[102]

---

101) 공공시설이란 어린이놀이터, 노인정, 집회소(마을회관을 포함한다), 판매시설, 업무시설, 의료시설 등 거주자의 생활복리를 위하여 필요한 시설을 말한다.

주택은 생존을 위한 기본적인 공간으로서 투기의 대상이 되어서는 안 된다. 주택은 토지와는 달리 공급이 가능하므로 주택가격의 급등은 수요량보다 공급물량이 적을 때 발생한다. 이 경우 주택가격을 안정화시키기 위하여 주택공급정책을 확대하고자 도시 외곽의 농경지가 무분별하게 개발되곤 한다. 문제는 주택 투기로 인한 가수요이다. 이 가수요를 억제시키지 않으면 주택시장의 교란이 오고 정부의 공급정책은 실패로 돌아가고 만다. 따라서 주택을 보유할 수 있는 한도 즉, 세대당 보유할 수 있는 수(數)를 정하는 것이다. 조세정책으로 이를 방지하는 방법이 있지만, 그것보다는 '한 세대당 2호까지만 소유'103)와 같은 한계를 정하고 더 이상은 구매하지 못하도록 하여 주택이 자본이득을 취하는 수단이 되게 하여서는 안 된다. 남한에서는 직접적으로 주택의 수에 매수한도를 정한 사례는 없었으나, 그 수요억제 정책인 금융대출에 대한 규제를 가하고 있다. 중국은 실제로 한구령을 발동하여 주택의 구매 수에 대한 규제를 하고 있다.

넷째, 협동농장 소유의 농지에 대한 권리관계를 정확하게 확립하여야 한다. 농업에 종사하는 농민들의 안정적인 생활환경의 보호가 반드시 필요하고, 장래 많은 농지가 개발용도로 전용될 가능성이 있는데, 이 경우에도 정당한 보상을 받을 수 있도록 농지에 대한 소유관계를 명확히 하여야 한다. 현재 협동농장을 구성하고 있는 구성원들에게 실질적인 법인격이 있는 단체(대표자는 민주적인 절차를 통한 구성원들의 선거를 통해 구성)를 만들게 하여 처분 권능이 없는 농지의 소유권은 그 법인이 가지되, 법인과 개별 농가와의 계약을 통해 농지의 사용권을 부여하는 것이 바람직하다. 개별 농가의 농지사용에 대한 대가는 생산물의 연간 평균 수입을 고려하여 금액으로 정하여 납부하게 하되, 이를 제외한 농산물 수입의 사용과 처분은 농

---

102) 이정전, 『토지경제학』, p.215.
103) 원칙적으로 1호만 소유하도록 하되, 원거리 근무 등의 부득이한 경우를 법정화하여 예외적으로 2호까지 인정하는 것을 말한다.

4부_ 북한의 부동산 및 국토이용·관리제도 개혁 방안 ▎ 315

가의 자율에 맡긴다. 만약, 농가가 농업경영에 참가할 수 없게 되거나 희망하지 않는 경우에는 개별 농가가 가지고 있던 농지사용권을 그 법인이나 그 법인의 구성원 중 다른 농가 또는 반드시 영농에 종사하고 있거나 종사할 자격을 갖춘 제3자로 한정하여 그 이전을 보장하여야 한다. 즉, 농업에의 진퇴가 자유로워야 한다는 것이다.

그리고 경제성장에 따른 국토개발로 농지가 수용당하는 경우에는 그 손실을 보상하여야 하며, 그 보상액은 다른 농지를 경작할 수 있게 하거나 대체 토지를 취득할 수 없다면 현금에 의한 보상을 하되, 경작기회를 잃은 정도의 금액이 아니라 농업 외의 산업에 종사할 수 있는 최소한 금액이 정해져야 할 것이다. 중국의 경우, 농촌토지도급경영권의 부여와 그 유통을 인정하여 농업에의 진퇴가 이루어질 수 있도록 하고 있다. 최근에는 도급권과 경영권을 분리하여 농민들의 권익을 보호하고자 하고 있다. 다만, 아직까지 협동단체인 집체의 법적 성격이 불투명하여 논란의 대상이 되고 있으며, 농지 수용으로 인한 보상금액이 농작물 수입기준으로 적용하다 보니 금액이 적어 사회 갈등의 요인이 되고 있는 실정이다.

다섯째, 부동산거래의 허가제를 도입할 필요가 있다. 부동산 거래란 토지·건물의 매매, 임대차, 저당권 설정 등 제반 활동을 말하는데, 그중에서 투기적인 결과로 이어질 수 있는 재산권의 이전과 토지에 대한 지상권, 전세권, 임차권의 설정행위를 통제할 필요가 있다. 우선은 그 시행지역을 전 국토로 설정하고, 일정한 부동산거래 허가기준을 마련한 후 그 허가기준에 부합하는 경우에만 부동산거래의 허가를 하여 부동산등기를 통한 거래가 완성될 수 있도록 하는 것이다. 이 경우 제일 중요한 허가기준은 그 부동산의 이용목적과 이용자의 부합 여부로서, 실수요성에 대한 판단이 된다. 예를 들면, 거주지에서의 거리로 볼 때 실제 그 부동산을 이용할 수 있는 경우로 볼 수 없는 범위를 정하여 실수요성을 판단해 볼 수 있는 것이다. 그 다음으로 중요한 허가기준은 거래금액에 대한 제한을 고려해 볼 수 있다.

인근에 적용되는 국유재산의 신규 사적 권리설정의 가격을 기준으로 매도자의 일정 비용을 고려한 매도가능 가격을 정하고, 그 금액보다 높게 거래되는 부분은 모두 국가에 환수하거나 거래 자체를 불허가하는 조치가 필요하다. 북한은 경제특구 등을 통한 많은 개발사업이 진행 중이거나 예정되어 있고, 사적거래를 통한 부동산활동이 급증하고 있는 현재에도 반드시 필요한 제도라고 할 수 있다. 이를 통해 국토의 이용질서를 확립하고, 지역 또는 국토의 개발이익에 대한 사적 향유를 제한하여 건전한 사회 형성의 기초를 다질 수 있는 것이다.

이 제도를 도입함에 있어서는 부동산거래에서 실권리자 명의를 준수하도록 하고, 그 거래가액에 대한 신고가 철저하게 이루어지도록 하는 제도적 장치(위반 시 강력한 행정 형벌의 적용 등)가 필요하다. 남한의 경우, 토지거래허가제를 운영함에 있어서 일정한 금액을 초과하는 거래의 경우 불허가처분을 하고 거래의 법적 효과를 인정하지 않는 제도가 1979년대에 도입되었다. 그러나 부동산 실권리자 명의 등기에 관한 제도는 1995년, 부동산 거래신고제도는 2005년에 도입되어 투기억제를 하기 위한 거래금액 제한 제도는 유명무실하게 운영되다가 폐지되고 말았던 경험은 북한의 제도 구축에 시사하는 바가 크다고 하겠다. 중국의 경우에도 부동산 거래성사가격 신고제도를 두고 있으며, 토지사용권 재양도의 시장가격이 불합리하게 상승할 경우, 시와 현 인민정부는 지가동결과 거래제한 등의 필요한 조치를 취할 수 있도록 법제화하고 있다.

북한의 최근 예를 보면, 개성공단의 경우, 당초 생산시설용지의 분양가격은 45,000원/㎡으로서 조성원가 수준으로 책정된 것으로 알려지고 있다. 그러나 2012년에는 기존 입주업체들이 개성공단 내 용지확보에 나서면서 분양가 프리미엄이 붙는 등 거래가격이 90,000원/㎡으로 올랐다는 언론의 보도[104]가 있었다. 통일부 규정상 개성공단 용지를 기업 간에 넘길 때에는 프리미엄 없이 분양가만 받도록 되어 있지만 기업들이 이중계약서를 쓰고 웃

돈을 얹어주는 사례가 적지 않다는 것이다. 최근의 이 사례에서도 알 수 있듯이 거래가격 제한 정책은 정확한 거래신고제를 병행하여야 그 효과가 있다는 것을 다시 보여주고 있다.

여섯째, 국정 부동산가격 특히, 토지가격은 북한의 부동산정책을 집행함에 있어 필수적이고 중요한 도구이다. 국유 부동산에 대한 사적 권리를 부여하는 경우, 부동산시장에 대한 규제를 하는 경우 반드시 그 거래금액이 필요하나, 부동산시장이 형성되어 있지 않은 상황에서 이 금액을 정하는 것은 결코 용이한 일이 아니다. 설사 부동산시장이 형성되어 있다 하더라도 부동산의 고유한 특성과 그로 인해 파생되는 부동산시장의 불완전성으로 인하여 시장가격을 그대로 국정가격으로 활용하기가 힘들다. 따라서 국가기관의 전문 부서이든 아니면 전문성 있는 외부 단체를 조직하여 전 국토의 부동산가격을 정하는 작업이 필요하며, 이를 위해서는 먼저 토지에 대한 지적조사와 이용상황, 그리고 토지이용계획이 선행되어야 함은 필수적인 조건이다.

이 경우 토지가격은 장기적으로 토지사용자가 지불할 의사가 있는 충분한 가격으로 접근을 하되, 토지사용자에게 부담이 되는 시기에는 그 적용비율을 하향 조정하더라도 토지가격 자체를 낮게 설정하여서는 안 된다. 즉, 부동산에 대한 국정가격이 시장가격보다 낮다는 인식을 주어서는 안 된다는 것이다. 북한에서 현실적으로 토지가격의 접근방식은 특정 기업이 토지이용권을 획득하여 기업 활동을 하는 경우(예를 들면, 주택의 분양사업을 하는 경우), 얻을 수 있는 총 수입액에서 건축비용과 각종 행정 비용, 기업의 적정이윤 등을 공제해서 토지에 귀속되는 금액을 토지가격으로 정하는 이른바 원가방식을 적용하는 것이 처음 시작에는 적용할 수밖에 없다. 또는, 농지를 개발하여 택지로 조성하는 경우에 소요되는 비용 즉, 농민에

---

104)『동아일보』, 2012년 1월 13일.

대한 보상비, 개발비, 일정한 이윤 등을 더한 금액으로 토지가격을 정할 수도 있다. 이후에 시장가격이 성립하거나 부동산의 임대가 활성화된다면, 비교방식이나 수익방식을 적용할 수 있을 것이다. 이러한 방식에 의하여 평가되는 토지가격을 매년 공시하여 북한의 부동산정책에 관련된 대내외 경제주체들의 의사결정에 신호등이 될 수 있도록 하여야 한다.

3절_ 국토이용·관리제도 개혁 방안: 효율적인 이용과 보전

국토의 효율적인 이용과 관리 즉, 개발과 보전의 적절한 조합, 도시와 농촌의 균형 있는 발전, 지역 간의 형평성, 환경 보전 등을 중요시하지 않는 국가는 없다. 다만, 그 수단이 다를 뿐이며, 기본적으로 큰 명제는 남한과 마찬가지로 그 규모가 작고 가용 토지 면적이 협소한 북한에서 경제 성장을 이루는 것도 중요하지만, 국토의 난개발을 방지하여 후손들에게 좋은 국토환경을 물려주는 것이 더 중요한 가치이다. 토지는 한번 훼손되면 그 기능을 되돌리기가 힘든 비가역성을 가지고 있기 때문에 국토개발에 최대한의 신중을 기해야 한다.

이를 위해 고려할 사항으로 첫째, 농지에 대한 보호와 관리의 문제이다. 국제연합식량농업기구(FAO)는 2013년 10월 16일 세계 식량의 날을 맞이하여 세계 인구의 8분의 1이 기아에 고통받는 현실을 극복하기 위해 '식량안보와 영양공급을 위한 지속가능한 식량시스템 구축'을 시급한 해결과제로 제시하였다. 2050년이면 세계인구가 90억에 이르고 70% 이상의 추가적인 식량생산이 필요할 것으로 전망되고 있어 식량확보를 위한 국가 간 경쟁이 심화될 것으로 전망된다.[105] 따라서, 북한은 앞으로 경제성장을 위해서 국

---

105) 유현정, "중국의 농촌토지제도의 한계와 개선방안"(세종연구소, 2014.2), p.2.

토개발이 더 진행될 것이고, 이에 따라 큰 규모의 농지가 잠식될 것이 예상되므로 반드시 보호해야 할 농지와 상대적으로 전용 가능한 농지의 지역적 구분이 필요하다. 그리고 국토면적 중 농지로 보존해야 하는 총면적 즉, 농지총량제를 정하고, 연간 전용 가능한 농지 면적도 세부적으로, 지역별로 정하는 것이 바람직하다. 남한과 중국은 농지의 용도 구분을 행하고 있으며, 중국은 농지총량제를 시행하고 있다.

둘째, 국토를 도시와 농촌으로 구분하는 시각에서 탈피하여 국토 전체를 대상으로 지역 중심 균형개발이 중요하다. 이를 위해서는 국토를 이용하고 관리하는 계획을 수립함에 있어 도시와 농촌을 하나의 계획영역으로 할 필요가 있다. 도시와 농촌을 별도로 한 계획 영역을 가지면 그 담당기관이 다름으로 인하여 행정의 일관성이 결여될 수 있으며, 도시에는 상세한 세부 계획을 통한 질서 있는 발전을 도모하는 반면에 농촌은 통제받지 않은 개발행위로 인하여 난개발이 될 가능성이 있다. 따라서 법제 구축에서부터 도시와 농촌을 하나로 묶는 작업이 필요하며, 농촌의 개발과 보전도 엄격한 계획 수립의 대상으로 하여 농촌과 농업을 보호하여야 한다. 남한은 1970년대부터 계획 개념과 개발이 진행되어 왔지만 2003년에서야 도시와 농촌에 통합 계획 개념을 도입하였고, 중국은 2007년에 통합하였다.

셋째, 용도지역제의 도입이다. 북한에는 현재 국토의 용도구분 제도를 시행하고 있으나, 그 목적은 각 용도별 중앙관리부서를 정하기 위함이다. 그리고 북한에서는 현재 개발행위에 대한 허가를 개별 행위마다 권한 있는 행정기관의 입지선정서, 토지이용허가, 건설허가 등의 절차를 거치도록 하고 있다. 즉, 담당 관료의 판단 여지에 따라서는 상당히 일관성 없는 개발행위가 이루어질 수도 있는 것이다. 따라서 국토의 전반에 걸친 용도지역제를 시행함으로써 지역별 특성을 살리고, 공평한 개발행위를 유도하는 것이 필요하다. 용도지역제를 통하여 동일한 용도지역에서 허용되는 건축물의 용도를 정하고,[106] 건폐율과 용적률을 통한 개발 규모의 일관성 등을 유지하는 가운데, 입지선정의 문제와 토지의 형질변경의 허용 여부 등을 동시에 검토하게 하는 이른바, 토지이용규제 방식에 있어 규제방식과 재량방식을 동시에 적용하는 것이 필요하다.

현재 북한의 토지이용규제방식[107]을 큰 틀에서 구분하면, '심의·허가에 의한 재량방식'을 채택하고 있는 것으로 보인다. 이는 이 방식의 우수성에 따라 채택한 것이 아니라 중앙집권적 계획경제의 틀 속에서 토지이용에 대한 일원적 지도를 위한 조치로 보인다. 그러나 남한과 마찬가지로 북한에서도 토지의 역사성, 형상, 규모 등의 조건으로 볼 때, 토지이용규제방식을 '심의·허가에 의한 재량방식'을 채택하기는 곤란하다. 따라서 '규정이나 계획에 의한 규제방식'을 원칙으로 하여야 하는데, 이 제도를 도입하기 위해서는 그 선행조치로서 용도지역제의 도입이 필요한 것이다. 남한은 용도지역제의 시행으로 토지이용규제에 방식에 있어 규제방식과 재량방식을 동시에 적용하고 있으며, 중국은 북한과 같이 재량방식으로 운영하고 있다.

넷째, 지역 균형개발이다. 극심한 수도권 및 대도시에로의 과잉집중과 관련해서 경제학적으로 주목되는 문제는 혼잡 및 과밀로 인한 사회적 손실이다. 어느 지역이든 공간적으로나 환경적으로나 인구 및 경제활동을 수용하는 능력에 한계가 있기 마련이다. 이 한계를 초과해서 인구 및 경제활동이 특정 공간으로 몰리면 결국 혼잡으로 인한 피해가 발생한다. 교통 혼잡, 공원 등의 공익시설의 부족, 수질오염, 대기오염 등의 문제가 발생한다. 그럼에도 불구하고 수도권과 대도시로 사람들을 유인하는 기업체나 상점이

---

106) 용도지역에서 허용되는 건축물의 용도를 정하는 것이 불허되는 건축물의 용도를 정하는 것보다 그 제한의 정도가 강하다.

107) 토지이용규제방식 중 '심의·허가에 의한 재량방식'은 관료의 개입이 가장 강한 방식으로서 토지에 건축되는 건축물의 용도와 그 규모, 배치, 색채 등의 세세한 사항까지 구체적인 허가를 받을 때 확정되는 방식이다. '규정에 의한 규제방식'은 용도지역에 따라 사전에 모든 개발에 대한 사항이 규정으로 정해져 있는 것을 말하고, '계획에 의한 규제방식'은 추가적으로 건축이 가능한 지역에서 상세계획에 의하여 더 구체적인 규제의 내용이 정해지는 방식을 말한다.

몰리는 이유는 크게 두 가지 이유를 생각해 볼 수 있다. 하나는 규모의 경제(scale economy)인데, 이는 생산규모가 커질수록 생산단가가 저렴해지는 현상을 가리킨다. 다른 하나는 집적의 이익으로서, 이는 공간적으로 가깝게 모임으로 인해서 얻는 이익을 말하는데, 이를 집적의 경제(agglomeration economy)라고 부르기도 한다. 결국, 수도권 및 대도시의 비대화로 대변되는 지역불균형 현상은 과밀과 혼잡으로 인한 사회적 손실이 더 크냐 아니면 규모의 경제와 집적의 이익이 더 크냐를 판단해야 하는 문제로 요약된다. 그러나 지역불균형 문제를 경제학적으로만 생각할 사안은 아니라는 주장도 강력하다.[108]

북한에 있어 평양과 수도권의 비대화는 심각한 수준이다. 도시의 비대화는 인구 밀도를 높이고, 그로 인한 교통시설의 확충, 환경정화 비용, 다른 도시나 농촌지역의 소외감 등 그 문제점이 집중화로 인한 이익보다 크기 때문에 반드시 인구 분산정책이 필요하다. 이를 위해서는 평양에 더 이상 인구가 집중하지 못하도록 인구집중을 유발하는 건축물의 건축을 제한할 필요가 있다. 대학, 산업시설, 대규모 아파트 단지 등의 신설을 제한함으로써 인구 진입을 막고, 수도권 이외의 지역으로 인구를 분산할 수 있는 인구집중유발시설을 재배치하여야 한다. 남한도 수도권의 비대화가 이루어짐에 따라 수도권정비계획에 의한 토지이용규제, 공공기관의 지방 분산정책 등이 시행되고 있고, 중국 또한 남동지역의 우선 개발정책 후 서부대개발, 동북 3성지역의 개발 등으로 지역 균형개발을 도모하고 있다.

다섯째, 경제특구와 경제개발구이다. 중국의 경제특구 및 연해개방도시 같은 대규모 경제특구는 전통적인 수출가공구와 달리, 국내기업이 활발하게 입주하고 수출제조업 외의 다양한 업종의 경제활동이 일어난다는 특징이 있다. 이런 지역에서는 경제특구에 들어온 외국기업을 통해 선진 기술

---

108) 이정전, 『토지경제학』, pp.35~37.

과 경영기법이 도입·보급됨으로써 국내기업의 역량이 크게 향상된다. 그 결과 처음에는 단순 임가공에 불과했던 생산활동이 점차 업그레이드되고, 국내 생산 원부자재와 부품의 활용도가 높아져 경제특구가 창출하는 부가 가치 규모가 점점 더 커진다. 또한 계획경제에서 시장경제로의 체제전환 과정에 있던 중국은 경제특구를 경제개혁의 실험장으로 이용하기도 했다. 경제특구에서 시작된 개혁 실험이 성공하자, 특구에서 실험한 제도를 경제 특구 밖의 내부경제에도 널리 적용하게 된 것이다. 결국, 경제특구는 그 자체 의 직접적인 이득만이 아니라, 이를 통해 국내경제를 활성화하는 간접적인 이득까지 기대할 수 있기 때문에 유망한 정책수단이 된다고 할 수 있다.[109]

따라서 북한에서도 중국의 경우처럼 경제성장에 도움이 되는 경제특구 를 운영하기 위해서는 기업의 사적 소유와 국내기업의 경제특구에의 입주 를 허용하는 것이 필요하다. 다만, 최근 2013년, 14개와 2014년, 6개의 경제 개발구를 지정하였는데, 경제개발구별 경쟁은 일정 부분 긍정적인 효과를 가져 올 수 있으나, 정책의 중복(과잉개발)과 지방 정부 간의 지나친 경쟁 으로 자원이 낭비되는 등 비효율성이 나타날 수도 있다. 따라서 경제특구 나 경제개발구에 있어서도 일정한 지역의 선택과 집중이 필요하다. 남한의 경우에도 경제특구 제도는 운영되고 있으며, 최근에는 경제특구가 외국자 본 유치라는 본래의 목적이 아니라 지역개발 정책으로 변질되었다는 비판 도 있다.

여섯째, 환경보호의 문제이다. 국토의 개발과 관련된 정책에는 환경보호 에 대한 대책이 반드시 포함되어야 한다. 환경은 주민들의 건강한 삶을 유 지하는 데에도 필요하지만, 자연재해로 인한 엄청난 재난을 방지하기 위해 서도 중요한 부분이다. 경제성장을 위해서, 지방의 재정수입을 확충하기 위 해서 경치 좋은 임야지대에 골프장을 경쟁적으로 건설하는 이런 행태들은

---

109) 김석진 외, "북한의 산업 발전 잠재력과 남북협력 과제-경제특구, 경공업 및 IT 산업을 중심으로-"(산업연구원, 2013), p.75.

그 이익보다 손실이 엄청난 하나의 예가 된다. 한번 훼손된 환경을 복원하는 것은 용이하지도 않고, 그 비용 또한 만만치 않다. 환경보호의 문제는 사전적 계획과 대책이 중요하지 사후적으로 해결할 문제가 아니다. 따라서 북한에서 예상되는 각종 개발사업을 시행하는 경우에는 그 사업으로 인하여 파생될 수 있는 환경의 영향에 대한 평가가 반드시 수반되어야 할 것이다. 남한의 경우에도 일정한 개발행위를 하는 경우에는 교통, 환경 등에 미치는 영향을 평가한 후 사업을 진행하도록 하고 있다.

부 록

[부록 1] 북한「헌법」중 토지제도 관련 내용

「조선민주주의인민공화국 헌법」(1948)

주체37(1948)년 9월 8일 최고인민회의 제1기 제1차회의에서 채택

제1장 근본원칙

제1조 우리 나라는 조선민주주의인민공화국이다.

제2조 조선민주주의인민공화국의 주권은 인민에게 있다.

주권은 인민이 최고 주권기관인 최고인민회의와 지방주권기관인 인민위원회를 근거로 하여 행사한다.

제3조 주권의 일체 대표기관은 리인민위원회로부터 최고인민위원회에 이르기까지 인민의 자유의사에 의하여 선거한다.

주권기관의 선거는 조선민주주의인민공화국 공민이 일반적·평등적·직접적 선거 원칙에 의하여 비밀투표로 실시한다.

제4조 일체 주권기관의 대의원은 선거자 앞에서 자기사업활동에 대하여 책임을 진다.

선거자는 자기가 선거한 대의원이 그 신임을 잃은 경우에는 임기전에 소환할 수 있다.

제5조 조선민주주의인민공화국의 생산수단은 국가, 협동단체 또는 개인자연인이나 개인법인의 소유다.

광산, 기타 지하부원, 산림, 하해, 주요 기업, 은행, 철도, 운수, 항공, 체신기관, 수도, 자연력 및 전 일본국가·일본인 또는 친일분자의 일체 소유는 국가의 소유다.

제6조 전 일본국가와 일본인의 소유토지 및 조선인 지주의 소유토지는 몰수한다.

소작제도는 영원히 폐지한다.

토지는 자기의 로력으로 경작하는 자만이 가질 수 있다.

토지소유의 최대한도는 5정보 또는 20정보로 한다.

토지소유의 최대한도는 지역 및 조건에 따라서 따로 법령으로 규정한다.

토지의 개인소유와 아울러 국가 협동단체도 토지를 소유할 수 있다.

국가 및 협동단체의 토지소유면적에는 제한이 없다.

국가는 로력농민의 리익을 특히 보호하며 경제적 정책이 허하는 여러 가지 방법으로 그들을 방조한다.

제7조 아직 토지개혁이 실시되지 아니한 조선 안의 지역에 있어서는 최고 인민회의가 규정하는 시일에 이를 실시한다.

제8조 법령에 규정한 토지, 축력, 농구, 기타 생산수단, 중소산업, 기업소, 중소상업기관, 원료, 제조품, 주택과 그 부속시설, 가정용품, 수입, 저금에 대한 개인소유는 법적으로 보호한다.

개인소유에 대한 상속권은 법적으로 보장한다.

개인경리의 창발력을 보장한다.

제9조 국가는 인민의 협동단체의 발전을 장려한다.

협동단체의 소유는 법적으로 보호한다.

제10조 국내의 일체의 경제적 자원과 자원이 될 수 있는 것을 인민의 리익에 합리적으로 리용하기 위하여 국가는 유일한 인민경제계획을 작성하며 그 계획에 의하여 국내의 경제·문화의 부흥과 발전을 지향한다.

국가는 인민경제계획을 실시함에 있어서 국가 및 협동단체의 소유를 근간으로 하고 개인경제부문을 이에 참가하게 한다.

「조선민주주의인민공화국 사회주의헌법」(1972)[1]

주체61(1972)년 12월 27일 최고인민회의 제5기 제1차회의에서 채택

제2장 경제

제18조 조선민주주의인민공화국에서 생산수단은 국가 및 협동단체의 소유이다.

제19조 국가소유는 전체 인민의 소유이다.

국가소유권의 대상에는 제한이 없다.

나라의 모든 자연부원, 중요 공장과 기업소, 항만, 은행, 교통운수 및 체신 기관은 국가만이 소유한다.

국가소유는 조선민주주의인민공화국의 경제발전에서 주도적 역할을 한다.

제20조 협동단체소유는 협동경리에 들어있는 근로자들의 집단적 소유이다.

토지, 부림짐승, 농기구, 고기배, 건물 등과 중소 공장, 기업소는 협동단체가 소유할 수 있다.

국가는 협동단체소유를 법적으로 보호한다.

제21조 국가는 사회주의적 협동경리제도를 공고발전시키며 협동단체에 들어있는 전체성원들의 자원적 의사에 따라 협동단체소유를 점차 전인민적 소유로 전환시킨다.

제22조 개인소유는 근로자들의 개인적 소비를 위한 소유이다.

근로자들의 개인소유는 로동에 의한 사회주의분배와 국가 및 사회의 추가적 혜택으로 이루어진다.

협동농장원들의 터밭경리를 비롯한 주민의 개인부업경리에서 나오는 생산

---

1) 현행 「헌법」의 토대로서, 1948년 「헌법」을 개정한 것이 아니라 사회주의 체제를 완성한 후 제정한 것으로 되어 있다.

물도 개인소유에 속한다.

국가는 근로자들의 개인소유를 법적으로 보호하며 그에 대한 상속권을 보장한다.

제26조 국가는 도시와 농촌의 차이, 로동계급과 농민의 계급적 차이를 없애기 위하여 군의 역할을 높이며 농촌에 대한 지도와 방조를 강화한다.

국가는 협동농장의 생산시설과 농촌문화주택을 국가부담으로 건설하여 준다.

제31조 조선민주주의인민공화국의 인민경제는 계획경제이다.

국가는 사회주의적 경제발전법칙에 따라 축적과 소비의 균형을 옳게 잡으며 경제건설을 다그치고 인민생활을 끊임없이 높이며 국방력을 강화할 수 있도록 인민경제발전계획을 작성하여 실행한다.

국가는 계획의 일원화, 세부화 방침을 관철하여 생산장성의 높은 속도와 인민경제의 균형적 발전을 보장한다.

제32조 조선민주주의인민공화국은 인민경제발전계획에 따르는 국가예산을 편성하여 집행한다.

국가는 모든 부문에서 증산과 절약 투쟁을 강화하고 재정통제를 엄격히 실시하여 국가축적을 체계적으로 늘이며 사회주의적 소유를 확대 발진시킨다.

「조선민주주의인민공화국 사회주의헌법」(1992)[2]

주체81(1992)년 4월 9일 최고인민회의 제9기 제3차회의에서 수정보충

제2장 경제

제19조 <u>조선민주주의인민공화국은 사회주의적 생산관계와 자립적 민족경제의 토대에 의거한다</u>(신설: 경제체제의 토대 선언).

---

2) 밑줄 친 부분이 개정된 부분이다.

제20조 조선민주주의인민공화국에서 생산수단은 국가와 협동단체만이 소유한다(**소유 주체 강조**).

제21조 국가소유는 전체 인민의 소유이다.

국가소유권의 대상에는 제한이 없다.

나라의 모든 자연부원, 중요 공장과 기업소, 항만, 은행, 교통운수와 체신기관은 국가만이 소유한다.

국가는 나라의 경제발전에서 주도적 역할을 하는 국가소유를 우선적으로 보호하며 장성시킨다(**국가 소유의 역할 강조**).

제22조 협동단체소유는 협동경리에 들어있는 근로자들의 집단적 소유이다.

토지, 부림짐승, 농기구, 고기배, 건물 같은 것과 중소공장, 기업소는 협동단체가 소유할 수 있다.

국가는 협동단체소유를 보호한다.

제23조 국가는 농민들의 사상의식과 기술문화수준을 높이고 협동적 소유에 대한 전인민적 소유의 지도적 역할을 높이는 방향에서 두 소유를 유기적으로 결합시키며 협동경리에 대한 지도와 관리를 개선하여 사회주의적 협동경리제도를 공고발전시키며 협동단체에 들어있는 전체성원들의 자원적 의사에 따라 협동단체소유를 점차 전인민적소유로 전환시킨다(**협동적 소유의 전인민적 소유화를 위한 방안 제시**).

제24조 개인소유는 근로자들의 개인적이며 소비적인 목적을 위한 소유이다.

근로자들의 개인소유는 로동에 의한 사회주의분배와 국가와 사회의 추가적 혜택으로 이루어진다.

협동농장원들의 터밭경리를 비롯한 주민의 개인부업경리에서 나오는 생산물도 개인소유에 속한다.

국가는 근로자들의 개인소유를 보호하며 그에 대한 상속권을 법적으로 보장한다.

제28조 국가는 도시와 농촌의 차이, 로동계급과 농민의 계급적 차이를 없

애기 위하여 <u>농촌기술혁명을 다그쳐 농업을 공업화하며</u> 군의 역할을 높이고 농촌에 대한 지도와 방조를 강화한다(**농촌 발전을 위한 방안 제시**).

국가는 협동농장의 생산시설과 농촌문화주택을 국가부담으로 건설하여 준다.

제34조 조선민주주의인민공화국의 인민경제는 계획경제이다.

국가는 사회주의적 경제발전법칙에 따라 축적과 소비의 균형을 옳게 잡으며 경제건설을 다그치고 인민생활을 끊임없이 높이며 국방력을 강화할 수 있도록 인민경제발전계획을 세우고 실행한다.

국가는 계획의 일원화, 세부화 방침을 관철하여 생산장성의 높은 속도와 인민경제의 균형적 발전을 보장한다.

제35조 조선민주주의인민공화국은 인민경제발전계획에 따르는 국가예산을 편성하여 집행한다.

국가는 모든 부문에서 증산과 절약 투쟁을 강화하고 재정통제를 엄격히 실시하여 국가축적을 체계적으로 늘이며 사회주의적 소유를 확대 발전시킨다.

「조선민주주의인민공화국 사회주의헌법」(1998)

주체87(1998)년 9월 5일 최고인민회의 제10기 제1차회의에서 수정보충

제2장 경제

제19조 조선민주주의인민공화국은 사회주의적 생산관계와 자립적 민족경제의 토대에 의거한다.

제20조 조선민주주의인민공화국에서 생산수단은 국가와 <u>사회협동단체</u>가 소유한다(**소유 주체에 사회단체를 포함**).

제21조 국가소유는 전체 인민의 소유이다.

국가소유권의 대상에는 제한이 없다.

나라의 모든 자연부원, 철도, 항공, 운수, 체신기관과 중요 공장과 기업소, 항만, 은행은 국가만이 소유한다(국가 소유에 철도와 항공을 포함).

국가는 나라의 경제발전에서 주도적 역할을 하는 국가소유를 우선적으로 보호하며 장성시킨다.

제22조 사회협동단체소유는 해당 단체에 들어있는 근로자들의 집단적 소유이다(협동경리를 해당단체로 수정).

토지, 농기계, 배, 중소 공장, 기업소 같은 것은 사회협동단체가 소유할 수 있다.

국가는 사회협동단체소유를 보호한다(사회협동단체 소유 대상의 재정리).

제23조 국가는 농민들의 사상의식과 기술문화수준을 높이고 협동적 소유에 대한 전인민적 소유의 지도적 역할을 높이는 방향에서 두 소유를 유기적으로 결합시키며 협동경리에 대한 지도와 관리를 개선하여 사회주의적 협동경리제도를 공고발전시키며 협동단체에 들어있는 전체성원들의 자원적 의사에 따라 협동단체소유를 점차 전인민적소유로 전환시킨다.

제24조 개인소유는 근로자들의 개인적이며 소비적인 목적을 위한 소유이다. 개인소유는 로동에 의한 사회주의분배와 국가와 사회의 추가적 혜택으로 이루어진다.

터밭경리를 비롯한 개인부업경리에서 나오는 생산물과 그 밖의 합법적인 경리활동을 통하여 얻은 수입도 개인소유에 속한다(개인 소유 대상의 확대).

국가는 근로자들의 개인소유를 보호하며 그에 대한 상속권을 법적으로 보장한다.

제28조 국가는 도시와 농촌의 차이, 로동계급과 농민의 계급적 차이를 없애기 위하여 농촌기술혁명을 다그쳐 농업을 공업화, 현대화하며 군의 역할을 높이고 농촌에 대한 지도와 방조를 강화한다(농업의 현대화 강조).

국가는 협동농장의 생산시설과 농촌문화주택을 국가부담으로 건설하여 준다.

제34조 조선민주주의인민공화국의 인민경제는 계획경제이다.

국가는 사회주의적 경제발전법칙에 따라 축적과 소비의 균형을 옳게 잡으며 경제건설을 다그치고 인민생활을 끊임없이 높이며 국방력을 강화할 수 있도록 인민경제발전계획을 세우고 실행한다.

국가는 계획의 일원화, 세부화 방침을 관철하여 생산장성의 높은 속도와 인민경제의 균형적 발전을 보장한다.

제35조 조선민주주의인민공화국은 인민경제발전계획에 따르는 국가예산을 편성하여 집행한다.

국가는 모든 부문에서 증산과 절약 투쟁을 강화하고 재정통제를 엄격히 실시하여 국가축적을 체계적으로 늘이며 사회주의적 소유를 확대 발전시킨다.

「조선민주주의인민공화국 사회주의헌법」(2009, 2010, 2012, 2013)

주체98(2009)년 4월 9일 최고인민회의 제12기 제1차회의에서 수정보충

주체99(2010)년 4월 9일 최고인민회의 제12기 제2차회의에서 수정보충

주체101(2012)년 4월 13일 최고인민회의 제12기 제5차회의에서 수정보충

주체102(2013)년 4월 1일 최고인민회의 제12기 제7차회의에서 수정보충

주체105(2016)년 6월 29일 최고인민회의 제13기 제4차회의에서 수정보충

제2장 경제

(토지제도 관련 내용은 「조선민주주의인민공화국 사회주의헌법」(1998) 앞의 내용과 모두 동일함)

[부록 2] 북한의 주요 토지 관계법규

「조선민주주의인민공화국 토지법」

주체66(1977)년 4월 29일 최고인민회의 법령 제9호로 채택
주체88(1999)년 6월 16일 최고인민회의 상임위원회 정령 제803-1호로 수정

제1장 조선민주주의인민공화국의 토지는 혁명의 고귀한 전취물

제1조 조선민주주의인민공화국에서 토지는 전체 농민들이 조선로동당과 인민정권의 현명한 령도밑에 《밭갈이하는 땅은 밭갈이하는 농민에게로》라는 원칙에서 실시한 위대한 토지개혁법령에 의하여 민주주의혁명단계에서 이룩한 혁명의 고귀한 전취물이다.

제2조 조선민주주의인민공화국에서는 토지개혁과 농업협동화방침이 철저히 수행되여 농촌에서 봉건적인 토지소유관계와 온갖 착취관계가 영원히 없어졌으며 사회주의적토지소유관계가 전면적으로 확립되였다. 국가는 공화국북반부에서 이룩한 토지개혁과 농업협동화의 성과를 공고발전시키며 전국적농업혁명의 완성을 위하여 투쟁한다.

제3조 조선민주주의인민공화국의 토지에는 토지개혁을 위하여 고귀한 생명을 바친 혁명선렬들의 붉은피가 스며있으며 외래제국주의침략으로부터 나라를 지키기 위하여 영웅적으로 싸운 인민들의 혁명정신이 깃들어있다. 국가는 안팎의 온갖 원쑤들의 침해로부터 혁명의 전취물인 토지를 보위하기 위하여 투쟁한다.

제4조 국가는 토지개혁에서 이룩한 성과와 사회주의적토지소유관계를 법

적으로 고착시키고 공고발전시키며 국토를 보호개발하고 국가와 사회가 공동으로 리용하여 사회주의의 물질기술적토대를 더욱 튼튼히 하며 나라의 사회주의건설을 힘있게 다그칠수 있도록 필요한 대책을 강구한다.

제5조 국가는 토지보호, 토지건설사업 등 국토를 개변하며 자연을 정복하기 위한 사업을 국토건설총계획에 따라 전망성있게 조직진행한다.

제6조 국가는 우리 나라에 마련된 자립적민족경제의 토대에 의거하여 국토를 개발하고 농업을 공업화, 현대화하며 특히 토지를 개량하며 그 리용률을 높이기 위한 과학연구사업을 강화하고 여기에 필요한 기술인재를 전망성있게 양성한다.

제7조 국가는 토지를 리용하는데 맞게 농업토지, 주민지구토지, 산림토지, 산업토지, 수역토지, 특수토지로 가르고 관리한다. 토지관리와 리용에 대한 감독통제는 내각과 지방정권기관의 지도밑에 국토관리기관이 통일적으로 한다.

제8조 토지는 우리 인민의 귀중한 생활밑천이며 후손만대의 번영을 위한 나라의 재부이다. 국가는 전체 인민들과 농업근로자들, 국가기관일군들속에서 사회주의 애국주의 교양을 강화하여 그들이 토지를 잘 보호관리하고 알뜰히 다루도록 한다.

제2장 토지소유권

제9조 조선민주주의인민공화국에서 토지는 국가 및 협동단체의 소유이다. 나라의 모든 토지는 인민의 공동소유로서 그것을 누구도 팔고사거나 개인의것으로 만들수 없다.

제10조 국가소유토지는 전체 인민의 소유이다. 국가소유토지의 범위에는 제한이 없다.

제11조 협동단체소유토지는 협동경리에 들어있는 근로자들의 집단적소유

이다. 국가는 협동단체소유토지를 법적으로 보호한다.

제12조 국가는 사회주의적협동경리제도를 공고발전시키며 농업경리제도의 발전과 협동단체에 들어있는 전체 성원들의 자원적의사에 따라 협동단체소유의 토지를 점차 전인민적소유로 전환시킬수 있다.

제13조 조선민주주의인민공화국의 토지는 오직 국가만이 지배할수 있으며 그것을 인민의 리익과 행복을 위하여 협동농장을 비롯한 기관, 기업소, 단체 및 공민들이 여러 방면으로 리용할수 있다. 협동농장원들의 터밭리용은 협동농장규약에 의하여 20~30평으로 한다.

제3장 국토건설총계획

제14조 국토건설총계획은 국토를 인민경제발전과 인민들의 복리증진에 맞게 합리적으로 개발리용하고 정리미화하며 나라의 전반적 살림살이를 전망성있게 계획적으로 꾸려나가기 위한 국토건설의 통일적이며 종합적인 전망계획이다. 국가는 나라를 부강하게 하고 인민들의 생활을 높일수 있도록 국토건설총계획을 적극적이며 동원적으로 세우고 그를 철저히 실현하도록 한다.

제15조 국토건설총계획을 세우는데서 지켜야 할 원칙은 다음과 같다.

1. 국토건설과 자원개발에서 농경지를 침범하지 말며 그것을 극력 아끼고 보호하도록 한다.

2. 도시의 규모를 너무 크게 하지 말며 작은 도시형태로 많이 건설하도록 한다.

3. 나라의 각이한 지대들의 기후풍토적특성을 고려하도록 한다.

4. 나라의 인민경제발전방향과 각이한 지역들의 경제발전전망에 맞게 과학적으로 세우도록 한다.

제16조 국토건설총계획의 전망기간은 30~50년으로 한다. 필요에 따라 전망

기간을 이보다 짧게 정할수도 있다.

제17조 국토건설총계획에는 다음과 같은 내용이 포함된다.

1. 혁명전적지, 혁명사적지를 잘 꾸리며 보호하기 위한 대책

2. 토지를 정리, 개량하고 보호하며 새땅을 얻어내며 간석지를 개간리용하기 위한 방향과 대책

3. 산림조성방향과 보호 및 그 리용과 리로운 동식물을 보호하기 위한 대책

4. 강하천, 호소, 저수지의 건설 및 정리방향, 큰물피해를 막기 위한 시설물들의 배치 및 물의 종합적리용대책

5. 교통운수, 전기, 체신망과 그 시설물의 합리적배치

6. 지하자원의 개발구역과 공업, 농업기업소들을 배치할 위치와 규모

7. 도시와 마을, 휴양지, 료양지의 위치와 규모, 명승지, 천연기념물 및 문화 유적유물의 보호대책

8. 연안, 령해를 종합적으로 개발리용하기 위한 방향과 연안을 아름답게 정리하며 수산자원을 보호하기 위한 대책

9. 공해현상을 미리 막기 위한 대책

제18조 전국국토건설총계획과 중요지구국토건설총계획은 최고인민회의 또는 최고인민회의 상임위원회에서, 지역국토건설총계획은 도인민회의 또는 도인민위원회에서 승인한다.

제4장 토지보호

제19조 국가는 강하천정리, 산림조성 등 토지보호사업을 힘있게 벌려 토지류실을 막으며 나라의 물질적부를 늘이고 인민들의 복리를 증진시킨다. 국토관리기관과 농업지도기관, 토지리용기관은 국토건설총계획에 따라 토지보호사업을 책임적으로 조직진행하여야 한다.

제20조 강하천정리사업은 큰물피해로부터 농경지를 비롯한 나라의 귀중한

재산을 보호하며 국토의 면모를 개변하는 중요한 사업이다. 국가는 강하천 건설을 해당 지대의 자연지리적조건과 특성에 맞게 관개공사와 병행하여 진행하며 큰 강과 중소하천정리를 다같이 밀고나간다.

제21조 국토관리기관과 농업지도기관은 강하천정리사업을 설계에 근거하여 계획적으로 전망성있게 조직진행하여야 한다. 큰 강과 중요강하천의 정리와 관리는 국토관리기관이 하며 중소하천의 정리는 해당 기관, 기업소, 협동농장이 한다. 강하천정리는 큰물피해가 심한 중요산업지구, 주민지구, 농경지보호면적이 많은 지대부터 먼저 집중적으로 하여야 한다.

제22조 국토관리기관과 지방정권기관을 비롯한 해당 기관, 기업소, 협동농장은 해마다 국가가 정한 시기에 담당하고있는 강하천의 변동정형과 제방, 시설물의 상태 등을 구체적으로 조사등록하고 해당한 대책을 세워야 한다.

제23조 국토관리기관은 강하천의 통일적인 보수관리체계를 세우고 강하천 보수관리전문기업소의 역할을 높여 보수관리를 전문화, 과학화하도록 하여야 한다. 사회안전기관은 강하천과 제방의 기술상태를 정상적으로 검열하고 해당한 대책을 세워야 한다.

제24조 국토관리기관과 해당 기관, 기업소, 협동농장은 무더기비에도 토지가 류실되지 않도록 강바닥파기와 강줄기바로잡기, 제방공사, 호안공사, 옹벽공사, 모래잡이언제공사를 질적으로 하여야 한다.

제25조 국토관리기관은 강하천, 호소, 저수지와 제방을 비롯한 시설물을 보호하기 위하여 필요한곳에 보호구역을 정한다. 보호구역안에서는 강하천의 제방과 그 시설물을 못쓰게 만들거나 보호관리에 지장을 주는 행위를 할수 없다.

제26조 강하천과 호소, 저수지에 더러운 물, 독이 있는 물질을 정화하지 않고 내려보내거나 오물을 버릴수 없다.

제27조 국토관리기관과 농업지도기관 및 지방정권기관은 강하천의 종합적인 리용계획을 세우고 물을 관개용수, 수력발전, 공업용수, 음료수, 강하운

수, 담수양어, 류벌 등 인민경제부문과 근로자들의 문화휴식에 다방면적으로 효과있게 리용하도록 하여야 한다.

제28조 농업지도기관과 해당 기업소는 논밭이 물에 잠길 수 있는 지대에 고인물 빼기시설을 완비하며 그에 대한 유지보수사업을 정상적으로 조직 진행하여야 한다.

제29조 국영 및 협동 농장은 토지가 류실되지 않도록 강기슭의 논밭머리에 버들을 심거나 돌담을 쌓으며 산경사지의 밭머리에는 돌림물길을 만들어야 한다.

제30조 산림건설사업은 토지를 철저히 보호하며 나라의 부강발전과 후손만대의 번영을 위한 만년대계의 대자연개조사업이다. 국가는 토지류실을 방지하며 나라의 자연부원을 늘이기 위한 산림건설사업을 전망성있게 조직진행한다.

제31조 국토관리기관과 해당 기관, 기업소, 단체는 산림설계에 따라 해당 지대의 자연경제적조건에 맞게 제지림, 기름나무림, 섬유원료림, 산과실림, 땔나무림 등을 조성하여 림상을 개조하며 빨리 자라고 쓸모있는 수종을 배치하고 밀식하며 침엽수 및 활엽수의 혼성림을 만드는 등 산림의 단위당 축적을 높여야 한다. 산림설계기관은 이에 맞게 산림설계를 만들어야 한다.

제32조 국토관리기관은 산림조성과 보호사업을 전군중적으로 조직진행하기 위하여 기관, 기업소, 학교, 단체에 담당구역을 설정한다. 기관, 기업소, 학교, 단체 및 공민들은 봄과 가을에 나무심기에 적극 참가하며 산림을 잘 보호관리하여 온 나라의 산을 푸른 락원으로 만들어야 한다.

제33조 국가는 목재생산기지를 튼튼히 꾸리며 목재에 대한 기관, 기업소들의 수요를 충족시키기 위하여 림산공업림과 기관, 기업소의 자체림을 설정한다. 해당 기관, 기업소는 여기에 나무를 계획적으로 심고 잘 관리하여 튼튼한 목재생산기지를 꾸려야 한다.

제34조 국가는 농촌주변의 산림을 울창하게 만들며 산림자원과 땔나무에

대한 협동농장의 수요를 충족시키기 위하여 협동농장림과 땔나무림을 설정한다. 협동농장은 여기에 나무를 많이 심고 보호관리하면서 이를 무상으로 리용한다.

제35조 국토관리기관을 비롯한 기관, 기업소, 단체는 산림조성전망계획에 맞게 양묘장을 꾸리며 나무모생산을 앞세워야 한다. 양묘장에서는 인민경제적의의가 크고 빨리 자라는 나무모를 많이 생산하여야 한다.

제36조 산림은 인민경제발전과 인민생활양상의 요구에 맞게 전망적으로, 계획적으로 리용하여야 한다. 산에서 나무를 벨 때에는 국토관리기관과 해당 기관의 허가를 받아 나이먹은 나무, 다 자란 나무, 여러가지 피해를 받은 나무를 먼저 베야 하며 통나무의 순환식채벌을 보장하여야 한다. 나무를 벤 구역과 끌어내린 길에는 나무를 제때에 심어야 한다.

제37조 국가는 혁명전적지, 혁명사적지가 있는 지역의 산림을 보호하기 위하여 특별보호림을 정한다. 산림에 대한 학술연구를 위하여 자연보호림구를 정할수 있다. 특별보호림과 자연보호림구 안에서는 나무를 벨수 없다.

제38조 국토관리기관은 산불에 대한 감시사업을 강화하며 필요한곳에 산불막이선을 치거나 인원과 설비의 동원체계를 세우는 등 산불로부터 산림을 보호 하기위한 사업을 조직진행하여야 한다.

제39조 국토관리기관은 송충을 비롯한 병해충에 의한 산림의 피해를 막을 수 있도록 제때에 소독하며 해로운 벌레를 잡아먹는 유익한 동물을 보호증식하는 등 필요한 사업을 조직진행하여야 한다.

제40조 국토관리기관과 농업지도기관을 비롯한 해당 기관, 기업소는 지대적특성에 맞게 방풍림, 사방림, 위생풍치림, 수원함양림 등 보호림을 조성하며 사방야계구조물을 설치하여 자연재해로부터 국토를 보호하며 나라의 풍치를 아름답게 하여야 한다.

제41조 지하자원을 개발하는 기관, 기업소, 단체는 지하자원개발에서 농경지를 비롯한 국토와 자원에 손상을 주는 일이 없도록 버럭처리장과 미광침

전기를 먼저 건설하여야 하며 농경지 또는 건물과 시설물밑에서 지하자원을 캘 때에는 땅이 내리앉지 않도록 하여야 한다.

제42조 탄광, 광산들에서는 버럭과 박토를 버린 자리와 지하자원을 캔 자리를 제때에 정리하여 농경지 또는 림지로 리용하도록 하여야 한다.

제5장 토지건설

제43조 국가는 토지건설사업을 전망성있게 조직진행하여 농업의 공업화, 현대화를 다그치고 농업생산을 늘이며 국토의 면모를 개변한다. 국토관리기관과 농업지도기관을 비롯한 해당 기관, 기업소, 단체는 토지건설사업을 국토건설총계획에 따라 계획적으로 진행하여야 한다.

제44조 조선민주주의인민공화국에서는 수리화의 력사적과업이 빛나게 실현되였다. 국가는 논수리화체계를 공고발전시키면서 밭관개체계를 완성한다.

제45조 국토관리기관과 농업지도기관을 비롯한 해당 기관, 기업소, 협동농장은 국토건설총계획에 따라 저수지를 건설하고 저수지제방을 더욱 보강안비하며 지하수를 리용히기 위한 대책을 세우는 등으로 더 많은 물을 확보하며 관개 시설에 대한 보수공사를 정상적으로 하여 물의 도중손실이 없도록 하여야 한다.

제46조 토지정리사업은 새땅을 많이 얻어내여 알곡생산을 늘이며 농촌경리의 종합적기계화와 화학화를 실현하기 위한 중요한 사업의 하나이다. 농업지도기관과 국영 및 협동농장을 비롯한 해당 기관, 기업소, 단체는 토지정리사업을 년차별 토지정리계획과 토지정리설계에 따라 진행하여야 한다.

제47조 농업지도기관과 국영 및 협동 농장을 비롯한 해당 기관, 기업소, 단체는 토지정리에서 건물과 시설물을 산기슭으로 규모있게 옮기며 필요없는 논두렁과 밭최뚝을 없애고 논밭을 크고 규모있게 만들며 여기에 맞게 관수로, 배수로, 포전도로 등을 건설하여야 한다.

제48조 논밭을 기름지게 개량하는것은 알곡생산을 늘이기 위한 중요한 담보의 하나이다. 군농업지도기관과 국영 및 협동농장을 비롯한 토지를 리용하는 기관, 기업소, 단체는 토지의 비옥도 및 매 토층에 대한 분석사업과 토양조사사업을 정기적으로 진행하며 필지별 토층표본과 토양분석표, 토지대장을 갖추고 과학적 리치에 맞게 토지를 개량하여야 한다.

제49조 다락밭을 만드는것은 농작물의 수확고를 높이기 위한 중요한 방도의 하나이다. 협동농장과 해당 기관, 기업소, 단체는 비탈진 밭을 다락밭으로 만들며 여기에 반드시 관수체계와 배수체계를 세워야 하며 짐나르기를 적극 기계화할수 있도록 하여야 한다.

제50조 국가는 새로운 경지면적을 늘이며 나라의 면모를 크게 전변시키는 간석지개간사업에 큰 힘을 넣는다. 농업지도기관과 해당 기관, 기업소, 단체는 자연지리적조건이 좋고 개간에 유리한 지대의 간석지부터 먼저 집중적으로 개간하여야 한다. 개간된 간석지에는 시루식관수체계, 화학적방법 등을 적극 도입하며 물갈아넣기를 하여 소금기를 빨리 없애고 농작물을 심도록 하여야 한다.

제51조 농업지도기관과 해당 기관, 기업소, 단체는 바다물에 의하여 농경지와 소금밭 등이 피해를 입지 않도록 해당 지대의 특성에 맞게 해안방조제를 건설하며 그에 대한 보수보강사업을 정상적으로 하여야 한다.

제52조 국가는 도시와 마을을 현대적이며 문화적으로 건설하여 인민들에게 보다 훌륭한 생활조건을 마련해 준다. 지방정권기관과 도시경영기관을 비롯한 해당 기관, 기업소, 단체는 사회주의적생활문화의 요구에 맞게 도시와 마을에 살림집과 문화후생시설, 도로 등을 합리적으로 배치하며 도시와 농촌간의 차이를 줄이고 나라의 모든 지역을 정치, 경제, 문화의 여러 방면에 걸쳐 골고루 발전시키도록 도시와 마을을 건설하여야 한다.

제53조 도시경영기관은 도시와 그 주변에 공원과 유원지를 비롯한 근로자들의 문화휴식터를 곳곳에 잘 꾸리며 꽃과 나무를 많이 심어 주민들의 훌

룡한 생활환경을 조성하여야 한다. 농업지도기관과 협동농장은 마을과 그 주변에 과일나무, 기름나무 등을 심어 마을을 아름답게 꾸려야 한다.

제54조 지방정권기관은 도시와 마을을 어지럽히거나 오염시키는 일이 없도록 통제하여야 한다. 건물과 시설물을 건설하는 기관, 기업소, 단체는 건설물이 완공되거나 건설재료의 채취가 끝나는데 따라 파헤친 자리를 알뜰하게 정리하여야 한다.

제55조 도로는 인민경제동맥의 중요구성부문이며 나라의 경제발전수준을 보여주는 중요한 척도의 하나이다. 국가는 나라의 모든 지역들에서의 정치, 경제, 문화적련계를 원만히 보장하며 인민들의 복리증진을 위하여 복무하는 원칙에서 도로를 건설하고 관리하도록 한다.

제56조 도로는 그 규모와 사명에 따라 고속도로와 1급부터 6급까지의 도로로 나눈다. 도로의 건설과 보호관리는 도로의 등급과 사명에 따라 국토관리기관, 도시경영기관을 비롯한 해당 기관, 기업소, 협동농장이 한다.

제57조 나라의 모든 도로는 세멘트, 아스팔트, 돌 등으로 포장하여 로면의 강도를 높이고 전반적도로의 기술상태를 끊임없이 개선하며 교통의 안전성과 신속성, 도로의 문화성이 보장되여야 한다.

제58조 도로관리기관은 도로량옆에 주의표식, 지시표식, 금지표식, 거리표식 등 여러가지 표식물을 문화성있게 설치하여야 하며 길가에 생활력이 강하고 빨리 자라며 쓸모있는 나무와 과일나무 등을 심으며 잔디를 입히고 꽃밭, 문화 휴식터를 꾸려 길을 항상 알뜰하게 거두어야 한다.

제59조 국토관리기관과 지방정권기관 및 도시경영기관은 계절별, 로선별, 구간별에 따르는 교통량의 변화상태를 정확히 조사장악하여 도로와 다리를 비롯한 구조물과 시설물에 대한 보수정비계획을 세우고 정상적으로 보수정비하며 기관, 기업소, 단체들에 일정한 구간의 길을 정해주어 책임적으로 늘 보호관리하도록 하여야 한다.

제60조 기관, 기업소, 단체 및 공민들은 도로와 그 구조물 및 시설물을 못

쓰게 만들거나 길가의 나무를 마음대로 찍는 등 도로보호관리에 지장을 줄 수 있는 일을 할 수 없다.

제61조 국가는 연안, 령해를 개발하고 정리하며 항만을 새로 건설하고 확장하며 수로를 개척하는 등 연안, 령해 건설을 추진하여 나라를 부강하게 하고 수상운수를 발전시킨다. 연안령해관리기관을 비롯한 해당 기관, 기업소, 단체는 국토건설총계획에 따라 연안, 령해건설을 전망성있게 조직진행하며 연안, 령해 시설물을 정상적으로 보수정비하며 바다기슭을 아름답게 꾸려야 한다.

제62조 연안령해관리기관과 해당 기관, 기업소, 단체는 연안, 령해의 수산자원을 보호증식하기 위한 사업을 전망성있게 계획적으로 조직진행하여야 한다.

제6장 토지관리

제63조 토지관리사업을 강화하는것은 국토를 철저히 보호하고 농업토지를 주체농법의 요구에 맞게 효과적으로 리용하는데서 나서는 중요한 요구의 하나이다. 토지를 리용하는 협동농장과 모든 기관, 기업소, 단체는 토지리용에서 제도와 질서를 엄격히 지켜야 한다.

제64조 농업토지에는 오직 경작할수 있는 토지가 속한다. 농업토지의 관리는 농업지도기관과 그것을 리용하는 해당 협동농장 및 기관, 기업소, 단체가 한다.

제65조 논밭은 허가없이 묵이거나 버릴수 없으며 논밭을 묵이거나 버리며 농업생산밖의 목적에 리용하려고 할 때에는 그 규모와 대상에 따라 해당 국토관리기관의 동의를 받은 다음 중앙농업지도기관 또는 내각의 승인을 받아야 한다. 앞항의 경우에 대토확보는 국가계획에 맞물려 할수 있다.

제66조 논밭을 농업생산밖의 목적에 리용하게 될 경우에는 그해에 쓸수 있

는 면적을 타산하여 토지리용허가를 받아야 한다. 논밭을 농업생산밖의 목적에 리용하던 기관, 기업소, 단체가 그 토지를 다 리용할 필요가 없게 된 경우에는 다음 파종시기전까지 논밭으로 정리하여 해당 농장에 넘겨주어야 한다.

제67조 기관, 기업소, 단체가 논밭을 부업지로 리용하려고 할 경우에는 내각의 승인을 받아야 하며 지목을 바꾸려고 할 경우에는 중앙농업지도기관의 허가를 받아야 한다.

제68조 협동농장은 논밭을 경작에 편리하게 서로 바꾸어 리용할수 있다. 이 경우에는 해당 상급농업지도기관의 허가를 받아야 한다.

제69조 주민지구토지에는 시, 읍, 로동자구의 건축용지와 그 부속지, 공공리용지와 농촌건설대지가 속한다. 주민지구토지의 관리는 중앙의 도시경영기관과 지방정권기관이 한다. 주민지구토지를 리용하려는 기관, 기업소, 단체는 해당 도인민위원회 또는 내각의 토지리용허가를 받아야 한다.

제70조 산림토지에는 산림이 조성되여있거나 조성할것이 예정되여있는 산야와 그안에 있는 여러가지 리용지가 속한다. 산림토지의 관리는 국토관리기관과 그것을 리용하는 기관, 기업소, 단체가 한다. 산림토지를 리용하려는 기관, 기업소, 단체는 내각 또는 해당 국토관리기관의 토지리용허가를 받아야 한다.

제71조 국토관리기관은 기관, 기업소, 단체 및 공민들 속에서 산림을 람벌하거나 화전을 일구는 일이 없도록 감독통제하여야 한다.

제72조 산업토지에는 공장, 광산, 탄광, 발전시설 등 산업시설물이 차지하는 토지와 그 부속지가 속한다. 산업토지의 관리는 그것을 리용하는 기관, 기업소가 한다.

제73조 산업토지를 관리하는 기관, 기업소는 공장, 기업소와 산업시설물의 부지를 필요이상 넓게 잡아놓고 토지를 람용하는 일이 없도록 하며 산업토지의 보호관리사업을 철저히 하여야 한다.

제74조 수역토지에는 연안, 령해, 강하천, 호소, 저수지, 관개용수로 등이 차지하는 일정한 지역의 토지가 속한다. 수역토지의 관리는 대상에 따라 국토관리기관 또는 농업지도기관이 한다. 수역토지를 개발리용하거나 거기에 시설물을 설치하려는 기관, 기업소, 단체는 그 대상에 따라 내각 또는 국토관리기관의 허가를 받아야 한다.

제75조 특수토지에는 혁명전적지, 혁명사적지, 문화유적지, 보호구역, 군사용토지 등 특수한 목적에 리용되는 토지가 속한다. 특수토지의 관리는 해당 중앙기관과 지방정권기관 및 그것을 리용하는 기관, 기업소, 군부대가 한다.

제76조 토지리용을 허가하여준 기관은 새로운 국가적요구가 제기되였을 경우에는 그것을 취소할수 있다.

제77조 국토관리기관은 나라의 모든 토지를 통일적으로 장악하고 등록하며 토지 관리 및 리용에서 제정된 질서를 엄격히 지키며 토지를 국토건설총계획에 의하여 전망성있게 리용하도록 감독통제하여야 한다.

제78조 농업지도기관은 새로 일군 땅과 토지를 정리하여 얻은 땅을 제때에 등록 하며 토지를 리용하는 기관, 기업소, 단체는 토지의 변동정형을 해당 기관에 제때에 알려야 한다.

제79조 농업지도기관과 국영 및 협동 농장을 비롯한 해당 기관들에서는 토지문건을 갖추고 그것을 철저히 보관관리하여야 한다.

제80조 토지를 아끼고 사랑하는것은 전체 인민들과 농업근로자들, 국가기관들의 신성한 의무이다. 전체 인민들과 농업근로자들, 국가기관일군들은 토지를 보호하고 건설하며 관리하는 사업에 주인답게 참가하여야 한다. 토지보호건설 및 관리질서를 어긴 경우 책임있는 기관, 기업소, 단체 및 공민은 그 정상에 따라 해당한 법적책임을 진다.

「조선민주주의인민공화국 부동산관리법」

주체98(2009)년 11월 11일 최고인민회의 상임위원회 정령 제395호로 채택
주체100(2011)년 12월 21일 최고인민회의 상임위원회 정령 제2052호로 수정보충

제1장 부동산관리법의 기본

제1조 (부동산관리법의 사명)
조선민주주의인민공화국 부동산관리법은 부동산의 등록과 실사, 리용, 사용료납부에서 제도와 질서를 엄격히 세워 사회주의적소유를 공고발전시키며 경제건설을 다그치고 인민들의 물질문화생활을 높이는데 이바지한다.
제2조 (부동산의 구분)
부동산은 토지와 건물, 시설물, 자원 같은 것으로 나눈다.
토지에는 농업토지, 주민지구토지, 산업토지, 산림토지, 수역토지, 특수토지가, 건물, 시설물에는 산업 및 공공건물, 시설물, 살림집건물 같은 것이, 자원에는 지하자원, 산림자원 같은 것이 속한다.
제3조 (부동산관리에서 사회주의적요구관철원칙)
부동산은 우리 인민의 견고한 투쟁과 창조적로동과정에 마련된 고귀한 전취물이며 사회주의강성대국건설을 위한 물질적기초이다.
국가는 부동산관리에서 사회주의적요구를 엄격히 지키도록 한다.
제4조 (부동산의 등록과 실사원칙)
부동산의 등록과 실사를 엄격히 하는 것은 부동산관리에서 나서는 선차적 요구이다.
국가는 부동산을 형태별, 용도별로 정확히 등록하고 정상적으로 실사하도록 한다.
제5조 (부동산의 리용원칙)
부동산을 합리적으로 리용하는 것은 부동산관리에서 나서는 선차적 요구이다.

국가는 부동산의 리용에서 정해진 질서를 엄격히 지키도록 한다.

제6조 (가격과 부동산사용료제정 및 적용원칙)

부동산가격과 부동산사용료는 부동산관리에서 원에 의한 통제를 강화하기 위한 보조적 공간이다.

국가는 부동산의 가치를 과학적으로 평가한데 기초하여 부동산가격과 부동산사용료를 바로 정하고 정확히 적용하도록 한다.

제7조 (부동산의 전인민적보호원칙)

부동산을 적극 보호하는 것은 기관, 기업소, 단체와 공민의 신성한 의무이다.

국가는 사회주의애국주의교양을 강화하여 전체 인민이 부동산을 귀중히 여기고 그 보호사업에 주인답게 참가하도록 한다.

제8조 (법의 적용대상)

이 법은 부동산을 관리하고 리용하는 기관, 기업소, 단체, 공민에게 적용한다.

특수경제지대에서와 외국투자기업 및 단체, 외국인의 부동산관리, 리용질서는 따로 정한 법규에 따른다.

제2장 부동산의 관리부담

제9조 (부동산에 대한 관리부담의 기본요구)

부동산의 관리부담은 부동산관리를 잘하기 위한 선결조건이다.

내각과 해당 기관은 부동산에 대한 기관, 기업소, 단체의 관리범위와 임무를 바로 정해주어야 한다.

제10조 (토지의 관리기관)

토지에 대한 관리는 다음과 같이 한다.

1. 농업토지는 농업지도기관과 그것을 리용하는 기관, 기업소, 단체가 관리한다.
2. 산림토지, 산업토지는 국토환경보호기관과 그것을 리용하는 기관, 기업소, 단체가 관리한다.

3. 주민지구토지는 도시경영기관과 지방정권기관이 관리한다.

4. 수역토지는 대상에 따라 국토환경보호기관 또는 농업지도기관이 관리한다.

5. 특수토지는 해당 기관, 기업소, 단체가 관리한다.

제11조 (건물, 시설물의 관리기관)

건물, 시설물에 대한 관리는 도시경영기관과 그것을 리용하는 기관, 기업소, 단체가 한다.

제12조 (자원의 관리기관)

산림자원, 지하자원 같은 자원에 대한 관리는 대상에 따라 국토환경보호기관 또는 국가지하자원개발기관이 한다.

제13조 (건설 또는 개발중에 있는 부동산의 관리기관)

건설 또는 개발중에 있는 부동산에 대한 관리는 건설주와 시공주기관, 기업소, 단체가 한다. 이 경우 부동산의 건설 또는 개발을 위한 림시건물과 시설물도 함께 관리한다.

제3장 부동산의 등록과 실사

제14조 (부동산의 등록요구)

부동산의 등록은 부동산을 빠짐없이 장악하기 위한 중요한 사업이다.

기관, 기업소, 단체는 모든 부동산을 정확히 등록하여야 한다.

제15조 (부동산등록기관)

부동산의 등록은 자체등록과 국가등록으로 한다.

자체등록은 부동산을 리용하는 기관, 기업소, 단체가 하며 국가등록은 해당 부동산관리기관이 한다.

제16조 (부동산의 현물, 화폐적등록)

부동산의 등록은 현물, 화폐적으로 한다.

화폐적으로 등록할 수 없는 부동산에 대하여서는 현물만 등록한다.

제17조 (토지의 등록방법)

토지의 등록은 토지등록대장과 지적도에 한다.

지적도에는 지목, 지번, 면적 같은 것을 정확히 표시하여야 한다.

제18조 (건물, 시설물의 등록방법)

건물, 시설물의 등록은 건물등록대장과 시설물등록대장에 한다.

등록대장에는 건물, 시설물의 리용자명, 리용면적, 건물의 수명, 보수주기 같은 것을 정확히 기록하여야 한다.

제19조 (자원의 등록방법)

자원의 등록은 자원량을 정확히 타산한데 기초하여 해당 등록대장에 등록하여야 한다.

제20조 (부동산실사)

부동산관리기관과 해당 기관, 기업소, 단체는 부동산실사를 정상적으로 하여야 한다.

부동산실사는 정기실사, 총실사로 나누어 해당 부동산의 현물수량과 실태를 등록대장과 대조확인하는 방법으로 한다.

제21조 (부동산실사정형보고)

부동산실사를 진행하는 기관, 기업소, 단체는 그 정형을 제때에 상급기관과 해당 부동산관리기관에 보고하여야 한다.

제4장 부동산의 리용

제22조 (부동산리용의 기본요구)

기관, 기업소, 단체와 공민은 부동산을 국가적 리익의 요구에 맞게 합리적으로, 효과적으로 리용하여야 한다.

제23조 (부동산리용허가)

기관, 기업소, 단체와 공민은 부동산을 리용하려 할 경우 대상에 따라 해당 부동산리용허가기관의 허가를 받아야 한다.

허가받지 않은 부동산은 리용할 수 없으며 법적보호를 받을 수 없다.

제24조 (부동산의 리용허가신청)

부동산을 리용하려는 기관, 기업소, 단체와 공민은 해당 부동산리용허가기관에 리용허가신청서를 내야 한다.

부동산의 용도 같은 것을 변경하려 할 경우에는 부동산리용허가를 다시 받아야 한다.

제25조 (부동산리용허가신청서에 기재할 사항)

부동산리용허가신청서에는 신청자명, 부동산명, 위치, 용도, 면적 같은 것을 구체적으로 밝히고 해당한 자료를 첨부한다.

부동산을 림시 리용하려 할 경우에는 리용기간도 밝힌다.

제26조 (부동산의 리용승인)

부동산리용허가신청서를 접수한 기관은 그것을 30일안으로 검토하고 승인하거나 부결하여야 한다.

부동산리용을 승인하였을 경우에는 신청기관, 기업소, 단체와 공민에게 해당부동산의 리용허가증을 발급한다.

제27조 (부동산리용허가증의 재발급)

부동산을 리용하는 기관, 기업소, 단체와 공민은 부동산리용허가증을 분실하였거나 오손시켰을 경우 부동산리용허가기관에 제때에 알리고 재발급받아야 한다.

제28조 (부동산리용에서 지켜야 할 요구)

기관, 기업소, 단체와 공민은 부동산의 리용에서 다음과 같은 요구를 지켜야 한다.

  1. 혁명전적지와 혁명사적지, 력사유적유물과 천연기념물을 잘 보존할 수 있게 하여야 한다.

  2. 자연 및 생태환경을 보호하고 도시의 인구집중과 공해를 막아야 한다.

3. 건물, 시설물부지면적기준을 초과하지 말아야 한다.

4. 토지를 람용하지 말며 농경지를 침범하거나 못쓰게 만들지 말아야 한다.

5. 자원을 채취하면서 주변환경과 시설물을 파괴하지 말아야 한다.

6. 부동산을 팔고사는 행위를 하지 말아야 한다.

제29조 (부동산의 구조 또는 용도변경 금지)

부동산을 리용하는 기관, 기업소, 단체와 공민은 부동산관리기관의 승인없이 부동산의 구조와 용도를 변경시킬 수 없다.

제30조 (부동산의 넘겨주기 또는 빌려주기 금지)

부동산은 해당 기관의 승인없이 다른 기관, 기업소, 단체와 공민에게 넘겨주거나 빌려줄 수 없다.

제31조 (부동산의 반환)

기관, 기업소, 단체는 기준을 초과하였거나 남았거나 리용하지 않는 부지, 건물, 시설물을 제때에 국가에 바쳐야 한다.

해당 지방정권기관은 국가에 바친 부동산을 합리적으로 리용하기 위한 대책을 세워야 한다.

제5장 부동산의 가격과 사용료

제32조 (부동산가격과 사용료적용의 기본요구)

부동산가격은 부동산가치의 화폐적 표현이며 부동산사용료를 기관, 기업소, 단체와 공민이 부동산을 리용하는 대가로 국가예산에 납부하는 자금이다.

기관, 기업소, 단체와 공민은 부동산가격에 따라 정해진 부동산사용료를 제때에 납부하여야 한다.

제33조 (부동산가격과 부동산사용료 제정)

부동산가격과 부동산사용료는 국가가격제정기관이 정한다.

국가가격제정기관은 부동산을 책임적으로 관리하고 효과적으로 리용할 수 있게 부동산의 가격과 사용료를 과학적으로 제정하여야 한다.

제34조 (부동산사용료의 의무적 납부)

부동산을 리용하는 기관, 기업소, 단체와 공민은 부동산사용료를 의무적으로 납부하여야 한다.

부동산사용료의 납부대상과 절차, 방법은 중앙재정지도기관이 정한다.

제35조 (부동산사용료납부등록)

부동산리용허가를 받은 기관, 기업소, 단체와 공민은 해당 재정기관에 제때에부동산사용료납부등록을 하여야 한다.

부동산사용료납부등록을 하지 않은 기관, 기업소, 단체와 공민은 부동산을 리용할 수 없다.

제36조 (부동산사용료납부장소와 기간)

부동산사용료의 납부는 해당 지역의 재정기관에 한다.

부동산을 리용하는 기관, 기업소, 단체와 공민은 부동산사용료를 정해진 기간안에 납부하여야 한다.

제6장 부동산관리사업에 대한 지도통제

제37조 (부동산관리사업에 대한 지도통제의 기본요구)

부동산관리사업에 대한 지도통제를 강화하는 것은 국가의 부동산관리정책을 정확히 관철하기 위한 중요담보이다.

국가는 현실발전의 요구에 맞게 부동산관리사업에 대한 지도와 통제를 강화하도록 한다.

제38조 (부동산관리사업에 대한 지도)

부동산관리사업에 대한 지도는 내각의 통일적인 지도밑에 해당 중앙기관이 한다.

해당 중앙기관은 부동산관리사업을 정상적으로 장악지도하여야 한다.

제39조 (부동산정책집행을 위한 문제토의)

해당 중앙기관은 관계기관, 기업소, 단체와 국가의 부동산정책집행에서 제기되는 중요한 문제를 제때에 토의하고 해당한 대책을 세워야 한다.

제40조 (부동산관리사업에서 협조)

해당 중앙기관은 부동산관리기관들사이의 협조를 강화하여야 한다.

부동산관리와 관련한 자료는 호상 통보한다.

제41조 (부동산관리사업의 조건보장)

국가계획기관과 로동행정기관, 자재공급기관, 재정은행기관, 지방정권기관은 부동산관리에 필요한 로력, 설비, 자재, 자금을 제때에 보장하여야 한다.

부동산을 관리하는데 필요한 로력과 설비, 자재, 자금은 다른데 돌려쓸 수 없다.

제42조 (부동산관리사업에 대한 감독통제)

부동산관리사업에 대한 감독통제는 해당 중앙기관과 감독통제기관이 한다.

해당 중앙기관과 감독통제기관은 부동산관리정형을 엄격히 감독통제하여야 한다.

제43조 (원상회복, 손해보상, 리용중지)

부동산을 파괴, 손상시켰을 경우에는 원상회복시키거나 해당한 손해를 보상시킨다.

필요한 경우에는 해당 부동산의 리용을 중지시키거나 부동산리용허가증을 회수할 수 있다.

제44조 (벌금의 적용, 수입금의 몰수)

부동산의 등록과 실사, 리용, 부동산사용료납부질서를 어겨 부동산관리사업에 지장을 주었을 경우에는 해당한 벌금을 물린다.

국가의 승인을 받지 않고 부동산을 리용하여 부당하게 얻은 수입금은 전액 몰수한다.

제45조 (분쟁해결)

부동산관리와 관련하여 발생하는 분쟁은 협의의 방법으로 해결하며 협의의 방법으로 해결할 수 없을 경우에는 중재 또는 재판기관에 제기하여 해결한다.

제46조 (신소제기 및 처리)

기관, 기업소, 단체와 공민은 부동산관리와 관련하여 의견이 있을 경우 해당기관에 신소를 제기할 수 있다.

신소받은 기관은 그것을 제때에 료해처리하여야 한다.

제47조 (행정적 또는 형사적책임)

부동산관리질서를 어겨 엄중한 결과를 일으킨 기관, 기업소, 단체의 책임있는 일군과 개별적 공민에게는 정상에 따라 행정적 또는 형사적책임을 지운다.

「조선민주주의인민공화국 토지임대법」

주체82(1993)년 10월 27일 최고인민회의 상설회의 결정 제40호로 채택
주체88(1999)년 2월 26일 최고인민회의 상임위원회 정령 제484호로 수정보충
주체97(2008)년 8월 19일 최고인민회의 상임위원회 정령 제2842호로 수정보충
주체100(2011)년 11월 29일 최고인민회의 상임위원회 정령 제1995호로 수정보충

제1장 토지임대법의 기본

제1조 (토지임대법의 사명)
조선민주주의인민공화국 토지임대법은 외국투자가와 외국투자기업에 필요한 토지를 임대하고 임차한 토지를 리용하는 질서를 세우는데 이바지한다.
제2조 (토지임차자)
다른 나라의 법인과 개인은 토지를 임대받아 리용할수 있다.
제3조 (임차자의 토지리용권과 그 한계)
토지임차자는 토지리용권을 가진다.
임대한 토지에 있는 천연자원과 매장물은 토지리용권의 대상에 속하지 않는다.
제4조 (토지임대차계약의 당사자)
토지임대는 중앙국토환경보호지도기관의 승인밑에 한다.
토지임대차계약은 해당 도(직할시)인민위원회 국토환경보호부서가 맺는다.
제5조 (토지리용권의 출자)
우리나라의 기관, 기업소, 단체는 합영, 합작기업에 토지리용권을 출자할수 있다. 이 경우 해당 토지를 관리하는 도(직할시)인민위원회의 승인을 받아야 한다.
제6조 (토지의 임대기간)
토지임대기간은 50년 안에서 계약당사자들이 합의하여 정한다.

제7조 (토지에 대한 임차자의 재산권)

임대한 토지의 리용권은 임차자의 재산권으로 된다.

제8조 (임차한 토지의 리용)

임차한 토지는 우리 나라 토지관련법규와 토지임대차계약에 따라 리용한다.

제2장 토지의 임대방법

제9조 (토지의 임대방법)

토지의 임대는 협상의 방법으로 한다.

특수경제지대에서는 입찰과 경매의 방법으로도 토지를 임대할 수 있다.

제10조 (토지임대기관이 제공할 자료)

토지를 임대하는 기관은 토지임차희망자에게 다음과 같은 자료를 제공한다.

1. 토지의 위치와 면적, 지형도
2. 토지의 용도
3. 건축면적, 토지개발과 관련한 계획
4. 건설기간, 투자의 최지한게엑
5. 환경보호, 위생방역, 소방과 관련한 요구
6. 토지임대기간
7. 토지개발상태

제11조 (협상)

협상을 통한 토지의 임대는 다음과 같이 한다.

1. 임차희망자는 제공된 토지자료를 연구한 다음 기업창설승인 또는 거주승 인문건사본을 첨부한 토지리용신청문건을 토지를 임대하는 기관에 낸다.
2. 토지를 임대하는 기관은 토지리용신청문건을 받은 날부터 20일안에 신청자에게 승인여부를 알려준다.
3. 토지를 임대하는 기관과 임차희망자는 토지의 면적, 용도, 임대목적과

기간, 총투자액과 건설기간, 임대료와 그밖의 필요한 사항을 내용으로
하는 토지임대차계약을 맺는다.

4. 토지를 임대한 기관은 토지임대차계약에 따라 토지리용권을 넘겨주는
값을 받은 다음 토지리용증을 발급하고 등록한다.

제12조 (입찰)

입찰을 통한 토지의 임대는 다음과 같이 한다.

1. 토지를 임대하는 기관은 토지의 자료와 입찰장소, 입찰 및 개찰날자,
입찰절차를 비롯한 입찰에 필요한 사항을 공시하거나 입찰안내서를
지정한 대상자에게 보낸다.

2. 토지를 임대하는 기관은 응찰대상자에게 입찰문건을 판다.

3. 토지를 임대하는 기관은 입찰과 관련한 상담을 한다.

4. 입찰자는 정한 입찰보증금을 내고 봉인한 입찰서를 입찰함에 넣는다.

5. 토지를 임대하는 기관은 경제, 법률부문을 비롯한 관계부문의 성원을
망라하여 입찰심사위원회를 조직한다.

6. 입찰심사위원회는 입찰서를 심사, 평가하며 토지개발 및 건설과 임대
료조건을 고려하여 락찰자를 결정한다.

7. 토지를 임대하는 기관은 입찰심사위원회가 결정한 락찰자에게 락찰통
지서를 발급한다.

8. 락찰자는 락찰통지서를 받은 날부터 30일안에 토지를 임대하는 기관
과 토지임대차계약을 맺고 해당한 토지리용권값을 지불한 다음 토지
리용증을 발급받고 등록한다. 사정에 의하여 계약체결을 연기하려 할
경우에는 정한 기간이 끝나기 10일전에 토지를 임대하는 기관에 신청
하여 30일간 연장받을 수 있다.

9. 락찰되지 못한 응찰자에게는 락찰이 결정된 날부터 5일안에 해당 사
유를 통지하며 입찰보증금을 돌려준다. 이 경우 입찰보증금에 대한 리
자를 지불하지 않는다.

10. 락찰자가 정한 기간안에 토지임대차계약을 맺지 않은 경우에는 락찰을 무효로 하며 입찰보증금을 돌려주지 않는다.

제13조 (경매)

경매를 통한 토지의 임대는 다음과 같이 한다.

1. 토지를 임대하는 기관은 토지자료, 토지경매날자, 장소, 절차, 토지의 기준값 같은 경매에 필요한 사항을 공시한다.

2. 토지를 임대하는 기관은 공시한 토지의 기준값을 기점으로 하여 경매를 붙이고 제일 높은 값을 제기한 임차희망자를 락찰자로 정한다.

3. 락찰자는 토지를 임대하는 기관과 토지임대차계약을 맺은 다음 토지리용증을 발급받고 등록한다.

제14조 (임차한 토지의 리용, 보충계약)

토지임차자는 토지를 임대차계약에서 정한 용도에 맞게 리용하여야 한다. 토지용도를 변경하려는 토지임차자는 토지를 임대한 기관과 용도를 변경하는 보충계약을 맺어야 한다.

제3장 토지리용권의 양도와 저당

제15조 (토지리용권의 양도, 저당과 그 기간)

토지임차자는 토지를 임대한 기관의 승인을 받아 임차한 토지의 전부 또는 일부에 해당한 리용권을 제3자에게 양도(판매, 재임대, 증여, 상속)하거나 저당할수 있다.

토지리용권을 양도하거나 저당하는 기간은 토지임대차계약에 정해진 기간안에서 남은 리용기간을 넘을수 없다.

제16조 (토지리용권의 양도조건)

토지임차자는 임대차계약에서 정한 토지리용권을 넘겨주는 값의 전액을 물고 계약에 지적된 투자몫을 투자하여야 임차한 토지의 리용권을 판매,

재임대, 증여 또는 저당할수 있다.

제17조 (토지리용권의 양도범위)

토지리용권을 양도할 경우에는 토지리용과 관련한 권리와 의무, 토지에 있는 건축물과 기타 부착물도 함께 넘어간다.

제18조 (토지리용권의 판매)

토지리용권의 판매는 다음과 같이 한다.

1. 토지리용권의 판매자와 구매자는 계약을 맺고 공증기관의 공증을 받는다.
2. 토지리용권의 판매자는 계약서사본을 첨부한 토지리용권 판매신청문건을 토지를 임대한 기관에 내여 승인을 받는다.
3. 토지리용권의 판매자와 구매자는 해당 토지를 임대한 기관에 토지리용권 명의 변경등록을 한다.

제19조 (임대한 토지의 우선구매권)

토지임차자가 토지리용권을 판매하는 경우 토지를 임대한 기관은 우선적으로 그것을 구매할수 있는 권리를 가진다.

제20조 (임차한 토지의 재임대)

토지임차자는 임차한 토지를 재임대할수 있다. 이 경우 토지임대차계약서사본을 첨부한 재임대신청서를 토지를 임대한 기관에 내여 승인을 받아야 한다.

제21조 (토지리용권의 저당)

토지임차자는 은행 또는 기타 금융기관으로부터 대부를 받기 위하여 토지리용권을 저당할수 있다. 이 경우 토지에 있는 건축물과 기타 부착물도 함께 저당된다.

제22조 (토지리용권의 저당계약체결)

토지리용권을 저당하는 경우 저당하는 자와 저당받는 자는 토지임대차계약의 내용에 맞게 저당계약을 맺어야 한다. 이 경우 저당받는 자는 저당하는 자에게 토지의 임대차계약서 또는 양도계약서사본, 토지리용증사본, 토지의 실태자료를 요구할수 있다.

제23조 (토지리용권의 저당등록)

토지리용권을 저당받은 자와 저당한 자는 저당계약을 맺은 날부터 10일안으로 토지를 임대한 기관에 토지리용권저당등록을 하여야 한다.

제24조 (저당토지의 처분)

토지리용권을 저당받은 자는 저당한 자가 저당기간이 끝난 다음에도 채무를 상환하지 않거나 저당계약기간안에 기업을 해산, 파산하는 경우 저당계약에 따라 저당받은 토지리용권, 토지에 있는 건축물과 기타 부착물을 처분할수 있다.

제25조 (처분한 저당토지의 리용)

토지리용권을 저당받은 자가 처분한 토지리용권, 토지에 있는 건축물과 기타 부착물을 가진 자는 공증기관의 공증을 받고 해당 등록기관에 명의변경등록을 하며 토지임대차계약에 맞게 토지를 리용하여야 한다.

제26조 (저당토지의 재저당 및 양도금지)

토지리용권을 저당한 자는 저당계약기간 안에 저당받은 자의 승인없이 저당한 토지리용권을 다시 저당하거나 양도할수 없다.

제27조 (토지리용권 저당등록의 취소)

채무상환이나 기타 원인으로 토지저당계약이 소멸되는 경우 저당받은 자와 저당한 자는 10일안으로 토지리용권 저당등록을 취소하는 수속을 하여야 한다.

제4장 토지임대료와 토지사용료

제28조 (토지임대료의 지불의무)

토지임차자는 정해진데 따라 토지임대료를 물어야 한다.

토지임대료는 해당 토지임대기관에 문다.

제29조 (토지개발비)

토지를 임대하는 기관은 개발한 토지를 임대할 경우 임차자로부터 토지개발비를 토지임대료에 포함시켜 받는다.

토지개발비에는 토지정리와 도로건설 및 상하수도, 전기, 통신, 난방시설건설에 지출된 비용이 속한다.

제30조 (토지임대료의 지불기간)

토지임차자는 토지임대차계약을 맺은 날부터 90일안에 토지임대료의 전액을 물어야 한다.

토지종합개발대상 같이 많은 면적의 토지를 임차하였을 경우에는 토지임대기관이 승인한 기간 안에 토지임대료를 나누어 물수 있다.

제31조 (리행보증금의 지불의무)

협상, 경매를 통하여 토지를 임차한 자는 임대차계약을 맺은 날부터 15일안으로 토지임대료의 10%에 해당한 리행보증금을 내야 한다.

리행보증금은 토지임대료에 충당할수 있다.

제32조 (토지임대료의 미납에 대한 연체료)

토지임대기관은 임차자가 토지임대료를 정한 기간 안에 물지 않았을 경우 그 기간이 지난날부터 매일 미납금의 0.05%에 해당한 연체료를 물린다. 연체료를 련속 50일간 물지 않을 경우에는 토지임대차계약을 취소할수 있다.

제33조 (토지사용료의 지불의무)

외국투자기업과 외국투자은행은 해당 재정기관에 토지사용료를 해마다 물어야 한다.

장려대상에 대하여서는 토지사용료를 10년까지 낮추어주거나 면제하여줄수 있다.

제5장 토지리용권의 반환

제34조 (토지리용권의 반환과 잔존가치보상)

토지리용권은 계약에서 정한 임대기간이 끝나면 토지임대기관에 자동적으로 반환된다. 이 경우 해당 토지에 있는 건축물과 부착물도 무상으로 반환된다. 토지임대기간이 40년 이상인 경우 그 기간이 끝나기 10년 안에 준공한 건축물에 대하여서는 해당한 잔존가치를 보상하여줄수 있다.

제35조 (토지리용권 등록취소수속)

토지임차자는 임대기간이 끝나면 토지리용증을 해당발급기관에 반환하고 토지리용권 등록취소수속을 하여야 한다.

제36조 (토지임대기간의 연장)

토지임대기간을 연장하려는 토지임차자는 그 기간이 끝나기 6개월전에 토지를 임대한 기관에 토지리용연기신청서를 내여 승인을 받아야 한다. 이 경우 토지임대차계약을 다시 맺고 해당한 수속을 하며 토지리용증을 재발급받아야 한다.

제37조 (임차한 토지의 반환비용과 정리)

토지임차자는 임대기간이 끝난 경우 토지를 임대한 기관의 요구에 따라 건축물과 설비, 부대시설물을 자기 비용으로 철거하고 토지를 정리하여야 한다.

제38조 (토지리용권의 취소)

토지리용권은 임대기간안에 취소되지 않는다.

부득이한 사정으로 임대기간안에 토지리용권을 취소하려는 경우 토지임대기관은 6개월전에 토지임차자와 합의하고 같은 조건의 토지로 교환해주거나 해당한 보상을 하여준다.

제6장 제재 및 분쟁해결

제39조 (벌금, 회수, 원상복구, 계약무효)

토지리용증이 없이 토지를 리용하였거나 승인없이 토지의 용도를 변경하였거나 토지리용권을 양도, 저당한 경우에는 벌금을 물리고 토지에 건설한 시설물을 회수하거나 토지를 원상복구시키며 양도 및 저당계약을 취소시킨다.

제40조 (토지리용권의 취소)

임차자가 토지임대차계약에서 정한 기간안에 총투자액의 50% 이상을 투자하지 않았거나 계약대로 토지를 개발하지 않았을 경우에는 토지리용권을 취소할수 있다.

제41조 (신소와 그 처리)

토지임차자는 받은 제재에 대하여 의견이 있을 경우 20일안에 제재를 준 기관의 상급기관에 신소할수 있다.

신소를 접수한 기관은 30일안으로 료해처리하여야 한다.

제42조 (분쟁해결)

토지임대와 관련한 의견상이는 당사자들사이에 협의의 방법으로 해결한다.

협의의 방법으로 해결할수 없을 경우에는 조정, 중재, 재판의 방법으로 해결한다.

「조선민주주의인민공화국 살림집법」

주체98(2009)년 1월 21일 최고인민회의 상임위원회 정령 제3051호로 채택
주체98(2009)년 8월 4일 최고인민회의 상임위원회 정령 제205호로 수정보충
주체100(2011)년 10월 25일 최고인민회의 상임위원회 정령 제1917호로 수정보충
주체103(2014)년 7월 23일 최고인민회의 상임위원회 정령 제93호로 수정보충

제1장 살림집법의 기본

제1조 (살림집법의 사명)

조선민주주의인민공화국 살림집법은 살림집의 건설, 이관, 인수 및 등록, 배정, 리용, 관리에서 제도와 질서를 엄격히 세워 인민들에게 안정되고 문화적인 생활조건을 보장하는데 이바지한다.

제2조 (살림집의 구분)

살림집은 소유형태에 따라 국가소유살림집, 협동단체소유살림집, 개인소유살림집으로 나눈다.

국가는 살림집소유권과 리용권을 법적으로 보호한다.

제3조 (국가부담에 의한 살림집보장원칙)

인민들의 살림집문제를 국가가 책임지고 원만히 해결해주는 것은 우리나라 사회주의제도의 본성적요구이다.

국가는 현대적인 도시살림집과 농촌살림집을 국가부담으로 지어 인민들에게 보장하여준다.

제4조 (살림집건설원칙)

살림집건설을 적극 벌리는 것은 늘어나는 살림집수요를 원만히 보장하는데서나서는 근본조건이다.

국가는 살림집건설부문에 대한 투자를 계통적으로 늘이며 살림집건설을

통일적으로 장악하고 전망성있게 진행하도록 한다.

제5조 (살림집의 이관, 인수 및 등록원칙)

살림집의 이관, 인수와 등록을 바로하는 것은 살림집관리에서 나서는 중요 요구이다.

국가는 살림집의 이관, 인수 및 등록사업에서 과학성과 객관성, 정확성을 보장하도록 한다.

제6조 (살림집의 배정 및 리용원칙)

국가는 살림집배정에서 인민성의 원칙을 확고히 견지하며 살림집 리용질 서를 엄격히 지키도록 한다.

제7조 (살림집의 관리원칙)

살림집의 관리를 바로하는 것은 도시와 마을을 아름답게 꾸리며 인민들의 생활상편의를 원만히 보장하는데서 나서는 중요요구이다.

국가는 살림집관리체계를 바로세우고 살림집관리를 책임적으로 하도록 한다.

제8조 (다른 법의 적용)

살림집의 건설과 이관, 인수, 등록, 배정, 리용, 관리와 관련하여 이 법에서 규제하지 않은 질서는 해당 법규에 따른다.

제2장 살림집의 건설

제9조 (계획적인 살림집건설)

살림집건설은 인민들에게 행복한 가정생활을 할수 있는 조건을 마련해주 는 중요한 사업이다.

인민위원회와 해당 기관, 기업소, 단체는 도시 및 마을건설총계획에 따라 살림집건설을 계획적으로 하여야 한다.

제10조 (건설승인절차준수)

살림집을 건설하려는 기관, 기업소, 단체는 건설명시서의 발급, 건설설계 및 계획의 승인, 토지리용허가, 건설허가 같은 승인절차를 엄격히 지켜야 한다. 정해진 절차에 따르는 건설승인을 다 받지 않고는 살림집건설을 할수 없다. 해당 기관은 살림집건설대상에 대한 문건검토와 현지료해를 구체적으로 한 다음 국가가 정한 살림집건설원칙과 기준에 맞을 경우에만 건설승인을 해주어야 한다.

제11조 (살림집건설설계)

살림집건설설계는 해당 설계기관, 기업소가 작성하며 건설주기관, 기업소, 단체와 합의한 다음 해당 건설감독기관의 승인을 받는다.

해당 설계 기관, 기업소는 살림집건설설계를 선편리성, 선미학성의 요구에 맞게 여러 가지 형식으로 특색있게 하여야 한다.

새 세기의 요구에 맞지 않거나 편리성과 안전성, 보건위생성, 문화성을 보장하지 못하고 형식이 꼭 같게 작성된 살림집건설설계는 승인할수 없다.

제12조 (살림집건설계획의 맞물림과 시공계약체결)

국가계획기관은 건설주와 시공주기관, 기업소, 단체에 살림집건설계획을 정확히 맞물려주어야 한다.

살림집건설의 시공은 전문건설기관, 기업소가 한다.

건설주와 시공주기관, 기업소, 단체는 살림집건설계획에 근거하여 시공계약을 맺고 의무적으로 리행하여야 한다.

제13조 (하부구조건설선행)

해당 기관, 기업소, 단체는 살림집을 건설하는 경우 하부구조의 설계와 시공을 앞세워야 한다.

하부구조시설건설을 하지 않았거나 이미 있는 하부구조시설능력이 모자라는 곳에는 살림집을 건설할수 없다.

제14조 (시공)

시공주기관, 기업소, 단체는 살림집을 정해진 기관이 승인한 설계와 시공규정 및 공법의 요구에 맞게 질적으로 건설하여야 한다.

승인되지 않은 설계로 시공하거나 승인된 설계와 다르게 시공하는 행위, 시공규정 및 공법의 요구를 어기는 행위를 할수 없다.

제15조 (시공의 질검사)

건설감독기관과 건설주, 시공주기관, 기업소, 단체는 살림집건설과정에 공정검사, 중간검사, 종합검사를 통한 시공의 질검사를 엄격히 하여야 한다. 공정검사, 중간검사를 받지 않았거나 검사에 합격되지 못한 경우에는 다음 공정의 공사를 할수 없다.

제16조 (건설자금, 자재, 설비의 보장)

국가계획기관과 해당 기관, 기업소, 단체는 살림집건설에 필요한 자금과 자재, 설비를 제때에 보장하여야 한다.

살림집건설자금과 자재, 설비는 다른데 돌려쓸수 없다.

제17조 (구획정리)

건설주와 시공주기관, 기업소, 단체는 살림집을 건설한 다음 살림집건설설계에 따라 주민생활보장과 도시경영사업을 위한 상하수도, 난방, 전기시설 같은 것을 설치하며 도시미화의 요구에 맞게 구획을 깨끗이 정리하여야 한다. 설계에 반영된 시설을 건설하지 않았거나 도시미화의 요구에 맞게 구획정리를 하지 않았을 경우에는 살림집에 대한 준공검사를 할수 없다.

제18조 (준공검사)

국가건설감독기관은 살림집이 완공되면 건설주와 시공주기관, 기업소, 단체, 해당 전문부문의 일군들로 준공검사위원회를 조직하고 준공검사를 하여야 한다.

살림집에 대한 준공검사에서는 설계에 준하여 하부구조건설상태, 시공의 질보장상태, 구획정리상태 같은 것을 과학기술적으로 정확히 확인하여야 한다.

제19조 (준공검사합격통지서의 발급)

준공검사에서 합격된 살림집에 대하여서는 합격통지서를 발급한다.

준공검사에서 합격되지 못한 살림집은 결함을 퇴치하고 다시 준공검사를 받는다.

제20조 (살림집의 질보증)

시공주기관, 기업소, 단체는 건설한 살림집에 대하여 정해진 기간까지 그 질을 보증하여야 한다.

살림집의 질보증기간에 생긴 사고에 대하여서는 국가건설감독기관의 기술감정결과에 따라 시공주기관, 기업소, 단체가 책임진다.

제3장 살림집의 이관, 인수 및 등록

제21조 (살림집의 이관, 인수)

완공된 살림집은 살림집관리기관에 넘겨준다.

살림집관리기관은 준공검사에 참가하여 해당 살림집이 설계의 요구에 맞게 질적으로 건설되였는가를 확인한 다음 살림집을 넘겨받아야 한다.

준공검사에서 합격되지 못한 살림집은 넘겨주거나 받을수 없다.

제22조 (살림집이관, 인수 때 넘겨줄 문건)

시공주기관, 기업소, 단체는 살림집관리기관에 살림집을 넘겨주는 경우 건설명시서, 토지리용허가증, 건설허가증, 지질측량조사서, 설계도면, 시공경력서, 예산서, 준공검사합격통지서 같은 문건을 함께 넘겨주어야 한다.

해당 문건이 없이 살림집을 넘겨주거나 받을수 없다.

제23조 (관리대상이 다른 살림집의 이관, 인수)

살림집관리기관은 필요한 경우 관할에 따라 다른 살림집관리기관에서 관리하던 살림집을 넘겨받을수 있다. 이 경우 중앙도시경영지도기관의 승인을 받아야 한다.

다른 살림집관리기관에서 관리하던 살림집을 넘겨받을 경우에는 살림집의 구조적 안전성과 관리상태, 상하수도, 난방, 전기, 승강기시설의 기술상태 같은 것을 확인하며 살림집관리에 필요한 각종 문건을 정확히 넘겨받아야 한다.

제24조 (개인소유살림집의 이관, 인수)

개인소유살림집은 소유자의 요구에 따라 국가소유살림집으로 전환할수 있다. 이 경우 살림집관리기관은 살림집의 경력관계와 잔존가치 같은 것을 구체적으로 확인하여야 한다.

개인소유로 되어있던 살림집의 경력관계와 잔존가치 같은 것을 구체적으로 확인하여야 한다.

개인소유로 되어있던 살림집이 국가소유로 전환되였다 하여도 해당 살림집은 그것을 소유하였던 공민이 계속 리용할수 있다.

제25조 (살림집등록체계확립)

살림집관리기관은 살림집등록체계를 바로세우고 넘겨받은 살림집을 빠짐없이 등록하여야 한다.

살림집등록은 새로 건설한 살림집을 넘겨받았을 경우에 하는 처음등록과 관리과정에 하는 정상등록, 관리관할에 따라 하는 자체등록과 국가등록으로 구분하여 한다.

제26조 (살림집등록방법)

살림집관리기관은 살림집등록대장을 갖추고 살림집의 등록번호와 준공년도, 형식, 구조, 건평, 능력, 시초가치, 기술상태, 보수정형, 살림집에 설치된 시설과 그 운영상태, 건구, 비품 같은 것을 정확히 등록하여야 한다.

살림집관리과정에 등록내용이 변동되였을 경우에는 그 정형을 제때에 등록하여야 한다.

제27조 (살림집등록정형보고)

살림집관리기관은 살림집등록정형을 년에 1차씩 중앙도시경영지도기관에 보고하여야 한다.

제4장 살림집의 배정 및 리용

제28조 (살림집의 배정기관)

살림집의 배정은 인민위원회와 해당 기관, 기업소, 단체가 한다.

인민위원회와 해당 기관, 기업소, 단체는 살림집을 공정하게 합리적으로 배정하여야 한다.

제29조 (살림집배정신청 및 등록)

살림집을 보장받으려는 공민은 인민위원회 또는 해당 기관, 기업소, 단체에 살림집배정신청을 하여야 한다.

살림집배정신청을 받은 인민위원회와 해당 기관, 기업소, 단체는 그에 대하여 구체적으로 료해하고 대장에 등록하며 살림집이 마련되는데 따라 책임적으로 보장해주어야 한다.

제30조 (살림집배정에서 지켜야 할 원칙)

살림집의 배정에서 지켜야 할 원칙은 다음과 같다.

1. 혁명투사, 혁명렬사가족, 애국렬사가족, 전사자가족, 피살자가족, 영웅, 전쟁로병, 영예군인, 제대군관, 교원, 과학자, 기술자, 공로자, 로력혁신자 같은 대상에게 살림집을 우선적으로 배정하여야 한다.
2. 탄부, 광부, 용해공, 먼바다어로공, 철도기관사 같은 힘든 부문에서 일하는 근로자에게 문화적이고 충분한 휴식조건이 보장된 살림집을 배정하여야 한다.
3. 자연재해로 집을 잃은 세대, 도시계획적조치로 철거된 세대에 살림집을 의무적으로 배정하여야 한다.
4. 가족수와 출퇴근조건, 거주조건 같은 것을 고려하여 살림집을 배정하여야 한다.
5. 국가가 협동농장에 지어준 살림집과 협동단체소유의 살림집은 농장에 직접 복무하는 농장원, 로동자, 사무원에게 배정하여야 한다.

제31조 (새로 건설한 살림집의 배정)

새로 건설한 살림집은 준공검사에서 합격되고 살림집관리기관에 등록된 조건에서 배정한다.

준공검사에서 합격되지 못하였거나 살림집관리기관에 등록하지 않은 살림집은 배정할수 없다.

제32조 (리용하던 살림집의 배정)

이미 리용하던 살림집은 그것을 리용하던 공민이 살지 않을 경우에만 배정한다.

인민위원회와 해당 기관은 비여있는 살림집을 제때에 장악하고 합리적으로 배정하여야 한다.

제33조 (살림집리용신청)

살림집을 배정받은 공민은 인민위원회 또는 해당 기관에 살림집리용신청을 하여야 한다.

살림집리용신청절차와 방법은 따로 정한데 따른다.

제34조 (살림집리용허가)

살림집리용신청을 받은 인민위원회와 해당 기관은 신청리유와 거주조건, 살림집이 비여있는 정형 같은 것을 정확히 검토확인하고 살림집을 배정받은 공민에게 살림집 리용허가증을 발급해주어야 한다.

살림집리용허가증에는 리용자의 이름, 직장직위, 가족수, 살림방수, 살림집의 주소, 번호 같은것을 밝혀야 한다.

제35조 (살림집의 교환)

공민은 필요에 따라 살림집을 교환하려 할 경우 인민위원회 또는 해당 기관에 신청할수 있다.

살림집교환신청을 받은 인민위원회와 해당 기관은 살림집교환조건을 정확히 검토하고 승인하여야 한다. 이 경우 살림집리용허가증서를 다시 발급하여야 한다.

살림집교환조건이 부당할 경우에는 살림집을 교환할수 없다.

제36조 (살림집입사)

살림집리용허가를 받은 공민은 해당한 수속을 하고 제때에 살림집에 들어야 한다.

정당한 리유가 없이 정해진 기간안에 살림집에 들지 않을 경우에는 살림집리용허가를 취소할수 있다.

제37조 (살림집리용허가증의 반환)

공민은 살림집을 리용하다가 이사하는 경우 살림집리용허가증을 바쳐야 한다.

이미 리용하던 살림집의 리용허가증을 바치지 않고는 다른 살림집의 리용허가증을 발급받을수 없다.

제38조 (살림집의 동거)

공민은 동거살림을 하려 할 경우 동거로 들어가려는 살림집리용자와 합의한 다음 인민위원회 또는 해당 기관의 승인을 받아야 한다.

인민위원회 또는 해당 기관은 동거살림을 하려는데 대하여 승인하였을 경우 동거살림집리용허가증을 발급하여야 한다.

제39조 (이사하는 경우 살림집의 인계, 인수)

이사를 가는 공민은 리용하던 살림집을 해당 살림집관리기관에 정확히 넘겨주어야 한다. 이 경우 살림집에 설치된 시설과 등록된 건구, 비품 같은 것을 원상대로 넘겨주어야 한다.

해당 살림집관리기관은 살림집과 그에 설치된 시설, 등록된 건구, 비품 같은 것의 상태를 정확히 확인하고 넘겨받아야 한다.

살림집과 그에 설치된 시설, 등록된 건구, 비품 같은것을 떼갔거나 파손시켰을 경우에는 원상대로 해놓도록 한 다음 넘겨받아야 한다.

제40조 (살림집꾸리기)

공민은 살림집안팎을 깨끗이 거두어야 한다.

농촌살림집에서는 울타리를 문화성있게 치고 주변에는 과일나무를 심으며 집짐승우리와 창고 같은 것을 알뜰하게 꾸려야 한다.

제41조 (살림집의 현판, 문패)
공민은 살림집의 출입문 또는 대문에 층과 호, 살림집리용자의 이름을 밝힌 문패를 달아야 한다.

살림집관리기관은 호동마다 호동표식판을 붙이며 다층살림집의 현관이나 단층살림집구역의 일정한 곳에 구역, 동, 호동, 현관, 인민반을 밝힌 현판을 달아야 한다.

제42조 (사용료의 지불)
살림집을 리용하는 공민은 정해진 사용료를 제때에 물어야 한다.

살림집사용료를 정하는 사업은 국가가격제정기관이 한다.

제43조 (금지사항)
기관, 기업소, 단체와 공민은 다음의 행위를 할수 없다.

1. 준공검사에서 합격되지 못하였거나 등록되지 않은 살림집에 살림집리용허가증을 발급하는 행위
2. 살림집리용허가증이 없이 살림집에 입사시키거나 입사하는 행위
3. 리기적목적 또는 기타 부당한 목적으로 살림집을 교환하는 행위
4. 돈, 물건을 받거나 부당한 요구조건을 걸고 살림집에 동거 또는 숙박시키는 행위
5. 국가소유살림집을 팔고 사거나 비법적으로 다른 공민에게 빌려주거나 거간하는 행위
6. 비법적으로 둘이상의 살림집을 하나로 만들어 리용하는 행위
7. 승인없이 살림집을 철거, 증축, 개축, 이개축, 확장하거나 살림집의 구조를 변경하거나 살림집에 설치된 시설과 등록된 건구, 비품을 파손시키는 행위
8. 살림집으로 리용하지 못하게 된 장소에 비법적으로 들어가 사는 행위
9. 이사를 가면서 살림집에 설치된 시설을 떼가거나 파손시키는 행위

10. 살림집 또는 그 지하에 충격, 진동을 일으킬수 있는 설비를 설치하고
    운영하거나 승인없이 살림집가까이에서 폭발물을 터치는 것 같은 행위
11. 담장 또는 울타리를 높게 치거나 터밭을 정해진 면적보다 더 늘이는 행위
12. 그밖에 살림집의 수명과 관리, 도시미화에 지장을 주는 행위

제5장 살림집의 관리

제44조 (살림집관리체계확립)

살림집관리기관은 살림집관리를 계획적으로, 과학기술적으로 하여야 한다.
살림집과 그 주변은 언제나 위생문화성을 보장하며 살림집의 수명을 늘여
야 한다.

제45조 (살림집관리분담)

살림집관리기관은 살림집관리분담을 정확히 하고 지구별로 담당관리원을
배치하여야 한다.

담당관리원은 순회점검일지를 갖추고 담당한 지구의 살림집관리정형을 정
상적으로 조사기록하며 이상현상이 나타났을 경우에는 제때에 해당한 대
책을 세워야 한다.

제46조 (살림집보호)

살림집관리기관은 소화시설, 피뢰시설 같은 살림집의 안전보장을 위한 시
설을 늘 정비하여 화재나 자연피해로부터 살림집을 보호하여야 한다.

제47조 (선전 또는 장식용시설의 설치)

해당 기관, 기업소, 단체는 살림집우나 벽체에 선전용 또는 장식용시설을
설치하려 할 경우 살림집관리기관과 합의하여야 한다.

살림집의 안전에 영향을 주거나 도시미화에 지장을 줄수 있는 시설은 설치
할수 없다.

살림집우나 벽체에 설치하였던 시설을 철수하였을 경우에는 살림집상태를

원상대로 해놓아야 한다.

제48조 (살림집의 보수주기)

살림집관리기관은 정해진 살림집보수주기를 엄격히 지켜야 한다.

살림집보수주기를 정하는 사업은 중앙도시경영지도기관이 한다.

제49조 (살림집의 보수분담)

살림집보수는 대보수, 중보수, 소보수로 나누어 한다.

살림집의 대보수, 중보수는 살림집관리기관이, 소보수는 살림집을 리용하는 공민이 한다.

제50조 (살림집의 대보수, 중보수)

살림집관리기관은 살림집의 보수주기와 기술상태에 따라 살림집의 대보수, 중보수계획을 현실성있게 세우고 어김없이 집행하여야 한다.

살림집의 대보수, 중보수계획은 해당 상급기관의 승인을 받아야 한다.

제51조 (살림집의 보수설계보장)

살림집의 보수는 살림집보수설계에 따라 한다.

해당 설계기관은 현실적이며 과학적인 살림집보수설계를 작성하여 보수에 앞세워 보장하여야 한다.

살림집관리기관은 살림집보수설계작성에 필요한 기술과제를 제때에 보장하여야 한다.

제52조 (살림집의 소보수)

살림집을 리용하는 공민은 살림집에 대한 소보수를 정상적으로 하여 위생문화적인 생활환경을 유지하여야 한다.

살림집관리기관은 공민의 신청에 따라 살림집에 대한 소보수를 해줄수 있다. 이 경우 공민은 해당한 보수비를 물어야 한다.

제53조 (살림집에 설치된 시설의 보수정비 및 운영)

살림집관리기관과 해당 기관, 기업소, 단체는 상하수도, 난방, 전기, 통신, 방송, 승강기, 수채시설 같은 것을 정상적으로 보수정비하고 운영하여 주민생활에 지장이 없도록 하여야 한다.

살림집에 상하수도, 난방, 전기, 통신, 방송, 승강기, 수채시설 같은 것을 설치하거나 보수 또는 철수하려 할 경우에는 살림집관리기관의 합의를 받아야 한다.

제54조 (살림집의 철거, 증축, 개축, 이개축, 확장, 구조 또는 용도변경)

기관, 기업소, 단체와 공민은 살림집을 철거하거나 증축, 개축, 이개축, 확장하려할 경우 살림집관리기관의 합의를 받고 건설감독기관의 승인을 받아야 한다.

살림집의 구조 또는 용도변경을 하려 할 경우에는 살림집관리기관의 승인을 받아야 한다.

제55조 (이상현상에 대한 통보)

공민은 살림집의 기초가 내려앉거나 벽체, 층막에 금이 생기거나 비가 새거나 상하수도, 난방관이 터진 것 같은 현상을 발견하면 즉시 살림집관리기관과 해당 기관, 기업소, 단체에 알려야 한다.

통보받은 살림집관리기관과 해당 기관, 기업소, 단체는 제때에 알아보고 해당한 대책을 세워야 한다.

제56조 (살림집의 관리 및 보수에 필요한 자금, 자재, 설비보장)

국가계획기관과 해당 기관, 기업소, 단체는 살림집의 관리와 보수에 필요한 자금과 자재, 설비를 책임적으로 보장하여야 한다.

살림집의 관리, 보수에 필요한 자금과 자재, 설비는 다른데 돌려쓸수 없다.

제6장 살림집부문 사업에 대한 지도통제

제57조 (살림집부문 사업에 대한 지도)

살림집부문 사업에 대한 지도는 내각의 통일적인 지도밑에 중앙도시경영지도기관과 인민위원회가 한다.

중앙도시경영지도기관과 인민위원회는 살림집부문 사업에 대한 지도체계를 바로세우고 정상적으로 장악지도하여야 한다.

제58조 (도시미화의 날 운영)

중앙도시경영지도기관과 인민위원회는 국가적으로 정한 4월과 10월《도시미화월간》과 매월 첫주 일요일《도시미화의 날》에 살림집과 그 주변을 위생문화적으로 알뜰히 꾸리기 위한 사업을 짜고들어 진행하여야 한다.

기관, 기업소, 단체와 공민은 살림집과 그 주변을 꾸리는 사업에 적극 참가하여야 한다.

제59조 (살림집부문 사업에 대한 감독통제)

살림집부문 사업에 대한 감독통제는 도시경영지도기관과 해당 감독통제기관이 한다.

도시경영지도기관과 해당 감독통제기관은 살림집의 건설과 이관, 인수, 등록, 배정, 리용, 관리사업정형을 정상적으로 감독통제하여야 한다.

제60조 (중지 및 원상복구)

건설질서를 어기고 살림집을 건설하거나 증축, 개축, 이개축, 확장, 구조 또는 용도변경시킬 경우에는 중지시킨다.

승인없이 살림집의 구조 또는 용도를 변경시켰을 경우에는 원상복구시킨다.

제61조 (살림집의 회수)

다음의 경우에는 살림집을 회수할수 있다.

  1. 국가소유살림집을 팔고 샀을 경우

  2. 승인없이 살림집을 리용할 경우

제62조 (행정적책임)

다음의 경우에는 기관, 기업소, 단체의 책임있는 일군과 개별적공민에게 정상에 따라 해당한 행정처벌을 준다.

  1. 건설승인을 받지 않았거나 건설절차를 어기고 살림집을 건설하였을 경우

  2. 국가의 살림집건설정책과 도시경영정책의 요구에 맞지 않게 살림집건설승인을 망탕하였을 경우

  3. 살림집건설부지나 명시 같은 것을 팔고 샀을 경우

4. 설계와 시공규정, 공법의 요구를 어기고 살림집을 건설하였거나 반복 시공으로 로력, 자재, 자금을 랑비하였을 경우

5. 선하부구조, 후상부구조건설원칙을 어겼을 경우

6. 공정검사, 중간검사, 종합검사, 준공검사질서를 어겼을 경우

7. 상하수도, 난방, 전기시설 같은 것을 제대로 설치하지 않았거나 도시 미화의 요구에 맞게 구획을 정리하지 않아 주민생활과 도시경영사업 에 지장을 주었을 경우

8. 제43조의 행위를 하였을 경우

제63조 (형사적 책임)

제62조의 행위가 범죄에 이를 경우에는 기관, 기업소, 단체의 책임있는 일 군과 개별적공민에게 형법의 해당 조문에 따라 형사적책임을 지운다.

「조선민주주의인민공화국 국토계획법」

주체91(2002)년 3월 27일 최고인민회의 법령 제12호로 채택
주체93(2004)년 10월 26일 최고인민회의 절령 제742호로 수정보충

제1장 국토계획법의 기본

제1조 (국토계획법의 사명)
조선민주주의인민공화국 국토계획법은 국토계획의 작성과 비준, 실행에서
제도와 질서를 엄격히 세워 국토관리를 계획적으로 하는데 이바지한다.
제2조 (국토계획의 분류)
국토계획은 국토와 자원, 환경의 관리에 관한 통일적이며 종합적인 전망계
획이다. 국토계획에는 전국국토건설총계획과 중요지구국토건설총계획, 도
(직할시)국토건설총계획, 시(구역), 군국토건설총계획이 속한다.
제3조 (국토계획의 작성원칙)
국토계획을 바로 작성하는것은 자연을 개조하고 만년대계의 창조물을 건
설하며 인민들에게 훌륭한 생활환경을 마련하여주기 위한 근본담보이다.
국가는 국토계획작성에서 중앙집권적, 통일적지도를 확고히 보장하면서 아
래단위의 창발성을 높이 발양시키도록 한다.
제4조 (국토계획의 비준원칙)
국토계획의 비준은 작성한 계획을 심의, 승인하는 중요한 사업이다. 국가는
국토계획의 심의, 승인에서 과학성과 현실성을 보장하도록 한다.
제5조 (국토계획의 실행원칙)
국토계획을 철저히 실행하는것은 국토의 면모를 개변하기 위한 기본방도이
다. 국가는 토지정리와 산림조성, 주민지구와 산업지구건설, 도로건설, 자원
개발, 환경보호 같은 국토관리를 국토계획에 엄격히 준하여 하도록 한다.

제6조 (기본건설계획과 설계의 작성, 실행원칙)

국토계획은 기본건설계획과 설계작성의 기초이다. 국가는 기본건설계획과 설계를 국토계획에 맞게 작성하고 실행하도록 한다.

제7조 (전인민적인 국토관리의 원칙)

국가는 국토계획사업체계를 바로세우며 인민들속에서 사회주의애국주의교양을 강화하여 그들이 국토를 아끼고 사랑하며 국토관리사업에 적극 참가하도록 한다.

제8조 (국토계획부문의 기술자, 전문가양성원칙)

국가는 정보산업시대의 요구에 맞게 국토계획부문의 기술자, 전문가들을 전망성있게 양성하며 국토계획사업을 현대화, 과학화하도록 한다.

제9조 (국토계획부문의 교류와 협조)

국가는 국토계획부문에서 다른 나라, 국제기구들과의 교류와 협조를 강화하도록 한다.

제2장 국토계획의 작성

제10조 (국토계획의 작성기관)

국토계획의 작성은 국토계획사업의 첫 공정이다. 전국국토건설총계획과 중요지구국토건설총계획의 작성은 중앙국토환경보호지도기관이, 도(직할시), 시(구역), 군국토건설총계획의 작성은 도(직할시)국토환경보호기관이 한다.

제11조 (국토계획작성에서 지켜야 할 원칙)

국토계획작성에서 지켜야 할 원칙은 다음과 같다.

1. 부침땅을 침범하지 말아야 한다.
2. 도시규모를 너무 크게 하지 말아야 한다.
3. 해당 지역의 기후풍토적특성을 고려하여야 한다.
4. 경제발전전망과 실리를 타산하여야 한다.

5. 국방상요구를 고려하여야 한다.

6. 환경을 파괴하지 말아야 한다.

제12조 (국토계획의 전망기간)

국토계획의 전망기간은 50년이다. 필요한 경우 국토계획의 전망기간을 50년보다 짧게 할수 있다.

제13조 (국토계획작성의 기준)

국토계획작성의 기준은 국가의 국토관리정책이다. 중앙국토환경보호지도기관은 국가의 국토관리정책에 근거하여 국토계획작성과제를 설정하고 지도서를 만들어 해당 기관에 내려보내야 한다.

제14조 (국토실태의 조사, 장악)

국토실태를 조사, 장악하지 않고는 국토계획을 작성할수 없다. 국토환경보호기관은 국토계획작성에 필요한 국토실태를 조사, 장악하여야 한다.

제15조 (필요한 정보자료의 보장)

국토환경보호기관은 국토계획작성에 필요한 자료를 해당 기관, 기업소, 단체에 요구할수 있다. 기관, 기업소, 단체는 국토환경보호기관이 요구하는 자원상태, 인구수, 경제발전전망, 건설실태, 기상수문예보와 관측자료, 환경실태, 위성사진, 지도 같은 정보자료를 제때에 보장하여야한다.

제16조 (국토계획초안의 작성)

국토환경보호기관은 국토실태를 연구, 분석하고 국토계획초안을 작성하여야 한다. 이 경우 관계기관과 협의하여야 한다. 국토계획초안에는 국토개발전략과 혁명전적지, 혁명사적지의 보호, 부침땅과 산림, 하천, 호소, 바다의 리용, 자원개발, 도시와 마을의 형성, 휴양지구개발, 산업지구와 하부구조의 건설, 자연환경의 조성과 보호, 국토정리와 미화사업 같은것을 반영하여야 한다.

제17조 (국토건설총계획작성의 기초)

전국국토건설총계획은 경제, 문화발전전망 같은것을 고려하여 작성한다.

중요지구국토건설총계획과 도(직할시)국토건설총계획의 작성은 전국 국토
건설총계획에, 시(구역), 군국토건설총계획의 작성은 도(직할시)국토건설총
계획에 기초한다.

제3장 국토계획의 비준

제18조 (국토계획비준의 기본요구)

국토계획의 비준절차를 엄격히 지키는것은 국토계획의 정확한 실행을 담
보하기 위한 중요조건이다. 국토환경보호기관은 작성한 전국국토건설총계
획과 중요지구국토건설총계획을 내각에, 도(직할시), 시(구역), 군국토건설
총계획을 도(직할시)인민위원회에 제기하여야 한다.

제19조 (국토건설총계획의 비준 제기)

내각은 전국국토건설총계획과 중요지구국토건설총계획을 최고인민회의 또
는 최고인민회의 상임위원회의 비준에 제기하여야 한다. 이 경우 전원회의
또는 상무회의에서 토의하여야 한다.

제20조 (전국, 중요지구 국토건설총계획의 심의승인)

전국국토건설총계획과 중요지구국토건설총계획은 최고인민회의에서 심의
하고 승인한다. 최고인민회의 휴회기간에 제기된 국토건설총계획은 최고인
민회의 상임위원회에서 심의하고 승인한다.

제21조 (기타 국토건설총계획의 심의승인)

도(직할시), 시(구역), 군국토건설총계획은 도(직할시)인민회의에서 심의하
고 승인한다. 도(직할시)인민회의 휴회기간에 제기된 국토건설총계획은 도
(직할시) 인민위원회에서 심의하고 승인한다.

제22조 (비준된 국토계획의 시달)

국토환경보호기관은 비준된 국토계획을 1개월안으로 국가계획기관, 국가건설
감독기관, 지방정권기관을 비롯한 해당 기관, 기업소, 단체에 내려보내야 한다.

제4장 국토계획의 실행

제23조 (국토계획실행의 기본요구)

국토계획의 실행은 국토와 자원, 환경을 인민들의 지향과 요구에 맞게 관리하기 위한 대자연개조사업이다. 국토환경보호기관과 해당 기관, 기업소, 단체는 국토관리를 국토계획에 따라 하여야 한다.

제24조 (국토계획실행순차의 제정)

국토계획을 시달받은 기관, 기업소, 단체는 국토계획실행을 위한 당면 또는 전망과제와 년차별, 대상별순차를 바로 정하여야 한다.

제25조 (기술과제, 건설총계획의 작성)

국토계획실행을 위한 대상과제를 받은 기관, 기업소, 단체는 기술과제와 건설총계획을 작성하여야 한다. 작성한 기술과제와 건설총계획은 국토환경보호기관의 합의를 받아야 한다.

제26조 (국토건설, 개발신청문건의 제기)

국토를 건설하거나 자원을 개발하려는 기관, 기업소, 단체는 국토환경보호기관에 신청문건을 내야 한다. 이 경우 부지조사보고서 같은 문건을 첨부하여야 한다. 국토환경보호기관은 제기된 신청문건을 제때에 검토하고 승인하거나 부결하여야 한다.

제27조 (건설위치지정서 또는 국토개발승인서의 발급)

국토환경보호기관은 국토건설과 자원개발을 승인한 경우 건설위치지정서 또는 국토개발승인서를 발급하여주어야 한다. 건설위치지정서의 발급은 건물, 시설물의 건설 같은 경우에, 국토개발승인서의 발급은 자원의 조성과 개발, 도시 및 산업지구의 건설, 보호구역과 특수구역의 설정 같은 경우에 한다.

제28조 (건설위치지정서를 발급하지 않는 대상)

도시와 산업지구령역안의 건설대상에 대하여서는 건설위치지정서를 발급하지 않는다.

제29조 (건설명시와 건설허가, 토지리용허가, 자금지출허가)

건설주기관, 기업소, 단체는 건설위치지정서 또는 국토개발 승인서에 근거하여 건설명시, 건설허가, 토지리용허가, 자금지출허가같은것을 받아야 한다. 그러나 자원을 개발하거나 보호구역을 설정하려할 경우에는 건설명시를 받지 않는다.

제30조 (국토건설, 자원개발조건)

건설주기관, 기업소, 단체는 건설위치지정서 또는 국토개발 승인서에 지적된대로 국토를 건설하거나 자원을 개발하여야 한다. 정해진 기간에 국토건설, 자원개발에 착수하지 못하였을 경우에는 해당한 승인을 다시 받아야 한다.

제31조 (국토계획대상과 관련시설의 건설)

해당 기관, 기업소, 단체는 국토계획대상과 그 관련시설을 종합적으로 건설하여야 한다. 이 경우 반복공사를 없애며 로력과 자재, 자금을 랑비하지 말아야 한다.

제32조 (국토계획실행정형의 보고)

국토계획을 실행한 기관, 기업소, 단체는 그 정형을 국토환경보호기관에 제때에 보고하여야 한다. 내각과 국토환경보호기관은 국토계획의 실행정형을 정상적으로 총화하여야 한다.

제5장 국토계획사업에 대한 지도통제

제33조 (국토계획사업에 대한 지도통제의 기본요구)

국토계획사업에 대한 지도통제를 강화하는것은 국가의 국토관리정책을 정확히 집행하기 위한 확고한 담보이다. 국가는 현실발전의 요구에 맞게 국토계획사업에 대한 지도체계를 바로세우고 지도통제를 강화하도록 한다.

제34조 (국토계획사업에 대한 지도)

국토계획사업에 대한 지도는 내각의 통일적인 지도밑에 중앙국토환경보호지도기관이 한다. 중앙국토환경보호지도기관은 국토계획을 바로세우고 어김없이 실행하도록 지도하여야 한다.

제35조 (국토계획정보기지의 축성, 변동실태의 보고)

중앙국토환경보호지도기관은 국토계획작성에 필요한 자료를 수집, 보존, 봉사할수 있는 국토계획정보기지를 튼튼히 꾸려야 한다. 지방국토환경보호기관은 국토환경의 변동실태를 정상적으로 장악하여 중앙국토환경보호지도기관에 보고하여야 한다.

제36조 (국토건설총계획의 준수의무)

지방정권기관과 해당 기관, 기업소, 단체는 토지와 하천정리, 산림조성, 도로와 중소형발전소건설 같은 사업을 시(구역), 군국토건설총계획에 따라 하여야 한다.

제37조 (국토계획사업조건의 보장)

국가계획기관과 로동행정기관, 해당 기관은 국토계획부문에 필요한 로력, 설비, 자재, 자금을 제때에 보장하여야 한다. 국토계획부문의 로력과 설비, 자재, 자금은 다른 부문에 돌려 쓸수 없다.

제38조 (국토계획사업에 대한 감독통제)

국토계획사업에 대한 감독통제는 국토환경보호기관과 해당 감독통제기관이 한다. 국토환경보호기관과 해당 감독통제기관은 국토계획사업정형을 엄격히 감독통제하여야 한다.

제39조 (중지)

승인없이 국토건설을 하거나 자원개발을 하는것 같은 행위는 중지시킨다.

제40조 (손해보상)

국토계획과 어긋나게 건설명시를 주었거나 토지리용허가를 하여 생긴 손해는 보상시킨다.

제41조 (행정적 또는 형사적책임)

이 법을 어겨 국토계획사업에 엄중한 결과를 일으킨 기관, 기업소, 단체의 책임있는 일군과 개별적공민에게는 정상에 따라 행정적 또는 형사적책임을 지운다.

「조선민주주의인민공화국 도시계획법」

주체92(2003)년 3월 5일 최고인민회의 상임위원회 정령 제3627호 채택
주체96(2007)년 12월 11일 최고인민회의 상임위원회 정령 제2482호로 수정보충
주체98(2009)년 5월 5일 최고인민회의 상임위원회 정령 제37호로 수정보충

제1장 도시계획법의 기본

제1조 (도시계획법의 사명)
조선민주주의인민공화국 도시계획법은 도시계획의 작성과 비준, 실행에서
제도와 질서를 엄격히 세워 도시와 마을을 전망성 있게 건설하고 인민들에
게 보다 훌륭한 생활환경을 마련하여주는데 이바지한다.

제2조 (도시계획의 분류)
도시계획은 도시와 마을계획령역의 토지를 리용하며 건물, 시설물, 록지
같은것을 건설, 개건, 정비하는것과 관련한 통일적이며 종합적인 계획이
다. 도시계획에는 도시, 마을총계획과 그에 따르는 세부계획, 구획계획 같
은것이 속한다.

제3조 (도시계획의 작성원칙)
도시계획을 바로 작성하는것은 도시를 사회주의선경으로 꾸리기 위한 근본
담보이다.
국가는 도시계획작성에서 도시성격과 규모, 형성방향을 정확히 규정하며
도시계획령역을 도시, 마을총계획에서 확정하도록 한다.

제4조 (도시계획의 심의, 승인원칙)
도시계획의 비준은 작성한 도시계획을 심의, 승인하는 중요한 사업이다.
국가는 도시계획의 심의, 승인에서 과학성과 현실성을 보장하도록 한다.

제5조 (도시계획의 실행원칙)

도시계획을 정확히 실행하는것은 도시를 전망성있게 계획적으로 건설하는데서 나서는 필수적요구이다.

국가는 도시건설, 개건, 정비사업을 도시계획에 엄격히 준하여 하도록 한다.

제6조 (도시계획부문에 대한 투자원칙)

국가는 도시계획사업체계를 바로세우고 도시계획부문에 대한 투자를 계통적으로 늘이도록 한다.

제7조 (기술자, 전문가양성, 과학연구사업원칙)

국가는 정보산업시대의 요구에 맞게 도시계획부문의 기술자, 전문가들을 계획적으로 양성하며 과학연구사업을 강화하고 앞선 과학기술의 성과를 적극 받아들이도록 한다.

제8조 (도시계획분야에서 교류, 협조)

국가는 도시계획분야에서 다른 나라, 국제기구들과의 교류와 협조를 강화하도록 한다.

　제2장 도시계획의 작성

제9조 (도시계획작성의 기본요구)

도시계획의 작성은 도시건설의 선행공정이다.

도시계획작성기관은 도시건설에 앞세워 도시계획을 작성하여야 한다.

제10조 (도시계획작성의 기본기준)

국가의 도시건설정책은 도시계획작성의 기본기준이다.

도시계획작성기관은 국가의 정책에 근거하여 도시계획을 정확히 작성하여야 한다.

제11조 (도시계획의 작성기관)

도시계획의 작성은 도시계획설계기관이 한다. 이 경우 지방정권기관은 도시계획의 작성을 주문한다. 중요대상의 도시계획작성은 내각이 조직한다.

제12조 (도시계획작성에서 지켜야 할 원칙)

도시계획작성에서 지켜야할 원칙은 다음과 같다.

1. 혁명전적지와 혁명사적지, 기념비적건축물, 력사유적, 천연기념물을 원상대로 보존할수 있게 하여야 한다.
2. 나라의 경제문화발전전망을 고려하여야 한다.
3. 주체성과 민족성, 현대성을 옳게 구현하여야 한다.
4. 자연지리적조건과 기후풍토를 고려하여야 한다.
5. 도시를 너무 크게 하지 말고 인구밀도, 건축밀도를 줄이며 큰 도시주변에 위성도시를 합리적으로 배치하여야 한다.
6. 경사지와 지하를 최대한으로 리용하며 토지리용률을 높여야 한다.
7. 나라의 기본도로와 철도는 도시중심을 통과하지 않게 하여야 한다.
8. 도, 시, 군, 지역별에 따르는 살림집의 층수는 도시 및 마을계획설계기준에 맞게 정하며 거리는 살림집을 위주로 형성하여야 한다.
9. 도시를 수림화, 원림화하며 자연재해와 공해를 방지할수 있게 하여야 한다.
10. 국방상 요구를 지켜야 한다.

제13조 (도시계획의 작성방법)

도시, 마을총계획은 국토건설총계획에, 세부계획은 도시, 마을총계획에, 구획계획은 세부계획에 기초하여 작성한다.

대상의 규모와 특성에 따라 세부계획과 구획계획 같은것을 합쳐 작성할수도 있다.

제14조 (도시계획의 전망기간)

도시, 마을총계획의 전망기간은 20년이다.

필요한 경우 도시, 마을 총계획의 전망기간을 20년이상으로 할수도 있다.

제15조 (국토개발의 승인)

도시, 마을총계획의 작성을 주문하려는 기관은 국토개발승인을 받아야 한다. 도시, 마을총계획령역안의 건설대상에 대하여서는 국토개발승인과 건설위치지정을 받지 않는다.

제16조 (도시계획작성자료의 조사, 장악)

도시계획작성기관은 도시계획작성에 필요한 자료를 조사, 장악하여야 한다. 필요한 자료를 조사, 장악하지 않고는 도시계획을 작성할수 없다.

제17조 (도시계획작성자료의 요구)

도시계획작성기관은 도시계획작성에 필요한 자료를 해당 기관, 기업소, 단체에 요구할수 있다.

기관, 기업소, 단체는 도시계획작성기관이 요구하는 인구수, 자원상태, 경제발전전망자료, 환경실태, 기상수문자료, 지형 및 지질자료, 위성정보자료 같은것을 제때에 보장하여야 한다.

제18조 (도시계획에 반영할 내용)

도시, 마을 총계획에 반영할 내용은 다음과 같다.

1. 전망인구수
2. 도시계획령역과 건설령역, 보호령역의 규모와 경계
3. 혁명전적지, 혁명사적지, 살림집지역, 공공건물지역, 산업지역, 철도, 항만, 비행장지역, 창고지역, 특수지역, 중요기관, 기업소구획의 규모와 경계
4. 도시중심부의 위치
5. 도로와 광장, 시내교통망, 기술시설망과 그에 따르는 시설물의 배치, 록지의 배치, 지대조성
6. 재해 및 공해방지시설의 배치와 도시계획적조치

제19조 (세부계획에 반영할 내용)

세부계획에는 계획구역의 설정, 기능별 대지경계, 건물능력과 층수, 배치,

형성 방향, 도로와 기술시설물, 록지의 배치, 지대조성 같은것을 반영하여야 한다.

제20조 (구획계획에 반영할 내용)
구획계획에는 대상별대지경계, 건물능력과 층수, 도로와 기술시설물, 록지와 수종배치, 지대조성 같은것을 구체적으로 반영하여야 한다.

제3장 도시계획의 비준

제21조 (도시계획의 비준의 기본요구)
도시계획비준절차를 지키는것은 도시계획의 실행을 담보하는데서 나서는 중요요구이다.
내각과 국가건설감독기관, 도(직할시)인민위원회는 도시계획을 제때에 심의, 승인하여야 한다.

제22조 (도시계획초안의 합의)
도시계획작성기관은 작성한 도시계획초안을 관계기관과 합의한 다음 도(직할시)인민위원회에 제기하여야 한다.
도(직할시)인민위원회는 내각과 국가건설감독기관에서 비준하는 도시계획초안을 국가건설감독기관에 제기하여야 한다.

제23조 (도시계획초안에 대한 검토와 비준)
도시계획비준기관은 도시계획초안이 국가의 도시건설정책과 도시계획작성원칙에 맞게 작성되였는가를 정확히 검토하여야 한다.
도시계획의 비준은 해당 기관의 상무회의 또는 간부회의에서 한다.

제24조 (시급 도시총계획과 중요대상의 도시총계획의 심의, 승인)
시급 도시총계획과 중요대상의 도시총계획은 내각이 승인한다. 이 경우 국가건설감독기관은 내각이 승인하는 도시총계획초안을 심의하고 내각에 제기하여야 한다.

제25조 (읍총계획과 시급도시, 읍의 세부계획, 구획계획의 심의, 승인)

읍총계획과 시급도시, 읍의 세부계획, 구획계획은 국가건설감독기관이 심의, 승인한다.

제26조 (로동지구, 마을총계획과 세부계획, 구획계획의 심의, 승인)

도(직할시)인민위원회는 로동자구, 마을총계획과 세부계획, 구획계획을 심의, 승인한다.

제27조 (비준된 도시계획의 하달)

내각과 국가건설감독기관, 도(직할시)인민위원회는 비준한 도시계획을 제때에 도시계획작성기관에 내려보내야 한다.

도시계획작성기관은 비준된 도시계획을 중앙도시경영기관과 지방정권기관을 해당 기관에 보내 주어야 한다.

제28조 (도시계획의 변경)

기관, 기업소, 단체와 공민은 비준된 도시계획내용을 승인없이 변경시키지 말아야 한다.

도시계획을 수정보충하려 할 경우에는 비준한 기관의 승인을 받아야 한다.

제4장 도시계획의 실행

제29조 (도시계획실행의 기본요구)

도시계획의 실행은 비준된 계획의 요구대로 도시를 건설하는 중요한 사업이다.

지방정권기관과 해당 기관, 기업소, 단체는 비준된 도시계획을 어김없이 실행하여야 한다.

제30조 (도시계획의 실행)

국가건설감독기관과 지방정권기관, 해당 기관, 기업소, 단체는 현 실태와 전망적요구, 투자규모 같은것을 타산하여 선하부구조, 후상부구조건설, 한

개 구획 및 한 개 거리씩 집중완성하는 원칙에서 도시계획을 실행하여야
한다.

제31조 (도시 순차 및 년차건설계획의 작성, 하달)

비준된 도시계획을 받은 지방정권기관과 도시계획작성기관은 도시 순차
및 년차건설계획을 작성하여야 한다.

작성한 건설계획은 해당 기관의 승인을 받아 실행단위에 내려보내야 한다.

제32조 (건설명시서의 발급)

도시계획을 실행하는 기관, 기업소, 단체는 건설명시서를 발급받아야 한다.
이 경우 건설 및 도시경영과 관련한 문제를 해당 인민위원회와 합의하여야
한다.

건설명시서의 발급은 대상의 규모와 중요성에 따라 국가건설감독기관 또
는 도(직할시)건설 감독기관이 한다.

중요대상에 대한 건설명시서 발급은 내각의 비준을 받아 국가건설감독기
관이 한다.

제33조 (건설명시서의 유효기간)

건설명시서의 유효기간은 3년이다.

대상의 규모와 특성에 따라 건설명시서의 유효기간을 3년이상으로 할수도
있다.

유효기간안에 대상건설총계획이나 대상설계를 작성하지 못한 대상의 건설
명시서는 효력을 상실한다.

제34조 (기술과제와 건설총계획, 설계의 작성)

도시계획을 실행하는 기관, 기업소, 단체는 건설명시서에 기초하여 건설대
상에 대한 기술과제와 건설총계획, 설계를 작성하여야 한다.

제35조 (대상의 계획화)

지방정권기관과 해당 기관, 기업소, 단체는 도시 순차 및 년차건설계획에
반영된 대상을 인민경제계획에 맞물려야 한다.

제36조 (토지의 리용허가)

도시계획을 실행하는 기관, 기업소, 단체는 토지리용허가를 받아야 한다.

해당 기관은 건설명시서에 기초하여 토지리용허가를 하여야 한다.

제37조 (건설의 허가)

도시계획을 실행하는 기관, 기업소, 단체는 대상건설을 착공하기 전에 건설허가를 받아야 한다.

건설허가는 대상에 따라 국가건설감독기관 또는 해당 건설감독기관이 한다.

국가건설감독기관 또는 해당 건설감독기관은 건설대상에 대한 하부구조능력을정확히 검토하고 그것이 보장된 조건에서 건설허가를 하여야 한다.

제38조 (건설의 착공)

기관, 기업소, 단체는 허가받은 대상의 건설을 제때에 착공하여야 한다.

도시계획령역안에 림시건물과 시설물을 가지고있는 기관, 기업소는 허가받은 대상건설을 착공하기전에 그것을 철거하여야 한다.

제39조 (도시계획실행정형의 보고, 총화)

지방정권기관은 도시계획실행정형을 국가건설감독기관에 보고하여야 한다.

국가건설감독기관은 도시계획의 실행정형을 해마다 총화하여야 한다.

제5장 도시계획사업에 대한 지도통제

제40조 (도시계획사업에 대한 지도통제의 기본요구)

도시계획사업에 대한 지도통제를 강화하는것은 국가의 도시건설정책을 정확히 집행하기 위한 확고한 담보이다.

국가는 현실발전의 요구에 맞게 도시계획사업에 대한 지도체계를 바로세우고 지도통제를 강화하도록 한다.

제41조 (도시계획사업에 대한 지도)

도시계획사업에 대한 지도는 내각의 통일적인 지도밑에 국가건설감독기관과 지방정권기관이 한다.

국가건설감독기관과 지방정권기관은 도시계획을 바로세우고 정확히 실행하도록 지도하여야 한다.

제42조 (도시계획작성에 필요한 정보기지의 축성)

국가건설감독기관은 도시계획작성에 필요한 정보기지를 튼튼히 꾸려야 한다. 지방정권기관은 정보기지를 꾸리는데 필요한 자료를 국가건설감독기관에 정기적으로 보고하여야 한다.

제43조 (도시계획사업에 대한 감독통제)

도시계획사업에 대한 감독통제는 국가건설감독기관과 해당 감독통제기관이 한다. 국가건설감독기관과 해당 감독통제기관은 도시계획사업정형을 엄격히 감독통제하여야 한다.

제44조 (중지)

건설허가를 받지 않고 건설, 개건, 정비하는것 같은 행위는 중지시킨다.

제45조 (손해보상)

도시계획령역안에 건설위치지정을 하였거나 또는 도시계획과 어긋나게 건설명시서를 발급하였거나 건설허가, 토지리용허가, 자금공급을 하여 생긴 손해는 보상시킨다.

제46조 (몰수 또는 철거)

도시계획과 어긋나게 건설한 대상은 몰수하거나 철거시킨다.

제47조 (행정적 또는 형사적책임)

이 법을 어겨 도시계획사업에 엄중한 결과를 일으킨 기관, 기업소, 단체의 책임있는 일군과 개별적공민에게는 정상에 따라 행정적 또한 형사적책임을 지운다.

「조선민주주의인민공화국 라선경제무역지대법」

주체82(1993)년 1월 31일 최고인민회의 상설회의 결정 제28호로 채택
주체88(1999)년 2월 26일 최고인민회의 상임위원회 정령 제484호로 수정보충
주체91(2002)년 11월 7일 최고인민회의 상임위원회 정령 제3400호로 수정
주체94(2005)년 4월 19일 최고인민회의 상임위원회 정령 제1083호로 수정보충
주체96(2007)년 9월 26일 최고인민회의 상임위원회 정령 제2367호로 수정보충
주체99(2010)년 1월 27일 최고인민회의 상임위원회 정령 제583호로 수정보충
주체 100(2011)년 12월 3일 최고인민회의 상임위원회 정령 제2007호로 수정보충

제1장 라선경제무역지대법의 기본

제1조 (라선경제무역지대법의 사명)
조선민주주의인민공화국 라선경제무역지대법은 경제무역지대의 개발과 관리에서 제도와 질서를 바로세워 라선경제무역지대를 국제적인 중계수송, 무역 및 투자, 금융, 관광, 봉사지역으로 발전시키는데 이바지한다.

제2조 (라선경제무역지대의 지위)
라선경제무역지대는 경제분야에서 특혜정책이 실시되는 조선민주주의인민공화국의 특수경제지대이다.

제3조 (산업구의 건설)
국가는 경제무역지대에 첨단기술산업, 국제물류업, 장비제조업, 1차가공공업, 경공업, 봉사업, 현대농업을 기본으로 하는 산업구들을 계획적으로 건설하도록 한다.

제4조 (투자당사자)
경제무역지대에는 세계 여러 나라의 법인이나 개인, 경제조직이 투자할수 있다.

우리나라 령역밖에 거주하고있는 조선동포도 이 법에 따라 경제무역지대에
투자할수 있다.

제5조 (경제활동조건보장의 원칙)

투자가는 경제무역지대에 회사, 지사, 사무소 같은것을 설립하고 경제활동
을 자유롭게 할수 있다.

국가는 토지리용, 로력채용, 세금납부, 시장진출 같은 분야에서 투자가에게
특혜적인 경제활동조건을 보장하도록 한다.

제6조 (투자장려 및 금지, 제한부문)

국가는 경제무역지대에서 하부구조건설부문과 첨단과학기술부문, 국제시
장에서 경쟁력이 높은 상품을 생산하는 부문의 투자를 특별히 장려한다.

나라의 안전과 주민들의 건강, 건전한 사회도덕생활에 저해를 줄수 있는
대상, 환경보호와 동식물의 생장에 해를 줄수 있는 대상, 경제기술적으로
뒤떨어진 대상의 투자는 금지 또는 제한한다.

제7조 (투자가의 재산과 리익, 권리보호원칙)

경제무역지대에서 투자가의 재산과 합법적인 소득, 그에게 부여된 권리는
법적으로 보호된다.

국가는 투자가의 재산을 국유화하거나 거두어들이지 않는다.

사회공공의 리익과 관련하여 부득이하게 투자가의 재산을 거두어들이거나
일시 리용하려 할 경우에는 사전에 통지하고 해당한 법적절차를 거치며 차
별없이 그 가치를 제때에 충분하고 효과있게 보상하여주도록 한다.

제8조 (경제무역지대관리운영의 담당자, 관리위원회사업에 대한 관여금지
원칙)

경제무역지대에서 산업구와 정해진 지역의 관리운영은 중앙특수경제지대
지도기관과 라선시인민위원회의 지도와 방조밑에 관리위원회가 맡아한다.
이 법에서 정한 경우를 제외하고 다른 기관은 관리위원회의 사업에 관여할
수 없다.

제9조 (신변안전과 인권의 보장, 비법구속과 체포금지)

경제무역지대에서 공민의 신변안전과 인권은 법에 따라 보호된다.

법에 근거하지 않고는 구속, 체포하지 않으며 거주장소를 수색하지 않는다.

신변안전 및 형사사건과 관련하여 우리 나라와 해당 나라사이에 체결된 조약이 있을 경우에는 그에 따른다.

제10조 (적용법규)

경제무역지대의 개발과 관리, 기업운영 같은 경제활동에는 이 법과 이 법 시행을 위한 규정, 세칙, 준칙을 적용한다.

경제무역지대의 법규가 우리 나라와 다른 나라사이에 체결된 협정, 량해문, 합의서 같은 조약의 내용과 다를 경우에는 조약을 우선 적용하며 경제무역지대밖에 적용하는 법규의 내용과 다를 경우에는 경제무역지대법규를 우선 적용한다.

제2장 경제무역지대의 개발

제11조 (개발원칙)

경제무역지대의 개발원칙은 다음과 같다.

 1. 경제무역지대와 그 주변의 자연지리적조건, 자원, 생산요소의 비교우세보장

 2. 토지, 자원의 절약과 합리적인 리용

 3. 경제무역지대와 그 주변의 생태환경보호

 4. 생산과 봉사의 국제적인 경쟁력제고

 5. 무역, 투자 같은 경제활동의 편의보장

 6. 사회공공의 리익보장

 7. 지속적이고 균형적인 경제발전의 보장

제12조 (개발계획과 그 변경)

경제무역지대의 개발은 승인된 개발계획에 따라 한다.

개발계획에는 개발총계획, 지구개발계획, 세부계획 같은것이 속한다.

개발계획의 변경승인은 해당 개발계획을 승인한 기관이 한다.

제13조 (경제무역지대의 개발방식)

경제무역지대는 일정한 면적의 토지를 기업이 종합적으로 개발하고 경영하는 방식, 기업에게 하부구조 및 공공시설의 건설과 관리경영권을 특별히 허가해주어 개발하는 방식, 개발당사자들 사이에 합의한 방식 같은 여러가지 방식으로 개발할수 있다.

개발기업은 하부구조 및 공공시설건설을 다른 기업을 인입하여 할수도 있다.

제14조 (개발기업에 대한 승인)

경제무역지대의 개발기업에 대한 승인은 중앙특수경제지대지도기관이 관리위원회 또는 라선시인민위원회를 통하여 개발기업에게 개발사업권승인증서를 발급하는 방법으로 한다.

개발기업의 위임, 개발사업권승인증서의 발급신청은 관리위원회 또는 라선시인민위원회가 한다.

제15조 (토지종합개발경영과 관련한 토지임대차계약)

토지종합개발경영방식으로 개발하는 경우 개발기업은 국토관리기관과 토지임대차계약을 맺어야 한다.

토지임대차계약에서는 임대기간, 면적, 구획, 용도, 임대료의 지불기간과 지불방식, 그밖의 필요한 사항을 정한다.

국토관리기관은 토지임대료를 지불한 개발기업에게 토지리용증을 발급해주어야 한다.

제16조 (토지임대기간)

경제무역지대에서 토지임대기간은 해당 기업에게 토지리용증을 발급한 날부터 50년까지로 한다.

경제무역지대안의 기업은 토지임대기간이 끝난 다음 계약을 다시 맺고 임대받은 토지를 계속 리용할수 있다.

제17조 (부동산의 취득과 해당 증서의 발급)

경제무역지대에서 기업은 규정에 따라 토지리용권, 건물소유권을 취득할수 있다. 이 경우 해당 기관은 토지리용증 또는 건물소유권등록증을 발급하여 준다.

제18조 (토지리용권과 건물의 양도와 임대가격)

개발기업은 개발계획과 하부구조건설이 진척되는데 따라 개발한 토지와 건물을 양도, 임대할 권리를 가진다. 이 경우 양도, 임대가격은 개발기업이 정한다.

제19조 (토지리용권, 건물소유권의 변경과 그 등록)

경제무역지대에서 기업은 유효기간안에 토지리용권과 건물소유권을 매매, 교환, 증여, 상속의 방법으로 양도하거나 임대, 저당할수 있다. 이 경우 토지리용권, 건물소유권의 변경등록을 하고 토지리용증 또는 건물소유권등록증을 다시 발급받아야 한다.

제20조 (건물, 부착물의 철거와 이설)

철거, 이설을 맡은 기관, 기업소는 개발공사에 지장이 없도록 개발지역 안의 공공건물과 살림집, 부착물 같은것을 철거, 이설하고 주민을 이주시켜야 한다.

제21조 (개발공사착수시점과 계획적인 개발)

개발기업은 개발구역안의 건물과 부착물의 철거, 이설사업이 끝나는 차제로 개발공사에 착수하여야 한다.

제22조 (농업토지, 산림토지, 수역토지의 개발리용)

경제무역지대에서 투자가는 도급생산방식으로 농업토지, 산림토지, 수역토지를 개발리용할수 있다. 이 경우 해당 기관과 계약을 맺어야 한다.

제3장 경제무역지대의 관리

제23조 (경제무역지대의 관리원칙)

경제무역지대의 관리원칙은 다음과 같다.

  1. 법규의 엄격한 준수와 집행

  2. 관리위원회와 기업의 독자성보장

  3. 무역과 투자활동에 대한 특혜제공

  4. 경제발전의 객관적법칙과 시장원리의 준수

  5. 국제관례의 참고

제24조 (관리위원회의 설립, 지위)

경제무역지대의 관리운영을 위하여 관리위원회를 내온다.

관리위원회는 산업구와 정해진 지역의 관리운영을 맡아하는 현지관리기관이다.

제25조 (관리위원회의 구성)

관리위원회는 위원장, 부위원장, 서기장과 필요한 성원들로 구성한다.

관리위원회에는 경제무역지대의 개발과 관리에 필요한 부서를 둔다.

제26조 (관리위원회의 책임자)

관리위원회의 책임자는 위원장이다.

위원장은 관리위원회를 대표하며 관리위원회의 사업을 주관한다.

제27조 (관리위원회의 사업내용)

관리위원회는 자기의 관할범위에서 다음과 같은 사업을 한다.

  1. 경제무역지대의 개발과 관리에 필요한 준칙작성

  2. 투자환경의 조성과 투자유치

  3. 기업의 창설승인과 등록, 영업허가

  4. 투자장려, 제한, 금지목록의 공포

  5. 대상건설허가와 준공검사

  6. 대상설계문건의 보관

  7. 독자적인 재정관리체계의 수립

  8. 토지리용권, 건물소유권의 등록

  9. 위임받은 재산의 관리

10. 기업의 경영활동협조

11. 하부구조 및 공공시설의 건설, 경영에 대한 감독 및 협조
12. 관할지역의 환경보호와 소방대책
13. 인원, 운수수단의 출입과 물자의 반출입에 대한 협조
14. 관리위원회의 규약작성
15. 이밖에 경제무역지대의 개발, 관리와 관련하여 중앙특수경제지대지도 기관과 라선시인민위원회가 위임하는 사업

제28조 (관리위원회의 사무소설치)

관리위원회는 필요에 따라 사무소 같은것을 둘수 있다.

사무소는 관리위원회가 위임한 권한의 범위안에서 사업을 한다.

제29조 (사업계획과 통계자료의 제출)

관리위원회는 해마다 사업계획과 산업구와 정해진 지역의 통계자료를 중앙특수경제지대지도기관과 라선시인민위원회에 내야 한다.

제30조 (라선시인민위원회의 사업내용)

라선시인민위원회는 경제무역지대의 개발, 관리와 관련하여 다음과 같은 사업을 한다.

1. 경제무역지대법과 규정의 시행세칙작성
2. 경제무역지대의 개발과 기업활동에 필요한 로력보장
3. 이밖에 경제무역지대의 개발, 관리와 관련하여 중앙특수경제지대지도 기관이 위임한 사업

제31조 (중앙특수경제지대지도기관의 사업내용)

중앙특수경제지대지도기관은 다음과 같은 사업을 한다.

1. 경제무역지대의 발전전략작성
2. 경제무역지대의 개발, 건설과 관련한 국내기관들과의 사업련계
3. 다른 나라 정부들과의 협조 및 련계
4. 기업창설심의기준의 승인
5. 경제무역지대에 투자할 국내기업의 선정

6. 경제무역지대생산품의 지대밖 국내판매협조

제32조 (예산의 편성과 집행)

관리위원회는 예산을 편성하고 집행한다. 이 경우 예산작성 및 집행정형과 관련한 문건을 중앙특수경제지대지도기관과 라선시인민위원회에 내야 한다.

제33조 (관리위원회사업에 대한 협조)

중앙특수경제지대지도기관과 라선시인민위원회는 관리위원회의 사업을 적극 도와주어야 한다.

제34조 (자문위원회의 운영)

경제무역지대에서는 지대의 개발과 관리운영, 기업경영에서 제기되는 문제를 협의, 조정하기 위한 자문위원회를 운영할수 있다.

자문위원회는 라선시인민위원회와 관리위원회의 해당 성원, 주요기업의 대표들로 구성한다.

제35조 (원산지관리)

경제무역지대에서 원산지관리사업은 원산지관리기관이 한다.

원산지관리기관은 상품의 원산지관리사업을 경제무역지대법규와 국제관례에 맞게 하여야 한다.

제4장 기업창설 및 경제무역활동

제36조 (심의, 승인절차의 간소화)

경제무역지대에서는 통일적이며 집중적인 처리방법으로 경제무역활동과 관련한 각종 심의, 승인절차를 간소화하도록 한다.

제37조 (기업의 창설신청)

투자가는 산업구에 기업을 창설하려 할 경우 관리위원회에, 산업구밖에 기업을 창설하려 할 경우 라선시인민위원회에 기업창설신청문건을 내야 한다.

관리위원회 또는 라선시인민위원회는 기업창설신청문건을 받은 날부터 10

일안으로 승인하거나 부결하고 그 결과를 신청자에게 알려주어야 한다.

제38조 (기업의 등록, 법인자격)

기업창설승인을 받은 기업은 정해진 기일안에 기업등록, 세관등록, 세무등록을 하여야 한다.

등록된 기업은 우리 나라 법인으로 된다.

제39조 (지사, 사무소의 설립과 등록)

경제무역지대에 지사, 사무소를 설립하려 할 경우에는 정해진데 따라 라선시 인민위원회 또는 관리위원회의 승인을 받고 해당한 등록수속을 하여야 한다.

제40조 (기업의 권리)

경제무역지대에서 기업은 경영 및 관리질서와 생산계획, 판매계획, 재정계획을 세울 권리, 로력채용, 로임기준과 지불형식, 생산물의 가격, 리윤의 분배방안을 독자적으로 결정할 권리를 가진다.

기업의 경영활동에 대한 비법적인 간섭은 할수 없으며 법규에 정해지지 않은 비용을 징수하거나 의무를 지울수 없다.

제41조 (기업의 업종 및 변경승인)

기업은 승인받은 업종범위안에서 경영활동을 하여야 한다.

업종을 늘이거나 변경하려 할 경우에는 승인을 다시 받아야 한다.

제42조 (계약의 중시와 리행)

기업은 계약을 중시하고 신용을 지키며 계약을 성실하게 리행하여야 한다.

당사자들은 계약의 체결과 리행에서 평등과 호혜의 원칙을 준수하여야 한다.

제43조 (지대밖 우리나라 기업과의 경제거래)

기업은 계약을 맺고 경제무역지대밖의 우리 나라 령역에서 경영활동에 필요한 원료, 자재, 물자를 구입하거나 생산한 제품을 판매할수 있다.

우리나라 기관, 기업소, 단체에 원료, 자재, 부분품의 가공을 위탁할수도 있다.

제44조 (상품, 봉사의 가격)

경제무역지대에서 기업들사이의 거래되는 상품과 봉사가격, 경제무역지대

안의 기업과 지대밖의 우리나라 기관, 기업소, 단체사이에 거래되는 상품가격은 국제시장가격에 준하여 당사자들이 협의하여 정한다.

식량, 기초식품 같은 중요 대중필수품의 가격과 공공봉사료금은 라선시인민위원회가 정한다. 이 경우 기업에 생긴 손해에 대한 재정적보상을 한다.

제45조 (무역활동)

경제무역지대에서 기업은 가공무역, 중계무역, 보상무역 같은 여러가지 형식의 무역활동을 할수 있다.

제46조 (특별허가경영권)

경제무역지대에서는 하부구조시설과 공공시설에 대하여 특별허가대상으로 경영하게 할수 있다.

특별허가경영권을 가진 기업이 그것을 다른 기업에게 양도하거나 나누어주려 할 경우에는 계약을 맺고 해당 기관의 승인을 받아야 한다.

제47조 (자연부원의 개발허용)

경제무역지대의 기업은 생산에 필요한 원료, 연료보장을 위하여 해당 기관의 승인을 받아 지대의 자연부원을 개발할수 있다. 경제무역지대밖의 자연부원개발은 중앙특수경제지대지도기관을 통하여 한다.

제48조 (경제무역지대상품의 구입)

경제무역지대밖의 우리나라 기관, 기업소, 단체는 계약을 맺고 지대안의 기업이 생산하였거나 판매하는 상품을 구입할수있다.

제49조 (로력의 채용)

기업은 우리나라의 로력을 우선적으로 채용하여야 한다.

필요에 따라 다른 나라 로력을 채용하려 할 경우에는 라선시인민위원회 또는 관리위원회에 통지하여야 한다.

제50조 (월로임최저기준)

경제무역지대의 기업에서 일하는 종업원의 월로임최저기준은 라선시인민위원회가 관리위원회와 협의하여 정한다.

제51조 (광고사업과 야외광고물의 설치승인)

경제무역지대에서는 규정에 따라 광고업과 광고를 할수 있다.

야외에 광고물을 설치하려 할 경우에는 해당 기관의 승인을 받는다.

제52조 (기업의 회계)

경제무역지대에서 기업은 회계계산과 결산에 국제적으로 통용되는 회계기준을 적용할수 있다.

제5장 관세

제53조 (특혜관세제도의 실시)

경제무역지대에서는 특혜관세제도를 실시한다.

제54조 (관세의 면제대상)

관세를 면제하는 대상은 다음과 같다.

 1. 경제무역지대의 개발에 필요한 물자
 2. 기업의 생산과 경영에 필요한 수입물자와 생산한 수출상품
 3. 가공무역, 중계무역, 보상무역을 목적으로 경제무역지대에 들여오는 물자
 4. 투자가에게 필요한 사무용품과 생활용품
 5. 통과하는 다른 나라의 화물
 6. 다른 나라 정부, 기관, 기업, 단체 또는 국제기구가 기증하는 물자
 7. 이밖에 따로 정한 물자

제55조 (관세면제대상에 관세를 부과하는 경우)

무관세상점의 상품을 제외하고 관세면제대상으로 들여온 물자를 경제무역지대 안에서 판매할 경우에는 관세를 부과한다.

제56조 (수입원료, 자재와 부분품에 대한 관세부과)

기업이 경제무역지대에서 생산한 상품을 수출하지 않고 지대 또는 지대 밖의 우리나라 기관, 기업소, 단체에 판매할 경우에는 그 상품생산에 쓰인 수

입원료, 자재와 부분품에 대하여 관세를 부과시킬수 있다.

제57조 (물자의 반출입신고제)

경제무역지대에서 관세면제대상에 속하는 물자의 반출입은 신고제로 한다. 관세면제대상에 속하는 물자를 반출입하려 할 경우에는 반출입신고서를 정확히 작성하여 해당 세관에 내야 한다.

제58조 (관세납부문건의 보관기일)

기업은 관세납부문건, 세관검사문건, 상품송장 같은 문건을 5년 동안 보관 하여야 한다.

제6장 통화 및 금융

제59조 (류통화폐와 결제화폐)

경제무역지대에서 류통화폐와 결제화폐는 조선원 또는 정해진 화폐로 한다. 조선원에 대한 외화의 환산은 지대외화관리기관이 정한데 따른다.

제60조 (은행의 설립)

경제무역지대에서 투자가는 규정에 따라 은행 또는 은행지점을 내오고 은 행업무를 할수 있다.

제61조 (기업의 돈자리)

기업은 경제무역지대에 설립된 우리 나라 은행이나 외국투자은행에 돈자 리를 두어야 한다.

우리나라 령역밖의 다른 나라 은행에 돈자리를 두려 할 경우에는 정해진데 따라 지대외화관리기관 또는 관리위원회의 승인을 받아야 한다.

제62조 (자금의 대부)

경제무역지대에서 기업은 우리 나라 은행이나 외국의 금융기관으로부터 경제무역활동에 필요한 자금을 대부받을수 있다.

대부받은 조선원과 외화로 교환한 조선원은 중앙은행이 지정한 은행에 예금하고 써야 한다.

제63조 (보험기구의 설립과 보험가입)

경제무역지대에서 투자가는 보험회사를, 다른 나라의 보험회사는 지사, 사무소를 설립운영할수 있다.

경제무역지대에서 기업과 개인은 우리 나라 령역안에 있는 보험회사의 보험에 들며 의무보험은 정해진 보험회사의 보험에 들어야 한다.

제64조 (유가증권의 거래)

외국인투자기업과 외국인은 규정에 따라 경제무역지대에서 유가증권을 거래할수 있다.

제7장 장려 및 특혜

제65조 (소득의 송금, 투자재산의 반출)

경제무역지대에서는 합법적인 리윤과 리자, 리익배당금, 임대료, 봉사료, 재산판매수입금 같은 소득을 제한없이 우리나라 령역밖으로 송금할수 있다.

투자가는 경제무역지대에 들여왔던 재산과 지대에서 합법적으로 취득한 재산을 제한없이 경제무역지대밖으로 내갈수 있다.

제66조 (수출입의 장려)

경제무역지대의 기업 또는 다른 나라 개인업자는 지대안이나 지대밖의 기업과 계약을 맺고 상품, 봉사, 기술거래를 할수 있으며 수출입대리업무도 할수 있다.

제67조 (기업소득세률)

경제무역지대에서 기업소득세률은 결산리윤의 14%로 한다.

특별히 장려하는 부문의 기업소득세률은 결산리윤의 10%로 한다.

제68조 (기업소득세의 감면)

경제무역지대에서 10년이상 운영하는 정해진 기업에 대하여서는 기업소득세를 면제하거나 감면하여준다.

기업소득세를 면제 또는 감면하는 기간, 감세률과 감면기간의 계산시점은 해당 규정에서 정한다.

제69조 (토지리용과 관련한 특혜)

경제무역지대에서 기업용토지는 실지수요에 따라 먼저 제공되며 토지의 사용분야와 용도에 따라 임대기간, 임대료, 납부방법에서 서로 다른 특혜를 준다.

하부구조시설과 공공시설, 특별장려부문에 투자하는 기업에 대하여서는 토지위치의 선택에서 우선권을 주며 정해진 기간에 해당한 토지사용료를 면제하여줄수 있다.

제70조 (개발기업에 대한 특혜)

개발기업은 관광업, 호텔업 같은 대상의 경영권취득에서 우선권을 가진다.

개발기업의 재산과 하부구조시설, 공공시설운영에는 세금을 부과하지 않는다.

제71조 (재투자분에 해당한 소득세의 반환)

경제무역지대에서 리윤을 재투자하여 등록자본을 늘이거나 새로운 기업을 창설하여 5년 이상 운영할 경우에는 재투자분에 해당한 기업소득세액의 50%를 돌려준다.

하부구조건설부문에 재투자할 경우에는 납부한 재투자분에 해당한 기업소득세액의 전부를 돌려준다.

제72조 (지적재산권의 보호)

경제무역지대에서 기업과 개인의 지적재산권은 법적보호를 받는다.

라선시인민위원회는 지적재산권의 등록, 리용, 보호와 관련한 사업체계를 세워야 한다.

제73조 (경영과 관련한 봉사)

경제무역지대에서는 규정에 따라 은행, 보험, 회계, 법률, 계량 같은 경영과 관련한 봉사를 할수 있다.

제74조 (관광업)

경제무역지대에서는 바다기슭의 솔밭과 백사장, 섬 같은 독특한 자연풍치, 민속문화 같은 유리한 관광자원을 개발하여 국제관광을 널리 조직하도록 한다.

투자가는 규정에 따라 경제무역지대에서 관광업을 할수 있다.

제75조 (편의보장)

경제무역지대에서는 우편, 전화, 팍스 같은 통신수단을 자유롭게 리용할수 있다.

거주자, 체류자에게는 교육, 문화, 의료, 체육분야의 편리를 제공한다.

제76조 (물자의 자유로운 반출입)

경제무역지대에는 물자를 자유롭게 들여올수 있으며 그것을 보관, 가공, 조립, 선별, 포장하여 다른 나라로 내갈수 있다.

그러나 반출입을 금지하는 물자는 들여오거나 내갈수 없다.

제77조 (인원, 운수수단의 출입과 물자의 반출입조건보장)

통행검사, 세관, 검역기관과 해당 기관은 경제무역지대의 개발과 기업활동에 지장이 없도록 인원, 운수수단의 출입과 물자의 반출입을 신속하고 편리하게 보장하여야 한다.

제78조 (다른 나라 선박과 선원의 출입)

다른 나라 선박과 선원은 경제무역지대의 라진항, 선봉항, 웅상항에 국제적으로 통용되는 자유무역항출입질서에 따라 나들수 있다.

제79조 (외국인의 출입, 체류, 거주)

외국인은 경제무역지대에 출입, 체류, 거주할수 있으며 려권 또는 그것을 대신하는 출입증명서를 가지고 정해진 통로로 경제무역지대에 사증없이 나들수 있다.

우리나라의 다른 지역에서 경제무역지대에 출입하는 질서는 따로 정한다.

제8장 신소 및 분쟁해결

제80조(신소와 그 처리)

경제무역지대에서 기업 또는 개인은 관리위원회, 라선시인민위원회, 중앙특수경제지대지도기관과 해당 기관에 신소할수 있다.

신소를 받은 기관은 30 일안에 료해처리하고 그 결과를 신소자에게 알려주어야 한다.

제81조(조정에 의한 분쟁해결)

관리위원회 또는 해당 기관은 분쟁당사자들의 요구에 따라 분쟁을 조정할수 있다. 이 경우 분쟁당사자들의 의사에 기초하여 조정안을 작성하여야 한다.

조정안은 분쟁당사자들이 수표하여야 효력을 가진다.

제82조(중재에 의한 분쟁해결)

분쟁당사자들은 합의에 따라 경제무역지대에 설립된 우리나라 또는 다른 나라 국제중재기관에 중재를 제기할수 있다. 중재는 해당 국제중재위원회의 중재규칙에 따른다.

제83조(재판에 의한 분쟁해결)

분쟁당사자들은 경제무역지대의 관할재판소에 소송을 제기할수 있다.

경제무역지대에서의 행정소송절차는 따로 정한다.

부 칙

제1조 (법의 시행일)

이 법은 공포한 날부터 시행한다.

제2조 (법의 해석권)

이 법의 해석은 최고인민회의 상임위원회가 한다.

참고문헌

1. 국내

(1) 단행본

고영환,『평양25시』, 서울: 고려원, 1992.

고유환 외,『함흥과 평성: 공간·일상·정치의 도시사』, 서울: 한울, 2014.

김성보,『남북한 경제구조의 기원과 전개』, 서울: 역사비평사, 1998.

김 원,『사회주의 도시계획』, 서울: 보성각, 1998.

김철수,『헌법학개론』, 서울: 박영사, 2007.

남덕우 외,『한국경제 생존프로젝트, 경제특구』, 서울: 삼성경제연구소, 2003.

박순성,『북한경제와 한반도 통일』, 서울: 풀빛, 2003.

박인성,『중국의 국토개발정책에 관한 연구』, 안양: 국토개발연구원, 1998.

박인성·조성찬,『중국의 토지개혁 경험』, 서울: 한울, 2011.

박정동,『북한의 경제특구』, 서울: 한국개발연구원, 1996.

법원행정처,『북한의 토지소유 및 토지등록제도』, 1994.

법원행정처,『북한의 부동산제도』, 1997.

법원행정처,『북한의 민사법』, 2007.

서남원,『북한의 경제정책과 생산관리: 독재경제의 이론과 실제』, 서울: 고려대학교
　　　　아세아문제연구소, 1966.

유해웅,『토지법제론』, 서울: 부연사, 2000.

유현정,『중국의 농촌토지제도의 한계와 개선방향』, 성남: 세종연구소, 2014.

윤여운,『키워드로 읽는 북한경제』, 서울: 비봉, 2003.

원테쥔(溫鐵軍) 지음, 김진공 옮김,『백년의 급진』, 서울: 돌베개, 2013.

이옥희, 『북·중 접경지역 -전환기 북·중 접경지역의 도시네트워크』, 서울: 푸른길, 2011.

이정식·정희남·정우형, 『사회주의 국가의 부동산 제도개편 비교연구』, 안양: 국토개발연구원, 1997.

이정전, 『토지경제학』, 서울: 박영사, 2011.

이종석, 『북한-중국관계 1945~2000』, 서울: 중심, 2004.

이종수, 『행정학 사전』, 서울: 대영문화사, 2009.

이태교 외, 『부동산정책론』, 서울: 법문사, 2012.

임수호, 『계획과 시장의 공존』, 서울: 삼성경제연구소, 2008.

지원림, 『민법강의』, 서울: 홍문사, 2009.

Henry George 지음, 김윤상·박창수 옮김, 『진보와 빈곤』, 서울: 살림, 2010.

K. Marx 저, 김수행 역, 『자본론-정치경제학 비판-Ⅰ(하)』, 서울: 비봉출판사, 2002.

T. More 지음, 박병진 옮김, 『유토피아』, 서울: 육문사, 2011.

(2) 논문

고정시, "북한의 가격개혁: 중국의 경험이 주는 교훈", 『동북아경제연구』 제15권 1호(2003).

권기철, "북한의 주택공급 실태와 지원방안", 『통일과 법률』(2014 봄호).

권오혁, "한국과 중국의 경제특구 제도 비교", 『지방정부연구』 제10권 제4호(2006 겨울).

김래은, "북한 「부동산사용료」 제정 현황과 의미", 『통일과 국토』 제19호(2007).

김만복, "통일 후 북한토지의 관리방안에 관한 연구"(국민대학교 대학원 박사논문, 2007).

김봉환, "산업중심 국토개발 정책에 대한 비판적 논의: 광역경제권개발과 경제자유구역사업을 중심으로", 『행정논총』 제51권 제1호(2013).

김상국, "중국 주체기능구 전략의 주요내용", 『KIEP 북경사무소 브리핑』(2011).

김상용, "북한의 토지법제와 통일 후의 정책적 과제", 『부동산포커스』 제70호(2014).

김석진 외, "북한의 산업 발전 잠재력과 남북협력 과제 -경제특구, 경공업 및 IT산업을 중심으로-"(산업연구원, 2013).

김성욱, "통일한국의 부동산소유제도와 재편방향- 주택 및 토지를 중심으로", 『법학연구』 제21권 2호(2013).

김현수, "북한의 도시계획"(서울대학교 대학원 박사학위 논문, 1994).

김화섭, "최근 중국 부동산 건전화 정책의 의미와 시사점", 『KIET 산업경제』 제155호(2011).

김흥순, "사회주의 도시는 어떻게 만들어졌는가?" 『국토계획』 제42권 6호(2007).

류경원, "주택 암매매의 주요 문제점들", 『림진강』 제3호(2008).

박석삼, "북한의 사경제부문 연구 -사경제 규모, 유통현금 및 민간보유 외화 규모 추정-" (한은조사연구 2002-3).

박순성, "북한의 경제이론과 경제체제의 변화", 『통일문제연구』 제31호(1999년 상반기호).

박순성, "북한 경제와 체제변화", 『국제정치논총』 제36집 2호(1996).

박순성, "북한의 가격·배급제도의 변화와 전망", 『민족발전연구』 제8호(2003).

박제훈, "체제전환과 통일의 비교정치경제학", 『비교경제연구』 제3호(1995).

박종기, "중국의 도시화 과정과 도시문제의 해결방안에 관한 연구", 『대한건축학회논 문집』 제30권 4호(2014).

박준건, "생태문제에 관한 마르크스주의의 독해와 그 한계", 『인문논총』 제42집(1993).

변병설, "남북한 국토환경관리 협력방안 연구", 『환경정책』 제11권 2호(2003).

서재진, "북한의 토지개혁과 농업협동화 이후 농민들의 의식 변화", 『현대북한연구』 제5권 1호(2002).

서재진·김영윤, "북한 최고인민회의 제11기 제4차 회의의 내용과 의미", 『KINU 현안 분석』 co06-04(2006).

손혜민, "부동산 시장의 단맛", 『임진강』 제16호(2012).

안병민, "북한교통 인프라 현황 및 통일을 대비한 향후 대응방향", 『대한토목학회지』 제60권 3호(2012).

안병민, "중국 창지투개발계획에 있어서 북·중 간 교통망 현대화사업현황 분석 및 향후 과제", 『수은북한경제』(2010, 가을호).

양문수 외, 『2000년대 북한경제 종합평가』(산업연구원, 2012).

엄기문, "개발도상국의 도시정책과 정부의 능력", 『중대논문집(사회과학편)』(1984).

오대원·강소연, "중국의 도시주택가격 결정요인과 부동산금융 부실화 가능성 분석", 『한중사회과학연구』 제8권 3호(2010).

우영만, "중국의 도시관리계획특성에 관한 연구"(인하대학교대학원 박사학위 논문, 2006).

유영구, "人民公社의 변화과정을 통해 본 中國의 농업관리형태", 『중소연구』 제43권 (1989).

유현정, "중국의 농촌토지제도의 한계와 개선방안"(세종연구소, 2014.2).

윤상윤, "중국 「토지관리법」상의 집체건설용지사용권에 관한 연구", 『중국연구』 제58권 (2013).

이상준, "북한의 사회간접자본을 위한 새로운 인식과 접근방법", 『국토논단』 제249호 (2002).

이석기 · 김석진 · 정근주, "북한의 산업 발전 잠재력과 남북협력 과제-경제특구, 경공업 및 IT산업을 중심으로-"(산업연구원, 2013).

이원섭, "경제특구 개발전략과 지역균형 발전" 『국토』(국토연구원, 2002).

이은정, "북한의 '살림집법' 제정의 의미와 분석 및 평가"(북한법연구회 제192회 월례 발표회 발표문, 2013년 8월 29일).

이종운, "북중 경제관계의 구조적 특징과 함의", 『KDI 북한경제리뷰』 제16권 1호(2014).

이종윤, "남북철도 연결사업 현황과 그 효과", 『철도시설』 제101호(2006).

장호준, "개혁개방 이후 중국의 농촌 토지제도 개혁", 『중국연구』 제52권(2011).

정매화 · 최막중, "중국 토지이용제도 특성에 관한 연구", 『국토계획』 제43권 3호(2008).

정상국, "중국부동산 정책 및 시장에 관한 연구", 『대한정치학회보』 제17집 2호(2009).

정은이, "북한의 주택시장에 관한 연구: 함경북도 무산지역의 사례를 중심으로", 『KDI 북한경제리뷰』 제14권 7호(2012).

정종환, "마르크스의 자연관에 대한 연구", 『열린정신 인문학연구』(2002).

정형곤 · 나승권, "한국경제의 경쟁력 강화를 위한 경제자유구역의 과제" 『KIEF 오늘의 세계경제, 11(2)』(2011).

제성호, "통일 후 바람직한 토지정책 방향", 『법정논총』 제41권 55집(2006).

조남훈, "북한의 도시화 추이와 특징", 『KDI 북한경제리뷰』 제15권 5호(2013).

조봉현, "박근혜정부의 대북정책과 남북경협", 『KDI 북한경제리뷰』 제15권 12호(2013).

조진철, "사회주의 개발도상국으로서의 북한의 도시계획", 『통일과 국토』(2001 여름호).

최달곤, "북한에 있어서의 사유재산", 『북한법률행정논총』 제2집(고려대학교 법률행정연구소, 1973).

최상권, "북한의 경제특구: 현황과 과제", 『북한학보』 제34집 1호(2009).

최상철 · 이영성, "통일 후 북한지역에서의 토지소유 및 이용에 관한 연구", 『환경논총』 제36권(1998).

최용호 · 김상욱, "중국 경제개발구의 발전과 한국경제에 주는 시사점", 『대외경제연구』 제7권 2호(2003).

최의현, "중국 경제특구 정책의 성과와 한계", 『대외경제연구』 제8권 2호(2004).

최철호, "통일과 북한지역의 토지정책", 『토지공법연구』 제43집 3호(한국토지공법학회, 2009).

하경준, "북한의 도시규모 분포에 관한 연구"(서울대 석사학위 논문, 1988).

한기범, "북한 정책결정과정의 조직행태와 관료정치"(경남대학교 대학원, 박사학위 논문, 2009).

한채현·강지연, "중국 부동산시장 규제의 주요 내용 및 영향"(한국은행 국제경제정보, 2012).

황경수, "북한 사회주의국가 국토개발의 논리와 해석", 『동아시아연구논총』 제8권(1997).

"첫 '농업 분조장 대회' 개최", 『민족21』(2014).

Harry W. Richardson 지음, 최정복 역, "개발도상국가에 있어서의 대도시 분산 전략" (수도권 개발의 현황과 전망 세미나, 1979).

스티븐 헤가드, "북한 시장화 측정: 평가 및 전망", 『수은북한경제』(2011, 여름호).

(3) 기타

국가기록원, "30년 경과 국가기록물 공개재분류"『중요 공개기록물 해설집Ⅵ, 국토개 발편(1960~1990년대), 2014.

국토개발연구원, 『국토 50년』, 1996.

국토연구원, 『토지공개념평가연구 -택지소유상한제를중심으로』, 2000.

국회입법조사처, 국정감사 정책자료Ⅲ, 2012.

장명봉, 『2013 최신 북한법령집』, 북한법연구회, 2013.

재정경제부, 『동북아 비즈니스 중심국가 실현방안』, 2002.

「세계법제정보센터」(world.moleg.go.kr).

"김정은 1년, 북한주민의 의식과 사회변동: 2013 북한이탈주민의식 및 사회변동 조사", (서울대학교 통일평화연구원, 2013).

북한의 각 연도 예·결산 관련 발표 내용; "최고인민회의 제13기 제1차회의 결과 분석과 전망"(통일연구원, 2014).

한국농촌경제연구원, "월간 중국농업 브리프"(한국농촌경제연구원 중국사무소, 2014.12).

『신영증권 리서치센터』, 2014년 2월 28일.

『뉴스1 코리아』, 2014년 9월 6일.

『동아일보』, 2012년 1월 13일.

『동아일보』, 2014년 5월 19일.

『매일경제』, 2014년 9월 6일.

『연합뉴스』, 2013년 10월 17일.

『중앙일보』, 1999년 6월 24일, 2000년 8월 8일.

『한국경제』, 2014년 12월 4일.

2. 북한 문헌

(1) 단행본

『김일성저작집』 1권, 평양: 조선로동딩출판사, 1979.

『김일성저작집』 2권, 평양: 조선로동당출판사, 1979.

『김일성저작집』 9권, 평양: 조선로동당출판사, 1980.

『김일성저작집』 18권, 평양: 조선로동당출판사, 1982.

『김일성저작집』 27권, 평양: 조선로동당출판사, 1979.

『김정일선집』 8권, 평양: 조선로동당출판사, 1998.

『김정일선집』 9권, 평양: 조선로동당출판사, 1997.

『김정일선집』 15권, 평양: 조선로동당출판사, 2012.

김승준, 『우리나라에서의 농촌 문제 해결을 위한 력사적 경험』, 평양: 조선로동당출
판사, 1965.

김재호, 『김정일강성대국 건설전략』, 평양: 평양출판사, 2000.

김한주, 『우리나라에서의 맑스-레닌주의 농업 강령의 승리적 실현』, 평양: 조선로동
당출판사, 1960.

림기범, 『우리식 농촌문제해결의 빛나는 경험』, 평양: 농업출판사, 1992.

손전후, 『토지개혁경험』, 평양: 사회과학출판사, 1983.

손전후, 『우리나라 토지개혁사』, 평양: 과학, 백과사전출판사, 1983.

『라진-선봉 자유경제무역지대 투자환경』, 평양: 김일성종합대학출판사, 1995.

『민법』 1권, 평양: 김일성종합대학출판사. 1973.

『민법학』, 평양: 김일성종합대학출판사. 1985.

『법학연구론문집』 11권, 평양: 사회과학출판사, 2010.

『우리 당의 선군시대 경제사상 해설』, 평양: 조선로동당출판사, 2005.

(2) 논문

강정남, "경제개발구법제도에 대한 리해에서 제기되는 기초적인 문제", 『정치법률연
구』(2013년 제3호).

권오헌, "도시건설에서 하부구조건설을 앞세울데 대한 원칙", 『경제연구』(2008년 제3호).

김광일, "부동산에 대한 통계연구에서 제기되는 몇 가지 방법론적 문제", 『경제연구』
(2007년 제3호).

김상학, "부동산임대에 대한 리해에서 제기되는 몇가지 문제", 『사회과학원학보』(2013년

제3호).

김영도, "공장, 기업소부지의 토지등급을 결정하기 위한 한가지 방법", 『지질 및 지리과학』(2010년 제2호).

김은순, "특수경제지대의 발생발전과 류형", 『경제연구』(2014년 제2호).

김정길, "우리 당에 의한 사회주의사회에서 도시와 농촌의 경제적 련계문제의 과학적 해명", 『경제연구』(1988년 제4호).

리광혁, "라선경제무역지대개발제도의 기본내용", 『정치법률연구』(2012년 제4호).

리동구, "부동산가격과 사용료를 바로 제정적용하는것은 부동산의 효과적리용을 보장하기위한 중요요구", 『경제연구』(2006년 제4호).

리수일, "지방경제를 종합적으로 발전시키는 것은 사회주의 · 공산주의 건설의 합법칙적 요구", 『경제연구』(1990년 제3호).

리승준, "경제특구와 그 발전방향", 『경제연구』(2012년 제4호).

리용구, "지력평가에서 다변량해석방법의 적용에 관한 연구", 『지리과학』(1992년 제4호).

리용구 · 김시천, "토지평가에 대하여", 『지리과학』(1997년 제3호).

리용구 · 김광연, "논밭토양의 영양원소공급능력과 그의 진단", 『지질 및 지리과학』(2000년 제1호).

리용구 · 김시천, "토지평가에 대하여", 『지리과학』(1997년 제3호).

리용구 · 류철성, "토지등급규정방법에 대하여", 『지질 및 지리과학』(2002년 제4호).

리주민, "국토건설총계획의작성과 승인, 집행에서 나서는 법적요구", 『김일성종합대학학보(력사, 법학)』(2005년 제3호).

리현철, "토지리용권의 양도 및 저당에 대한 법적요구", 『사회과학원학보』(2011년 제3호).

박경일 · 김경준, "부동산관리를 위한 산림토지등급화의 한가지 방법", 『김일성종합대학학보(자연과학)』(2011년 제2호).

박경일 · 김경준, "등급기준에 기초한 부동산토지평가방법", 『김일성종합대학학보(자연과학)』(2013년 제5호).

박경일 · 김영민, "부동산토지가격평가의 한가지 방법에 대한 연구", 『지질 및 지리과학』(2009년 제4호).

박경일 · 김영민 · 박순봉, "자기조직신경망에 의한 주민지부동산토지의등급분류방법", 『김일성종합대학학보(자연과학)』(2009년 제7호).

박경일 · 김철우, "강하천수역토지등급평가에서 신경망모형의 응용", 『김일성종합대학학보(자연과학)』(2011년 제7호).

승태남, "수리통계방법에 의한 농업토지자원분류를 위한 지표선정에 대하여", 『지리과학』(1997년 제4호).

오종만·박현수, "최근 토양분류의 세계적 추세", 『지리과학』(1995년 제1호).

윤복녀, "군을 단위로 하는 지방공업의 합리적 배치를 위한 중요 방도", 『경제연구』 (1992년 제3호).

윤복녀·김강산, "공장, 기업소들을 고루 배치하는데서 견지하여야 할 원칙과 요구", 『경제연구』(1992년 제2호).

윤순철·한남철, "부동산등록을 위한 자료기지설계와 그 응용", 『김일성종합대학학보 (자연과학)』(2010년 제2호).

장광호, "부동산의 본질과 그 특성", 『경제연구』(2008년 제2호).

장해성, "국토건설총계획에 대하여", 『천리마』(2003년 제11호).

정성철, "국토관리사업에서 ㎡당 관리제", 『사회과학원학보』(2014년 제3호).

조길현, "국토건설총계획과 그 작성에서 지켜야 할 원칙", 『김일성종합대학학보(철학, 경제학)』(2007년 제1호).

조현숙, "중소도시의 계획적형성은 도시에로의 인구집중을 막기 위한 합리적인 도시 형성방식", 『경제연구』(2004년 제1호).

최운숙, "국토관리는 자립적민족경제의 튼튼한 토대축성의 중요한 담보", 『경제연구』 (1992년 제1호).

허철환, "부동산사용료계산의 과학성보장에서 나서는 중요한 문제", 『김일성종합대학 학보(철학, 경제학)』(2014년 제1호).

(3) 기타

『민사법사전』, 평양: 사회안전부출판사, 1997.

『광명백과사전』 5권(경제), 평양: 백과사전출판사, 2010.

『광명백과사전』 17권(화학공업, 경공업, 건설, 운수, 체신), 평양: 백과사전출판사, 2011.

『경제사전』 1권, 평양: 사회과학출판사, 1985.

『경제사전』 2권, 평양: 사회과학출판사 1985.

『조선말사전』, 평양: 과학백과사전출판사, 2010.

『2004. 6 내각 상무조 개혁안 자료집』(2005).

「농업협동조합 기준규약(잠정)」(1958년 11월 24일).

「북한 인구일제조사 자료」, (조선)중앙통계국(2009).

『민주조선』, 2005년 10월 4일.

『조선신보』, 2013년11월 18일, 11월 27일, 12월 4일.

『로동신문』, 2000년 5월 8일, 2001년 3월 3일, 2002년 7월 17일, 2005년 10월 3일, 2013년 4월 18일, 10월 17일, 10월 23일, 2014년 11월 1일, 11월 25일.

3. 외국 문헌

Janos Kornai, *The Socialist System: The Political Economy of Communism*, Princeton: Princeton University Press, 1992.

K. Marx, *Capital*, Moscow: Progress Publishers, 1976.

Frederick Engels, *The Condition of Working-Class in England*, Moscow: Progress Publishers, 1975.

V. Lenin, *Collected Works*, 42, Moscow: Progress Publishers, 1975.

鄧小平,『鄧小平文選第三卷』, 北京: 人民出版社, 1993.

馬洪·劉國光 外,『中國改革全書-土地管制度改革權』, 遼寧: 大連出版社, 1992.

馬洪波, '住房利益分配的 矛盾與協調(中國人民大學 博士學位 論文, 1997).

文貴中,『盡快改革導致市場畸形發育和社會沖突的現行土地制度』(新望主 編, 2008), 『改革30年:經濟學文選(下册)』, 北京: 三聯書店, 1994.

宇兵,「八十年農地制度變革論」,『經濟體制改革』, 4期, 成都: 四川省社會科學院, 2002.

吳玲,『新中國農村産權制度變遷與創新研究』,北京: 中國農業出版社, 2007.

吳次芳·靳相木,『中國土地制度改革三十年』, 北京: 科學出版社, 2009.

原玉廷·張改枝 主編,『新中國土地制度建設60年-回顧與思考』, 北京: 中國財政經濟出版社, 2010.

楊重光·吳次芳,『中國土地使用制度改革十年』, 北京: 中國大地出版社, 1996.

陳荷夫,『土地與農民; 中國土地革命的法律與政治』, 沈陽: 遼寧出版社, 1988.

華宝德 主編,『土地經濟學』, 北京: 中國人民大學出版社, 2006.

黃小虎 主編,『中國土地管理研究(上, 下)』, 北京: 當代中國出版社, 2006.

中國政府法制新息網(http://www.chinalaw.gov.cn), 2014.

찾아보기

✳ 공민달(孔敏達)

동국대학교 법학과
동국대학교 일반대학원 북한학 박사

감정평가사, 동인감정평가법인(주) 대표이사
(전)국토교통부 중앙토지수용위원회 평가자문회의 위원
(전)한국감정평가협회 감사, 이사
(전)종로구청 지명위원회, 부동산평가위원회, 과세심의위원회 위원
(현)서울서부지방법원 민사조정위원

「북한의 부동산제도에 관한 연구」(2015)(박사학위 논문)
「북한의 부동산이용 관련 법제에 관한 연구」(2012)
『부동산공시법』(공저: 1998)
『신토지공법』(공저: 1999)
『감정평가 및 보상법규』(공저: 2001)
『부동산기본법률』(2007)
『알아두면 좋은 부동산공법 이야기』(2008)
『공민달부동산관계법규』(2012)
『부동산과 감정평가 이야기』(공저: 2015)